JN301240

日本政治学会 編

# 平等と政治

年報政治学2006−Ⅰ

木鐸社

## はじめに
―平等と政治をめぐる諸問題―

　平等は，いうまでもなく近代民主主義における最も重要な価値の1つである。近代民主主義の黎明期においては，政治的諸権利の平等が政治運動の目標であった。また資本主義経済が発展し，自由が経済的な富の不平等をもたらすようになると，平等を求める運動はしばしば先鋭化した。19世紀以降，自由と平等は緊張関係に立つこととなる。とくに，マルクス主義の思想に基づく社会主義の運動が強力になると，平等をどの程度実現するかは政治の大きな争点となった。

　ノルベルト・ボッビオは，政治における左右の対立軸は常に平等をどのように位置づけるかをめぐるものであったと述べている。市場による自然発生的な資源配分が陥るゆがみや偏りを是正，あるいは緩和することが政治の重要な役割である以上，平等が政治的対立の大きな争点となるという彼の指摘は，時代を超えて当てはまるであろう。マルクス主義的な社会主義は，分配の平等のために私有財産を廃止し，国家権力を極大化することを主張した点で，左翼の極端なあり方に過ぎなかった。

　20世紀後半の30年間は，世界的な経済成長を背景として，成長の果実を比較的平等に配分する仕組みが形成され，定着した。そうした政策の決定，実施の仕組みについては，国によって多元的民主主義，コーポラティズムなどの個性が表れた。ともあれ，この時期には平等をめぐる対立は緩和し，分配をめぐる合意の政治が出現した。政党間の差異が見えにくくなったとも言われた。

　しかし1980年代以降，合意の政治を支えた条件は急速に崩壊する。1980年代にイギリス，アメリカで小さな政府という新しい政策モデルが採用され，規制緩和，民営化，企業や富裕層を対象とした減税などの政策が流行となった。経済的停滞に陥っていた英米両国が復活を遂げる上で，これらの政策は有効であったと一部の経済学者は主張している。

　さらに，1990年前後に東ヨーロッパにおける社会主義体制が崩壊し，中国も市場経済のもとでの発展の道を驀進し始めた。これにより，世界規模

での経済競争が激化し，平等の追求が経済的な競争力や活力を損なうという主張もしばしば聞かれるようになった。こうして，21世紀の世界では平等をめぐる対立が再び先鋭化することとなった。

これに加えて，古典的な階級・階層間の平等問題以外の対立軸が出現した。最も代表的なものは，ジェンダーの問題である。男女の平等をどのように定義し，実現するかは，日本においては大きな政治的対立争点となっている。また，グローバル化がもたらす越境者の増加は，「国民」を単位とする平等の限界を浮き彫りにしている。さらに，地球の各地で環境破壊，戦争，およびこれがもたらす貧困が深刻化している中で，グローバルな平等が可能かどうかという大きな問いを人類は突きつけられている。このように，21世紀の政治学にとって，平等は理論的にも実践的にも重要な課題ということができる。

21世紀初頭の日本では，小泉政権による新自由主義的構造改革が進められた。そして，政権末期に至ってにわかに「格差社会」が政治問題となりつつある。本号の特集も決してこうした政治の現実と無関係ではない。年報委員会を立ち上げたのは2年前であったが，この号が出るころには新自由主義政策がもたらす不平等や格差がより顕在化するであろうという予測も，平等を特集テーマに選んだ理由の1つである。

しかし，今日の平等をめぐる問題状況は，保守系と社会民主主義系の政党が政権のキャッチボールをしていた戦後のある時期とは異なるであろう。平等をどのように定義し，それをどの程度実現するかという認識，平等を実現するための経済政策，社会政策の手段とその有効性，政治空間において平等言説が動員することのできる政治的資源，どれをとっても20世紀後半とは異なった条件が存在する。

本号では，こうした問いに答えるために，比較政治，政治思想，国際政治，行政学，ジェンダー研究などさまざまな分野からアプローチを試みた。これが平等に関する体系的な論文集だとはいえないが，現在平等という課題を考える際に不可欠の視座を提供していると考える。

政治学会年報の発刊体制の変更のため，年報委員各位にはいろいろとご迷惑をおかけしたが，当初の予定よりも早く論文を提出していただいたこ

とに感謝したい。また，木鐸社の坂口節子氏には，スケジュールの変更でいろいろとご迷惑をおかけしたことをお詫びしたい。

　なお，この年報の刊行に当たっては，科学研究費学術創成「グローバリゼーション時代におけるガバナンスの変容に関する比較研究」の支援を得た。

　　　　　　　2006年7月
　　　　　　　　　　　　　　　　2006年度年報委員長　山口二郎

日本政治学会年報　2006 - Ⅰ

目次

はじめに――平等と政治をめぐる諸問題　　　　　　　　　山口二郎（3）

〔特集〕　平等と政治

運命と平等
　　――現代規範的平等論の一断面　　　　　　　　　　　飯田文雄（11）

世界秩序の変動と平等
　　――グローバリゼーションと平等指向の自由主義の再生―― 遠藤誠治（41）

不平等と政治的動員戦略　　　　　　　　　　　　　　　　新川敏光（65）

福祉国家と平等をめぐる政治
　　――20世紀的前提の転換――　　　　　　　　　　　　宮本太郎（94）

国民意識における平等と政治
　　――政治経済対立軸の継続と変化――　　　田中愛治・三村憲弘（117）

地域間平等の行政学　　　　　　　　　　　　　　　　　　金井利之（148）

家父長制とジェンダー平等
　　――マイノリティ女性条項が新設された2004年ＤＶ法を手がかりに――
　　　　　　　　　　　　　　　　　　　　　　　　　　　岩本美砂子（171）

〔論文〕

1990年代イタリア左翼の再定義論争における敵対性と平等主義
　——ボッビオ『右翼と左翼——政治的区別の理由と意義』をめぐる論議を中心に——
　　　　　　　　　　　　　　　　　　　　　　　　　　　中村勝己（206）

「連帯」の変容
　——20世紀フランス福祉国家史試論——　　　　　　　田中拓道（226）

「文化戦争」から「文化革命」へ
　——第一次世界大戦期ルカーチにおける西欧・ドイツ・ロシアの連関——
　　　　　　　　　　　　　　　　　　　　　　　　　　　西永　亮（245）

〔学界展望〕

2005年学界展望　　　　　　　　　　　日本政治学会文献委員会（271）

2006年度日本政治学会研究会日程　　　　　　　　　　　　　　（305）

『年報政治学』論文投稿規程　　　　　　　　　　　　　　　　（307）

査読委員会規程　　　　　　　　　　　　　　　　　　　　　　（311）

Summary of Articles　　　　　　　　　　　　　　　　　　　（314）

# 平等と政治

# 運命と平等

―現代規範的平等論の一断面―

飯田文雄

　古典古代以来，政治的価値理念としての平等概念の特質については，極めて多様な考察が行われ続けてきた。例えば，20世紀以降に話を限定しても，かつてマルクス主義的な「結果の平等」と「機会の平等」との選択をめぐる問いが，一世を風靡した事実などは未だ我々の記憶に新しい。だがしかし，ロールズ以降今日に至るまで，平等概念をめぐる重要な問いは，主としてリベラリズムと関心を共有する諸論者達によって発せられてきた。すなわち，ロールズ『正義論』は，社会内の最弱者の利益になる限りにおいて格差の存在を許容する，いわゆる格差原理を提唱したが，この原理は，平等価値を人間の自由や選択・インセンティブ等の諸価値との関連の下に位置づける新しい研究視角を我々に提供した。それ以降，ドゥオーキンやセンその他，現代政治哲学の代表論者が，かかる自由と平等の緊張関係を視野に入れた，多数の刺激的な議論を展開するに至っているのである[1]。

　そこで本稿の目的は，こうした近年の平等論の論争構造に関して，「運命」という概念を鍵概念として，可能な限り包括的な見通しを示すことにある。かかる目的を達成するために，本稿は以下のような構成を採用する。第1節では，今日における平等論の隆盛に決定的な影響を与えた，ロールズ以降1990年代末葉に至る平等論の論争構造について，その主たる対立軸である「資源主義」対「福利主義」という対立軸を手がかりに分析する。第2節では，こうしたロールズ以降の議論に対し，その根底に通底する「運命」の概念に着目しつつ徹底的な批判を加えた，エリザベス・アンダーソンの議論を分析する。第3節では，かかるアンダーソンの批判に対して，既存の平等論者がいかなる反論を提起し得るかの可能性について，ドゥオーキン，アーネソンの議論を手がかりに考察する。以上の作業を通じて，本稿では，今日の平等論の論争構造に関して，より的確な接近を試みたい。

## 第1節　「資源主義」と「福利主義」

　既に略述したように，現代平等論隆盛の基礎を築いた，ロールズ以降90年代末葉までの平等論争は，極めて多数の参加者と争点を伴っている。それ故に，その全体像は簡単な要約を許さない。だがしかし，この論争の初期的な対立点は，「資源主義 resourcism」対「福利主義 welfarism」という対立軸を手がかりとして，一定の図式的な整理が可能となる[2]。このうち「資源主義」とは，国家の平等化政策の中心的課題を，何らかの「資源」配分の平等性に求める立場である。この立場には，社会的基本財の平等化を志向するロールズや，彼の枠組みを継承しつつ，まさしく「資源の平等 equality of resource」を唱えたドゥオーキンなどが属する[3]。他方「福利主義」とは，平等化政策の中心的課題を，人々がかかる資源等を用いて多様な社会的活動を展開した結果，現実に享受することとなる何らかの選好充足状況，すなわち福利の平等性に求める立場である。この立場の具体例は，ロールズ以前の平等論の主役であるマルクス主義や，ロールズのより直接的な論敵としての功利主義などに見出される[4]。

　もとより，「福利主義」対「資源主義」という両陣営の関心は，いかなる指標に着目しつつ平等や不平等を論じるかという，その第一義的な概念規定のみに存していた訳ではない。両者の議論は，かかる指標の選択が正当化され得る根拠や，相手方の立場の問題点等に関する，以下のような実質的な対立点を含んでいた。

　第一に，福利主義側から資源主義側に対しては，人間の必要不可欠な資源の多様性に着目した争点が提起された。この争点は，国家の平等化政策の補償対象となる，人間の最低限の必要を充足するために不可欠な資源が，各個人の生得的な能力等の多様性に応じて極めて多様たり得るという事実に対応する。この争点の具体例として挙げられるのが，平等化問題の典型例としての，生得的な身体障害を抱える人々への補償問題である。例えば，足に生得的な障害を抱える人が，高価な杖を購入すれば障害を相当程度克服することができる場合，かかる杖を購入するために資源をより多くこの人に配分することは，十分に正義に合致する。それどころか，かかる補償は，我々の道徳的直感がおよそ異論なく支持し得る，平等化問題の典型例に他ならない。それなのに，資源主義は，こうした人々の必要の多様性を

捨象して，資源配分の画一的な平等化のみを主張する。このことは，平等論の課題の不当な限定に他ならない，と福利主義は批判する[5]。

これに対し，資源主義側から福利主義側に対しては，福利主義が「福利」充足の名の下に，人間の不当な選好充足に手を貸す危険性への批判が展開された。かかる批判の典型例が，いわゆる「高級過ぎる嗜好 expensive taste」の問題である。すなわち，人間の福利レベルを決定する諸個人の選好には，極めて多様な充足コストを想定することが可能である。例えば，最低限の食物だけを摂取して十分な福利に到達する安価な選好の持ち主もいれば，法外に高級な酒食をふんだんに消費してようやく同等の福利に達する人間も存在する。しかしながら，福利主義は，万人の選好充足すなわち福利実現を，およそ平等に推奨することにより，こうした不当な選好の持ち主に対して，その選好充足を断念させる契機を有していない[6]。このように，福利主義は，万人の福利充足をおよそ無批判に理想化することにより，不当な福利の実現に手を貸す危険性を免れない，というのである。

以上のように，資源主義および福利主義の双方は，まず差し当たり，平等化の適切な指標の選択と，かかる指標選択の根拠付けをめぐって，鋭い対立を示すこととなった。それでは，両者の議論は，その後90年代末に至るまで，どのような発展を遂げていったのか。

両者のその後の対立点は多岐にわたるが，ここで90年代末に至る論争の全体的特色としてまず確認されるべきは，その後の両者の議論が，その多様な対立点にもかかわらず，一定の共通性をも示し始めていたという事実である。つまり両者は，かかる第一義的な相違を前提として，相互に積極的な反批判と自己革新とを試みることとなるが，かかる論争過程において，両者の議論には一定の共通関心が共有され始めることとなったのである。

そこで以下，両者の具体的な議論のあり方を検討しながら，かかる共通関心の形成過程を具体的に跡付けていこう。第一に，資源主義の側で最も自覚的に福利主義への反批判を試みつつ，独自の平等論を構想した論者として，ドゥオーキンを採り上げよう。彼は，資源主義的な立場を堅持しつつ，人間の多様性に着目した福利主義的批判にいかにして対応が可能であるかを考察した。

かかる自らの構想を具体化するために，ドゥオーキンは，オークションと保険という二つの制度的装置を提案した。すなわち，彼によれば，資源

主義的な平等が実現されるためにはまず，社会的な生産や消費活動が開始される以前の段階で，社会の諸資源が平等に配分されることが必要となる。しかも，かかる資源配分に際しては，諸個人の自由で多様な選択の余地を認めることが，リベラリズムの要請に合致する。そこで，こうした平等配分を可能にする制度的装置として，ドゥオーキンは，難破船から無人島に漂着した人々が，平等な購買力を手始めに無人島の諸資源を配分する仮想的オークションを構想した。この競売過程で，人々は自己の才能や選好，将来の運命等を勘案した上で，職業選択や人生設計を行い，それに有利なように資材や土地・サービスのセットを適宜組み合わせて選択し競り値を付ける。人々は他者の選択などを参照し，自らの選択する資源セットに再考を加えていく。こうして最終的に，漂着者のいずれも他者の資源セットをうらやむことのない，「羨望テスト envy test」を充足する状況が現出し，当初段階での平等な資源配分が完成する[7]。

これに対し，ドゥオーキンは，資源主義的な平等論が対応すべきより重要な局面として，社会内の生産・消費活動が開始されて以降の平等化についても詳細な考察を展開した。ここでは，諸個人が多様な才能や選好に基づきながら，偶然性にも左右されつつ活動を行う結果，当初の資源配分の平等性が失われ不平等が帰結する危険性が存在する。そこで，ドゥオーキンは，かかる不平等に備える制度として，保険という商品を仮想オークションの一商品に加えることを提案する。つまり，人々の平均的なリスクをカバーする保険を商品として提供すれば，合理的な人々は，自らが財購入に充てる購買力の一部を留保して保険商品を購入し，リスクに備え得るというのである。

それでは，かかる保険商品は，いかなる意味で資源主義の立場と整合的な制度と言えるのか。この理由について，ドゥオーキンはまず，資源主義の平等化原則を，二つの異なった種類の「運命」の区別という観点から説明した。すなわち，彼によれば，かかる運命の一方とは，「選択の運 option luck」と名付けられ，これは当人が一定のリスクを自覚しつつ何らかの選択を行い，その結果不運にも当人に不利益が生じた場合である。例えば当人が危険を承知でギャンブルを行うが，それに失敗した結果財産を失う場合がこれに該当する。他方，これと対照的な場合は，当人の選択と無関係に発生する「自然の運 brute luck」と呼ばれるものである。例えば，ある

日突如隕石が落下し，人が財産を失う場合がこれに該当する[8]。その上で，ドゥオーキンは，資源主義の補償政策の対象となるのは，こうした二種類の運命のうち，自然の不運から生じた格差のみであり，選択の不運から生じた格差は当人の自己責任に任せ放置すべきだと主張する。換言すれば，資源主義の配分原則は，人々の選択すなわち「企図 ambition」の差異を反映し，人々の「生来の特質 endowment」に代表される自然の不運の差異を消去することとして要約される[9]。

そして，ドゥオーキンによれば，かかる資源主義の一般的な補償原則を前提として，そこに保険商品の構想を加味すれば，従来資源主義の弱点とされた，人間の能力や選好の差異に関する問題群にも，一定の対応が可能であるという。第一に，ある人間が生得的に身体的障害を負っている場合は，自然の不運の典型的事例であり，彼らに対して，保険市場での平均的な補償額を参考に，保険成立以前の公共的資金から一定の補償を与えることは十分正当化される[10]。他方，ある人間が後天的に身体障害を負った場合，当人が事前に保険加入の適切な機会を与えられていれば，それは危険予測を誤った単なる選択の不運の事例にすぎず，その補償は保険の範囲内のみで行われる[11]。

更に，より複雑な考慮が必要なのは，ある人間が生まれつきの能力格差から，失業したり希望の賃金を得られぬ場合である。この場合，能力格差が生得的なものである点では，自然の不運に近い要素を含んでいるが，他方当人が望む所得や理想の職業には，当人の選択の要素が反映する。そこでドゥオーキンは，この場合，所得格差を一部分補償する保険を提供し，その購入を選択した者に保険金の限度内で補償を提供することを提唱する。ただしこの場合，失業保険の補償金額を，失業前の所得や，当人が能力を顧みず希望する所得レベルにまで高く設定すると，かかる保険金の支払を受ける人は膨大な数に上り，その保険料率は人々の購買力の大半を占める法外なものになってしまう。そのため，かかる保険の補償金額は，人間の生存がようやく維持できる程度の低廉なものにとどめるべきだとドゥオーキンは主張する[12]。

以上のように，ドゥオーキンは，資源主義的平等論の根本原理を，二つの不運の差異という観点から説明した上で，かかる配分原則の根底には，人間の選択に対する責任の観念が存在すると主張した。それでは，これに

対し，福祉主義側の資源主義に対する反批判と自己修正とは，いかなる形で展開されることとなったのか。

既述のように，資源主義側の福祉主義批判は，「高級すぎる嗜好」の例に見られるように，福祉主義が不当な選好充足に手を貸す危険性に向けられていた。そこで，福祉主義側の反批判が採用した戦略とは，自らの概念枠組みを改変し，その課題を，当事者が抱く選好の無批判で平等な実現から，当事者に選好修正の責任を問いやすい「福祉実現機会の平等 equal opportunity for welfare」に限定するというものであった。この議論を展開した論者は複数存在するが，ここではその代表例であるアーネソンの議論を手がかりにその構造を分析したい。

アーネソンは，かかる議論を構築するための端緒として，自らの論敵としての資源主義が，近年の論争過程においていかなる変貌を遂げつつあるかに着目する。その際アーネソンが強調するのは，資源配分の画一的な平等化では，人間の能力や選好の多様性の故に諸個人の福利レベルに格差が生じるとする，福祉主義的な批判に対する資源主義側の回答である。この場合，資源主義の対応としては，平等化されるべき資源の中に能力を含め，直接能力それ自体の平等化を志向する戦略も考えられる。しかし，かかる戦略には，能力が個人間で移転困難な資源であることに関連する様々な難点が伴っている[13]。そこで資源主義が採用した戦略とは，既述のように，人々の選択から生じる責任の所在を，個人の選好形成・充足過程にも一定程度認めることにより，福利レベルの平等化を平等論の課題と見なさないという戦略であった。この戦略は，平等論の課題を，諸個人に同一の資源を与えることに限定し，その資源を用いてどのような選好を実現するかには，個人の選択責任を問い得る場合を認める立場である。この立場に立てば，ある個人が自らの選択の下にあえてある選好の充足を目指した場合，かかる選好充足に過大な資源の負担が必要となっても，その負担はもはや平等化政策の正当な課題とみなされることがない[14]。

アーネソンによれば，福祉主義側の資源主義への反批判を構築する際にも，こうして資源主義の中心概念として浮上した，人間の選択に伴う責任の意義を認め，福祉主義を以下の方向に再解釈することが不可欠だという。第一に，福祉主義が資源主義の批判に答えるためには，それが充足を目指す人間の選好を，人間が現実に抱く無反省な選好ではなく，「すべての関連

情報を与えられ，落ち着いた雰囲気の中で，明晰な思考と誤りなき推論」の結果獲得された，合理化された仮説的選好のそれに代える必要がある[15]。換言すれば，福利主義は，人間が相当程度の教育コストをかけて自らの無反省な選好を再考し，かかる合理的選好へと変化させる責任を認める必要がある。逆に，福利主義を，かかる選好選択・修正の責任を認めずに，当人のあらゆる選好を無批判に満足させる立場と理解するならば，それは通例提起される多数の批判を免れ得ない。例えば，ある人が自らの熟慮の果てに，高級すぎる選好の充足を目指したり，自己の福利低減を承知であえて利他的選好の充足を目指した場合，かかる選好充足のために必要な追加的資源の配分を，平等化の名の下に正当化することは，明らかに我々の道徳的直感に反している[16]。

　第二に，アーネソンは，こうした論争理解を背景とすれば，福利主義の平等化原理は最終的に，「福利の平等」から「福利への機会の平等」へと移行すべきだと結論づける。この新たな平等原理が満たされる前提として，人間が生涯に直面する多様な選択に際して呈示される選好集合と，その選好集合を選択した場合に得られる選好の期待値を列記した「決定の樹形図 decision trees」を考えて，万人が同じ選好充足の期待値を持つ，等価の決定樹形図に直面する状況が想定される。この状況下で，人々が自ら責任を負い得ない様々な選好実現の能力格差を勘案して，人々の選択肢を微調整することにより，人々の福利実現の可能性が実質的にも等価になる，「福利への機会の平等」が最終的に実現される。この新たな平等原理の立場からは，ある時点で人々に福利を充足する平等な可能性が与えられていれば，その後当人の自発的選択や過失などに由来する格差が生じたとしても，かかる格差はそのまま放置される。言い換えれば，この原理は，人々が自らコントロール可能な要因から生じた福利の格差をそのまま放置する点で，それをも補償対象に含める「福利の平等」の立場とは明確に異なっているのである[17]。

　このように，福利主義の側も，その自己修正過程において，資源主義の中心概念として浮上した，選択から生ずる責任という概念を一定程度受容した。その意味において，選択の不運の放置と自然の不運への補償という命題は，資源主義および福利主義という立場の相違を越えた，現代平等論の共通課題へと昇華されていったのである。もとより，こうした一定の共

通命題を受け入れて以降も，資源主義および福利主義の論者相互間には多様な論争が展開された。だがしかし，例えば，福利主義のもう一人の代表論者コーエンが，高級な嗜好が病的に近く，当人が修正可能性を持たない場合には，それを補償対象に含めるべきだと主張したように，かかる論争の大半は，選択の責任それ自体を認めた上で，何が選択可能かの具体的判定を問題化するものであった[18]。このように，ある時期以降，福利主義および資源主義双方の中心的な関心は，選択の責任という命題それ自体の当否から，かかる命題の具体的な文脈への適用の問題へと移行していったのである。

## 第2節　アンダーソンの「運命の平等論」批判

　以上のように，人間に不平等を生じさせる二つの運命の差異を区別し，選択の不運を当人に帰着させるという発想は，90年代の末頃には，現代平等論の一定の共通前提となるに至った。だがしかし，こうした現代平等論のあり方に関して，極めて広汎かつ根本的な批判を加えたのが，99年に発表されたエリザベス・アンダーソンの論文，「平等論の論点とは何か」である[19]。この批判は，当時の平等論の共通前提を，二つの運命の差異に基礎を置く「運命の平等論 luck egalitarianism」として定式化しつつ，それに全面的な異議を唱えるラディカルなものであった。

　それでは，アンダーソンはいかなる視角から，当時の平等論のほぼ全体に対して異議申し立てを行ったのか。彼女の議論は極めて多岐にわたっており，必ずしも安易な要約を許さない。だがここでは，彼女の主張をおおよそ三つの論点に集約化し分析していこう。

### ①選択責任原理の恣意性
　アンダーソンによれば，「運命の平等論」の問題点の第一は，それが公的補償の対象外に放置する，自己の選択の結果生じた不平等の線引きが，我々の常識的な責任観に反する，反直感的事例を生み出すことに関するものである。彼女は，かかる議論が抱える問題点を，豊富な実例と巧妙なレッテル貼りによって攻撃する。

　アンダーソンがまず指摘するのが，「不注意な被害者の切り捨て」という問題である。例えば，ある人が自らの不注意から交通事故で瀕死の重傷を

負い，しかも当人が必要な保険に未加入であったと仮定する。この場合，「運命の平等論」の可能性を最も厳格に追求した，エリック・ラコースキーなどの見解を参照すれば[20]，この不運は当人の選択の結果である以上，仮に救急隊が到着しても当人は路上に放置されるという，極めて過酷な政策が導かれる。ここでは，差し当たり万人を救命し，責任関係の問いは事後に追求するという，常識的に見て最善の政策は通用しない。更に「運命の平等論」は，この事故の被害者が一命を取り留め後遺障害を負った場合にも，一切の援助を拒絶する。その結果，生得的に障害を負った人に対しては援助を行う一方で，不注意な障害者には援助を行わない，「障害者間の差別」問題も付随的に発生する[21]。

他方これと系譜の異なる問題も深刻である。例えば，ある人間が自己の住居を選択する場合，洪水や地震等の天災が起きる確率が高い地域を，あえて自らの居住地に選択したとしよう。この場合，「運命の平等論」はこれらの地域に洪水や地震の被害が生じても，住民への緊急援助を拒絶する，「居住地域に基づく市民相互の差別」を帰結し得る。更に類似の矛盾として，「職業選択に起因する差別」の危険性も存在する。ある人間が軍隊に強制的に徴兵された場合，その人が職業上負った障害は補償対象となるが，愛国心に燃えて自ら軍に志願した人間は，自己責任の下に障害を回復することが要請される[22]。

アンダーソンによれば，「運命の平等論」は，こうした自らの責任判断の恣意性が生み出す多様な問題点に対して，適切な処方箋を準備していない。例えば，ドゥオーキンやラコースキーは，かかる多様な不運に対して，適切な保険に事前に加入するという処方箋を提示する。しかしながら，人々が日々の最低限の必要を満たすことにも困っている場合，例外的な大災害に備えて過大な保険に加入することは，決して得策とは言い難い。むしろこうした場合に保険費用を生活の必要に充当することは，極めて賢明な選択肢だと言い得るが，「運命の平等論」は，かかる「賢明な人間を見捨てる」結果を伴っている。更にアーネソンらの福利主義者に至っては，福利享受の機会平等化という，事前の平等概念に焦点を移行させた結果，社会生活開始後に生じる不当な格差への十分な備えがある期待は薄い。しかも今，事前の平等に固執するこれらの論者が，それを自発的に選択しない人々に対しても，最低限の危険に対する備えを敢えて要求すれば，そこには，

リベラリズムの原則と抵触するパターナリズムの問題までが発生し得るのである[23]。

### ②自然の不運とスティグマの増大

アンダーソンが挙げる「運命の平等論」の第二の問題点は、自然の不運の取り扱いに関するものである。彼女によれば、自然の不運の場合、「運命の平等論」は、選択の不運の場合とは異なって、差し当たりその全てに補償を与え、十分に人道主義的な態度を示しているようにもみえる。だがしかし、アンダーソンは、「運命の平等論」が呈示する、自然の不運の所在を認定するための具体的なテストは、依然反常識的な結論を生み出し得ると警告を発する。例えば、余りに些末な資質の欠如を補償対象から除外するために、ドゥオーキン流の保険機構を手がかりに、人々が通例保険をかける程度に重要な資質の欠如のみを自然の不運と規定したとする。この場合、人々が通例保険をかける、ありふれた病気の被害には補償ができても、人々が通例保険をかけない珍しい病気にかかった不運は補償対象から除外されてしまう。あるいは、福利主義的な立場を採用して、補償対象たる不運の存否を、当人が補償の必要性すなわち福利の減退を自覚しているか否かを基準に認定すれば、自らの障害を憂うべき欠点と考えない、誇り高き生得的障害の持ち主に対する補償は不可能とならざるを得ない[24]。

だがしかし、アンダーソンが自然の不運に関して、最も根本的な問題点と考えるのは、「運命の平等論」が自然の不運の被害者に生み出すスティグマの問題である。すなわち、アンダーソンによれば、「運命の平等論」の下で自然の不運の被害者達は、自らが補償に値する不運の被害者であることを、広く世間に示していくことを強要される。この場合、自然の不運の内実には、人々の能力や才能の欠如、更に時には醜さなどまでもが含まれ得るため、これら被害者達は、自らが無能力で劣った醜い存在であると語ることを余儀なくされる。極論すれば、自然の不運の被害者は、国家の補償政策を統括する「平等化委員会」に対して、自らの不運で劣った地位をひたすら説明するという恥を忍んで、初めて補償を得られるという制度さえ正当化されかねない[25]。

しかも「運命の平等論」の具体的な議論は、自然の不運の被害者達の心的な傷を更に助長する制度を伴っている。この点で象徴的なのが、ドゥオ

ーキンの「羨望テスト」であり，ここでドゥオーキンが自らのテストの名前に，人間を他者との比較へと駆り立てる「羨望」の名を冠したことは，単なる偶然以上のものがある。つまり，「運命の平等論」は，本来同等者として共感の念を植え付けるべき市民相互の間に，羨望と哀れみの眼差しを植え付けようとするのであり，その結果，自然の不運の被害者は，更なる心の傷を甘受しなければならなくなるのである[26]。

### ③民主主義的平等の必要性

アンダーソンは，「運命の平等論」のこうした二つの問題点を前提に，それらを克服するためには，新しい平等理解が必要なことを力説する。すなわち，彼女によれば，以上のごとき「運命の平等論」の欠陥は，何らかの抑圧を含む人間関係を平等なそれに変えるという，平等論本来の役割を忘却していることに帰着する。そこで，かかる平等論本来の役割を示す理念として，アンダーソンは「民主主義的平等 democratic equality」の概念を呈示する。この概念は，まず差し当たり，公開の討論による集合的決定としての民主主義への平等な参加を通じて，人々が平等に他者と協力し道徳的責任を引き受ける人間関係を創出することと規定される[27]。

その上で，アンダーソンは，かかる平等実現のための具体的要件として，市民としての自由，すなわちセンの潜在能力アプローチ的意味での「機能」を実現する機会が，万人に一生涯平等に与えられ続けることを挙げる[28]。そして，そのためには，万人が政治的意志決定だけでなく，経済活動を含めた多様な市民社会の活動に平等に参加することが不可欠だと主張する。この要件は，人々が現実に達成する機能でなく，機能達成機会の平等化に着目する点で，機会の平等概念の一種であるが，それは，平等化を一生涯続く不断の課題と捉える点で，アーネソン的な事前の機会平等論とは異なっている。更にこの要件は，資源に対する平等なアクセスの機会に加え，平等な討議や相互承認の機会をも人々に保証する点で，資源主義的な議論とも異なっている[29]。

アンダーソンは，この「民主主義的平等」の第一の利点として，それが，「運命の平等論」が不当に放置した不運の被害者達に，一定の有効な補償を提供し得ることを指摘する。すなわち，彼女によれば，「運命の平等論」は，既述のように，ある人の選択の賢明さや生得的な資質の在り方などを精査

して，補償政策の内部に取り込む人々の選別を厳しく行ってきた。だがしかし，「民主主義的平等」の理念は，万人がその選択や能力の如何にかかわらず，協調的な生産システムとしての市民社会において，何らかの不可欠の貢献をなしている事実に着目する。例えば，危険な居住地や職業を選択する人々は，かかる選択をあえて行うことで，それら居住地や職域においてしか果たし得ない，社会の存立維持に不可欠な何らかの社会的役割をあえて引き受ける存在として解釈できる。あるいは，市場の中で才能を認められず低い金銭的報償しか受けられない人々も，有能な人々をルーティンから解放するという点では，社会に不可欠の貢献をなす存在として理解できる。こうして，人々が市民社会において果たす，不可欠の貢献に着目することにより，「民主主義的平等」の理念は，「運命の平等論」が見捨てた不運の被害者達にも，最低限のセイフティーネットを提供することを正当化するのである[30]。

更に，アンダーソンは，「民主主義的平等」の第二の利点として，それが，自然の不運の被害者に生じる心的スティグマをより良く回避し得る可能性を指摘する。すなわち，「運命の平等論」は，自然の不運，とりわけ障害や能力の不足，醜さなどを抱えた人々を，一律に不幸な存在とみなした上で，その資質を可能な限り他者に近づける補償こそが，平等論の課題であると考える。だがしかし，現実にはこれらの人々自身は，自らの資質の不平等を，必ずしも不幸な傷とはみなしていない。むしろ，彼らが直面するスティグマの真の源泉は，かかる資質の不平等に対し強い偏見を抱き，彼らを社会から疎外する，抑圧的な人間関係にこそ存している。この点で，「民主主義的平等」は，かかるスティグマの元凶となる，人間関係それ自体の平等化を目指すものであり，スティグマへのより根本的な解決策となることが期待できる。それ故に，民主主義的平等は，例えば，人々が醜さから社会から疎外されている場合，かかる社会の偏見を除去するための諸政策を正当化するが，その醜さを完全に除去する整形手術を施す政策を支持しない，と彼女は結論づけるのである[31]。

以上のように，アンダーソンの議論は，資源主義および福利主義の双方に対する広範な批判を含んでおり，それ以降の平等論の諸動向に決定的な影響を与えた。そうしたアンダーソン以降の議論については，節を改めて具体的に検討するが，ここではまず彼女の影響力を傍証する事実として，

アンダーソン以降，同様の批判が現代政治哲学の有力な論者から同時多発的に提起されたという事実が注目に値する。例えば，アンダーソン自身が自らの抑圧概念の原型を呈示したと評価するアイリス・ヤングは，近年，通常の因果関係的な責任概念に代えて，社会の万人が社会の一員として他者の存立維持に責任を負うとする，より構造的な責任の「社会的コネクションモデル social connection model」を呈示している。あるいは，現代正義論の代表的論者サミュエル・シェフラーは，アンダーソンの議論に触発されたことを明示しつつ，「運命の平等論」の選択責任判断は不当な限界事例を免れず，人間関係の不平等化を回避できないとする同様の批判を展開した[32]。このように，「運命の平等論」に対する批判は，単にアンダーソン一人が発した偶発的な問いとしての位置を超えて，次第に，現代平等論の中心的な論点としての地位を獲得するに至ったのである。

## 第3節　「運命の平等論」の深化

以上のような経緯から，アンダーソンの批判以降，「運命の平等論」の限界に対する認識は，現代平等論の一定の共通前提となった。これに対し，「運命の平等論」の擁護者側でも，これら批判への反批判を意図しつつ，自説を深化させる可能性が模索され始めている。だがしかし，「運命の平等論」の擁護者側におけるこうした反批判の試みは，アンダーソンの議論に比して，十分に明示的・体系的な形をとって呈示されているとは未だ言い難い。しかも，アンダーソンの批判自体が，極めて多様な論点を含んでいたことにより，これら後年の議論がアンダーソンから何を学び取ったかに関しては，相当の幅が生じている。そこで以下では，近年の議論が萌芽的に示唆しつつある「運命の平等論」の再擁護と深化の可能性を，主として三つの類型に再構成することにより，現代平等論の論争構造に関する本稿独自の解釈図式を呈示したい。

① 「選択」基準の相対化と「運命の平等論」の複線化

アンダーソンの議論が争点化した第一の主要な論点は，補償政策の対象を決定する基準としての，「選択」概念の有効性をめぐる論点である。すなわち，既に見たアンダーソンの批判，とりわけその「選択の不運」に関する批判は，補償政策の対象たる不平等を選別する基準としての，「選択」概

念それ自体の有効性に関する疑問を含んでいた。つまり彼女は，多数の限界事例を駆使しつつ，「選択の不運」と「自然の不運」の区別に着目する，「運命の平等論」の責任判断が，我々の道徳的直感に反する不当な結論を生み出すと批判したのである。

　こうした「選択」概念の有効性をめぐる批判は，それが「運命の平等論」の最も中核的な理念である限り，当然に予想される批判であり，事実アンダーソンの批判と相前後して，以下のような多様な批判が提起された。第一に，アンダーソンより根源的な批判として，哲学上のアポリアである自由意志と決定論間の論争を前提とすれば，そもそも環境からの影響を一切受けない，完全に自由で有責な人間の選択の可能性そのものが存在しないとする批判がある。例えば，ハーレーは，あらゆる人間の選択は，その因果関係を無限退行的に辿っていけば，必ずこの選択に先行する何らかの原因に行き着くとの因果関係観を採用すれば，人間のあらゆる選択は原理的に責任を問い得ないこととなり，かかる批判は正当化されると指摘する[33]。第二に，仮に人間の自由意志と選択の余地を認める場合でも，かかる選択の責任を一律に当人に帰着させる「運命の平等論」の責任判断は不適切だとする批判も提起された。例えば，アンダーソン自身が挙げた多数の限界事例，とりわけその「選択の運」批判の事例は，かかる批判の具体例をなしている。あるいは，人間は，様々な選択肢が生起する確率やそのコスト等に関する完全な情報を欠いたまま，不完全な選択をすることを余儀なくされており，それを責任判断の基準とすることは不適切であるとする，プライスやフロイベリーらの批判もこの類型に属する。更に，選択の不運と自然の不運の区別は，当人がどの程度不運の発生を防げたかの程度問題に過ぎず，本人が自己の不運抑止能力を錯誤等により過小評価する場合などを考慮に入れれば，かかる曖昧な区別は責任判断の明確な基準たり得ないとする，ヴァレンタインの批判もこの一類型である[34]。

　それでは，以上のような諸批判に対して，「運命の平等論」の側はいかなる反批判の可能性を探り，いかにして自己の理論的核心としての選択責任原理を再擁護しようと試みているのであろうか。この問いに対して一義的な解を与えることは，「運命の平等論」とりわけその責任理解の多様性を考慮に入れれば，決して容易な作業ではない。だが，ここではかかる反批判の有力な方向性を示唆するものとして，アーネソンの議論を検討していこ

う。アーネソンは，アンダーソン以降の諸批判に対する批判的検討を試みた論考の中で，これら諸批判が「運命の平等論」の責任概念に関する不当な歪曲に起因するものであることを糾弾する，以下のような強力な反批判を展開した[35]。

アーネソンによれば，かかる曲解の例は枚挙に暇がないが，その第一の具体例は，因果関係を無限退行的に問うことにより，人間の自由で有責な選択の可能性を否定する，決定論的な批判の中に見出される。かかる決定論的批判においては，ある人間がある物事に関して責任を有する場合を，当人がその物事の原因に責任を負う場合と解する，極めて特殊な意味での責任概念が採用される。その上で，この批判は，ある人が選択責任を有する場合とは，この人が自らの直接的な選択に加え，この選択の原因や，かかる原因の更なる原因などにまで無限に責任を有する場合であり，結局かかる責任など誰に対しても問い得ないはずだと結論付けることとなる[36]。

しかしながら，アーネソンは，「運命の平等論」に対するこの決定論的批判は，「運命の平等論」の責任概念に対する，余りにも不当な誤解を伴っていると反論する。というのも，この批判が援用する極端な責任や因果関係の理解は，決定論対自由意志論という特殊な問いの中で作り上げられた，いわば机上の空論的な性格を免れない。むしろ，「運命の平等論」が問うのは，こうして際限なく因果連鎖を遡ることなく，身近な因果連鎖の範囲内のみで判断できる，より常識的な意味での責任の所在に他ならない。そして事実，「運命の平等論」が，こうしたより常識的な因果連鎖の範囲内でのみ責任判断を行うことは，自由意志論争の立場からも十分容認できる。なぜならば，決定論対自由意志論の問いを解決せずとも，なお日常的な意味での責任追求が可能だとする立場を，自由意志論争における「両立可能性説 compatibilism」と呼ぶが，「運命の平等論」の責任理解は，まさにかかる両立可能性説の立場から擁護可能なものだからである[37]。

このように，アーネソンは，決定論的な立場からの「運命の平等論」批判が，その責任原理に関する曲解に起因することを確認した上で，更にこれ以外の「運命の平等論」批判が，別種の曲解を含んでいることに反批判の矛先を向ける。すなわち，「運命の平等論」への更なる批判は，それが，人間の選択責任という曖昧な判断基準によりながら，多くの不平等を補償対象から不当に除外し自己責任に帰着させると批判する。だがしかし，

「運命の平等論」がかかる自己責任原理の不当な拡大解釈に関与するものか否かに関しては，多大の疑念の余地が存在する。というのも，「運命の平等論」は，むしろ現実には多くの場合，人間が選択を下し責任を問い得る場合にも，敢えて他の何らかの事情を勘案し，自己責任を緩和することを認めているからである。そうした他事考慮的事情の一つの可能性として，アーネソンは，人々が，自らコントロールし得ない要因に基づいてある選択を行ってしまった場合には，人々はその選択に対し責任を問われないとする事情を挙げる。こうした事情考慮原則を認めるならば，例えば，ある人間が拷問の苦しみに耐えかねて秘密の暴露を選択した場合には，当人の選択責任を不問に付せるなど，アンダーソン以下の批判者が危惧する自己責任論の濫用は十分回避できる。それ故に，「運命の平等論」は，批判者達が戯画化して描くように，人々の選択から自己責任を即断する理論とはおよそ異なって，人々の選択に多様な状況や事情を加味しつつ，柔軟に責任範囲を確定する理論だと言えるのである[38]。

以上本稿で検討してきたように，アーネソンは一貫して，「運命の平等論」に対する諸批判が，その選択責任の原理に関する不当な曲解を多数伴っており，かかる誤解を訂正することで，「運命の平等論」は十分に擁護可能であると反批判する。そして，こうした議論が，「運命の平等論」の反批判としてどの程度中心的な位置を占め得るかは，多分に今後のドゥオーキンらの議論の動向に依存する側面も有している[39]。だがしかし，以上のようなアーネソンの見解を，現時点における「運命の平等論」側の有力な反批判の可能性として扱い得る理由の一端は，そもそもアンダーソン自身の当初の批判の中に見出すことが可能である。なぜならば，アンダーソンは，その「運命の平等論」批判に際して，選択の責任を情け容赦なく当人に帰着させ，瀕死の患者を路肩に放置する議論は，ラコースキーに代表される「運命の平等論」の「過激なヴァージョン」から引き出されると既に自覚的に述べていた[40]。それ故に，アンダーソン流の批判が，「運命の平等論」の一部のヴァージョンにのみ妥当する問題点を，不当にもその全体に拡大しているとするアーネソンの反批判は，アンダーソン自身が当初から自覚する自己矛盾を的確についた反批判だと言えるからである。

②保険機構と事後の平等

アンダーソン以降の平等論における第二の主要な論点は,「運命の平等論」が提供する公的補償の構想が, 平等の名にふさわしい配分結果を生み出すか否かをめぐるものである。すなわち,「運命の平等論」の提供する多様な補償機構の枠組みが, 平等の名にふさわしい程度に, 社会内の格差を十分に縮小する効果を持つものか否かが, ここで問われることとなったのである。

　アンダーソン自身の議論を例にとれば, 彼女の「自然の不運」批判に含まれた, 不運の被害者達のスティグマの問題は, かかる争点の一下位類型としての側面を有している。つまり, アンダーソンは,「運命の平等論」の補償構想を, 主としてそれが不運の被害者側とそれ以外の者との間に生み出す心理的状態の格差の故に, 平等化政策として不十分なものであると批判した。あるいは, アンダーソンと類似の関心から「運命の平等論」を批判したシェフラーの議論の中にも, かかる「運命の平等論」の補償構想批判が既に含まれている。というのも, シェフラーは,「運命の平等論」の補償構想が, 運命の中立化という関心に集中する余り, 万人の基本的ニーズを平等に充足することに失敗しており, 市民相互のヒエラルキーを帰結すると批判するからである[41]。

　それでは, こうしたアンダーソンらの懸念は, その後どのような具体的論点を生み出し, それに対して「運命の平等論」の側はいかなる反論を提起することとなるのか。この回答は「資源主義」と「福利主義」の双方で異なってくるが, ここではまず資源主義側の対応について, ドゥオーキンと, 左派リバタリアン, マイケル・オオツカおよびロバート・ヴァン・デア・ビーンとの論争を手がかりに検討しよう。

　オオツカとビーンは, 安価な保険商品を提供することにより, 社会生活開始後に顕在化する格差に適切な対応が可能だとする, ドゥオーキンの資源主義の構想に対して, 事後的な結果の平等の観点から, 以下のような異論を提起した。すなわち, 彼らによれば, ドゥオーキンの保険構想は, 人々が無理なく加入を選択し得る程度に掛け金が低く, それ故に補償額も低い保険商品を用いている。だがしかし, 社会生活開始以降に生じる格差の是正が, こうした安価な補償の枠内に収まり得るか否かに関しては, いくつかの疑問の余地が存在する。第一に, 人間の被る様々な不運が, 単なる物質的資源上の格差のみを生み出す場合, 安価な保険機構の提供する金銭

的な補償によっても，相当程度の格差是正の効果が期待できる。しかしながら，かかる格差が，身体障害等の能力や資質面での格差を伴う場合，不運の被害者は，相当高額の金銭的補償を与えられても，なお他者と比して社会生活上の不利を克服できず，彼らへの羨望を抱き続ける可能性が高い[42]。第二に，人間の羨望の解消という観点から平等化の実現を判定する限り，人間の不運から生じる格差の解消には，安価どころか想像を絶する補償さえ必要となりかねない。例えば，それにふさわしい能力や資質を欠きながら，なお高給の映画スターになることを夢見て失業を続ける人間クロードに対して，資源主義は，あくまでも不運の被害者が抱く羨望の解消を平等化の基準と考える限り，非常識に高額の補償を与えることになってしまう[43]。

　第三に，オオツカらによれば，ドゥオーキンの安価な保険構想は，平等化に必要な補償額を低く見積もる反面で，高価な保険の実現可能性を低く見積もるという誤りを犯している。例えば，安価な保険構想は，人々がリスクに対して平均的な態度をとり，それに基づいた穏当な保険掛け金や補償額を選択する場合を前提とするが，人々のリスク見積もりをより保守的と想定すれば，より高価な保険への合意成立を予想することは十分可能である[44]。こうしてみれば，安価な保険構想の破綻は，いまや明白なものといわざるを得ない。つまり，真の平等実現を目指すためには，社会内の強者からより多くの資源を徴収しそれを弱者側に移転する，より高価な補償政策の可能性を追求すべきではないか，というのである[45]。

　このように，資源主義の安価な保険構想に対して根本的な疑問を呈するオオツカらに対して，ドゥオーキンは，自らが志向する平等概念を明確化するという観点から，以下のような強力な反批判を開始する。すなわち，ドゥオーキンによれば，以上のようなオオツカらの批判に対しては，資源主義が実現を志向する平等概念の本質という観点から，多数の疑問を提起することが可能である。第一に，ビーンらは，資源主義的な平等概念を，人々の社会生活開始時点での手続的な平等化の必要性を明確に認めるが，社会生活開始以降の結果の平等化に関しては，曖昧な方向性しか示していない平等概念として理解する[46]。だがしかし，かかる理解は，資源主義的な保険構想が，まさに社会生活開始以降の格差を是正し，一定の結果の平等を実現するためにこそ提起されたという事実を決定的に見逃している。

この点に関連して，ドゥオーキンは，資源主義的な平等と，社会生活開始以前に一回だけ羨望テストを満たせば平等の要請は達成されるという，いわゆるスターティング・ゲイト理論との対比が有益だと強調する。というのも，スターティング・ゲイト理論は，社会生活開始時点で人間の平等性が確保されていれば，それ以降の格差是正の必要を認めないが，資源主義は，まさにかかる格差を中和し，結果の平等により接近することを目指しているからである[47]。

　第二に，ドゥオーキンによれば，オオツカらの批判は更に，平等論が追求すべき結果の平等の概念を，人間のあらゆる格差を全て解消することを目指す，極めて厳格で極端な意味での結果の平等とのみ理解する，より根本的な誤解を含んでいる。ドゥオーキンは，こうした厳格で極端な結果の平等概念の用法を，「救命政策 rescue policy」という巧妙な比喩を用いて説明する。すなわち，ここでいう「救命政策」とは，人間の命をどんなにわずかの期間でも延命することが出来るなら，どれほど高価で費用対効果の悪い治療法でも，その治療法を推進するごとき政策を意味している。ドゥオーキンは，人間の格差を完全に解消することを，他のいかなる社会的価値を犠牲にしてでも達成すべき至上目的だと考える，極めて厳格な結果の平等概念は，この「救命政策」にたとえられると指摘した[48]。

　その上で，ドゥオーキンは，オオツカらの高価な保険構想は，あたかもこの救命政策のように，激しい社会的副作用の所在をおよそ無視して，ひたすらに厳格な結果の平等を追求するだけに過ぎないと痛烈に反批判する。なぜならば，オオツカ流の高価な保険構想は，個人相互の格差を確かに徹底的に減少させるが，その代わりに，人々は所得の多くを保険料支払いのために捕捉され，労働へのインセンティブはおよそ極限まで減退させられる。言い換えれば，高価な保険構想は，まさに「平等化するが社会全体がレベルダウンする危険の批判 leveling down objection」を免れ得ない[49]。あるいは，オオツカ的に格差の解消を至上命題とすれば，例えば，先述した身の程知らずの希望の持ち主クロードに対して，映画スターの給与レベルの補償を行うような，反常識的な政策までもが正当化されてしまう。だがしかし，「救命政策」的平等化に伴うこれらの副作用を考慮するならば，平均的な人間が他の社会的価値を追求しつつ，無理なく加入できる安価な保険機構の枠内で格差の一定の是正を志向することも，十分に平等主義の名

に値する，とドゥオーキンは批判するのである50。

### ③機会の平等から優先主義へ

　以上のように，ドゥオーキンの反批判の戦略は，自らの資源主義的な平等概念が，オオツカからの単純化された平等概念と比して，より複雑な構造を有していることに着目するものであった。すなわち，ドゥオーキンは，一方において，自らの平等概念と手続的な平等概念の差異を強調することにより，自らの平等概念が，一定の結果の平等への志向性を有していることを確認する。他方，ドゥオーキンは，自らの議論と「救命政策」的な平等化絶対論の差異を示すことにより，自らの構想する程度の限定された平等化の方が，他の社会的諸価値との衝突を回避する，より適切な平等化を実現すると主張したのである。

　それでは，こうした資源主義の反批判と対比されるべき，福利主義側の反批判はどのようなものだったのだろうか。ここで第一に確認されるべきは，ここまでに至る資源主義側の反批判は，福利主義側の反批判をより容易にするものであるというよりも，むしろ，それをより困難にする要素を含んでいたという事実である。というのも，既に見たように，資源主義側の反批判は，スターティング・ゲイト理論への批判を含んでいたが，福利主義は，その発展過程において「福利への機会の平等」理論へと変貌を遂げることにより，スターティング・ゲイト理論と類似の批判を浴びる危険性を有していたからである。言い換えれば，福利主義は，社会生活開始時点での平等化を強調する反面で，それ以降の結果次元での平等化に関しては明確な方向性を示さない，機会の平等論の一種へと発展するに至っていた。それ故に，福利主義の反批判は，資源主義のそれとはおよそ異なった形態をとらざるを得なかったのである51。

　そこで福利主義が採用した反批判の方向性とは，自らの理論的核心としての選択責任論を基本的に維持しつつ，機会平等論としての自己規定を修正し，結果次元での平等化に関連する一定の配分原理を，新たに自らの体系中に取り込むことであった。そこで以下では，かかる反批判の可能性を示唆する代表的議論として，アーネソンが近年提唱する優先権の理論を検討していこう。

　アーネソンは，アンダーソンの「運命の平等論」批判の意義と限界を考

察した論文の中で，自らの福利主義の体系に，以下の方向で修正を加えていくことにより，アンダーソンの批判を正当に受け止めつつ，それを克服することが可能であると主張した。すなわち，アーネソンによれば第一に，アンダーソンの「運命の平等論」批判のいくつかの命題は，福利主義の立場からも十分にその意義を認め，同意を与えることが可能である。例えば，アンダーソンは，「運命の平等論」が財や資源の配分にのみ関心を集中させ，平等な人間関係の構築という，平等論の真の課題を忘却していると批判する。この批判は，平等化の程度を計る指標として，財や資源のみに着目することの不当性を示したものと考える限り，福利主義の基本的な方向性とも一致する。事実，人間が他者と平等な関係を築くことは，人間が「客観的な立場から見て価値があり選択に値する」とみなす状態，すなわち福利の実現状態の一種に他ならない[52]。更に，アンダーソンは，「運命の平等論」が人間の選択責任を過度に厳格に追求する余り，補償を受ける者にスティグマを生じさせたり，逆に，無責任な行動を未然に防ぐための過剰なパターナリズムを帰結するとも指摘する。この点に関しても，アーネソンは，確かに，「運命の平等論」がかかる極端な結論に陥る可能性も皆無ではないと，一定の理解を見せる[53]。

しかしながら，アーネソンによれば，アンダーソンの議論は，こうした人間関係の不平等化という，「運命の平等論」の問題点の指摘には有効であっても，かかる問題克服のための処方箋の次元で，決定的な難点を有している。なぜならば，アンダーソンは，真に平等な人間関係を伴った平等社会を構築するためには，そこにおける社会的配分原理の中に，「優先主義 prioritarianism」の要素を取り込む必要性を見落としているからである。

現代平等論の文脈において，通例平等論のレッテル貼りの下に論じられる問題群の多くが，実際には，優先主義の問題に他ならないことが自覚化されるに至ったのは，デレク・パーフィットの指摘が契機とされる。すなわち，パーフィットは，「ある人の置かれた状況が悪いほど，その人に利益を与えることは重要な意味を持つ」という事実に着目し，社会的配分の目標を，格差解消よりも弱者の地位向上に置く立場を優先主義と定義した[54]。アーネソンは，このパーフィットの議論を継承して，優先主義の持つ問題意識を，「ある人間がそれまでに獲得していると予想される全生涯の福利の累計の期待値がより少なければ少ない」ほど，「その人間が利益を獲得し

た場合の福利向上が多くなる」という命題に要約する。この命題に依拠する限り，補償政策を通じて社会内の福利を最大限向上しようとすれば，「それまでの人生がうまくいっておらず」，より援助の必要性が高い人に優先して補償を行うことが必要となる[55]。

このように，アーネソンは，社会的配分原則としての優先主義の必要性を確認した上で，この優先主義と，選択から生じる責任の原理を結合させた，「責任対応型優先主義 responsibility-catering prioritarianism」こそが，最も理想的な配分原理だと主張する。すなわちこの原理は，ある二人の人間が，その苦境の程度など「他の条件にして同等である」場合に，苦境を招いた原因が「当人の責任の度合い」に帰着する程度が低い人間の方に，優先的に補償を行う立場である。例えば，二人の人が同等の苦境に置かれている場合，かかる苦境の原因が，一方の人は危険を承知でギャンブルを試みた結果であり，他方は当人の責任の及ばない原因による場合，後者の救済を前者より優先することがこの立場に合致する[56]。

アーネソンは，この意味での「責任対応型優先主義」の立場が，アンダーソンの民主主義的平等に比して有する優位性を，多様な側面にわたって指摘する。例えば，「責任対応型優先主義」は，人々の置かれている社会的地位の善し悪しを，客観的な福利実現の度合いから判断し，当人の主観的な福利判断を問わないため，アンダーソンが危惧した，補償対象となる人が劣位を自覚しスティグマを感じる危険を回避できる[57]。だがしかし，それ以上にアーネソンが強調する決定的な利点は，「責任対応型優先主義」が，より広汎な補償を市民に提供できる点である。アーネソンは，この利点を，民主主義的平等が万人に確保する，最低限の生活レベル近辺の人々の事例を通じて巧みに例示する。すなわち，彼によれば，民主主義的平等の理念は，市民全てが最低限の機能を実現し得る，一定レベルの生活条件を万人に平等に確保する。このことから通例，民主主義的平等の補償政策は手厚いものと思われがちだが，実際には，民主主義的平等の補償政策は十分に手厚いものとは限らない。例えば，民主主義的平等が市民の最低生活レベルとして指定した閾値をほんの少し上回った生活レベルの人々は，かかる閾値の遙か上の生活レベルの人との格差是正を要求できない。こうした閾値近辺の人々の不満は，民主主義的平等がより高い生活レベルを閾値として指定すればするほど，贅沢な不満として無視し得るようにも見える。だ

がその場合，今度は，かかる高レベルの「最低」生活を，何故公的な補償政策を通じて万人に保証するかの根拠が疑わしくなってしまう。このように，民主主義的平等は，優先主義的配分原理を欠くことにより，閾値すれすれの人々の正当な不満を放置するか，さもなくば，財政破綻必至の法外なコストを伴う補償政策を帰結するかの選択に直面せざるを得ないというのである[58]。

　以上のような，アーネソンの「責任対応型優先主義」の構想は，アーネソン自身も認めるように，若干抽象的な原則に留まっており，そのより正当な評価のためには，それが要求する具体的な補償政策や制度の細部が明確化される必要がある[59]。だがしかし，アーネソンの議論は，こうした一定の曖昧さを残しているとはいえ，アンダーソンの議論が持つ弱点を巧みについた反批判として，極めて有望な可能性を秘めている。すなわち，ここで問われざるを得ないアンダーソン理論の弱点とは，彼女の民主主義的平等の理念が，今日平等化のために必要な補償政策の課題を，不当に限定しかねない危険性である。

　アンダーソンの民主主義的平等は，人間関係の平等化を目標とし，そのために必要な政治的・経済的活動への参加を万人に平等に保証する。その上で，この平等概念は，平等化のためのより具体的な政策構想として，最低限の所得やセイフティーネットへの平等なアクセスの保証を提言する。だがしかし，こうしたアンダーソンの社会的配分上の提言は，今日，平等化政策に求められる最低限の必要を満たす反面で，かかる最低ラインを超えた平等化という，より今日的な問いには一切答えていない。というのも，人々が仮に最低限の所得やセイフティーネットの提供に合意した後で，更にどこまでの平等化をおし進めるべきかが，今日，どれほどまでに平等論の重要な課題たり得るのかを，近年のベーシック・インカムをめぐる多様な論争は我々に端的に示しているからである[60]。

　このように，アンダーソンの民主主義的平等論の最大の弱点は，それが「運命の平等論」の補償政策の手薄さを批判するにもかかわらず，むしろ最低限の平等化だけを正当化するに留まる危険性にこそ存している。だからこそ，アンダーソンの議論は，閾値の近辺に位置する弱者に対して，何らの補償をも与えることができない。これに対し，アーネソンの議論は，最低限の保証を超えた，より広汎な平等化の可能性を追求することの重要性

を，少なくとも原理的な方向性としては明確に認めている。この点において，アーネソンの議論は，いかに抽象的な部分を多々残しているとはいえ，今後現代平等論が追求すべき，一つの有力な方向性を示していると言えるのである。

## 結びに代えて

以上本稿においては，ロールズ以降の現代平等論の諸展開を，資源主義と福祉主義の双方が，それぞれに固有の事情で受け入れた，運命に対する責任の概念を手がかりに考察した。そして，本稿の考察からは，資源主義と福祉主義の双方が，運命や選択，責任等の基本概念の定式化や位置付けに関して，その原初的な言明からは想像ができないほど，多様な議論の修正や留保条件の付加を余儀なくされてきたことが確認された。

だがしかし，このように，現代平等論の多様な議論や命題が，およそ原型をとどめない変形を繰り返してきたことを，果たして，我々は現代平等論の進歩と考えるべきなのだろうか，それともその後退と捉えるべきなのだろうか。本稿は前者の理解が適切だと考える。

本稿の冒頭で確認したように，我々はかつて，平等論の基本的な原理を，極めて単純化された単一の原理の形に定式化する誘惑に駆られていた。例えば，「結果の平等」対「機会の平等」という古典的争いは，こうした定式化の典型的な例と言える。この立場に立てば，現代平等論が，その基本原理に多様な修正や留保条件を付加していることは，平等論の退行現象として強い批判の対象となる。だがしかし，今日平等論を論じる多くの者は，かつて両立不可能とみなされた，これら諸原理の複数を同時に支持している。本稿で確認したように，「運命の平等論」の諸論者は，何割かの意味での「結果の平等」と，何割かの意味での「機会の平等」を同時に支持している。あるいは，そもそも人間の選択と格差とを奨励しながら，平等を求める「運命の平等論」の着想そのものにも，既に「機会の平等」と「結果の平等」の相克の契機が存在していたと言えるだろう。更にまた，本稿の議論を通じて明らかになったように，今日平等論の支持者は，多くの場合，社会内の他の諸価値の支持者でもある。例えば，オオツカやビーンに対する，ドゥオーキンの批判が示していたのは，現代社会において平等理念の実現が，いかに他の諸価値と衝突するかという事実であった。

このように考えてくれば,「運命の平等論」が, 今日までの多様な批判にもかかわらず, なお平等論の中心的勢力としての命脈を保ってきたのは, それが, 今日の時代状況を特徴づける, 価値の多元性という事実を最も的確に反映していたからに他ならない。勿論, 人間の大半が, ある日突然価値の多元性への信仰を失って,「救命政策」的な極端な平等化のみを支持したり, 逆に自己責任万能の極端な格差社会を理想化する可能性も皆無ではない。だがしかし, 現代社会の価値の多元性という事実を前提とする限り,「運命の平等論」の努力が全く水泡に帰することは想像し難い。現代平等論の基礎を築いたバーナード・ウイリアムスは, 今日の平等論の困難は, かつて人々が前提にしていたほど人間の共通性が自明のものでなくなった時代に, あえて人間の共通性を唱えなければならないことにあると指摘した[61]。「運命の平等論」の議論は, こうした現代社会の条件を直視することにより, これまで現代平等論に多大の洞察を与えてきたし, 今後も与え続けていくと思われるのである。

(1)　こうしたロールズ以降における現代平等論の展開を概観する業績は枚挙に暇がないが, そのうち代表的なものとして, 以下を参照。Stephen Darwall (ed.), *Equal Freedom* (University of Michigan Press, 1995); Andrew Mason (ed.), *Ideals of Equality* (Basil Blackwell, 1998); Louis P. Pojman and Robert Westmoreland (eds.), *Equality: Selected Readings* (Oxford University Press, 1997); Matthew Clayton and Andrew Williams (eds.), *The Ideal of Equality* (Macmillan, 2000); Matthew Clayton and Andrew Williams (eds.), *Social Justice* (Blackwell, 2004). 邦語の文献として, 井上彰「平等主義と責任-資源平等論から制度的平等論へ」佐伯啓思・松原隆一郎(編著)『ライブラリ社会科学のヴィジョン　1　＜新しい市場社会＞の構想-信頼と公正の経済社会像-』(新世社, 2002年); 同「平等-分析的視点から-」有賀誠他(編)『現代規範理論入門-ポストリベラリズムの新展開-』(ナカニシヤ出版, 2004年); 拙稿「平等」福田有広・谷口将紀(編)『デモクラシーの政治学』(東京大学出版会, 2002年)。
(2)　こうした, 現代平等論の主要対立軸としての,「資源主義」対「福利主義」という対立軸の争点や特質等に関しては, 以下の業績を参照のこと。Pojman and Westmoreland (eds.), *op.cit.*, pp. 9-10; 前掲拙稿「平等」, 132-136頁。
(3)　代表的文献として, 以下を参照。John Rawls, *A Theory of Justice* (Har-

vard University Press, 1971); Ronald Dworkin, "What is Equality? Part 1: Equality of Welfare & Part 2: Equality of Resources," *Philosophy & Public Affairs*, 10: 3, 4 (Summer and Fall, 1981), pp. 185-246, 283-345.（以下この論文をWEと略記）。なお，ドゥオーキンの上記論文は，後に彼自身の後年の平等論に関する業績と併せ以下の単行書に再録されたが，本稿でのこの論文からの引用頁数は全て本来の上記論文に基づく。Ronald Dworkin, *Sovereign Virtue: The Theory and Practice of Equality* (Harvard University Press, 2000).（以下本書を *SV* と略記）（邦訳，小林公他訳『平等とは何か』（木鐸社，2002年）。

（4） 代表的文献として，以下を参照。R. M. Hare, "Justice and Equality," in Pojman and Westmoreland (eds.), *op.cit.*, pp. 218-228; Kai Nielsen, *Equality and Liberty: A Defense of Radical Egalitarianism* (Rowman & Allenheld, 1985); Richard J. Arneson, "Equality and Equal Opportunity for Welfare," *Philosophical Studies*, 56 (1989), pp. 77-93.（以下この論文を EEOW と略記）。

（5） Arneson, EEOW, pp. 77-78.

（6） Dworkin, WE Part 1, pp. 228-240. なお，周知のように，ドゥオーキンは，人種差別主義者が，他人種に差別的な言辞を浴びせて，自らの優越感を満足させるように，他者の福利レベルを不当に減退させることにより，自らの福利を向上させる場合を，「外的選好 external preference」の充足と呼んで非難している。この例は，福利主義的な立場が認める不当な選好の別事例ということができる。ドゥオーキン自身の外的選好の定式化は，Ronald Dworkin, *Taking Rights Seriously* (Harvard University Press, 1977), pp. 234ff. また，こうした外的選好と福利主義の関係について，Pojman and Westmoreland (eds.), *op.cit.*, pp. 9-10.

（7） Dworkin, WE Part2, pp. 283-290.

（8） Ibid., p. 293.

（9） Ibid., pp. 310-312.

（10） Ibid., pp. 297-299.

（11） Ibid., pp. 292-297.

（12） Ibid., pp. 304-323.

（13） Arneson, EEOW, pp. 78-9. なお，ここでアーネソンが指摘する，この第一の戦略の持つ問題点とは，ドゥオーキンのいわゆる「有能者の奴隷化 slavery of the talented」の問題に他ならない。つまり，ドゥオーキンは，こうした能力それ自体の平等を完全に推し進めるためには，N人からなる社会では，万人が万人に対して，その人の才能の1／N分だけを使用する権利を持つとの取り決めをすることが必要だと主張する。だが，この取り決めの下では，有能な人は自分以外の（N－1）人の他人のためにその能力

を極限まで活用する隷属状態に置かれてしまうことになる，と批判したのである。Cf. Dworkin, WE Part 2, p. 312.
(14)　Arneson, EEOW, pp. 79-80.
(15)　Ibid., p. 83.
(16)　Ibid., pp. 83-4.
(17)　Ibid., pp. 85-7.
(18)　コーエンの見解は，G. A. Cohen, "On the Currency of Egalitarian Justice," *Ethics* 99 (1989), pp. 906-944. 他方，ドゥオーキンは，こうした「高級すぎる嗜好」の場合について，嗜好の形成それ自体については個人のコントロールの可能性が無い場合でも，その嗜好実現を実際に追求するかどうかに関しては，必ず個人の意志が働く余地があり，その限りで諸個人は必ず責任を問われると主張する。Dworkin, *SV*, pp. 288-291; do., "Sovereign Virtue Revisited," *Ethics* 113 (2002), pp. 118-119. (以下この論文を SVR と略記)。また，こうしたコーエンとドゥオーキンの議論の対比については，Matt Matravers, "Responsibility, Luck, and the 'Equality of What?' Debate," *Political Studies* 50 (2002), pp. 558-572. 更に，これら論者ともう一人の機会の平等論者，ローマーとの対比を試みるのが，谷澤正嗣「分配的正義の政治哲学」藪下史郎（監修）・須賀晃一他（編著）『再分配とデモクラシーの政治経済学』（東洋経済新報社，2006），特に203-218頁。
(19)　Elizabeth Anderson, "What Is the Point of Equality?" *Ethics* 109 (1999), pp. 287-337. (以下では WIPE と略記)。なお，この論文に対する批判的検討を加えたオンライン出版形式のシンポジウムとして以下のものがあり，そこでは，David Sobel, Richard Arneson, Thomas Christiano の三名のコメントに対して，アンダーソンが回答を寄せている。Brown Electronic Article Review Service, Jamie Dreier and David Estlund, editors, World Wide Web, (http://www.brown.edu/Departments/Philosophy/bears/homepage.html)
(20)　Eric Rakowski, *Equal Justice* (New York, Oxford University Press, 1991).
(21)　Anderson, WIPE, pp. 295-296.
(22)　Ibid., pp. 296-297.
(23)　Ibid., pp. 298-302.
(24)　Ibid., pp. 302-304.
(25)　Ibid., pp. 305-306.
(26)　Ibid., pp. 306-307.
(27)　Ibid., pp. 314-315.
(28)　Ibid., pp. 316. なお，セン自身の「機能」概念に関する定式化は，Amartya Sen, *Inequality Reexamined* (Oxford University Press, 1992), pp. 39-42.
(29)　Anderson, WIPE, pp. 313-314.

(30) Ibid., pp. 321-326.

(31) Ibid., pp. 335-336. また，アンダーソンは，同様の問題として，高級すぎる嗜好を充足するために過大な資源の追加配分を行うことは，市民社会への平等な参加を確保するという，民主主義的平等の課題を越えた補償であり，正当化され得ないと主張する。Ibid., pp. 331.

(32) Iris Young, "Responsibility and Global Justice: A Social Connection Model," *Social Philosophy & Policy* 23 (2006), pp. 102-130; Samuel Scheffler, "What is Egalitarianism?" *Philosophy & Public Affairs* 31(2003), pp. 5-39. なお，シェフラーのこの論考をめぐっては，更にドゥオーキンと以下の論争が展開された。Ronald Dworkin, "Equality, Luck and Hierarchy," *Philosophy & Public Affairs* 31(2003), pp. 190-198. Samuel Scheffler, "Equality as the Virtue of Sovereigns: A Reply to Ronald Dworkin," *Philosophy & Public Affairs* 31(2003), pp. 199-206.

(33) Susan L Hurlay, *Justice, Luck, and Knowledge* (Harvard University Press, 2003), Chap. 3. なお，次の注（34）に挙げた文献を含め，こうした「運命の平等論」の選択責任原理に関する諸批判の整理は，井上前掲論文「平等」49-51頁に詳しい。

(34) Price, T. L., "Egalitarian Justice, Luck, and the Cost of Chosen Ends," *American Philosophical Quarterly* 36 (1999), pp. 267-278; Marc Fleurbaey, "Egalitarian Opportunities", *Law and Philosophy* 20 (2001), pp. 513-522.; Peter Vallentyne, "Brute Luck, Option Luck, and Equality of Initial Opportunities," *Ethics* 112(2002), pp. 529-557.

(35) 以下のアーネソンの議論は，アーネソンがインターネット上で公開する以下の論文に基づく。Philosophical Topics Richard J. Arneson, "Luck Egalitarianism: An Interpretation and Defense," World Wide Web, (http://philosophy2.ucsd.edu/~rarneson/luckegalitarianism2.pdf).（以下 LE と略記）。なお，この論文は，雑誌 Philosophical Topics に近刊予定であることが明記されていることから，相当程度にアーネソンの確定的見解を反映するものであると判断しここで検討の対象とした。

(36) Arneson, LE, pp. 12-13. なお，こうした自由意志論争上の両立可能性説と常識的な意味での責任概念との関係に関する，今や古典的な議論として，T. M. Scanlon, "The Significance of Choice," Sterling McMurrin (ed.), *The Tanner Lectures on Human Values* (University of Utah Press, 1988), pp. 149-216.

(37) Arneson, LE , pp. 13-14.

(38) Ibid., pp. 14-19. なお，こうしたコントロール不可能な要因の所在により責任を回避しうるとする，アーネソンの言う「コントロール原理」の定

式化に関しては，Ibid., pp. 2-3.
(39) ドゥオーキン自身は，近年の論考 SVR の中で，自らの議論が，決定論を拒絶するものであるという事実と，アンダーソンの言う自己責任の過酷な追求に関与するものでないという事実を，異なった文脈において語っている。しかしながら，彼は，こうした二つの自らの言明がどのような関係にあるのかに関しては，ほとんど何も語っていない。Dworkin, *SVR*, pp. 118-119, 114-115.
(40) Anderson, WIPE, pp. 295, 298.
(41) Scheffler, "What is Egalitarianism?", pp. 24-31.
(42) Michael Otsuka, "Luck, Insurance, and Equality," *Ethics* 113(2002), pp. 45-6.
(43) Robert van der Veen, "Equality of Talent Resources: Procedures or Outcomes?", *Ethics* 113(2002), pp. 63-67.（以下 ETR と略記）
(44) Ibid., pp. 67-75.
(45) Ibid., pp. 78-81; Ostuka, "Luck, Insurance, and Equality", pp. 46-7.
(46) Dworkin, SVR, pp. 120-121. なお，ドゥオーキンの平等概念を，こうした手続的平等と結果の平等という二つの平等概念の間に位置づけるビーンの議論は，Veen, ETR, pp. 62-67.
(47) Dworkin, SVR, p. 122; do., *SV*, pp. 87-89.
(48) こうした「救命政策」という比喩の具体的説明に関しては，Dworkin, *SV*, pp. 309-310.
(49) 「平等化するが社会全体がレベルダウンする危険の批判」に関しては，例えば，Larry Temkin, "Equality, Priority, and the Levelling Down Objection," Clayton and Williams (eds.), *The Ideal of Equality*, pp. 126-161.
(50) Dworkin, SVR, pp. 122-125.
(51) 実際，アーネソンの機会の平等論とスターティング・ゲイト論の関係は，必ずしも自明のものではない。なぜならば，アーネソンの機会平等論は，確かに，社会生活スタート時点での機会の平等を要求しており，そのことは，例えば人々の能力や資質上の差異を考慮に入れなければ，スターティング・ゲイト理論が要求する，社会生活開始時点での平等な資源配分を帰結する。だが，アーネソンの機会平等論は，それ以降も，選択の不運を放置することに関しては，スターティング・ゲイト論と同じ道を辿るであろうが，自然の不運に関しては，それをどの程度是正するかによって，スターティング・ゲイト論と相当に乖離した結論に達し得る。だがしかし，このように，機会平等論の辿る経路を不明確な形で推論せざるを得ないことは，まさに本文において論じたように，機会平等論の配分原理が不明確なものであることを，裏から示す事実だと言えるのである。

(52) Richard J. Arneson, "Luck Egalitarianism and Prioritarianism," *Ethics* 110 (2000), pp. 341-342（以下 LEP と略記）。
(53) Ibid., pp. 342-343.
(54) パーフィット自身が優先主義の立場に最初に言及したのは，以下の講演草稿においてである。Derek Parfit, "Equality or Priority," *The Lindley Lecture* (Department of Philosophy, University of Kansas, 1995). 本稿での引用部分は，この論考の要約版として後に出版された以下の論文に基づいている。Do., "Equality or Priority," Mason (ed.), *op.cit.*, p. 12.
(55) Arneson, LEP, pp. 343-344.
(56) Ibid., p. 344.
(57) Ibid., pp. 342-343, 345.
(58) Ibid., pp. 346-347.
(59) アーネソンは，自らの優先主義の構想は余りにも抽象的なものに留まっているので，それが受け入れる制度構想をより具体的に明確に論じた結果，場合によれば，自らの優先主義の制度がアンダーソン的な民主主義的平等のそれと一致してしまう可能性も否定できないとする。Ibid., pp. 345- なお，アーネソン自身が優先主義に関して論じた他の例として，Richard Arneson, "Disability, Priority, and Social Justice," Leslie A. Francis and Anita Silvers (eds.), *Americans with Disabilities: Exploring the Implications of the Law for Individuals and Institutions*, (London: Routledge, 2000).
(60) そうした議論の一端を示すものとして，当然以下のものを参照。Philippe van Parijs, *Real Freedom for All: What (If Anything) Can Justify Capitalism?* (Clarendon Press, 1995).
(61) Bernard A. O. Williams, "The Idea of Equality," Peter Laslett and W.G. Runciman (eds.), *Philosophy, Politics and Society, Second Series :A Collection* (Basil Blackwell, 1962), pp. 110-131.

# 世界秩序の変動と平等

―グローバリゼーションと平等指向の自由主義の再生―

遠藤誠治

## 1. はじめに――リベラルな政治経済秩序と不平等

　現在，世界秩序に関わる重要な政治的争点として，平等の問題が浮上している。その背景には，世界におけるあまりにも極端な経済的不平等がある。国連開発計画は，従前から不平等の問題を取り上げていたが，『人間開発報告書　1999年版』において，世界人口中の最富裕層20％と最貧層20％の間の所得格差は，1960年には30倍であったが，1995年には61倍になり，1997年には74倍に達したなどとする統計を明らかにして大きな衝撃を与えた。そして，世界の富裕な国々と貧しい国々の格差，世界の富裕な人々と貧しい人々の格差，途上国か先進国かを問わず各国内部の富裕層と貧困層の間の格差が拡大していることを指摘し，急速に進む経済的なグローバリゼーションに対応した統治メカニズムが未整備であるために，様々な機会が富裕層にとって有利に，貧困層にとって不利な形で配分されていることに警告を発したのである（UNDP 1999）。

　その後，この統計が市中の為替レートを基礎にしていることには問題があるという指摘もあったため，国連開発計画は主として購買力平価による比較を用いるようになり，不平等の拡大に関してより慎重な姿勢をとるようになった（UNDP 2002）。それにもかかわらず，『人間開発報告書　2005年版』は，国別・地域別などを詳細に検討すれば，不平等の状況には改善や悪化など不均質な変化があるものの，世界全体の不平等が依然として異常な状態にあると指摘している。それによれば，2000年の購買力平価による試算で，世界人口のうち，最富裕10％が世界の総所得の54％，20％が75％を占める一方で，貧困層40％は5％，最貧困層20％は1.5％を占めるに過ぎない。世界の最富裕500人の所得の合計は，最貧困4億1600万人の所

得の合計よりも多く，世界の人口のほぼ40％に当たる25億人が1日2ドル以下で生活している。最富裕層10％は最貧困層10％に対して103倍の所得を得ており，世界全体のジニ係数は，世界で最も不平等の程度が大きいナミビア以外のいずれの国より大きい0.67である。そして，1990年には平均的なアメリカ人は平均的なタンザニア人より38倍豊かであったが，現在ではその差が61倍に広がっているのである（UNDP 2005）。

　こうした世界的不平等に関する報告にも触発されて，グローバリゼーションと不平等の拡大との関係をめぐる多様な論争が展開してきた。その広がりは経済学や社会学にとどまらず，政治哲学や倫理学の範囲にまで及んでいる。特に，レーガン・サッチャー流の新自由主義の興隆とそれを思想的な基盤とするグローバリゼーションが不平等の拡大の原因だとする勢力と，経済的なグローバリゼーションが世界の貧困層にとっても有利な変化をもたらしていると主張するエコノミストやIMF・世界銀行などの国際機関との間では，しばしばすれ違いをともないながらも，激しい論争が展開されてきた1。あえて単純化するならば，前者の中心を占めるのは，労働運動，第3世界の貧困に関心をもつNGOや社会運動などであるが，力点の相違をともないながらも，ジョゼフ・スティグリッツやジョージ・ソロスのように資本主義システムの中核で活躍してきた人物も含まれていた（Stiglitz 2002, Soros 2002）。後者の中には，国際金融機関，各国の財務金融関係省庁や，国際的経済メディア，経済学の主流派などが含まれていた。彼らの主張にも多様性があるが，その眼目は，貧困人口の絶対数の減少が起こっていることや経済成長によって新規雇用が創出されていること，発展途上国への製造業の移転などを通して富や技術の世界的再分配が行われていることを強調して，新自由主義的な政治経済システムの効率性とそれに基づく正当性を維持しようとすることにあるといってもよいであろう。

　他方で，社会学，政治学，政治哲学や倫理学の領域においても，不平等の問題が各国家ごとの問題としてではなく，グローバルな争点として取り扱われるようになった（Tilly 1998, Held 2004, Horton and Patapan eds. 2004, Follesdal and Pogge eds. 2005）。彼らの多くは，現代世界の不平等が，道義的に正当化しえず，機能的にも世界の不安定化をもたらしているという認識を示し，国際機関の強化や国際的な制度の整備を通じた資金援助や技術移転などによるグローバルな富の再分配を行う必要や義務があることを指

摘している[2]。

　このように世界における不平等をめぐる論争は非常に活発である。しかし，この論争において，資本主義システムや市場経済の廃棄を目指す議論もないわけではないが，実際には，多くの論者は広義のリベラリズムを共有している。つまり，議論の力点が，所有権とそれに基づく経済的自由にあるのか，個人の人権や自律性をはじめとする政治的自由にあるのかという違いはあるものの，普遍的な自由と平等という価値を基礎とする社会を肯定することは所与の前提とされている[3]。そして，現代世界における平等をめぐる論争は，ワシントン・コンセンサスとして要約されるネオリベラリズムの考え方と，社会経済的な弱者に対する道義的配慮を組み込みつつ，より包摂的でリベラルな政治システムを指向しようとする多様な考え方との間のせめぎ合いと解釈することができる。

　筆者の理解では，現在問われているのは，このようなリベラリズム内部の思想的・イデオロギー的多様性を背景として，より広範な人々に社会経済的な利益をもたらしうる平等指向性を備えた自由主義的な政治経済秩序をどのように構築しうるのかという点である。そうだとすると，現在の弱者の排除や周縁化をもたらしているネオリベラリズムに代わる秩序もまた，広義のリベラリズムの中から生み出される必要があり，そのためには，リベラリズム自体の刷新が必要だと考えられる。その際重要なのは，グローバリゼーションが進む現代においては，各国家が個別にとり得る選択肢は広くないということであり，各国家がなしうる選択は，国家のみならず，国際機関や各国内部あるいはトランスナショナルな社会勢力の間の対立や連合の関係に左右されるということである。

　本稿では，このような認識を背景として，現代における世界秩序と平等の関係を理論的に議論するための枠組みを素描してみたい。ただし，ここでの目的は，代替的な世界秩序の規範的モデルの構築ではなく，あくまで世界秩序の変動を分析的に理解するための理論的な枠組みの構築である。規範的な議論は，それ自体としても現実を構成する要素としてもきわめて重要であるが，既にいくつかの優れた分析が存在している[4]。他方，現在の平等の問題は，世界秩序の大きな変動の問題と関連づけて分析される必要があるにもかかわらず，そのような分析を行うための思考枠組み自体が，現在の政治学や国際政治学においては十分整っているとは言い難い。本稿

で試みるのは，そのような欠落を補いつつ，平等と世界秩序の変動との関係を理論的な問題として検討する枠組みを成立させることである。

　第2節では，従来の国際政治理論において，平等と世界秩序の関係がどのように捉えられてきたのかを検討する。第3節では，第2次世界大戦後に成立した相対的に平等化が進行した世界の構造を分析するとともに，1970年代半ば以後それが崩れていることを明らかにする。第4節では，現代世界において平等が政治問題化している状況を，社会運動やNGOの活動の拡大と関連づけて論ずる。最終節では，それまでの議論をふまえて，より平等な世界秩序の形成へ向けた変革を理論的な問題として議論したい。

## 2. 国際政治システムの変動と平等

　国際政治システムには国家の中央政府に相当するものが存在しない。その特質は分権性にあり，国家が国内において行っているような富の再配分の機能を果たす制度は，全く不在というわけではないが，確立しているわけではない。そして，国際政治システムにおける平等とは，各国が他国の内政干渉を排除しつつ自国内部の問題に関する自己決定権を保持するという主権平等の原理くらいしか存在しない。この原理は，第2次世界大戦後，植民地地域の独立を促し，発展途上諸国が新国際経済秩序の要求を推進するうえでは，大きな役割を果たしたといえる。しかし，この主権平等の原理も，国連総会などの国際機関における1国1票制度において実質的に制度化されているに過ぎず，実際には，各国の国力の相違によって超大国・大国・小国といった格付けが存在し，それに基づく国家間の序列もかなりの程度受け入れられている。また，主権国家のサイズの大小も極端な相違があるため，そもそも主権平等だけでは国際社会における平等を語ることはできないのである。このように国際システムにおいては，主権平等の原理はあるものの，実質的な平等を保障するメカニズムは存在しない。

　では，国際政治学は平等をどのような問題として扱ってきたのであろうか。上記のような理由もあり，平等と国際政治システムの関係を理論的な問題として検討したものは多くはない。ここでは，平等と国際政治システムの変動を理論的な問題として成立させるという本稿の関心に即して，異なる観点から世界秩序における平等の問題に着目した3人の研究者の議論を取り上げて検討してみたい。

（1）ヘドリー・ブル——主権国家システムにおける正義と南北問題

　ヘドリー・ブルは，世界の様々な主体の相互関係としての世界秩序と国家間の相互関係としての国際秩序を区別した上で，無政府状態の下でも国家間の社会が成立しうることを示し，世界秩序を実現するために最も優れた方法として，国家がルールを共有し，相互破滅的な紛争を回避しつつ共存していくというグロチウス的な国際社会（international society）を擁護した研究者として知られている（Bull 1977）。その意味では，ブルは世界秩序の改革を進めるよりは現状維持の指向性が強い保守的研究者であった。その彼が，1970年代後半から積極的に取り組んだのが，国際関係における正義（justice）の問題であった。それはちょうど第3世界諸国からの新国際経済秩序樹立の要求が高まりをみせていた時期に当たる。ここでは，ブルの「国際関係における正義」と題する講演録を素材として彼の平等と国際秩序に関する議論を検討してみよう（Bull 1983-84）。

　ブルは，この講演において，国際社会において支配的な立場にある西側の価値体系や論理と第3世界からの平等の要求の根拠をなす論理との間の共通点と相違点を明らかにしつつ，国際社会の安定のために西側はどう対処すべきなのかという問題に答えようとしている。その際，西側社会が個人主義的なリベラリズムの価値体系を徐々に受け入れてきたことが重要な前提となっており，国際社会はそれ自体として西側の価値体系を基礎として形成されていると認識されている。

　ブルは，この西側世界の価値体系との対比において，第3世界からの正義の要求を読み解いていこうとする。興味深いことにブルは第3世界諸国からの正義の要求を基本的には平等の要求であると解釈している。ブルはまず，第3世界からの正義の要求を，第1に主権的権利の平等，第2に民族自決の原則の平等な適用，第3に人種間の平等あるいは非白人にとっての正義，第4に経済的平等，第5に精神的・文化的領域における第3世界の解放という5つの問題群として整理している。その際，第4の経済領域の問題が最も重要な課題として浮上しており，「世界社会における配分的正義の概念は既に確立された国際的論争の主題になっており，それは一過性ではない」としている。しかし，国際社会には配分的正義を達成するための政治制度が欠けている。そして，1960年代末までは開発という第3世

界と先進国の間の共通利益が強調されていたにもかかわらず，1970年代に入るとより対決的な関係が強調されるようになったと指摘している。

　第3世界からの要求をこのように整理した上でブルは，これらの要求はいずれも国際関係において必ずしも新しいものではなく，西側世界における国際規範に関する理解と共通した前提の上で展開されているものが多い点を見落とすべきではないと主張する。しかし，西側世界においては個人の人権を基礎とする価値体系に基づき，国家主権や民族自決の原理，あるいは開発の問題すらも，基本的には個人の人権や自由という観点から理解しているのに対して，第3世界諸国はそれらの権利を国家がもつものと捉えている。この西側世界の個人重視の考え方と，第3世界諸国の国家主義的な考え方の間にある相違はきわめて大きく，容易には克服しがたいと主張している。

　その上で，ブルは第3世界からの秩序変革の要求の背景にあるのは，単なる富の再配分ではなく国際社会における権力の配分状態の変更であり，この点において既得権をもつ西側世界が譲歩をすることは容易ではないと指摘する。ブルによれば，そうした「西側の優越性への反乱」に対して西側がとりうるのは，（1）秩序の維持と正義の実現は常に対立関係にあると考え秩序を優先しようとする保守的対応，（2）正義の実現を優先し秩序の混乱も辞さないという革命的対応，（3）秩序は正義を実現することによってこそ最もよく維持され，正義の実現は秩序においてこそ可能となるとして，秩序の維持と正義の実現を両立させようとするリベラルな対応という3つの可能性がある，という。この中でブルは，第3の対応を推奨する。それは，彼らの平等への要求はソ連が作り出したものではなく真性かつ自然なものであり，第3世界諸国が経済発展を遂げ国内社会を安定させることができれば，国際社会の諸制度の枠の中でより協力的な姿勢をとりうると考えられるからである。そして，ブルは，西側諸国は道義的関心や経済的考慮からではなく，主として国際秩序の安定という観点から第3世界諸国の要求に対応していくべきだと主張するのである。

## （2）坂本義和——近代の政治構造と多層的追い上げ過程

　坂本義和は，『軍縮の政治学』（1982）において人間の平等化の要求が近代以後の歴史を推進してきた強力な社会的要因であると主張している。こ

の平等化の要求は，民族国家間では国家主権の平等，集団間では，「人種の平等」や「階級・身分差別の廃止」となり，個人間では，ジェンダー間の平等などという形をとるが，「先発の者を後発の者が対等性を要求して追い上げていく過程」としてみることができるという。こうした平等化のダイナミズムに基づく追い上げの過程は，一方では，国家間関係における先発者と後発者の間に見られるが，他方では，国内における平等化の要求にも見ることができる。

国家間の追い上げ過程は，まず先発先進国を後発先進国が追い上げ，さらに後発先進国を発展途上国が追い上げるという形をとるようになり，追い上げる者が追い上げられるという多層的なダイナミズムを生み出してきた。他方で，国内の平等化の始動と，国家間の平等化の始動との時間差は現代に近づくほど小さくなっている。例えば，1960年代以後において発展途上国が先進国を追い上げる形で進めた脱植民地化の過程は，いわばブルジョア層の力によるものであったが，独立達成との時間差がほとんどない形で国内における平等化の要求が開始されるようになった。ここで特に重要なのは，現代の平等化を要求する原動力が民衆レベルに根ざしているという点である。坂本によれば，こうして，国家間の多層的追い上げと国内の平等化とが重複するのみならず，連動しつつ加速化しているのが現代の特質なのである。

坂本の議論は，基本的には1980年代初頭の国際的な危機状況を近代史全体のメカニズムの中で分析しようとするものであった。坂本によれば，米国をはじめとする先進資本主義諸国をソ連が追い上げるという構造で起こっていた軍事・イデオロギー的競争を特質としていた1950年代の冷戦第1期，発展途上国に対する発展モデルとしてのイデオロギー的・経済的競争を特質とした1960年代の冷戦第2期に対して，1970年代，特に産油国により石油戦略が用いられて以後の第3期は，既述のような多層的な追い上げが展開しているために危機の状況は冷戦第1期よりもずっと複雑である。本稿の主たる関心は冷戦構造の変動を理解することではないが，坂本は，平等化あるいは追い上げの過程では緊張や紛争が発生するという重要な指摘をしている。それは，追い上げが既得権をもつ勢力とそれに挑戦する勢力との間で展開するからである。そして，追い上げ過程が国際的にも国内的にも多層的に連動しているとすると，その過程で起こる緊張や紛争もま

た多層的に連動するため，危機は非常に深いレベルで進行することになるわけである。

　この危機の構造を単純化すると，国家間関係における変革勢力と保守ないし反動勢力とのせめぎ合い，国内における変革勢力と保守ないし反動勢力とのせめぎ合いという多様な勢力間の複雑な連動の中で，全体として世界的な規模での巨大な闘争が展開しており，それが当時の軍事化状況という危機をつくり出しているというのが坂本の分析である。それに基づいて，平等化の要求とそれに対する反発としての軍事化は，平等で公正な世界秩序を形成しない限り，継続するものとして，既得権をもつ側が自己変革を行い，平等化へ向けたイニシアチブをとることを求めている。

### (3) カール・ポランニー——市場社会化と社会の自己防衛

　カール・ポランニーは19世紀から20世紀前半における市場社会の成立と崩壊を，イデオロギーや思想，国家構造，国際システムを横断する巨視的な観点から分析した『大転換』において，市場社会化の圧力とそれに抗う社会の自己防衛という興味深い視点を提供している（Polanyi 1957）。ポランニーの議論は，厳密には平等をテーマとしていたわけではないが，19世紀型のグローバリゼーションに対抗する多様な試みとしての社会の自己防衛において目指されていたのが経済的利益の相対的に平等な配分であり，市場経済を社会の諸組織の中に埋め戻すということであったことを考慮に入れると，平等と国際秩序という本稿の関心にとっても示唆に富んでいる。

　ポランニーによれば，18世紀末から19世紀初頭にかけて，社会と未分化であった市場が独自の領域として自律的に作動するようになり，その自己調整性に関する確固たる信念がイデオロギーとして定着した。この転換は決してスムーズに進んだわけではなかったが，重要なことは，市場が自律化したのは自生的で自然な変化によるものだったのではなく，国家による積極的な介入と国家構造の根本的な再編成によってであったということである。この転換過程において，国家の役割や機能，国家と社会の関係が再定義された。具体的には，国家は，自己調整的な市場に対して自ら介入を避け自由放任を貫くのみならず，私的所有を不可侵のものとして神聖化し，市場の自由を妨げる行為を非合法化するなどして，市場の自由の守護者の役割を担うようになったのである。他方で，自由な市場経済は各国ごとに

成立したにとどまらず，世界経済全般においても貿易取引や金融取引の自由化が進行した。そして，自由主義国家，自由貿易体制，金本位制と大資本による信用供与，勢力均衡を基軸としたメカニズムが，ヨーロッパの先進資本主義諸国間に安定した関係をもたらしたのである。

　ポランニーによれば，強力に推し進められた市場社会化に対抗して，19世紀後半以後になると，社会におけるさまざまな集団が多様な形の自己防衛を試みた。興味深いことに，市場の自律化を達成しようとする運動の方がある種のプログラムに沿った計画的行動であったのに対して，市場社会の擁護者たちが「集産主義（collectivism）」と批判したさまざまな動きは，計画的な共同行動ではなく，実際には，社会内部の諸勢力による個別的自発的試みであった[5]。こうした市場社会化とそれに対する社会の自己防衛をポランニーは「二重の運動」と呼んでいる。

　こうした二重の運動のせめぎ合いの帰結として，自由主義的な国家，自由貿易体制，自由な国際金融を維持することはできなくなり，戦間期には，国家が市場に積極的に介入することで市場社会が生み出した問題に対応しようとする動きが出てきた。それが，ソ連型社会主義，ナチズムによる国家社会主義，米国のニューディールであった。ポランニーがニューディールに大きな期待と可能性を見いだしていたことは明らかである。そして，それが次節で述べるように，米国内のヘゲモニー的慣行の基礎となるとともに，第2次世界大戦後の資本主義世界における国際政治経済のイデオロギー的基礎を提供することになったのである。

　以上本節では，ブル，坂本，ポランニーによる平等と国際秩序ないしは世界秩序に関する議論を検討してきた。最も明示的なのは坂本であるが，三者いずれも平等化の傾向を国際関係変動の動因と見ている点において共通点が見られる。ブルの議論は国家間の平等にのみ着目するものであるとともに，市場経済システムの機能に関する分析が欠落しているという点できわめて特徴的なものではあるが，国際秩序の維持という保守的な関心からみてもなお第3世界からの平等の要求に対応する必要があるという認識が示されていた。坂本とポランニーは国内レベルと国際レベルの連関を見つつ，世界秩序の変動の動因を究極的には各国内の社会勢力による平等化の要求に見ている点に特質がある。ポランニーの議論は，市場経済化の力と社会の自己防衛という対抗関係から変動を見ようとしていたのに対して，

坂本の議論は，多層的な追い上げ過程として近代を理解するという視点を提供していた。また，坂本とブルは，平等化の要求は既得権層とそれに挑戦する勢力との間の紛争をもたらすということを示していた。これらの論者はいずれも平等化を推し進めようとする力が世界秩序と深く関わっていることを示しつつ，非特権層からの平等化の要求に対応していくことが世界秩序の安定につながるという視点を提供しているのである。

## 3. 第2次世界大戦後の国際秩序と埋め込まれた自由主義

ポランニーの『大転換』は，第2次世界大戦を，自己調整的市場に対して市場を政治的な力によって制御しようとする異なる方法間の争いとして理解するという視点を提供していた。第2次世界大戦に勝利を収めたニューディールとソ連型社会主義が，戦後の社会経済モデルを提供していた。その帰結として，1970年代の半ばまでの間，少なくとも先進資本主義国においては，相対的に平等指向性や包摂性の高い国内秩序が形成された。また，国際関係においても，国家間の政治的平等化が進行した。では，1970年代半ばまでの間に，相対的に平等指向性の高い秩序が成立しえたのはなぜなのであろうか。この点を説明し，そうした秩序が解体していったメカニズムを図式化して示すのが本節の目的である。

第2次世界大戦後の資本主義世界に成立した国際体制は，指導的な経済原理や労働者の包摂度からみた国家構造，国際政治上の対抗関係や国際経済の組織化の程度などからみた国際関係の文脈において，19世紀の英国のヘゲモニー下で実現した自由貿易体制の単なる復活ではなかった。ジョン・ラギーは19世紀の古典的自由主義に対して，第2次世界大戦後の国際経済秩序を「埋め込まれた自由主義（embedded liberalism）」と特徴づけている（Ruggie 1982, 遠藤 1994）。

まず，国家構造に関しては，19世紀の自由主義国家とニューディール後のケインズ主義国家は大きく異なっていた。第2次世界大戦後の国家は，財政政策・金融政策を用いて景気循環に対応すること，失業者の発生を最少化すること，社会保険や年金を整備し，市場経済のもたらすさまざまな破壊的効果を極小化することなどを通して，経済全般をマクロに管理する責任を担うようになった。つまり，自由放任ではなく，市場に対して積極的に介入することが国家の責任となったのである。

他方，生産現場や労働市場においても，労働者に対して融和的な対応がとられ，産業労働者の体制内化が進んだ。そのメカニズムは，第1に労働者にも入手可能な安価な自動車であるT型フォードを開発したヘンリー・フォードに由来するフォーディズムに求めることができる。すなわち，資本家と労働者が階級対立を継続するよりは，彼らに対する積極的な所得分配によって，労働者を資本主義の受益者層へと転換させること，いわば労働者を消費者と位置づけなおすことが進んだのである。フォーディズムの考え方自体は戦間期から知られていたが，第2次世界大戦後にはこれが世界大に拡大していったのである。

　第2に，労働者への積極的な富の配分は「生産性の政治（politics of productivity）」という政治メカニズムとして理解することができる。第2次世界大戦後の高度経済成長をもたらしたのは，単なる産出物の量的拡大ではなく生産性の急速な向上であった。そして，労働者への所得配分が生産性の向上分を上回らない限り，資本主義の経済体制の継続と労働者への配分を両立させることができる。メイヤーは，第2次世界大戦後の米国の政治体制が，政治権力や経済的な富の実質的再配分をともなわないまま，労働者を資本主義体制への受益者層として包摂することに成功した点に着目した。そして，経済的な取り分の比率や政治的な決定権をめぐる実質的な政治問題への直面を回避しつつ，政治を運営していく手法を「生産性の政治」と呼んだのである（Maier 1978）。

　他方，国際経済体制はブレトンウッズ体制として知られてきたが，これも19世紀とは異なる論理をもっていた。この体制の成立にあたっては，英国と米国あるいは英国代表のケインズと米国代表のホワイトとの間に厳しい対立があったことが知られているが，短期資本移動が戦間期の国際経済体制を不安定にしたという理解の下に，戦後には短期資本移動に強い制限を加えることに関しては，両者に合意があった。つまり，貿易の自由化に力点をおきつつ，資本移動を制限する形で国際経済体制が再建されたのであり，国際的な市場は自由放任されたわけではなかったのである（Gardner 1980）。

　さらに国際経済秩序の管理において大きな役割を果たしたのが，第2次世界大戦後の世界経済に政治的インフラストラクチャーを提供した米国のヘゲモニーであった。その特質は多国間主義に基づく制度に埋め込まれて

いった点にあった。また，米国のヘゲモニーは単に国際関係のレベルでみられただけではない。生産性の改善や科学的経営をスローガンとする米国的な企業運営とそれを基軸においた政治体制管理の思想は，生産性ミッションなどを通じてヨーロッパや日本にも移植されたし，その際には，米国の労働組合も大きな役割を果たした (Cox 1977)。その意味で，米国のヘゲモニーは「生産性の政治」の移植として各国社会のミクロなレヴェルにも埋め込まれていったのである。

このような国家構造と国際経済体制の背景にあって，それらに凝集力を与えていたのが冷戦であった。労働者を体制に包摂する必要が広く認識されていたことや，米国が突出した政治経済力を狭義の自国の利益の追求にのみ活用せず，他国の利益を配慮しつつ多国間主義の枠組みのなかでヘゲモニー的行動をとったことも，自由主義と資本主義に対する挑戦者としてのソ連と社会主義のイデオロギーの存在を抜きにしては十分に理解できない。さらにいえば，冷戦とそれを背景として展開した米国のヘゲモニー的行動は，先進資本主義国の政治経済体制に，中道から中道左派の政治を定着させる役割を果たした。このような凝集力を背景として，第2次世界大戦後の資本主義世界の国際政治経済関係は管理されていたのである。

こうしてフォーディズムや生産性の政治を通じて労働者を組み込み，積極的な市場への介入を通じて富の再配分を行う包摂性の高いケインズ主義国家，短期資本移動に強い制約を加えた上で貿易の自由化を確保した国際経済システムという組み合わせによって，少なくとも先進資本主義諸国内部においては，相対的な平等を保障する構造が成立した。ただし，このような構造は，政治権力の実質的な再配分をともなっていなかった以上，フォーディズムが富の源泉として機能し，生産性向上分の分け前を労働者に配分しうる範囲内においてのみ維持可能なものであったという点がきわめて重要である（遠藤1994）。他方で，この構造の下では第3世界の多くの国々やその内部のほとんどの社会勢力が排除されていた。それゆえに，坂本が分析したように多層的追い上げのメカニズムが，第3世界の指導者や民衆の平等化への要求を背景として強力に作用するようになったのである。

しかし，1970年代半ば以後に急速に展開した新自由主義を基本イデオロギーとするグローバリゼーションは，そうした相対的平等を可能にした政治経済構造を解体する大きな力となった。ここではそれを詳述する余裕は

ないが，その起点となった要素は以下のように理解できる。第1は，ブルや坂本が着目した第3世界からの挑戦である。これに対して，ブルや坂本が提唱していたような対応の提案が先進国側からなかったわけではないが，主流を占めたのは，むしろ第3世界に対する積極的な対抗ないしは反撃の姿勢であった。ただし，そのような反撃は政治・軍事的な手段にはよらず，むしろ市場や国際金融機関を媒介とした経済手段によるものであった。だからといってそれが政治的でないわけではなく，むしろ経済的手段が政治化された形で活用された (Biersteker 1992, George 1994/1988)。第2に，短期資金をはじめとする金融市場の膨張とグローバリゼーションがケインズ主義的な国家の基礎を掘り崩した (Helleiner 1994)。第3は，富の産出メカニズムの変化である。フォーディズムに適合的な大量生産大量消費システムから知識経済・情報経済への移行が起こった。さらにそれと並行して，生産過程のグローバルな再編成により途上国の工業化が進行した。これらはいずれも，先進国における組織労働者の権力基盤を弱体化する形で機能した。第4に，イデオロギー的にも新自由主義が優位を占めることにより，それ以外の政治経済システムの正当性が損なわれていったのである (Gill 1995)。

　いずれにしても，坂本の分析カテゴリーを用いるならば，1980年代以後の新自由主義の台頭は，既得権層が平等化の潮流に対して保守的ないしは反動的な対応を選択したことを意味していた。そして，それに抵抗ないしは対抗する勢力は，国内においても国際関係においても十分に組織化されていないという状態が続いた。産業労働者の組織的な力は長期的凋落過程からの脱出口を発見できず，第3世界の政治的団結も累積債務危機を通じて急速に弱体化した。むしろ，グローバリゼーションを通じて既得権層の組み替えが進行し，発展途上国のエリート層の一部も先進国主導のグローバリゼーションに積極的に関与するようになっていったのである (Hoogvelt 1997)。こうした状況においても，ポランニーのいう社会の自己防衛が多様な形でも現れるようになった。それがグローバルな政治勢力として表現されるようになってきたのは1990年代の後半になってからであった。

## 4. 平等を求める二重の運動と市民社会

　新自由主義的グローバリゼーションにおいては，単に市場が世界化したというわけではなく，それを可能にするための政治的な制度が必要であった。それにはケインズ主義国家から競争国家への国家構造の変容や(Cerny 1990)，世界銀行やIMFの強化やWTOの創設をはじめとする国際的な制度の整備などがあるが，それ以外にも，各国の政治エリート層やビジネスエリート層の組織化も行われた（Gill 1990, Sassen 2005)。そのような民間国際機構は日米欧委員会をはじめとして多様に存在しているが，グローバリゼーションの時代を代表する組織が世界経済フォーラム（World Economic Forum）である。

　そうした動きに対抗するように成長してきたのが，多様な社会運動やNGOなどの市民社会組織である。そうした運動の関心は，環境，人権，開発，女性の権利，民主化，消費者の権利，労働者の権利，都市住民の権利，農村・農民の開発や人権，保健衛生，先住民の権利，生物多様性などきわめて多様であり，それぞれの地域や社会階層の関心を担って成長してきた（Gills ed. 2000, Murphy ed. 2002）。そうした市民社会組織の中には，当初からグローバルな関心を抱いていたものも少なくなく，やがて，積極的に国際的な組織化を進めるようになった。1980年代末以後になると，Ｇ７／Ｇ８サミットや国連主催の様々な社会経済問題関係のサミットなどにおいて，公的なサミットのアジェンダや解決策に対抗するためのパラレル・サミットの組織化が始まった。そうした動きは，1992年のリオ・サミットを契機として大きく拡大したのである（Pianta 2001）。

　こうした組織化の一方で，もともと多様な問題関心をもっていた彼らの間に共通する問題が新自由主義的なグローバリゼーションであるとする認識が広く共有されるようになった。彼らは当初，新自由主義的なグローバリゼーションに反対するという意味で反グローバリゼーション運動と呼ばれたが，やがて，支配的なグローバリゼーションに対抗するには彼ら自身がグローバルに運動を展開する必要があることから，対抗的グローバリゼーション運動，代替的グローバリゼーション運動あるいはグローバルな正義を求める運動と呼ばれるようになった[6]。

　こうした組織化と問題意識の共有を通じた，市民社会のトランスナショ

ナルな組織化の到達点が，1999年にシアトルで開催されたWTO閣僚会合における大規模な街頭行動であり，その結果閣僚会合はさらなる貿易自由化に向けた新ラウンドの開始を断念せざるをえなかった7。こうしたシアトルにおける「勝利」は，「シアトルの戦い（the battle of Seattle）」として市民運動に共有される記憶ないしは神話を提供している。

そして2001年にブラジルのポルトアレグレで，世界経済フォーラムの日程に合わせる形で第1回会合が開催されたのが世界社会フォーラム（World Social Forum）であった。新自由主義的グローバリゼーションを推進する勢力が経済や市場を強調するのに対して，彼らは，社会や連帯を強調することで，多くのNGOや社会運動の活動家に強いイマジネーションを喚起した。そのことは，世界社会フォーラムがポルトアレグレ，ムンバイなど開催地を変えながら毎年継続して開催され，NGOや社会運動にとって，問題の討議・共有・意見交換・コンサート・デモンストレーション・ユースキャンプなどの混合体として定着したこと，この間，参加者・参加登録団体・参加者の出身国・期間中のイベント数などが急速に拡大したこと，そして，各地で「社会フォーラム現象」といっても良いほど「社会フォーラム」を開催する運動が急速に拡大したことに現れている。例えば，参加者数は第1回の2万人に対して，第5回は20万人，参加登録団体数は500から6872へと増えている。また，世界社会フォーラムと連携しつつも独自の社会フォーラムが多様なレベルで開催されるようになりその数も急増している。2004年にはヨーロッパやアジアといった地域単位のものが12，イタリアとギリシアを除く国単位のものが23，地方単位のものが74を数えている。またイタリアとギリシアでは社会フォーラムは非常に多く開催されており，その数はそれぞれ180と50に及んでいると推定されている（Glasius et al. 2006）。

世界社会フォーラムを構成する集団は雑多である。ここでは詳述できないが，例えば，土地なし貧農の土地所有の権利を求める運動や先住民・被差別民の権利拡張運動もあれば，トービン税の導入によりグローバルな資本主義システムに修正を加えようとする運動もあり，古くからの労働運動もあれば，NGOや新しい社会運動もある。それは世界社会フォーラムが当初から世界の経験や社会運動の多様性を尊重し，多様性の中の連帯を強調してきたからでもある。しかし，世界社会フォーラムは，数年にして，

意思決定過程が民主的とはいいがたく，参加者が多すぎて実質的な討議ができないなどの問題が指摘されるようになった（Teiviainen 2003, Waterman 2003）。そして，20万人を超える参加者が集まると，フォーラム全体としての集合的意志を示すことは原理的に不可能となった。また，現状では，参加者の間では，多様な運動の意見表出と討議のための「空間」としてのフォーラム像と，平等な世界の実現へ向かって進む「運動体」としてのフォーラム像との間に調整のつきがたい乖離が生じつつある。一部の人々は，運動体としての側面を強調し，綱領や目標を明示したいと考えているのに対して，一部の人々は，「空間」としての多様性それ自体の価値を守ろうとしている。さらに NGO や新しい社会運動の側に存在する労働運動に対する警戒感も完全には払拭されていない（センほか 2005年, Cassen 2006, De Sousa Santos 2006, Whitaker 2006）。こうして世界社会フォーラムは，その規模における成功のゆえに，あるいはそれにもかかわらず，内部の凝集力や組織力あるいはリーダーシップなどの問題に直面せざるをえなくなっている。政治的な力が組織化によって生まれる以上，明確で凝集力のあるリーダーシップが提供できるかどうかは，社会フォーラム運動にとってきわめて重要な争点であることは確実である。しかし，現状の新自由主義的グローバリゼーションに対する抗議を共有しつつ，より平等主義的な世界秩序への転換を求める人々の姿を可視化したこと，そして，そうした勢力が現在のグローバルな政治システムに構造的に定着していることを示したことの意義はきわめて大きい。

　いずれにしても，世界社会フォーラムという空間ないしは運動がどのように展開していくのかということそれ自体が興味深い問題であることは確かであるとしても，本稿の関心からいえば，多様なサイズの社会フォーラム運動の世界的拡大があることや，ネットワーク化されたグローバルな社会運動が構造化され現実の力を持ちつつあるということの方が重要である[8]。そして，世界社会フォーラムに代表されるグローバルな社会運動は，国際機関や世界経済フォーラムの問題関心にも影響を与えており，彼ら自身が平等や公正さへの配慮を示さなければならない状況が生まれつつある（Wilkinson 2005）。つまり，ポランニーが社会の自己防衛と呼び，坂本が民衆に根ざした平等化の運動と呼んだものは，現在の世界秩序の変動を考える上できわめて重要な要素となっているのである。そうだとすると，世界

が新自由主義とは異なるより平等主義的な秩序へ向かう可能性は，1990年代よりは大きくなってきているのかもしれない。しかし，他方で，新自由主義的グローバリゼーションに反対するというスローガンだけでは，多様な勢力を凝集させるヴィジョンとしては不十分であるように思われる。この点を十分に考えるためには，既存秩序内部におけるエリート層の対応がどのようなものになるのか，エリート層とNGOや社会運動との間の相互関係がどのようなものになるのかという点が重要になってくるであろう。

## 5. 平等をめぐる世界政治

2003年のイラク戦争開戦をめぐる国際関係は，大西洋同盟の間に癒しがたい亀裂を残した。これには多様な波及効果があるように思われる。米欧関係は，依然としてグローバルな資本循環の最も重要な基軸をなしているにもかかわらず，米国はそれを支える政治的協調の枠組みを揺るがしてもなお単独行動主義に固執した。その帰結として，米国内部のリベラル派と単独行動主義者の間の亀裂や世界秩序の運営に関する米欧間のアプローチの相違も明らかになった。また，社会モデルとしても，新自由主義に基礎を置く米国型と社会的な連帯や調和を尊重するヨーロッパ型との相違を強調し，後者をより好ましいとする議論も広がりつつある（Rifkin 2004, Pontusson 2005）。ここでは異なるタイプのリベラルな社会モデル相互間の相違が大きな争点となって表れているのである。

他方，米国の単独行動主義や国連に対する敵対的な行動にもかかわらず，平等や社会開発あるいは人間開発といった議論が，国連ファミリーを主要なフォーラムとして展開するという構造は揺らいでいない。例えば，実現が危ぶまれてはいるものの，ミレニアム開発目標が主要国の賛同をえて定められ，その実施状況に対するモニタリングが行われるようになった。また，国連は人権，腐敗，環境保護，労働基準などに関して自らを基軸としつつビジネス・NGO・政府の間に協調をもたらす枠組みとして「グローバルな盟約（global compact）」も打ち出しており，世界の主要な企業はこれに応じている（Falk 2006）。多分にポーズとしての色彩が強いとしても，グローバルに活動する多国籍企業は，グローバルな責任を求める市民社会や消費者のピア・プレッシャーに敏感にならざるをえなくなっている。そして，短期的で狭義の自己利益だけではなく長期的に資本主義を維持するこ

とに関心をもつ人々の間には，新自由主義の排他性がもたらす世界の不安定化を問題視する人々も少なくない（Murphy 2005）。

　こうした変化の中で，グローバルな社会運動の側にも刷新が必要とされている。その中には，旧来のフォーディズム的秩序の中で既得権を獲得してきた労働運動の刷新や，労働運動と社会運動の間の連携の強化なども含まれる（Harrod et al. eds. 2002）。また，単純な反多国籍企業・反新自由主義のスローガンだけでは，多国籍的に展開する市場経済主体をコントロールできない。多国籍企業の活動を消費者・人権運動・労働運動・環境保護運動などの立場から規制する方法を探ろうとしたブレイスウェイトとドレハスの浩瀚な書物によれば，分野ごとの相違があまりにも大きいため，一律に政治的な規制を強化することによってのみ目標を達成することには無理がある。多国籍企業に対して実効的な規制を課していくためには，例えば，環境対策などのように，時代を先取りするような自己規制自体が，企業自身にとってもメリットをもたらしうるということを示す必要がある場合もあるという。また，グローバル・ガバナンスに関わる諸問題に関して，どの国際機関がフォーラムになるのかということ自体がきわめて重要な意味をもつ場合もある。環境規制・労働基準・知的所有権などにも関連する貿易や投資に関わる取り決めが，貿易自由化のためのフォーラムであるWTOで議論されている限りは，ビジネスに対する規制の実効性を確保することは難しいであろう。つまり，国際機関相互間にも強弱の関係があり，現状では，経済的な自由化の潮流を推し進めようとする国際機関の方が依然としてより強力なのである。しかし，既存の国際機関の中で環境や労働基準に関心をもつ機関を強化するように社会運動が取り組んでいけば，現状とは異なる帰結をもたらす可能性は高まるであろう（Braithwaite et al. 2000）。

　このように，より平等で包摂性の高い世界秩序へ向けて変化を生み出す構造的な条件は整いつつある。この先は，より具体的な問題の局面において，グローバルな社会運動が，国連諸機関などの国際機関を活用しつつ，市場内主体との間にも連携関係を生み出すと同時に，多国籍企業・国家・国際機関の中の開明的なエリート層が平等を求める社会運動との連携を模索する動きが広がっていく必要もあるだろう。そうした連携関係を構造化して蓄積していくことが，フォーディズム的秩序においてみられた広範な

社会的妥協の枠組みを大幅に刷新して再生することにつながるであろう。
　さらにいえば，本来的には，そうした変革へ向けたイニシアチブは強者の側からもたらされる必要がある。E・H・カーは，戦間期の危機に見られた「持てる者」と「持たざる者」の間の対立において，「持てる者」の側からの積極的な妥協を説いた。カーによれば，国際秩序の「平和的な変更（peaceful change）」に必要なのは，弱者からの強力な圧力とそれに対応しようとする強者からの積極的な妥協であった。つまり，強者からの妥協は，狭義の自己利益を維持するための枠組みを変革し，より平等指向的かつ包摂的で道義にかなった秩序をもたらすために必要な措置であると考えられていたのである（Carr 1939, 1942, 遠藤 2003）。平等化への要求が，第2節で検討したように容易になくなるものではなく，第4節で検討したような形で現実の世界秩序の中で構造化されつつあるのだとすると，残されているのは，強者の側からの自己刷新と啓蒙された自己利益に基づいた積極的妥協であろう。そして，強者と弱者の間の垂直的な紛争においては，それが平和的な解決の端緒を開くためのほぼ唯一の道なのである（Rapoport 1989）。

（1）　両勢力の主張の対立点とすれ違いを示す上で示唆的なのが，ジョージほか 2002年である。
（2）　ジョン・ロールズの正義論を援用しつつ，グローバルな配分的正義の必要性を論じたものの嚆矢として，Beitz 1999 がある。しかし，ロールズ自身は自らの議論を国民国家の範囲を超えて適用することに批判的であった（Rawls 2001）。それに対して，ロールズが道徳的な義務を普遍的な形で提起しておきながら，その適用を国内にとどめようとしているのは論理的一貫性を欠いているとの批判もある（Singer 2002, Pogge 2004）。
（3）　例えば，UNDP も，国連機関である以上当然ともいえるが，自由主義的経済システムそのものを否定するという立場から議論を展開しているわけではない。2005年版『人間開発報告書』の焦点の1つは，農業や農産物貿易における先進国の補助金であり，先進国の経済力が途上国の比較優位を損なう形で行使されている点を批判の対象としているのである（UNDP 2005）。
（4）　リベラルな政治思想に基礎を置きつつ平等に配慮した世界秩序の規範的な議論を精力的に展開しているのがヘルドである（Held 1995, 2004）。また，功利主義の立場に立つ倫理学者のシンガーも，グローバリゼーション

に即して倫理体系を転換する必要性に関する説得力のある議論を展開している（Singer 2002）。
（5）　社会の自己防衛の興味深い例として，戦間期における地域通貨の興隆や経済活動の政治的管理の試みをあげることができる（河邑厚徳ほか2000）。
（6）　本稿では詳しく論ずることができないが，市民運動の国境を越えた組織化は，国民的共同体を前提として社会運動を分析してきた社会学者たちの問題意識も変革させることになった。彼らの問題関心は，社会運動がどのような資源をもちどのようにその資源を活用して勢力を拡大していくのかということにあり，依然として政治学者の問題関心とは異なる面があるが，研究は蓄積されつつある。例えば，Bandy et al. eds. 2005, Della Porta et al. eds. 2005, Tilly 2004 などを参照。
（7）　その後，WTOの新ラウンドは開始されたが，市民社会組織からの反対とは異なる理由から停滞している。
（8）　2001年からはカルドアらを中心として『地球市民社会』年報が発行され，毎年，市民社会に関わる情報やデータが集積されて発表されるようになった。

## 参考文献一覧

遠藤誠治，1994年．「国際政治から世界政治へ――移行期をとらえるひとつのパースペクティヴ」鴨武彦編『講座　世紀間の世界政治5　パワー・ポリティクスの変容：リアリズムとの葛藤』日本評論社：pp. 207-256.

――，2003年．「『危機の20年』から国際秩序の再建へ：E. H. カーの国際政治理論の再検討」『思想』No. 945, 2003年1月号：pp. 47-66.

河邑厚徳，グループ現代，2000年．『エンデの遺言――根源からお金を問うこと』日本放送出版協会．

坂本義和，1982年．『軍縮の政治学』岩波新書．

ジョージ，スーザン，マーティン・ウルフ（杉村昌昭訳），2002年．『徹底討論　グローバリゼーション　賛成／反対』作品社．

セン，ジャイ，アニタ・アナンド，アルトゥーロ・エスコバル，ピーター・ウォーターマン編（武藤一羊・小倉利丸・戸田清・大屋定晴監訳），2005年．『世界社会フォーラム　帝国への挑戦』作品社．

Bandy, Joe, and Jackie Smith, eds., 2005. *Coalitions across Borders: Transnational Protest and the Neoliberal Order*. Lanham: Rowman Littlefield.

Beitz, Charles R., 1999. *Political Theory and International Relations, Second Edition*. Princeton: Princeton University Press.

Biersteker, Thomas, 1992. "The "Triumph" of Neoclassical Economics in the Developing World: Policy Convergence and Bases of Governance in the International Economic Order," in Otto Czempiel and James N. Rosenau, eds., *Governance without Government: Order and Change in World Politics*, Cambridge: Cambridge University Press, 1992: pp. 102-131.

Braithwaite, John, and Peter Drahos, 2000. *Global Business Regulation*. Cambridge: Cambridge University Press.

Bull, Hedley, 1977. *The Anarchical Society: A Study of World Order*. New York: Columbia University Press.

――, 1983-84. *Justice in International Relations. Hagey Lectures*, University of Waterloo, Ontario, 1983-84. Later in Kai Alderson and Andrew Hurrell, eds., *Hedley Bull on International Society*, Basingstoke and London: Macmillan, 2000, pp. 207-245.

Carr, E. H., 1939. *The Twenty Years Crisis 1919-1939: An Introduction to the Study of International Relations*. London: Macmillan.

――, 1942. *Conditions of Peace*. London: Macmillan.

Cassen, Bernard, 2006. "World Social Forum," in M. Glasius, et al., editors-in-chief, *Global Civil Society 2005/6*, pp. 79-86.

Cerny, Philip G., 1990. *The Changing Architecture of Politics: Structure, Agency, and the Future of the State*. London: Sage.

Cox, Robert W., 1977. "Labor and Hegemony," *International Organization*, Vol. 31, No. 3, Summer 1977, pp. 385-424,

Della Porta, Donatella, and Sidney Tarrow, eds., 2005. *Transnational Protest and Global Activism: People, Passions, and Power*. Lanham: Rowman Littlefield.

De Sousa Santos, Boaventura, 2006. "World Social Forum," in M. Glasius, et al., editors-in-chief, *Global Civil Society 2005/6*, pp. 73-78.

Falk, Richard, 2006. "Reforming the United Nations: Global Civil Society Perspectives and Initiatives," in M. Glasius, et al., editors-in-chief, *Global Civil Society 2005/6*, pp. 150-186..

Fisher, William F., and Thomas Ponniah, eds., *Another World Is Possible: Popular Alternatives to Globalization at the World Social Forum*. Nova Scotia: Fernwood, 2002.

Follesdal, Andreas, and Thomas Pogge, eds., 2005. *Real World Justice: Grounds, Principles, Human Rights, and Social Institutions*. Dordrecht: Springer.

Gardner, Richard N., 1980. *Sterling-Dollar Diplomacy in Current Perspective: The Origins and the Prospects of Our International Economic Order*, New York: Columbia University Press.

George, Susan, 1994/1988. *A Fate Worse than Debt: A Radical Analysis of the*

*Third World Debt Crisis*. London: Penguin（向壽一訳『債務危機の真実——なぜ第三世界は貧しいのか』朝日新聞社，1989年）.

Gill, Stephen, 1990. *American Hegemony and the Trilateral Commission*. Cambridge: Cambridge University Press（遠藤誠治訳『地球政治の再構築——日米欧関係と世界秩序』朝日新聞社，1996年）.

——, 1995. "Globalization, Market Civilization, and Disciplinary Neoliberalism," *Millennium*, Vol. 24, No. 3, Winter: pp. 399-423.

Gills, Barry K., ed., 2000. *Globalization and the Politics of Resistance*. Basingstoke and New York: Palgrave.

Glasius, Marlies, and Helmut Anheier, 2006. "Social Forums: Radical Beacon or Strategic Infrastructure?" in M. Glasius, et al., editors-in-chief, *Global Civil Society 2005/6*, pp. 190-238.

Glasius, Marlies, Mary Kaldor, Helmut Anheier, editors-in-chief., 2006. *Global Civil Society 2005/6*. London and Thousand Oaks: Sage.

Harrod, Jeffrey, and Robert O'Brien, eds., 2002. *Global Unions? Theory and Strategies of Organized Labour in the Global Political Economy*. New York and London: Routledege.

Held, David, 1995. Democracy and the Global Order: From the Modern State to Cosmopolitan Governance. Cambridge: Polity Press（佐々木寛・遠藤誠治・小林誠・土井美徳・山田竜作共訳『デモクラシーと世界秩序——市民の政治学』NTT出版，2002年）.

——, 2004. *Global Covenant: The Social Democratic Alternative to the Washington Consensus*. Cambridge: Polity Press.

Helleiner, Eric, 1994. *States and the Reemergence of Global Finance: From Bretton Woods to the 1990s*. Ithaca: Cornell Univesity Press.

Hoogvelt, Ankie, 1997. *Globalization and the Postcolonial World: The New Political Economy of Development*. Baltimore: The Johns and Hopkins University Press.

Horton, Keith, and Haig Patapan, eds., 2004. *Globalization and Equality*. London and New York: Routledge.

Maier, Charles S., 1978. "The Politics of Productivity: Foundations of American International Economic Policy after the World War II," in Peter J. Katzenstein, ed. *Between Power and Plenty: Foreign Economic Policies of Advanced Industrial States*. Madison: The University of Wisconsin Press: pp. 23-49.

Murphy, Craig, 2005. *Global Institutions, Marginalization, and Development*. London and New York: Routledge.

Murphy, Craig N., ed., 2002. *Egalitarian Politics in the Age of Globalization*. Lon-

don and New York: Palgrave.
Pianta, Mario, 2001. "Parallel Summits of Global Civil Society," in Helmut Anheier, Marlies Glasius, Mary Kaldor, eds., 2001. *Global Civil Society 2001*. Oxford: Oxford University Press.
Pogge, Thomas, 2004. "Moral Universalism and Global Economic Justice." in K. Horton and H. Patapan, eds., 2004. *Globalization and Equality*, pp. 49-76.
Polanyi, Karl, 1957/1944. *The Great Transformation: The Political and Economic Origins of Our Time*. Boston: Beacon Press.
Pontusson, Jonas, 2005. *Inequality and Prosperity: Social Europe vs. Liberal America*. Ithaca and London: Cornell University Press.
Rapoport, Anatol, 1989. *The Origins of Violence: Approaches to the Study of Conflict*. New York: Paragon House.
Rawls, John, 2001. *The Law of Peoples*. Cambridge: Harvard University Press.
Rifkin, Jeremy, 2004. *The European Dream: How Europe's Vision of the Future is Quietly Eclipsing the American Dream*. New York: Jeremy P. Tarcher(柴田裕之訳『ヨーロピアン・ドリーム』日本放送出版協会，2006年).
Ruggie, John G., 1982. "International Regimes, Transactions, and Change: Embedded Liberalism in the Postwar Economic Order," *International Organization*, Vol. 36, No. 2, Spring: pp. 379-415.
Sassen, Saskia, 2005. "New Global Classes: Implications for Politics," in Anthony Giddens and Patrick Diamond, eds., *The New Egalitarianism*. Cambridge: Polity Press, pp. 143-153.
Singer, Peter, 2002. *One World: The Ethics of Globalizatoin*. Second Edition. New Haven and London: Yale Unviersity Press.
Soros, Geroge, 2002. *Geroge Soros on Globalization*. Oxford: Public Affairs.
Stiglitz, Joseph E., 2002. *Globalization and Its Discontents*. New York: W. W. Norton.
Teiviainen, Telvio, 2003. "World Social Forum: What should it be when it grows up?" http://www.opendemocracy.net/debates/article-6-91-1342.jsp, July 10, 2003.
Tilly, Charles, 1998. *Durable Inequality*. Berkeley and Los Angeles: University of California Press.
———, 2004. *Social Movements, 1768-2004*. Boulder and London: Paradigm.
The United Nations Development Programme (UNDP), 1999. *Human Development Report 1999: Globalization with a Human Face*. New York: Oxford University Press.
———, 2002. *Human Development Report 2002. Deepening Democracy in a Frag-*

*mented World*, New York: Oxford University Press.

———, 2005. *Human Development Report 2005. International Cooperation at a Crossroads: Aid, Trade and Security in an Unequal World*, New York: Oxford University Press（国連開発計画『人間開発報告書2005　岐路に立つ国際協力：不平等な世界での援助，貿易，安全保障』国際協力出版会）.

Waterman, Peter, 2003. "World Social Forum: the secret of fire," http://opendemocracy.net/debates/article-6-91-1293.jsp, June 18, 2003.

Whitaker, Chico, 2006. "World Social Forum," in M. Glasius, et al., editor-in-chief, *Global Civil Society 2005/6*, pp. 66-72.

Wilkinson, Rorden, 2002. "Peripherizing Labour: the ILO, WTO and the Completion of the Bretton Woods Project," in J. Harrod and R. O'Brien, eds., *Global Unions?*, pp. 204-220.

———, 2005. "Managing Global Civil Society: the WTO's Engagement with NGOs," in Randall D. Germain and Michael Kenny, eds., 2005. *The Idea of Global Civil Society: Politics and Ethics in a Globalizing Era*. Abingdon and New York: Routledge: pp. 156-174.

# 不平等と政治的動員戦略

新川敏光

## 1 格差社会への政治学的接近

　格差社会が小泉構造改革路線の負の遺産として,注目を集めている。しかし格差社会は別に小泉構造改革の産物ではない。「中流社会日本」が実は皮相なものであり,所得格差や機会格差が拡大しているという指摘は,小泉改革以前から存在した[1]。格差社会論争の火付け役になった橘木俊詔『日本の経済格差』が出版されたのは1998年であり,やはり大きな話題を呼んだ佐藤俊樹『不平等社会日本』もまた小泉内閣誕生前,2000年に刊行されている。不平等や格差拡大をめぐる論争は,経済学者や社会学者の間で現在なお継続中である[2]。

　経済的社会的不平等や格差の問題がもっぱら経済学者や社会学者によって論じられ,政治学者の参加がほとんど見られないのは,格別奇異なことではない。不平等や格差それ自体は経済や社会に属する事柄であり,政治学の研究対象ではない。不平等が政治的原因もしくは結果に関わる場合,とりわけそれが政治的動員と結びつく場合,問題は初めて政治学的な研究対象となる[3]。

　実はわが国の格差社会化は,1970年代から始まっており,それは政治によって媒介されたものであった。高度経済成長から安定成長へと転じた1970年代中盤,日本の政治経済は大きな転換期を迎えていた。高度経済成長を前提とした春闘での賃上げ方式(「前年度実績プラス・アルファ」)は,経済実態に見合ったものに変えられるが(経済整合性論に基づく賃上げ自粛),それは政府の提唱するガイドライン方式にそったものであった。また保守支配体制の危機への代償として展開された福祉国家政策は自助・共助を強調する日本型福祉社会論によって軌道修正が図られる。そこに見ら

れる日本政治経済の構造変化については拙著（2005）で詳しく分析したが，その過程で日本における所得格差は徐々に拡大していった。これは労使協調による労働市場の二分化（コーポラティズム戦略によるデュアリズムの強化）および再分配政策の抑制から当然予想される傾向であった。

しかしながら1990年代後半から，とりわけ小泉改革のもとで格差問題に新たな光が当てられるようになったのは偶然ではない。1980年代までの格差拡大の傾向は，高度経済成長期に築かれた労使関係なり公私福祉混合（相対的に低水準の社会保障とそれを補完する企業福祉）の枠内でも見られたものであったが，1990年代後半経済界は終身雇用，年功制賃金，企業福祉の全面的見直しによる労働市場の柔軟化を図り，政府もそれに呼応した労働市場規制緩和政策を遂行した。長期不況のなかで，グローバル化，少子高齢化に対応する政策であったが，このような市場を通じての調整は，一般に新自由主義改革といわれる方向に沿ったものであり，柔軟な雇用，技能に応じた賃金，薄い社会的保護を目指す。したがって短期的にはともかく，中長期的には格差を拡大する効果をもつことはまちがいない。

しかしながら政治学にとってとりわけ興味深いのは，繰り返しになるが，社会的経済的格差の拡大そのものではなく，それがどのように政治的に表現されるのか，どのような政治的インパクトを持つのか，という点である。日本の現状を見れば，格差社会が取り沙汰される一方で，新自由主義的構造改革を推進した小泉内閣への支持率は一貫して高かった。民主党もまた，小泉改革を批判するにせよ，新自由主義にかわる平等主義的な代替肢を提示していない。つまり小泉改革批判として格差社会論が政治的に利用されることはあっても，それが新たな政治的ヴィジョンと動員に結びついてこなかった。したがって，日本政治研究にとって格差社会のもつ政治的効果がどのようなものであるのかは，今なお開かれた問いとしてある。

とはいえ格差や不平等の是正こそが20世紀政治にとって最大の政治的争点であったことは事実である。21世紀を迎え，グローバル化が進行するなかで20世紀の平等主義的な政治は時代遅れのものとして捨て去られる運命にあるのか，あるいはそれは新たな装いとともに再生するのであろうか？本小論は，このような課題に取り組む準備段階として，不平等是正への政治的動員を図る新旧の戦略を比較検討する。

## 2 平等主義と階級政治[4]

### (1) 革命という解決

　自由民主主義体制が実現しても，甚だしい経済的不平等があれば，自由権や参政権は画餅に等しいことを社会主義思想は告発する。資本主義社会における格差・不平等というものが所有と生産関係から生み出されるものであると考えたのがマルクスであった。不平等は一握りの富裕な資本家階級と大多数の貧しい労働者階級との間で極限にまで達し，最終的には労働者階級の団結によって社会主義革命が起こる。「持たざる者」としての労働者階級がどのようにして団結するのか，政治的に動員されるのか，という問題は，マルクスにとってさして重要な問題ではなかった。彼にとって資本主義から社会主義への移行は，歴史的法則に則った必然と考えられていたからである。せいぜいのところ，『哲学の貧困』や『ドイツ・イデオロギー』のなかで，政治闘争を通じて即時的階級（経済的な客観的カテゴリー）から対自的階級（革命のエージェント）へと成長することが示唆されている程度である[5]。つまり（革命を必要とする）客観的構造から（革命が必要であり必然であるという）意識を形成するためには，政治闘争が必要であるというのである。

　それでは，そもそも労働者たちはどのようにして政治闘争へと導かれるのであろうか。マルクス主義的図式では，労働者たちはすべからく資本家によって搾取される存在であるから，ということになろう。自らが生み出した価値を搾取され，貧困の中に置かれる労働者たちの間に蓄積される不満，これこそが彼らを立ち上がらせる起爆剤となる。不満は絶対的困窮に基づくとは限らない。不満は現実と期待とのギャップであって，資本家階級との相対的不平等の拡大が，労働者の間に不満を募らせることもあろう[6]。いずれにせよ，不満の蓄積が集団行動を生むという命題は，マルクス以後の社会運動論においても繰り返し確認されてきた[7]。

　これにはオルソン命題からの反論がある。合理的経済人を前提にすれば，共通利害があるから集団行動へと加わると考えるのは，ナイーヴである。合理的な経済人はむしろ匿名性の高まる大集団では，参加コストを支払わずに便益を享受しようとする，すなわちフリーライドしようとすると考え

られる[8]。にもかかわらず共通利害を追求する大規模な集団は存在したし，現に存在する。集団形成の困難を解決するために，オルソンが見出したのは，選択的誘因である。選択的誘因は，通常共通の利害を「発見し」，それを実現するための資源を動員するリーダー（事業家）によって提供される。リーダーはメンバーにフリーライドできない特定の便益を与え，それによって参加を働きかける。

　オルソンの集団行動論は，集合行為の困難性を鮮やかに分析する。それは通常の制度化された政治のなかで活動する圧力団体によく当てはまるように思われるが，現実に自発的な社会運動が生じないかといえば，そうではない。自発的運動の背景として重視されるのが，生活様式や慣習，環境，文化といったものである[9]。端的に言えば，労働者は労働環境において共通の条件下に置かれているだけではなく，日々の生活のなかでの様々な相互作用を通じて，お互いの「仲間意識」を育んでいく。労働者文化の形成・再生産が，労働者を階級として団結させる原動力となる。しかしたとえ，このような認識枠組の共有があったとしても，なおマルクスの考える対自的階級とは程遠い。彼らは自分たちの直接的な利益の獲得，賃上げや労働条件の改善で満足するかもしれない。労働者の自発的連帯は「ものとり主義」を超えないと考えたレーニンは，労働者階級を革命へと指導する前衛党の役割を重視した。つまり前衛党こそ，労働者階級を革命へと導く政治的エージェントとなる[10]。レーニンはマルクスのなかでは明確に対象化されていなかった階級という主体形成の問題を，前衛党論によって見事に解決したのである。

　しかしながら，その解決策には致命的欠陥がある。それは，近代に生みだされた重要な社会的価値を犠牲にするものであった。最大の問題は，消極的自由の否定であろう。革命へと向かわない労働者は，ブルジョア的虚偽意識によって真理が見えなくなっているのであり，前衛党はそのような哀れな者を覚醒させ，革命へと向かう（積極的）自由を獲得させる使命を負う。ここでは労働者自身に選択の自由はない。虚偽意識論はまた，なぜ前衛党のみが虚偽意識から逃れえるのかという疑問に答えない。社会的に真理（革命による人間解放）が存在するという命題は，マルクスの考えたように科学的に証明されるものではない。それはレーニン主義によって，前衛党という権威によって支えられるものとなった。党の権威は，皮肉な

ことに，革命信仰によって支えられるしかない。

　人類が到達すべき真理というものが予め定められているわけではないとすれば，そして民主主義を前提とするなら，党の方針への支持は開かれた討論と合意形成に基づくしかない。すなわち党は，前衛であることを自ら放棄するしかない。当然労働者階級の歴史的使命も，予め定められたものではない。自らが選び取るべきものとなる。こうした文脈において，党と労働組合との関係は一方的な指導─被指導関係から，双方的コミュニケーション関係へと転換されることになる。

### (2) 福祉国家という和解

　社会民主主義という概念は多義的であるが，ここではマルクス主義的平等主義戦略への代替肢として捉える。このような社会民主主義には幾つもの源流があるが，マルクスの唱えた科学的態度をもって，マルクスの命題を実証的に反駁したという点で，ベルンシュタインを越える者は少ない。彼は二大階級への両極化という命題を実証的に論駁し，労働者階級の地位改善の可能性を議会制民主主義のなかに見いだした[11]。

　平等に関する社会民主主義戦略は，資本主義内における漸進的社会改良の追求であり，これは資本主義から社会主義への移行によって一気に問題の解決を図ろうとするマルクス主義とは大きく異なる。ここで強調したいのは，戦略の違い以上に，そこに現れる国家観の違いである。マルクス＝レーニン主義では，国家は支配階級の道具であり，被支配階級を抑圧する暴力装置である。「国家は階級対立を制御する必要から生じたのであるから，……それは通例，……経済的に支配する階級の国家である[12]」というエンゲルスの言，「民主主義が高度に発達していればいるほど，ますます取引所や銀行家がブルジョア議会を自分に従わせている……」，「搾取者は，国家（ここでは民主主義，すなわち国家形態の一つが論じられている）を，かならず，被搾取者にたいする自階級すなわち搾取者の支配の道具に転化させる[13]」というレーニンの断定に抗して，社会民主主義戦略は議会を通じて社会改良を図るものである。それは，資本主義国家が同時に民主主義国家であるということの意味を単なる隠れ蓑以上のものとして，正確に理解していた。

　労働者は市民として資本家と等しく政治的権利を行使しうる。そして労

働者は経済的資源では資本家に対して圧倒的に不利であるが、政治的資源では対抗しうる。民主主義政治において数が最も重要な資源であり、労働者階級は数においては、当然のことながら資本家階級を遥かに上回っているからである。したがって労働者にとって、生産現場で直接資本家と対峙するよりも、議会で多数派を形成し、立法によって社会改良を図ることのほうが有力な選択肢となるかもしれない[14]。もちろん一度政治的権力を奪取すれば、それが経営者との直接交渉を有利にすることはいうまでもない。さらにいえば、政党と労働組合との関係は、前衛党論のような一方的なものではなく、労働組合はより自立的なものとなろう。むしろ最大の支持基盤として、さらには財政的人的支援や協力関係によって、労働組合は政党をコントロールするかもしれない。とはいえ、政党としても、選挙制度によっては、多数派形成のため組織労働の利害から一定の距離をとる必要もでてくる。

　社会民主主義の平等主義戦略が福祉国家といわれるものである。ウェッブ夫妻のナショナル・ミニマムの提唱からスウェーデンの平均的生活水準保障にいたるまで、社会民主主義は国家権力を最大限利用することによって、社会権を確立し、甚だしい経済的不平等の是正、再分配政策を行ってきた。社会民主主義戦略としての福祉国家は、社会主義を一国レベルで実現しようとする試みであったといえる。もとよりロシア・マルクス主義も一国主義社会主義へと変質していったことを考えれば、それ自体はことさら強調するに値しないかもしれない。しかしながら、資本主義がそもそも世界システムとして成立するというマルクスの考えに従うかぎり、その転覆は世界革命でしかありえない。「万国の労働者、団結せよ[15]」、こうした国境を越えた労働者の連帯こそ、マルクス主義の生命線である。

　これに対して、社会民主主義戦略は、民主主義を積極的に利用してきた。それは、リプセットに倣っていえば、階級闘争の民主的翻訳であるが[16]、近代における民主主義の受け皿が国民国家であることはいうまでもない。すなわち民主的階級闘争とは、階級闘争を平等で均質な国民の国家という「ものがたり」へと回収することに他ならない。福祉国家は、当然のこととして国境の前で立ち止まる。市民権の普遍性は国民に対しては担保されるが、それを超えることはない。とりわけ社会権の場合には。なぜならそれは実質的内容をもつ権利であり、その水準は国民経済によって大きく規定

される。また財政負担を伴う平等主義政策の場合，権利と義務関係が鋭く問われることになるのは避け難い。あたかもそれが問われないように見えるとしても，それはあくまで再分配が国民という「同胞」の間で行われるという前提が揺るがない限りにおいて，である。

このような「ものがたり」が成立する条件は一つではない。国民経済の誕生とナショナリズム，大量かつ均質な労働者を生み出し，かつ彼らを消費者として組み込むフォーディズム，第二次世界大戦後の「埋め込まれた自由主義」（国際的な自由貿易体制と国内的な社会保護）体制などが直ちに想起される。今日格差拡大が各国で報告されているが，それは「埋め込まれた自由主義」を支えた国境を越えた資本移動への規制がなくなったためといわれる。国境内での福祉国家的平等主義原則は，グローバル化によって維持されえないものと化したのであろうか。

## 3　格差拡大と国際主義

### （1）グローバル階級論

グローバル化が福祉国家に対して縮減圧力となるという議論には，いく通りかのパターンがあるが，最もよく目にするのは，資本の自由な移動は，福祉国家の負担を嫌う資本が安価な労働力を求め，国外逃亡をすることを容易にしたので，それを防ぐために国家は経営コストに跳ね返る財政負担を軽減する必要がある，結果として先進各国では福祉国家を縮減する「最底辺への競争」が見られるようになるというものである[17]。

しかし福祉国家を生んだ条件が消失したからといって，福祉国家が維持不可能になったとは直ちにはいえない。制度それ自体が創り出す文脈やダイナミズムがあり，それが福祉国家解体に対する抵抗力となるとも考えられるからである。P．ピアソンは1980年代新自由主義の嵐が吹き荒れた英米においても，福祉国家解体が思うように進まなかったと指摘し，各々の社会保障プログラムが創り出す支持集団の政治的影響力に着目した[18]。またグローバル化によって資本が安価な労働力を求めて国外脱出を図ると考えるのはあまりに単純な発想であるとの指摘もある。資本投資は治安や教育水準といったインフラ整備がなされているかどうかを考慮してなされるからである。さらに，グローバル化によって「勝ち組」となるのは社会の

ごく一部であり,「負け組」となる多くのものはより一層の社会的保護を求めることも考えられる。この場合,グローバル化によって福祉国家拡充の国内圧力は,むしろ高まる[19]。

確かに福祉国家の間に「最底辺への競争」といった収斂傾向が見られるわけではない。筆者が比較した限りでは,財政構造,年金改革において,各国の政策的相違は依然大きいままであり,そこに一定の方向への収斂傾向を見出すことは困難である[20]。富の格差は所得以上に大きいが,ここでは所得に限って,格差の動向を見ていこう。エスピング－アンダーセンによれば,ほとんどの先進国では,所得平等化の長期波が20世紀中盤に始まり,1970年代後半にピークに達した。これは戦後好景気が続き,非熟練労働者たちの経済地位が向上したことや,累進課税・再分配政策による富裕層からの移転が原因として考えられる。しかしその後Uターン現象が生じている[21]。

所得を5階層に分け,1979－97年間の各階層のインフレ調整後の課税後所得の変化を見ると,最下層は僅かながらマイナスとなっており,中間層で5％伸びているが,トップ1％は250％の伸びを示している。さらにいえば実はトップ0.01％が極端な伸びを示している。1970年には彼らは平均的労働者所得の50倍を獲得していたが,1998年までにはそれが250倍になっている。イギリスの場合,1977年には最上層20％が最下層の4倍の所得を得ていたが,1991年には7倍となっている[22]。

通常所得格差拡大については英米が取り上げられることが多いが,実はそれはほとんどの先進国に見られる共通の現象である。1980年代中葉と1990年代中葉の各国のジニ係数の変化率をみると,フランスとベルギーがマイナスと例外的に平等性が高まっているが,その他の国では全てプラスである。生産年齢(25－55歳)世帯の可処分所得について見ると,イギリスとアメリカは14％,10％増と高いが,フィンランド,イタリアはそれを上回る16％,15％増となっている。最も高い数値を示しているのはドイツであり,33％増である(ただし1984年の数字は西ドイツ,1994年の数値は統一ドイツのものである)。スウェーデンは1％,ノルウェーとデンマークも4％と低いながらも,若干格差の拡大傾向が見られる。実は当初所得のジニ係数で見ると,スウェーデン25％,ノルウェー23％,デンマーク12％と,かなり高い上昇率を示しており,再分配政策によって不平等化が

抑えられていることがわかる。ちなみに全世帯の可処分所得について見ると，イギリス（28％），アメリカ（24％），イタリア（13％），スウェーデン（12％）の順となる。全世帯で，イギリス，アメリカ，スウェーデンの数値が跳ね上がるのは，高齢者の間での不平等化が甚だしいためである[23]。

　不平等化は，世界大で拡大している。2000年の国連の報告によれば，世界の最富裕層20％が世界の総生産の86％を受け取り，中間60％が13％，最下層20％は僅か1％を受け取るにすぎない。最富裕層と最下層との所得差は1960年の30対1から，74対1に拡大している。ビル・ゲイツを始めとする巨万の富を享受する一握りの世界の富豪が存在する反面，一日2ドル以下で暮らす30億の人々がいる[24]。多国籍企業はグローバル化のなかで超国家企業となり，世界規模での企業統治を行っている。超国家企業は多国籍企業とは異なり，出身国の国益や国民経済への関心，配慮を失い，国民国家から解き放たれている。こうした彼らの活動を可能にしたのは，いうまでもなく金融資本市場のグローバルな統合であり，情報産業を始めとする各種テクノロジーの発展であるが，さらにグローバル化を可能にする国際機関の存在が重要である。IMF，世界銀行，WTOなどを中心とした国際機関が国際基準の徹底化（アメリカ化ともいわれた）と維持を図ることによって，グローバルな経営戦略は初めて可能になる。

　レズリー・スクレアは，超国家企業を経営する者たち，彼らの活動を支援する官僚や政治家，高度専門職者たちのグローバルネットワーク，これらが超国家的資本家階級を形成しているという。「彼らは階級である。なぜなら，彼らは，生産，分配，交換関係から規定されているから。彼らは資本家階級である。なぜなら，個人あるいは集団として，資本の主要形態を所有し，そして／あるいは統制するから。彼らは超国家的資本家階級である。なぜなら彼らは，現実であれ想像であれ，いかなる国民国家の利害をも超え，グローバルな資本の利益を追求すべく，国境を超えて活動しているから[25]」。サスキア・サッセンもやはりグローバルな支配階級の誕生を指摘しているが，彼は，企業経営者と彼らの活動を支援する国際的な官僚たちのネットワークを区別し，別個の階級としている。彼によれば，両者は必ずしも同一の利害を追及しているわけではない[26]。

　サッセンは，これら二つに対してグローバル化から不利益を被る階級の存在を指摘している。これは労働組合に限定されず，環境保全等の社会運

動活動団体などが含まれる。今日各種NGOや世界社会フォーラムのような反グローバリズムの運動，ネットワークが構築されている。しかし不利益を被る階級の出現は，世界市民社会の出現を意味するわけではない。彼らの活動は通常はローカルなものである。他方，一見国境を易々と超えるグローバル経営・専門職者たちも，空中に浮遊しているわけではなく，現実には国民国家内の都市で活動する。国際的な官僚の活動は国民国家の意向や関係に制約を受けることは，いうまでもない。

　不利益を被る階級は，一見ローカルであるが，実際にはグローバルな広がりを獲得しつつある。環境問題や難民救済等に関わる非政府機関の活動が国際的なネットワークを持つことはいうまでもないが，企業活動がグローバル化した結果，労働組合もまた関係各国の労働組合と情報や意見交換を密にし，工場閉鎖や移転，労働権の侵害に対して共同戦線を張るケースが見られる。移民の増加は都市そのものを脱国民国家化するし，家族が複数の国境を超えて存在するという事態は国境の相対化を促す。要するにどの階級も，程度の差こそあれ，グローバル化されると同時にローカルな文脈のなかに埋め込まれている[27]。

　このようなグローバル階級論には，資本のグローバル化や超国家企業の出現からグローバルな資本家階級を直ちに導出できるのかという疑念があるし，サッセンの場合，そもそも新しいグローバルな階級に明確な定義が与えられておらず，論証も不十分なものに止まっている。しかしそのような問題を認めながらも，彼らが階級概念を用いることの意味を忖度すれば，階級という概念によってグローバル化が惹き起こしている不平等というものが個人的な原因で生じるものではなく，構造的なものであること，「災い」は個人に偶然に降りかかるのではなく，特定の集団に必然的に襲いかかるということを明確にしようというところにある。シーブルックはいう。「階級というのは図式的な変化の問題ではない。階級とは，血の通った人間が不正と屈辱とをどのように噛みしめたか，彼らが社会のヒエラルキーと秩序のなかで特権をどう正当化し，抑圧にどう抵抗したかという，まさに一編の物語なのである[28]」。

　今日不平等は，既に見てきたようにたとえば所得を5分割し，その最上層と最下層が所得全体のどれだけを受け取っているか，その格差が時系列的にどのように変化しているかという形で論じられる。貧困を見れば，中

間所得の50％以下の世帯はどれだけあって，それが時系列的にどのように変化しているのかということが論じられる。所得や貧富は，統計上は連続的な差であり，その統計のなかに各人・各世帯は位置づけられる。その結果，問題は個々の経済的位置を改善することとなり，社会的構造の変革は視野の外に置かれる。こうして，階級間の闘争は視界から消える[29]。階級概念は，持たざるもの，グローバル化によって不利益を被るものが市場主義的な個人主義の言説空間に回収されることに異議を申し立て，政治的動員を図る戦略であるといえよう。そしてグローバルな階級関係のなかで政治動員の可能性を論じることは，国際的労働者階級の団結というマルクス主義戦略の再構築を図るものに他ならない。

国境の消失，国民国家の時代の終焉が帝国を生み出すとともに，それに抗するマルチチュードを生むというハート＝ネグリの議論は，マルクス主義的な階級的動員の不可能性を前提に，多様に国境の網の目を潜りぬける多様なネットワークに変革の主体を見ようという意志の表明である[30]。

## （2）グローバル民主主義

資本の自由な移動と主権国家の相対化という認識を共有しながらも，階級的な政治動員論ではなく，民主主義の世界化という政治戦略を構想する代表的論客がデヴィッド・ヘルドである。かつて彼はコスモポリタン民主主義を世に問い，最近ではグローバル社会民主主義を提唱している[31]。両者の間に，国民国家やグローバル化の評価においてニュアンスの違いが見られないわけではないが，基本的にグローバル・ガヴァナンスを民主化しようという主張は一貫している。ヘルドのグローバル社会民主主義構想の特徴は，緊張や対立ではなく，交流や協力の重視である。主権国家から超国家的ガヴァナンスへの移行，それに伴う民主主義や社会的連帯のグローバル化をかなり楽観的に導き出している。貿易，生産，金融等の経済のグローバル化，それに対応した国際的なガヴァナンス機構やそれを通じての各国政府官僚たちのネットワークを，グローバル階級論者たちと違い，国際的な民主主義を実現するための器として積極的に評価する。

グローバル社会民主主義といっても，環境保護的な倫理原則や，グローバルな社会正義，社会的連帯とコミュニティという制度的目標のなかに，社会民主主義的な特徴が見られるとはいえ，優先施策のなかに一国社会民

主主義＝福祉国家への代替肢が示されているわけではない[32]。世界的な再分配の課題を無視しているわけではないにせよ，そのような問題を解決するためにも，まずはグローバルな民主主義と社会的連帯（グローバル市民社会）を実現することが肝要であると，ヘルドは考えているように思われる。

　ヘルドにとって，グローバル民主主義は，決して画餅ではない。彼はグローバル・ガヴァナンスの多層性，多次元性を指摘し，その参加者は政府間組織だけでなく，「トランスナショナルな市民社会」，「企業セクター」，「公私混合型組織（国際証券委員会機構）」などに及んでいると指摘する。このような多様なアクターの間に，既に触れたように彼は対立や緊張よりも（潜在的）協力関係を見るのだが，彼のそうした評価の妥当性はさておくとしても，彼が指摘している「トランスナショナルな市民社会」とは，そもそもいかなるものなのであろうか。彼が例としてあげているのは，グリーンピースとジュビリー2000やその他のNGOである[33]。これらのなかに国境を超えた社会的連帯を見ることはもちろん可能であるが，それらがはたして特定争点を超えた市民としてのアイデンティティをもたらしうるものになっているのであろうか。一般化された社会的連帯なしに，民主主義を可能にする市民社会は成立しない。

　そもそも近代市民社会は，主権国家および主権を担う国民（という擬制）をもって誕生するが，それに対してトランスナショナルな市民社会というものが何によって担保されるのかが，ヘルドの長大な議論の後にも，なお明らかではない。もとより，このような疑問はグローバル・ガヴァナンスの多様性とそれが今後一層重要性を増すであろうことをなんら否定するものではない。ただそこから一直線にグローバルな社会的連帯・市民社会を導出することはできないし，グローバル・アイデンティティのない（そもそもそれは形容矛盾である），そして主権の存しない（存し得ない）グローバル・ガヴァナンスにおいて，誰がどのように民主主義を担うのかが判然としない。

　民主主義論の泰斗，ロバート・ダールは，規模とデモクラシーという観点から，グローバル民主主義の可能性に懐疑的である。彼は決して国際組織が民主的であることを望まないのではない。しかしながら長年にわたる実証的理論的民主主義研究に基づいて，彼は「できあがったものが一定の

規模と範囲を超えれば，デモクラシー的ではありえなくなる」と評価する[34]。そこには理想主義と現実主義の緊張とバランスが読み取れる。それに対して，ヘルドの議論には現実への理想の過剰な流入が見られるように思われる。

## 4 国民国家再構築戦略

### (1) 社会的多様性と右翼排外主義

　資本主義システムのグローバル化に対抗する生活世界レベルからのローカルかつ国際的連帯が見られるにしろ，不平等を是正する政治的動員が国際主義によって果たされると考えるのは，非現実的であろう。資本はそもそも世界市場を前提に発展してきたし，パックス・ブリタニカの下でも，資本の移動は自由に行われていた。しかし社会主義者の国際的連帯は失敗に終わった。社会主義的な平等主義戦略は，一国主義的な福祉国家戦略としてのみ成功したのである。しかも，その福祉国家自体が今日再編過程にある。であれば，国際的連帯の前に，まず問題となるのは国家レベルでの社会的連帯の再構築である，と考えるのが自然の流れであろう。

　福祉国家の危機については，筆者はこれまで何度か考察を加えているので，ここでは要点のみを紹介する[35]。議論の前提として，福祉国家発展における政治的動員を見ると，これについては組織労働とその支持する政党を含む社会民主主義勢力の力が大きかったことが研究のなかで確認されている。つまり，他の条件が等しければ，社会民主主義勢力が強いほど社会権を制度的に保障する福祉国家が発展する傾向がある。このように福祉国家発展は階級政治，別言すれば民主的階級闘争を原動力とする。しかし福祉国家が階級政治の結果であるということは，それが資本への課税を強化し，成果の平等を徹底的に追求した結果であるということではない。経済発展は福祉国家の前提であり，北欧各国での法人税収は他の先進国と比べて常に低かった[36]。福祉国家財政は所得的に中間レベルへの課税ベースを拡大することによって確保されてきたのである。

　もう一つ指摘しておかなければならないのは，スウェーデン福祉国家が「国民の家」というスローガンによって建設されたことに象徴されるように，福祉国家は労働者階級だけを優遇するものではないということである。国

民所得の再分配を特定階級の利益に沿って実現することは,いたずらに階級対立を煽り,政策の正当性を失わせることになろう。また民主主義政治という観点から見ると,組織労働の支持だけで社会民主主義政党が政権を獲得・維持することは困難であるという問題がある。社民勢力は,労働者を越えた広い支持を集める必要があった(とりわけ当初は農民の,そして産業化が進むとホワイト・カラーの支持)。結果として,福祉国家は「国民の家」として発展した。福祉国家の原動力は階級政治であるが,それが対象としたのは市民＝国民であった。こうして福祉国家は国民国家建設・再生産のメカニズムとなった。

その福祉国家がなぜ再編されねばならなくなったのか,国際主義者が強調するように,グローバル化の圧力も考えられよう。その他の,脱フォーディズムや脱産業化,経済のサービス化・情報化といわれる現象や高齢化,ジェンダー論などが再編圧力として考えられる(注35の文献参照)。これらの現象に共通しているのは,社会の多様化である。産業・生産構造の変化は同質の労働力ではなく,多様な労働力を要求し,いわゆる労働者階級としての連帯感を希薄化させたといわれる。また高齢化は若年層への負担を高め,世代間の緊張を高める。これは既に職を得ているものへの雇用保障が厚く,若年層が労働市場に容易に参入できず,彼らの間で失業率が高くなる場合,世代間戦争ともいわれる現象が起こりかねない。ジェンダー論は,既存の福祉国家の性差別的構造(男性稼得者世帯)を指摘し,その見直しを要求する。高齢化が女性の労働力進出を要請するので,ジェンダー論からの批判はそれを担う政治的勢力如何にかかわらず,説得力をもつ。

高齢化への短期的対応として考えられるのは,女性の労働市場参入とともに,あるいはそれ以上に移民・外国人労働力の導入であるが,一般に彼らは歴史・文化・言語,その他宗教から生活習慣に至るまで異なる様相を呈しており,国民としての同化が難しい。彼らの存在は,他のいかなる多様化を促す要因よりも,国民にとって脅威となる。このように移民・外国人労働力が国民の同質性を脅かし,社会的連帯を揺るがす最大の要因であること,すでに欧米では大規模な移民受け入れによってこの問題が深刻化していること,さらに日本においてもその急速に進行する少子化に鑑みれば将来的な移民・外国人労働力の増加は必至であり,同様の問題が生ずることは予想に難くないことなどに鑑みて,ここで移民・外国人労働力と社

会的連帯，政治的動員の問題について，少し詳しく見ていくことにする。

国連によれば，今日1億5000万人が出生国以外で暮らしており，その数は全世界人口の2.3％に相当する。この比率そのものは1965年から大きく増えてはいないものの，北米，オーストラリア，ニュージーランド，ヨーロッパでの移民比率が高まっている。1998年現在，オーストラリア，ニュージーランド，スイスでは人口の20％以上が移民であり，カナダでは18％，アメリカ12％，フランス，オランダ，スウェーデンではほぼ10％に達している。また移民の出身地は，たとえばヨーロッパであればトルコ，アメリカであればメキシコのような周辺地域国や南側の発展途上国であり，彼らの存在は民族的，言語的，宗教的な多様性をもたらす。そしてそれは福祉国家の政治的正当性への強力な挑戦となりうる[37]。

移民国家においては，「国民とは誰か」という問いそのものが，システムの中に組み込まれている。とりわけ英系と仏系を建国の二つの民族として位置づけてきたカナダでは，この問題が歴史上政治の表舞台から退場したことはなかった。移民国家であったこと，アングロ・サクソンが実質的に支配的民族であったにもかかわらず，建国の経緯からワン・ネーションを形成することに失敗したカナダでは，1970年代から多文化主義原則を発展させていく（1988年多文化主義法成立）。

アイリス・ヤング，チャールズ・テイラー，ウイリアム・コノリー，マイケル・ケニーなど[38]，様々な理論家がアイデンティティ・ポリティクス，または承認や差異の政治について，時には難渋な文章を持って論じており，一括りにすることはできないが，その意義を本稿の文脈にひきつけていうなら，支配民族（とりわけ男性）が創り上げた擬制としての国民に対して抑圧される側が国民への同化を拒み，自らの固有性を積極的に肯定し，社会的承認を求めること，国民神話の暴力性を告発することにある。征服民族，被征服民族，自発的意志による移民，などの様々な民族的多様性を市民権概念のなかで整理したことによって，ウィル・キムリッカの多文化主義市民権論は高く評価されている[39]。

承認の政治，多文化主義の挑戦は支配民族（白人種）側に危機感を生み，そこから反撃が生ずる。カナダでは，皮肉にも多文化主義法が制定されたのと前後して，アルバータ州を中心に保守的な改革党が生まれる。改革党は政治文化的には西部の疎外を反映しているが，政策的には新自由主義＋

反福祉国家の政党であり，2000年にカナダ改革保守アライアンスと党名変更し，2003年12月にはレッド・トーリズムの伝統を創り上げた進歩保守党を吸収合併し，カナダ保守党となり，2006年1月連邦下院選挙では第一党に躍進，政権を獲得した。この勝利は，中道右派への切り替え，穏健路線によってもたらされたものであるが，党首ハーパーは，かつては極右的な国民連合の代表として，貧困児童や文化的アイデンティティへの補助金を自由への侵害として批判した経歴の持ち主である。カナダ首相としての彼は，こうした極端な立場を打ち出してはいないが，多文化主義に宗旨換えしたとは考えられない[40]。

　ハーパーのような経歴の持ち主が首相になるという事態は生じていないにせよ，その他の国々でも右からの多文化主義への反動は確認される。アメリカにおいては，KKKのような極めて危険な人種差別集団のみならず，公権力を行使する第一線職員の人種差別的な行動など草の根レベルでの白人反動がみられ，またレーガン政権以降はアファーマティヴ・アクションや貧困世帯への福祉援助縮小などが継続的に行われているし，イデオロギー的にも「行き過ぎた」多文化主義への批判が強まっている。その他オーストリアにおけるポリーン・ハンソンによるワン・ネーション党旋風，フランスやオーストリア，ドイツ，さらには北欧における排外主義的な極右政党の活動も無視できない[41]。

　社会の多様化，承認の政治による国民的団結，社会的連帯のゆらぎは，国民的価値・伝統・物語を代表する多数派（支配的）民族の間に不安と不信を煽り，それが極右政党や街頭での暴力事件，生活の場での人種差別を生んでいるとしたら，それは国民国家をないがしろにしてきた左翼国際主義の側にも問題があるのではないか，つまり国民としてのアイデンティティを求める支配民族側の声を十分左翼陣営に動員できていないことに問題があるという声が生まれるのは，一つの必然であろう。そこから，ナショナリズムを右翼の専売特許にせず，左翼がそれを政治的動員のために積極的に用いるべきであるという戦略が生まれる。

（2）リベラル・ナショナリズム
　セキュリティや国民アイデンティティの危機は，通常右翼を利すると考えられている。素朴な排外的右翼ナショナリズムは，移民は犯罪・福祉負

担を増加させると攻撃する。国民国家のセキュリティとアイデンティティという争点が右翼を利すると考える左翼は国際主義を唱導し，国民国家という問題を回避してきたが，それでは多文化主義に対する右翼の攻撃を阻止できない。こうした現状認識と問題意識に基づいて，デヴィッド・グッドハートはリベラル・ナショナリズムを提唱する。それは，ナショナリズムや国民感情に左翼陣営のなかで正当な場所を与え，それによってこれらのシンボルを少なくとも政治的に中立化し，あわよくば中道左派にとって有利なものに転換しようという企てである[42]。

　グッドハートは，左翼の中にある理想主義――人間は合理的な存在であり，全ての他者を（近親家族は除いて）同じ尊敬をもって同様に扱う――神話をまず捨て，左翼が抱えるディレンマを素直に認めるべきであると主張する。彼にとって左翼の最大のディレンマは再分配と承認の政治の関係に見出される。一方において，左翼（社会民主主義者たち）は，福祉国家政策を推進してきた。福祉国家は匿名の助け合いを再分配政策によって行うものである。他方において，左翼は社会的多様性を積極的に認めてきた。社会的，性的，民族的，人種的少数派の権利とアイデンティティを擁護する。今日開かれた国境が，人々の多様性をより大きなものにしている。

　既に指摘したように，福祉国家は市民権という普遍主義的価値を標榜しながらも，実際には国民という名の社会的連帯に基づくものであった。しかし社会的多様性の増加は，まさにこの国民の同質性・同胞という物語を侵食する。同質性よりも多様性が勝り，道徳的な合意や市民相互の義務感や社会への帰属感が薄れれば，寛大な福祉国家への支持はゆらぐ。同質性と道徳的な合意こそが，福祉国家の前提なのだから。人権思想を，国民の権利と義務から切り離せば，それは無意味化する。とりわけ福祉の権利のように，財政的負担が伴う場合には[43]。

　それでは，このようなディレンマをリベラル・ナショナリズムは，どのように解決するのであろうか。グッドハートは，多数派の文化や価値の存在を，たとえルーズな形であれ，積極的に承認すべきであると主張する。国民感情には二面性がある。それは憎悪と攻撃性を生む一方，近代産業社会の多くの積極面をも生んできた。見知らぬ同胞市民のため，何がしかの犠牲を引き受けることや個人の縁故関係を超えて，帰属感や成員意識を生んだこと，等々である。福祉国家は，こうした積極的な国民感情によって

支持されてきたのである。この後者を再生し，前者を可能な限り抑制することが，リベラル・ナショナリズムの目指すところである。そのためには国民＝市民が決して社会的少数派を排除するものであってはならず（民族と市民との峻別），国民は，移民流入があろうがなかろうが，刻々と変化し，発展するものであることを自覚する必要がある。彼によれば，「穏健な，革新的ナショナリズムへの代替肢は，国際主義ではない。それは排他的な内向きのナショナリズムである[44]」。

こうしたグッドハートの議論が，アメリカの哲学者ローティの主張と共鳴する，あるいはそれに影響を受けたものであることは明白である。ローティはいう。「……国家に対して誇りを持たなくなると，国家の政策について活発で効果的な討議が行われる見込みはなくなる。政治に関する審議を創造的で生産的にするためには，国家と感情的に係ること——自国の歴史のさまざまな部分や現在のさまざまな国家の政策に対して羞恥したり，輝かしい誇りを感じたりすること——は必要なことである。だが，創造的で生産的な政治に関する討議は，誇りよりも羞恥心が強ければ，たぶん生じないであろう[45]」。

このようなリベラル・ナショナリズム論が，いささか性急に「国家の退場」を断定してしまう国際主義者たちへの鋭い批判になっていることは確かである。脱国民国家の文脈からいささか性急に「福祉国家の終焉」を語るむきもあるが，それは勇み足であろう。ローティは皮肉交じりに語る。「国民国家政府が今や時代遅れであるので，私たちは国民国家政府に代わるものを考え出さねばならないと言われても，グローバル化によって貧困状態に陥る危険のある人々の慰めにはならない。……国民国家は，依然として社会保障手当てについて決定を下しているので，社会正義についても決定を下している存在である[46]」。

もとより国民国家を超えた社会的公正や再分配の可能性が全くないわけではない。とりわけ EU が注目される。しかしながら，EU 内で，国境を超えた再分配効果を伴う政策が見られるのは，農業政策や地域開発の分野であって，いわゆる社会政策の分野では見られない。この分野では，現在までのところ労働市場へのアクセスの平等や差別の禁止と労働規制，各国の社会保障政策間の調整が専ら政策アジェンダとなっているのである[47]。

とはいえ，再分配を伴う社会政策について国家が鍵となることを認めた

として，その認識がリベラル・ナショナリズムの戦略的妥当性を保証するものとは限らない。そもそもリベラル・ナショナリズムには，右翼排外的ナショナリズムに陥る危険性はないのであろうか？　グッドハートは，少数派であろうと，市民資格を保証するリベラル原則を受け入れるべきであるという。少数派であろうと，多数派であろうと，市民はリベラル原則に従うべきであり，そのような原則の名において追求される正当な政策を受け入れるべきなのである。しかしながら，少数派は，リベラルな価値に事実上従っていればいいのであって，それを個人的に信じる必要はない。イグナティエフの用語に従えば，要求されるのは消極的寛容（公ではリベラル原則に従うが，私生活では必ずしもそうではない）であって，必ずしも積極的寛容（公私においてリベラル原則を支持すること）ではない[48]。

　このような消極的寛容によって，たとえ非リベラルな伝統や生活習慣をもつ少数民族の人々であろうと，多数派との近隣生活が可能になり，そして長期的な共存が相互信頼関係を生みだしていくであろう。すなわち，たとえ歴史や伝統を共有していなくても，未来に開かれた新たな国民＝市民を創造していく可能性が生まれる。しかしこの種の議論は，あたかもタイムマシーンで過去に戻ったかのような錯覚を惹き起こす。価値それ自体としてはリベラル，寛容，中立的であろうと，それが多数派権力と結びつくときに発揮される他者性に対する抑圧や暴力性への洞察が忘れられているように思えるからである。そもそも国民という概念があいまいなものであり，融通無碍であること，そのことは一方では寛容へと可能性を開くが，他方では権力的恣意性と親和的である点も見逃してはならない。

　またアイデンティティの政治自体がもつ権力作用にも注意する必要がある。少数民族を公に承認するという行為は，そこに属する個人の自由を奪い，アイデンティティを強制することにもなりかねない。文化的アイデンティティは日々変化しているという事実に鑑みれば，多文化主義政策によって少数民族の文化を守ると宣言した途端に，それは「ステレオタイプ化／規格化／保存の義務化というプロセス」に絡めとられてしまう危険がある。「他者化され，外から規定されることで，文化は内からわき出る生命力を失う[49]」。このように多数派のアイデンティティは大きな危険を孕み，さらにアイデンティティ政治それ自体が，実は個人の自由にとってはアンビヴァレントなものである以上，ナショナリズムを左翼陣営に奪還すると

いうグッドハートの戦略は，きわめて困難な問題を抱えているといわざるをえない。

次にリベラル・ナショナリズムが前提にしている「移民による民族的・人種的多様性の高まりが福祉国家を侵食する」という仮説の妥当性について，考えてみよう。この仮説が最も頻繁に登場するのは，アメリカである。アメリカにおいて社会支出が低い理由，あるいは「アメリカ人はなぜ福祉を憎むのか」の理由として，人種的民族的な多様性を指摘する研究が幾つもある[50]。近年では，アレジーナとグレイザーが，アメリカとヨーロッパ諸国との社会支出のほぼ半分は，人種的な多様性の水準の違いによって説明できると結論づけている[51]。民族的な多様性が福祉国家の発展を阻害するという仮説は，アメリカの教訓として広く受け入れられてきたといえる。

しかしながらアメリカと最も比較可能性の高いカナダの世論調査を分析したソロカ，ジョンストン＆バンティングによれば，事態はさほど単純ではない。まず多様化と社会資本の関係を見ると，確かにそこには負の相関が確認される。近隣における可視的少数民族の存在が多くなれば，多数派の（近隣への）信頼は薄れる。逆に，人種的少数派は多数派が支配的になればなるほど，信頼が薄れる。ただし，民族的少数派の近隣での存在が社会プログラムへの支持に影響を与えているかといえば，そこにはほとんど相関関係が見出せない[52]。ただ，ソロカ，バンティング＆ジョンストンはその後OECD諸国のデータに依拠し，1970－98年間について外国生まれの全人口に占める割合と社会支出レベルとの相関関係を調べているが，そこでは移民増加率が高ければ，社会支出増が抑制されるという傾向が明らかになっている。「典型的な工業社会は，もし外国生まれの比率が1970年レベルに止まっていれば，現在よりも16～17％ほど多く社会支出に費やしていたかもしれない[53]」。

次に，政府が採用する多文化主義政策と社会支出との関係について，見ていこう。キムリッカ＆バンティングは，憲法的，立法的，もしくは議会での多文化主義の是認，学校教育での多文化主義の説明／賞賛，ドレスコードに例外を設けること，二重国籍を認めること，二言語教育，あるいは母語訓練への財政援助，不利な移民集団へのアファーマティヴ・アクションなど8つの政策が採用されているかどうかで，OECD各国を多文化主義政策（MCPｓ）の強い国（カナダ，オーストラリア），中位の国（ベルギ

ー，オランダ，スウェーデン，イギリス，アメリカ），弱い国（オーストリア，デンマーク，フィンランド，フランス，ドイツ，アイルランド，イタリア，ノルウェー，スイス，スペイン）に分類し，各々について1980年代初頭から1990年代にかけての社会支出と再分配の変化率を調べているが，ともにMCPsの強い国の数値が一番大きくなっている。ちなみに中位国がどちらでも最も低い[54]。

　このように民族的多様性と多文化主義政策，両者と福祉国家との関係は，単純なものではない。近隣の民族的多様性が，社会資本に影響を及ぼし，信頼低下を招くという傾向があり，それが福祉国家を解体させないまでも，支出の増加を抑制してきたのではないかという懸念は支持される。しかし他方において，MCPsを積極的に展開している国では，社会支出，再分配への努力がより高いということは，多様化が大きくとも，MCPsを積極的に展開すれば，社会資本の低下から福祉国家支出抑制へという傾向を変えることが出来る。もとより異なるデータ，分析による結論を単純につなぎ合わせることはできないが，移民と再分配政策の問題には，多文化主義政策という変数を導入し，その効果を考える必要があることは明らかであろう。

## 結び

　本稿では，不平等の広がり，格差社会の出現という経済的社会的現象を政治的動員に結びつける戦略について，比較検討してきた。グローバル階級論，グローバル民主主義論，リベラル・ナショナリズム，各々の主張は様々であるが，国境の高さをどのように認識するにせよ，世界大での大変動が生じており，それは一口で言うなら多様化の波であることは共通の認識になっている。各論の主張内容の違いは，多様化が様々なレベルで様々な規模で生じているということを反映している。

　承認の政治と再分配政治を一国レベルで考えるとき，そこには確かにディレンマが存在しており，右翼排外ナショナリズムに対抗した政治的動員の選択肢はリベラル・ナショナリズム以外にはないように見える。従来アイデンティティの政治が少数派の社会的承認にばかりに目を向け，承認と再分配の間にある緊張・ディレンマを軽視してきた，多数派のアイデンティティの問題を蔑ろにしてきた，というリベラル・ナショナリズムの指摘

は重い。アイデンティティ政治を，ポストモダンの文脈から近代政治の文脈に奪還しようという試みは，階級論のなかにも見られる。たとえばヴァリティ・バーグマンは，階級は多様なアイデンティティの一つであり，アイデンティティ政治が階級をそのなかに取り込んでこなかった結果，グローバル化に対する意味ある分析ができなくなり，「かなり特権的な階級にいるラディカルな知識人たちは，かれらが代表していると主張する人々のことを，実は代表していないという事実を覆い隠すために，階級ではなく他の社会的カテゴリーを強調する」と手厳しく批判している[55]。多様化が単純に階級意識を弱めるのではなく，労働者階級のアイデンティティ形成，古い用語で言えば主体形成を怠ってきた結果であるというのである。この指摘は，構造決定論に陥らないためには重要である。しかし国民であれ，階級であれ，そのアイデンティティ形成が少数派に対してもちうる権力作用については，繰り返すが注意が必要である。境界を引く側が，境界の恣意性と排除の可能性に対して開かれた眼を持つ必要がある[56]。また集団アイデンティティの個人に対する抑圧の可能性を見据えるなら，多数派内にも存在する多様性を無視することはできない。

　ナショナリズムを開かれたものとする一つの可能性として，EUに眼を向けてみよう。既に見たようにEUにおいても再分配社会政策は依然として国民国家内で行われている。そして北欧における福祉アイデンティティは，まさにグットハートのいうリベラル・ナショナリズムと考えられないこともない。このようにリベラル・ナショナリズムを維持しながら，経済の交流・社会的多様化を進めていけば，長期的には各国内の経済や人口構成は平準化していくことが考えられる。すなわち一国として見れば，社会的多様化が進むが，それはEUレベルでは均質化を促進することになる。各国は同じような多様化を経験するのである。そこにEUレベルでの社会的再分配の可能性が生まれれば，リベラル・ナショナリズムは上位の権威のなかに吸収されていくことになろう。

　その場合，なお二つの大きな問題が残る。一つはEUがどこまで開かれた存在となりうるかという問題である。もし開かれる可能性がなければ，EUは単に超大国の一つとなるだけで，国家を超える可能性を持たなくなる。しかしEUの拡大は，ただちにヨーロッパ市民とは何かというアイデンティティの問題を惹き起こす。これはEUが国民国家のように擬制とし

ての国民＝市民という物語をもたないだけに深刻である。

　こうしたディレンマへの簡単な解決策は見出しがたいが，再分配の問題を含め，リスク管理の観点から，境界を多重的に引いていくこと，それによって境界の恣意性を常に意識したガヴァナンス形態を考えることが肝要である。今日市民は多重的なリスクにさらされており，それに対して異なるリスク管理・ガヴァナンスが必要なことは明白であり，国民国家や地域統合は，そのような観点から相対化されうる。高齢化に伴う医療や介護の問題は，国家よりも下位の政府と営利・非営利団体・顧客とのネットワークで対応するのが適切であろうし，セキュリティに対して市民に責任を負うのはやはり国家であろう。そして人権や絶対的窮乏化，環境の問題，金融規制といった問題は，国家を超えた国際機関レベルで，場合によっては地域的な協力で政策目標が設定されるのが望ましい。各々のガヴァナンスの民主主義の程度は，ダールのいうように，規模によって異なるであろう。

　しかし，多層的ガヴァナンスのキーとなるのは，依然として国家である。安易に国家の退場を前提に，ローカル，あるいは国家を超えたガヴァナンスへと向かうことの危険は，リベラル・ナショナリズムが喝破するところである。国民の出入国を管理し，場合によっては生命・財産を国民から奪う権力をもった国家が厳存する以上，国家統治は政治的動員にとって最大の目的であることに変わりはない。ローカル，そして超国家的なガヴァナンスによって国境を相対化する試みは，国家の可能性を明確にする作業と同時並行的なものでなければならない。福祉国家は国民を飼いならしただけではなく，国家権力を飼いならすものでもあった点を軽視すべきではなかろう。グローバルな階級という壮大な構想もまた，「グローバル資本家階級」と「グローバル労働者階級」という存在を認めたとして，彼らが接触する場は，ほとんどの場合国民国家内のローカルな場所なのである。したがって国家レベルでの民主主義機能が，グローバル階級論から考えても戦略的な要となるはずである。

　以上本稿では，不平等に対する政治的動員戦略の特徴と問題に限って論じた。結果として，関連する幾つかの重要な問題には触れていない。第一の問題は政治動員を生む条件についてである。同じ問題が認識されたとしても，それが社会運動や政治的行動として表現されるかどうかは，戦略とともに，各国の制度環境や歴史的遺産・文化に負うところが大きいと思わ

れる。さらに，そもそも今日の不平等が「社会不満の蓄積→政治的動員」を生むようなものなのかどうかという問題がある。絶対的貧困が減少し，人間開発指標の改善が見られる以上，今日の格差拡大は問題ではないという考え方もありうるし，他方相対的価値剥奪こそ社会的不満の蓄積と暴発を招くとも考えられる[57]。貧困への楽観は，先進国に偏った方法的ナショナリズムの限界，想像力の貧困であるといえる[58]。世界のなかで飢餓から死の脅威に曝される数多くの人々が存在し，それが先進国の飽食と鮮やかな対比を描くとしたら，そして両者の関係がグローバル資本主義によって構造的に規定されているとしたら，そこにグローバル・ガヴァナンスの最重要課題が存在することは明らかであろう。

(1) 中流社会論に関する議論は拙論（2000）の注3で簡単に紹介しているので，そちらを参照されたい。
(2) 「中央公論」編集部編（2001）が論点整理を行っており，最近の研究としては，大竹（2005），白波瀬編（2006）などがある。
(3) ここでいう政治学とは実証的政治学のことであり，政治思想上，とりわけ正義論の文脈で不平等が重大なテーマであることはいうまでもない。
(4) 本稿において平等主義という概念に厳密な意味内容を与えない。平等主義とは，自由競争と市場効率を標榜する経済自由主義に対抗して集団主義的再分配や平等を追求する立場を広く指しており，前者と比べてより平等への志向性が強いという意味である。
(5) マルクス（1954），231頁，マルクス＝エンゲルス（1966），135頁。
(6) Gurr (1970) 参照。
(7) タロー（2006）参照。
(8) Olson (1965).
(9) タロー（2006），44頁以下。Cf. Russo and Linkon (2005).
(10) レーニン（1968）。
(11) Bernstein (1993).
(12) エンゲルス（1965），229頁。
(13) レーニン（1970），17, 21頁。
(14) 新川（1999），12-14頁，Przeworski (1985), pp. 11-12.
(15) マルクス＝エンゲルス（1952）。
(16) Lipset (1981).
(17) Rodorick (1997).
(18) Pierson (1994).

(19) 新川 (2005), 第2篇第1章, 6章。
(20) 新川 (2005), 第2篇第5, 6章。
(21) Esping-Andersen (2006), p. 11.
(22) Atkinson (2006), p. 54.
(23) Esping-Andersen (2006), p. 12-13. なお彼の論考のなかに, 日本の数値は含まれていない。
(24) シーブルック (2004), 19−22頁。
(25) Sklair (2001), p. 295.
(26) Sassen (2004).
(27) Sassen (2004); cf. Sklair (2001). カリニコス (2004), 参照。
(28) シーブルック (2004), 66頁。
(29) シーブルック (2004), 67頁。
(30) Hardt & Negri (2000). ネグリ＝ハート (2004)。
(31) Held (1995); (2004).
(32) Held (2004), p. 164-165 (邦訳215−216頁)。
(33) Held (2004), p. 83 (邦訳107頁)。
(34) ダール (2006), 94頁。
(35) 新川 (2003), (2004), (2005) 参照。
(36) 新川 (2005), 第2篇第6章参照。
(37) Soroka, Banting, Johnston (2006), pp. 261-262.
(38) ヤング (1996), テイラー (1996), コノリー (1998), ケニー (2005)。
(39) キムリッカ (1998)。
(40) 新川 (2006)。
(41) Hewitt (2005). 山口・高橋編 (1998), 宮本 (2004), シュレジンガー, Jr. (1992) 参照。
(42) Goodhart (2004), p. 155.
(43) Goodhart (2004), pp. 155-158.
(44) Goodhart (2004), p. 157.
　　エスニック・ナショナリズム, 有機体的ナショナリズムとシビック・ナショナリズム, リベラル・ナショナリズムといったナショナリズムの二分法に大きな影響を与えたのは, いうまでもなく Kohn (2005) である。
(45) ローティ (2000), 2頁。
(46) ローティ (2000), 105頁。
(47) Beck (2004), p. 121; Offe (2006), p. 43. 岡 (1999) 参照。
(48) Goodhart (2004), p. 163.
(49) 鄭 (2003), 224頁。
(50) Hero and Tolbert (1996); Plotnick and Winters (1985); Gilens (1999).

(51) Alesina and Glaeser (2004).
(52) Soroka, S., R. Johnston, K. Banting (2004) "Ethnicity, Trust and the Welfare State." (httop://www.etes.ucl.ac.be/Franqui/Livre/Livre.htm).
(53) Soroka, S., K. Banting, R. Johnston (2006), p. 278.
(54) Kimlicka and Banting (2005).
(55) バーグマン（2006），26頁。
(56) 杉田（2005）参照。
(57) Gurr (1970) 参照。
(58) Beck (2004)。

## 参照文献

＊エンゲルス，フリードリッヒ（1965）『家族・私有財産・国家の起源』岩波文庫。
＊大竹文雄（2005）『日本の不平等』日本経済新聞社。
＊カリニコス，アレックス（2004）『アンチ資本主義宣言』（渡辺雅男・渡辺景子訳）こぶし書房。
＊キムリッカ，ウィル（1998）『多文化時代の市民権』（角田猛之・石山文彦・山崎康仕監訳）晃洋書房。
＊ケニー，マイケル（2005）『アイデンティティの政治学』（藤原孝他訳）日本経済評論社。
＊コノリー，ウイリアム・E．（2006）『アイデンティティ／差異』（杉田敦・齋藤純一・権左武志訳）岩波書店。
＊佐藤俊樹（2000）『不平等社会日本』中公新書。
＊シーブルック（2004）『階級社会──グローバリズムと不平等』（渡辺雅男訳）青土社。
＊シュレジンガー，Jr.，アーサー（1992）『アメリカの分裂：多文化社会についての所見』（都留重人監訳）岩波書店。
＊白波瀬佐和子編（2006）『変化する社会の不平等』東京大学出版会。
＊新川敏光（1999）『戦後日本政治と社会民主主義』法律文化社。
＊新川敏光（2000）「階級政治論の再構成」小川浩三編『複数の近代』北海道大学図書刊行会。
＊新川敏光（2003）「日本における福祉国家の新しい政治」高木郁朗他編『グローバル化と政治のイノヴェーション』ミネルヴァ書房。
＊新川敏光（2004）「福祉国家の危機と再編」齋藤純一編著『福祉国家／社会的連帯の理由』ミネルヴァ書房。
＊新川敏光（2005）『日本型福祉レジームの発展と変容』ミネルヴァ書房。
＊新川敏光（2006）「カナダ連邦政治と国家統合──その持続と変容──」

『法学論叢』第158巻第5・6号。
* 杉田敦（2005）『境界線の政治学』岩波書店。
* 橘木俊詔（1998）『日本の経済格差』岩波新書。
* タロー，シドニー（2006）『社会運動の力』（大畑裕嗣監訳）彩流社。
* ダール，ロバート・A（2006）『ダール，デモクラシーを語る』（伊藤武訳）岩波書店。
* 「中央公論」編集部編（2001）『論争・中流崩壊』中公新書ラクレ。
* 鄭暎惠（チョン・ヨンへ）（2003）『＜民が代＞斉唱』岩波書店。
* テイラー，チャールズ（1996）『マルチカルチュアラリズム』（佐々木毅・辻康夫・向山恭一訳）岩波書店。
* ネグリ，A．＝ハート，M．（2004）『マルチチュード　上下』（幾島幸子訳）NHKブックス。
* バーグマン，ヴァリティ（2006）「サンディカリズムからシアトルへ」『生活経済政策』第113号。
* マルクス，カール（1954）『哲学の貧困』（高木祐一郎訳）国民文庫。
* マルクス，K．＝エンゲルス，F．（1952）『共産党宣言　共産主義原理』（マルクス＝レーニン主義研究所訳）国民文庫。
* マルクス，K．＝エンゲルス，F．（1966）『新版ドイツ・イデオロギー』（花崎皋平訳）合同出版。
* 宮本太郎（2004）「新しい右翼と福祉ショービニズム」齋藤純一編著『福祉国家／社会的連帯の理由』ミネルヴァ書房。
* 山口定・高橋進編『ヨーロッパ新右翼』朝日新聞社。
* ヤング，アイリス・M．（1996）「政治体と集団の差異——普遍的シティズンシップの理念に対する批判」『思想』第867号。
* レーニン，ヴェ・イ（1968）「何をなすべきか」『新版レーニン選集①』（レーニン全集刊行委員会訳）大月書店。
* レーニン，ヴェ・イ（1970）「プロレタリア革命と背教者カウツキー」『新版レーニン選集⑤』（レーニン全集刊行委員会訳）大月書店。
* ローティ，リチャード（2000）『アメリカ　未完のプロジェクト』（小澤照彦訳）晃洋書房。

* Alesina, A. and E. Glaeser (2004) *Fighting Poverty in the US and Europe: A World of Difference*. Oxford: Oxford University Press.
* Atkinson, Robert D. (2006) "Inequality in the New Knowledge Economy." pp. 52-68 in A. Giddens and P. Diamond (eds.), *The New Egalitarianism*. Cambridge: Polity Press.
* Banting, K. and W. Kymlicka (2005) "Do Multiculturalism Policies Erode the

Welfare State ?," a revised paper presented to the Colloquium Francqui 2003, Clutural Diversities versus Economic Solidarity, Brussels, February 28-March 1, 2003; and to the Conference on New Challenges for Welfare State Research, RC 19 of the International Sociological Association, Toronto, Ontario, August 21-24, 2003.
* Beck, Ulrich (2004) "Inequality and Recognition: Pan-European Social Conflicts and Their Political Dynamic." pp. 120-142 in A. Giddens and P. Diamond (eds.), *The New Egalitarianism*. Cambridge: Polity Press.
* Bernstein, Eduard (1993) *The Precondition of Socialism* (edited and translated by Henry Tudor). Cambridge: Cambridge University Press.
* Esping-Andersen (2006) "Inequality of incomes and opportunities." pp. 8-38 in A. Giddens and P. Diamond (eds.), *The New Egalitarianism*. Cambridge: Polity Press.
* Gilens, Martin (1999) *Why Americans Hate Welfare: Race, Media, and the Politics of Antipoverty Policy*. Chicago: University of Chicago Press.
* Gurr, T. R. (1970) *Why Men Rebel*. Princeton, N.J.: Princeton University Press.
* Goodhart, David (2004) "Britain's Glue: the Case for Liberal Nationalism." pp. 154-170 in A. Giddens and P. Diamond (eds.), *The New Egalitarianism*. Cambridge: Polity Press.
* Held, David (1995) *Democracy and the Global Order*. Cambridge, U.K.: Polity Press（佐々木寛他訳『デモクラシーと世界秩序』NTT出版, 2002）.
* Hero, R. and C. Tolbert (1996) "A Racial/Ethnic Diversity Interpretation of Politics and Policy in the States of the US." *American Journal of Political Science* 40: 851-871.
* Hardt, M. and A. Negir (2000) *Empire*（水嶋一憲他訳『＜帝国＞』以文社, 2003）.
* Held, David (2004) *Global Covenant*. Cambridge, U.K.: Polity Press（中谷義和・柳原克行訳『グローバル社会民主政の展望』日本経済評論社）.
* Hewitt, Roger. *White Backlash and the Politics of Multiculturalism*. New York: Cambridge University Press.
* Kohn, Hans (2005) *The Idea of Nationalism, with a new introduction by Craig Calhoun*. New Brunswick: Transaction Publishers.
* Lipset, S. M. (1981) *Political Man* (expanded and updated ed.). Baltimore: Johns Hopkins University Press.
* Offe, Klaus (2006) "Social Protection in a Supernational Cntext: European Integration and the Fates of the 'European Social Model'." pp. 33-63 in P. Bardhan, et al. (eds.), *Globalization and Egalitarian Redistribution*. Princeton, N.J.:

Princeton University Press.
* Olson, Mancur (1965) *The Logic of Collective Action*. Cambridge, Mass.: Harvard University Press.
* Pierson, Paul (1994) *Dismantling the Welfare State*. Cambridge, Mass.: Cambridge University Press.
* Plotnick, R. and R. Winters (1985) "A Politico-Economic Theory of Income Redistribution." *American Political Science Review* 79: 458-473.
* Przeworski, Adam (1985) *Capitalism and Social Democracy*. Cambridge, Mass.: Cambridge University Press.
* Rodrik, Dani (1997) Has Globalization Gone Too Far? Washington, D. C.: Institute for International Economics.
* Russo, John and Sherry L. Linkon (2005) New Working-Class Studies. Ithaca: ILR Press.
* Sassen, Saskia (2004) "New Global Classes: Implications for Politics." pp. 143-153 in A. Giddens and P. Diamond (eds.), *The New Egalitarianism*. Cambridge: Polity Press.
* Sklair, Leslie (2001) *The Transnational Capitalist Class*. Oxford: Blackwell.
* Soroka, S., R. Johnston, K. Banting (2004) "Ethnicity, Trust and the Welfare State." (http://www.etes.ucl.ac.be/Franqui/Livre/Livre.htm)
* Soroka, S., K. Banting, and R. Johnston (2006) "Immigration and Redistribution in a Global Era." pp. 261-288 in P. Bardhan, et al. (eds.), *Globalization and Egalitarian Redistribution*. Princeton, N.J.: Princeton University Press.

# 福祉国家と平等をめぐる政治
―20世紀的前提の転換―

宮本太郎

　福祉国家はいかなる社会的平等を達成してきたのか，そして今，その平等のあり方にいかなる変化が生じているか。この点について一般に次のような議論がおこなわれている。福祉国家はその積極面として平等を，消極面として経済効率への負荷をもたらした。そして，市場経済のグローバル化を契機に，平等よりも効率が，福祉国家よりも市場が優先されざるを得ない環境が出現した。欧州の社会民主主義政党でさえも，市場と経済効率に妥協した「第三の道」を掲げるようになった。このような議論である。

　こうした構図は，全く誤りではないにせよ，福祉国家の多様な経験を過度に単純化する点で，また，福祉国家による平等という主題が過去のものとなりつつあるという印象を与える点で，ミスリーディングな面をもっている。これまでの福祉国家のかたちを仮に20世紀型福祉国家と呼ぶならば，それが平等を志向したとして，各国の平等の度合いは，なぜ，どのように分岐したか。平等と経済効率を両立しえた国とそれに失敗した国が分かれたのはなぜか。また，20世紀型福祉国家において排除された平等あるいは再生産された不平等はなかったか。

　今日，福祉国家の抜本的再編が進行しているのは事実である。その動向を客観的に評価し，各々の価値選択をすすめていくためには，20世紀型福祉国家が達成した平等の特質やその経済効率との関係について，より包括的な検討をおこなっておく必要がある。福祉国家と平等に関して多少とも包括的に検討をすすめるならば，福祉政策をとおしての平等の達成という課題は，依然として未完のプロジェクトであることが分かってくる。

　本稿は，第一節において，20世紀型福祉国家の実現してきた平等の構造について考察する。まず，これまでの社会保障政策が担った二つの機能，水平的再分配と垂直的再分配の機能を峻別する。そして，この二つの機能

が，いかなる比重でどのように組み合わされるかによって当該福祉国家の平等の構造が決定されていったということを，「再分配のパラドクス」という視点から説明する。さらに，20世紀型福祉国家の水平的再分配と垂直的再分配が排除してきた平等について議論する。

　第二節においては，20世紀型福祉国家の平等構造が維持し得なくなった背景を，リスク構造の転換という観点から分析する。その上で，平等構造の再編をとなえるいくつかの言説について考察し，そこには福祉国家の平等化機能の縮小のみならず，その再生や拡張につながる選択肢も現れている，と主張する。その上で日本のケースをとりあげて，福祉国家の転換という問題がどのように現れているかを見る。

## 1　20世紀型福祉国家の構造と再分配のパラドクス

### 1－1　20世紀型福祉国家の二つの機能

　20世紀型福祉国家がいかなる社会的平等を達成してきたかを，各国ごとのバリエーションを含めて考えるためには，まず出発点として，20世紀型福祉国家の二つの機能について，それぞれの機能を担った手続きと制度を含めて検討しておく必要がある。

　ここでいう20世紀型福祉国家の二つの機能のことを，N・バーはそれぞれ「ブタの貯金箱機能」および「ロビンフッド機能」と呼んでいる[1]。20世紀型福祉国家は，まず，経済的に自立した市民を対象に，彼らの典型的なライフサイクルに想定されるリスクをめぐって，そのリスクに実際に直面した人々と当面それを免れている人々との間での，いわば水平的な再分配を担った。すなわち福祉国家は，個人が各自の人生の諸リスクに備えることを社会化した，巨大な貯金箱の役割を果たした。これが「ブタの貯金箱機能」である。

　その一方で福祉国家は，経済的な自立が困難な市民を対象として，自立した市民との間での著しい経済的格差を縮小する，垂直的な再分配機能を果たした。つまり，20世紀型福祉国家は，義賊ロビンフッドのように社会的弱者の救済を担った。これが「ロビンフッド機能」である。

　この二つの機能は，それぞれが別の観点から社会的平等を実現することを目指したものであったが，ここで留意しておく必要があるのは，この二

つの機能を担った手続きと制度である。この手続きと制度によって，平等機能に与る人々の範囲とその条件が画定されることになったからである。

まず「ブタの貯金箱機能」にかかわっては，次のような手続きと制度が設計された。そこでは，被用者，自営業者，主婦など，産業社会に典型的ないくつかのライフサイクルが想定され，そこに典型的なリスク群が抽出される。被用者の場合でいえば，労働災害，失業，退職などであり，主婦の場合は男性稼ぎ主との死別などが典型的リスクとして浮上する[2]。そして，社会保険によってそのリスクに対処することが目指される。一般にこうした制度は，一人の市民とくに男性が，一生の間に一つあるいは少数の仕事をもち，他方で相対的に安定した家庭をもつことを与件として設計された。またリスク・シェアリングは個人間ではなく世帯間ですすめられることが多かった。したがって，頻繁に仕事を替えるもの，経済的自立を目指しジェンダー役割から離れる女性などは，しばしば平等化機能の保護から排除された。

他方，「ロビンフッド機能」の対象となるのは，社会保険によるリスク・シェアリングの困難な人々であった。平等化のための資源は，基本的には税から調達する必要がある。したがってここでは，資力調査などによって受給に厳しい制約が課されることが常であり，この条件をくぐって機能の恩恵に与ることに対してはスティグマが生まれた。また，社会的扶助の原則は，わが国の生活保護制度でいう「補足性の原理」，つまり一定の所得水準を下回った人々を対象に，その水準との差額を補填する，という考え方であった。それゆえに，社会的扶助には就労インセンティブを弱める傾向があり，こうした手続きと制度が「失業の罠」「貧困の罠」をつくりだすことが指摘されてきた。

ある福祉国家がどのような平等構造を実現したかは，この二つの機能がいかなるかたちで，どのような比重で組み合わされたかによる。そしてこの組み合わせのいくつかのパターンを考えていくためには，当該福祉国家において，狭義の社会保障の政策と制度と，雇用にかかわる政策や制度がどのように連動したかを見ることが不可欠である。

### 1－2　平等構造の類型

20世紀型福祉国家は，一方における社会保障政策，福祉政策と，他方に

おける雇用政策，経済政策の連携によって成り立ってきた。20世紀型福祉国家が，しばしばケインズ主義的福祉国家と呼ばれてきたのはその故にである[3]。20世紀型の社会保障政策の基本設計が，ベヴァリッジに負うところが大きいことを重視する場合，これをケインズ・ベヴァリッジ主義的福祉国家と呼ぶ場合もある[4]。前節で福祉国家の「ブタの貯金箱機能」と「ロビンフッド機能」について述べたが，この二つの機能が具体的にどのようなかたちで組み合わされ，当該福祉国家の平等構造を形作っているかをみるためには，この社会保障政策，福祉政策と雇用政策，経済政策の連関に注目する必要がある。こうした視点から，20世紀型福祉国家における平等構造の異なったパターンをとらえていくためには，近年の比較福祉国家研究の成果に依っていくことができる。近年の比較福祉国家研究の展開は，この社会保障政策および福祉政策と雇用政策および経済政策の連携を，福祉レジームと生産レジームという枠組みから分析してきた。

近年の福祉国家研究においては，まずエスピン-アンデルセンらによって，社会保障政策，福祉政策の体系にかんする比較論的分析が福祉レジーム論としてすすめられ，福祉国家の類型モデルをめぐって多くの議論が蓄積された。エスピン-アンデルセンは，福祉レジームを支える雇用の政策と制度を，労働市場レジームとして切り離して論じた[5]。この雇用の政策と制度は，ソスキス，ホール，ヒューバー，スティーブンズらによって後に生産レジームとして独自に論じられ，資本主義の類型論としても発展していった。

ソスキスとホールは，生産レジームを，各国で労使関係，職業訓練教育制度，企業統治，企業間関係などが相互補完的に組み合わされている実態をとらえる概念とした[6]。また，ヒューバーとスティーブンズは，この概念について，「賃金，雇用，投資水準に影響を及ぼす制度と政策」を中心として労働市場政策，マクロ経済政策，通商政策，産業政策，金融制度を包括するより広い定義をおこなった[7]。以下本稿では，生産レジームを，ヒューバーとスティーブンズの広義の定義を念頭に用いていく。いずれにせよ，福祉国家は，固有の「福祉・生産レジーム」（アイヴァセン）としてとらえられるのである[8]。

以下，福祉レジームの二つの機能，福祉レジームと生産レジームの相互作用とそこから生まれる政治過程の動態という視点から，20世紀型福祉国

家の平等構造について，その異なったパターンをみていきたい。

(1) 垂直的再分配優位の帰結

エスピン-アンデルセンが自由主義レジームと呼んだアングロサクソン諸国では，公的な社会保障はどちらかといえば，最低限保障のセーフティネットに重点をおいたかたちで発展した。その典型はアメリカであり，公的年金などを除けば，96年に改廃された母子家庭への生活保護制度であるAFDC や，高齢者，低所得層に対象を限定した医療保険制度であるメディケア，メディケイドなど，所得調査によって受給層を限定した社会的扶助型のプログラムの比重が高かった。ベヴァリッジ型の年金制度が導入されたイギリスも，均一拠出均一給付のその保障水準は抑制されていたために，補足給付などの社会的扶助給付が膨らんでいった。表1にみられるように，自由主義レジームに分類される国々，すなわちアメリカ，イギリス，オーストラリア，ニュージーランド，カナダ等のアングロサクソン諸国は，社

表1　各国の社会的支出（1992年のGDP比・%）とジニ係数，相対的貧困率

| | 社会的支出 | 社会的扶助支出 | 積極的労働市場政策支出 | ジニ係数 | | | 相対的貧困率（90年代半ば） |
|---|---|---|---|---|---|---|---|
| | | | | 80年代半ば | 90年代半ば | 2000年 | |
| アメリカ | 15.2 | 3.7 | 0.2 | 0.338 | 0.361 | 0.357 | 16.7 |
| イギリス | 23.1 | 4.1 | 0.6 | 0.286 | 0.312 | 0.326 | 10.9 |
| オーストラリア | 16.3 | 6.8 | 0.7 | 0.312 | 0.305 | 0.305 | 9.3 |
| ニュージーランド | 22.2 | 13 | 1.1 | 0.27 | 0.331 | 0.337 | 7.8 |
| カナダ | 21.8 | 2.5 | 0.6 | 0.29 | 0.283 | 0.301 | 9.5 |
| スウェーデン | 35.3 | 1.5 | 2.9 | 0.216 | 0.211 | 0.243 | 3.7 |
| ノルウェー | 26.8 | 0.9 | 1 | 0.234 | 0.256 | 0.261 | 8 |
| デンマーク | 30.7 | 1.4 | 1.7 | 0.228 | 0.213 | 0.225 | 3.8 |
| フィンランド | 33.9 | 0.4 | 1.7 | 0.207 | 0.228 | 0.261 | 4.9 |
| ドイツ | 26.4 | 2 | 1.9 | 0.265 | 0.28 | 0.277 | 9.1 |
| フランス | 28 | 2 | 1 | 0.276 | 0.278 | 0.273 | 7.5 |
| オーストリア | 25 | 1.2 | 0.3 | 0.236 | 0.238 | 0.252 | 7.4 |
| オランダ | 28.3 | 2.2 | 1.3 | 0.234 | 0.255 | 0.251 | 6.3 |
| ベルギー | 28.4 | 0.7 | 1.2 | n.a. | n.a. | n.a. | n.a. |
| イタリア | 24.3 | 3.3 | 0.2 | 0.306 | 0.348 | 0.347 | 14.2 |
| 日本 | 11.8 | 0.3 | 0.3 | 0.278 | 0.295 | 0.314 | 13.7 |

出所　社会的支出，積極的労働市場政策支出は，OECD, *Social Expenditure Database*, 社会的扶助支出は，Tony Eardley, et al., *Social Assistance in OECD Countries: Synthesis Report, Department of Social Security Research Report*, No. 46, p. 35. ジニ係数および相対的貧困率は，OECD, *Society at Glance: OECD Social Indicators: Raw Date* http://www.oecd.org/dataoecd/34/11/34542691.xls

会保障支出のうち社会的扶助支出の比重が高いことが特徴である。つまり，自由主義レジームにおいては，福祉国家の二つの機能のうち，「ロビンフッド機能」がより大きな役割を果たしていることになる。

ここでまず問題になるのは，再分配の仕組みと社会的平等の関連である。形式的にいえば，「ロビンフッド機能」の比重が高いということは，福祉国家の役割が垂直的再分配におかれ，資源が弱者保護に集中していることになり，格差の縮小にはより効果的なはずである。実際のところ，ニュージーランドなどでは，労働党が平等主義の観点から所得調査つきのプログラムを推進してきたのである[9]。にもかかわらず，表1で各国の相対的貧困率やジニ係数をみると，格差がもっとも大きいのは自由主義レジーム諸国においてである。これは，アングロサクソン諸国の社会保障支出の規模そのものが小さいためであるが，それではなぜ規模として抑制され続けたか，という点については，コルピとパルメが「再分配のパラドクス」と呼んだ現象が見てとれる[10]。

福祉レジーム，あるいは社会保障の政策と制度のみから「再分配のパラドクス」を説明することはできない。そのためには，福祉レジームと生産レジームの連携に注目し，さらにそれにかかわる政治的な動態をふまえた説明が必要になる。福祉の自由主義レジームには一般に，市場経済のシステムとしては，ホールとソスキスが自由主義的市場経済と呼んだ生産レジームが対応した[11]。そこでは，労使間協調が弱く，市場原理が優先される傾向が強く，完全雇用の政策的プライオリティは低かった。したがって，長期失業層を中心として，社会的扶助や失業給付に依存する人々が増大することになった。その結果，社会的扶助や失業給付が拡大し，「ロビンフッド機能」をささえるコストは急増する。これに対して，アングロサクソン諸国の中間層は，そのコストを負担する一方で，ベネフィットに与ることはない。中間層の反発は高まり，この反発が政治的に噴出して，80年代の英米で新保守主義政権を生みだす流れとなる。福祉バックラッシュがすすみ，社会的扶助型プログラムの改廃や給付水準の抑制にむすびついていく。これが再分配のパラドクスを生むメカニズムである。

（2）水平的再分配優位の安定

これに対して，エスピン-アンデルセンが社会民主主義レジームと呼ん

だ北欧諸国，すなわちスウェーデン，ノルウェー，デンマーク，フィンランドでは，社会保障の制度としては，所得置換率の高い所得比例型の社会保険や社会サービスが中心となり，社会的扶助支出は抑制された（表1）。こうした制度は，本来であれば格差を縮小するよりも維持，拡大する可能性が高いのであるが，ジニ係数や相対的貧困率でみると，社会民主主義レジームにおける平等度は最も高い。ここには，先に自由主義レジームにかんして触れた「再分配のパラドクス」が逆のかたちで現れている。

　社会民主主義レジームの社会保障制度は，その雇用政策，経済政策と密接に連関していた。生産レジームは，ホールとソスキスの類型でいえば労使協調を軸にした調整型市場経済であり[12]，職業訓練を軸にした積極的労働市場政策への支出が大きかった。とくにスウェーデンにおいては，生産性の低い保護部門から競争力のある先端部門へと産業部門間での労働力の移動を促す政策がとられ，そのことをとおして完全雇用を実現することが目指された[13]。この点は，同じ調整型市場経済でも，産別組織のなかでの技能形成を図りそこに労働者を囲い込もうとした大陸ヨーロッパと明確な対照をなした。いずれにせよ，このようにまず生産レジームの水準において長期的失業者の出現が抑制されることで，福祉レジームは，経済能力ある市民を所与として制度を運用することができた。したがって福祉レジームの活動の主眼は，困窮層の「救済」よりも，経済能力ある市民が日常的なリスクに対処し，労働市場に参加する条件を確保することに置かれる。女性の就労可能性をより広げるための育児，介護，生涯教育等の社会サービスが率先して追求された所以である。社会的扶助支出が抑制されたのは，逆にいえば，広範な市民の経済的自立が実現した結果であった。

　つまり，再分配のあり方からみれば，「ロビンフッド機能」よりも「ブタの貯金箱機能」が追求され，垂直的再分配よりも水平的再分配に主眼が置かれたことになる。しかも，中間層の福祉国家への支持を固めるために，所得置換率の高い所得比例型の制度が拡大された。にもかかわらず，労働市場の二極化が未然に防がれ，しかも福祉国家への中間層の支持が安定することで，ジニ係数等の格差指標は抑え込まれた。他方において，社会保障支出が流動的な労働市場における人々の就労支援に向けられることで，社会的平等と経済効率をある程度まで両立させることが可能になった。

## （3）職域内再分配と家族主義

　エスピン-アンデルセンが保守主義レジームと呼んだ大陸ヨーロッパの国々でも，所得比例型の社会保険を中心にした社会保障制度が形成された。しかし，北欧諸国とは異なり，こうした制度は多くの場合，職域ごとに分立して発展した。その背後の事情として指摘されるのは，大陸ヨーロッパ諸国の生産レジームの特質である。

　大陸ヨーロッパ諸国の生産レジームは，北欧諸国同様に，労使協調を軸とした調整型市場経済であった。しかし，その組織は産別労使の協調を軸として，技能育成も産別組織の内部でおこなわれた。各種の社会保険制度が職域を基礎として発展したのは，労使がこのような協調体制を維持し安定させていくことに共に利益を見出したからである。とくに，職域組織の内部で育成された技能が不況時などに散逸しないよう，失業保険などを充実することに意が注がれた[14]。他方でその半面，北欧とは異なり，大陸ヨーロッパの社会保障体制には職域ごとの格差がみられ，階層化がすすんだ。

　この点に加えて，キリスト教民主主義の政治的影響力が強かった大陸諸国における社会保障体制の特質は，強固な家族主義であった。職域を基礎とした社会保険に男性稼ぎ主が加入し，この保護が家族主義をとおして女性や子どもをカヴァーするという仕組みである。家族福祉の目標は，北欧のように女性の就労環境を整えることではなく，むしろ家族というまとまりを支えることに置かれた。

　この保守主義レジームとのかかわりで触れておくべきは日本のケースである。日本もまた，社会保障制度が職域的に分化し，併せて家族の役割が大きかった。したがって，エスピン-アンデルセンの類型モデルを前提とするかぎり，保守主義レジームに近いということができる。しかし，欧州の保守主義レジームと比べるならば，日本型福祉国家における平等のあり方には，福祉国家としての後発性や生産レジームの特質とかかわって，いくつかの独自の性格があった。

　表2は，日本を含めて諸レジームを代表すると思われる諸国の労働年齢人口を対象に，所得移転の前と後のジニ係数を比較している。スウェーデンにおいては，社会保障制度においては「ブタの貯金箱機能」が優先されたにもかかわらず，所得移転の規模そのものが拡大したことから再分配率が高い。またアメリカにおいては，「ロビンフッド機能」が主軸となったに

表2 所得移転の前後のジニ係数比較
（労働年齢人口・80年代半ば）

|  | 一次所得 | 可処分所得 |
|---|---|---|
| ドイツ | 0.360 | 0.254 |
| アメリカ | 0.376 | 0.326 |
| スウェーデン | 0.347 | 0.224 |
| 日本 | 0.309 | 0.276 |

出所　*Society at a Glance: OECD Social Indicators*
http://www.oecd.org/dataoecd/12/4/35445297.xls

もかかわらず再分配率が抑制されていることが窺える。これに対して日本の特徴は，再分配率は小さいにもかかわらず，所得移転前の段階，すなわち一次所得の段階からジニ係数が抑制されていたことである。これは福祉レジームによってというより，生産レジームのあり方のなかに，格差を一定範囲内に抑止する機能が内包されていたことを意味する。

　日本の生産レジームの特徴は，大陸ヨーロッパ諸国と異なり，産別組織よりは企業集団および個別企業の内部での調整機能が大きかったことである[15]。同時に，政府の経済政策をとおして個別企業が安定した雇用を提供しつづける条件が確保された。長期的雇用慣行を備えた大企業に対する護送船団方式の行政指導であり，中小零細企業に対する公共事業や保護規制である。このようにして男性稼ぎ主の雇用と所得が保障されたうえで，介護や育児にかんしては，家族における主婦の役割が期待された。大陸の保守主義レジームにおいては，比較的手厚い福祉レジームが職域や家族を補完したのに対して，日本では企業と家族が福祉レジームを代替したということができる。

## 1－3　福祉国家が再生産する不平等とスティグマ

　見てきたように，20世紀型福祉国家は，異なった福祉レジームと生産レジームの複合として，異なった程度の平等を実現してきた。だが他方において，そこで確認される平等のかたちには共通する特質があった。

　「ブタの貯金箱機能」が実現したのは，産業社会に典型的なライフスタイルに典型的なリスクをシェアすることで達成される平等であった。それは，想定されたライフスタイルを遵守することを前提とした平等であり，また多くの場合，個人間の平等というよりも世帯間の平等であった。したがって，世帯内でのジェンダーをめぐる不平等は維持される傾向があったし，典型的なライフスタイルにそぐわない文化的あるいは性的な少数派は，しばしばこの平等秩序から排除された。「ロビンフッド機能」に関しても，これまで述べてきたスティグマ賦与に加えて，所得保障やサービスの受給者

を「障害者」「高齢者」などのカテゴリーにはめ込み，その社会参加の機会を抑制する傾向があった。

つまり，20世紀型福祉国家においては，水平的あるいは垂直的な再分配をすすめることが，結果的に多様なライフスタイルを規制したり，自由なアイデンティティを制約したりする結果を伴ったのである。フレイザーが20世紀型福祉国家における「再分配と（異なったアイデンティティの）承認のジレンマ」を論じたのはこのような事情からであった[16]。あるいは，ハーバーマスが福祉国家体制の定着が「生活世界の植民地化」をすすめる危険があることを指摘したのも，こうしたジレンマにかかわっているといえよう[17]。

このことは，20世紀型福祉国家が，その賛美者と批判者がはっきりと分かれる，毀誉褒貶の激しい存在であったことの背景の一つである。20世紀型福祉国家には，再分配と平等のパターンを異にするいくつかの類型があったが，福祉国家を論ずるときにそのいずれに注目するか，あるいは議論の基準を再分配の度合いに置くか，アイデンティティの承認に置くかで，その評価は大きく異なるものとなったのである。しかし他方において，再分配型の平等と承認による平等は二律背反のものであったかといえば，そうもいえない。ここでは再分配の進展とジェンダー平等の関連についてのみ，若干の検討をおこなっておく。

前述のように，大陸ヨーロッパ型の福祉国家では，階層間の平等化は相対的にすすんだが，それは既述のように男性稼ぎ主が職域的なリスク・シェアリングをおこない，家族主義をとおしてその所得を家族構成員に均霑するという仕組みであった。ここでは家族政策は，コルピのいう「一般家族支援型」，すなわち世帯を単位とした家族保護というかたちをとった。具体的には，家庭内での育児を前提にした，幼児期を中心にした児童手当，未就労の母親を前提とした児童扶養控除，乳幼児期を終えた児童への保育サービスがその特徴であった。こうしたなかでは，ジェンダー間の不平等は再生産される傾向にあった。また，アングロサクソン諸国では，「市場志向型」の家族政策で，そもそもこうした支援そのものが抑制されていた[18]。

これに対して，北欧諸国では「両性稼ぎ手支援型」の家族政策が展開された。ここでは「一般家族支援型」に比べて，乳幼児期から就学前まで続く公的な保育サービス，父親も対象とした所得保障育児休暇，公的な高齢

者介護サービスなどが政策の中心になり，女性の就労環境を整え，労働市場参加にかんするジェンダー間の格差を「市場志向型」以上に縮小した[19]。この場合は，積極的労働市場政策を中核とした生産レジームに対応した福祉レジームの強化が，水平的再分配とジェンダー平等を共にすすめたのである。

## 2　リスク構造の転換と福祉国家再編の政治

### 2－1　リスク構造転換

さて，20世紀型福祉国家の制度を揺るがすことになった根底的な変化は，グローバル化と脱工業化を背景としたリスク構造の転換である。20世紀型福祉国家は，既述のように，相対的に安定した家族と雇用が，人生前半と中盤のリスクを吸収することを与件として組み立てられていた。ところが，グローバルな市場経済の展開のなかで，先進工業国の労働市場は大きな変化に見舞われる。流動化がすすみ，規模が縮小し，非正規労働が増大する。男性稼ぎ主の雇用の流動化は，女性の労働市場進出，長命化した老親の介護ニーズ，子どもの生育環境の変化などと相まって，家族関係の不安定化を推し進める。家族は様々な社会的リスクを吸収するバッファーの機能を果たせなくなり，むしろ新たなリスクをつくりだす要因となっていく。こうした「新しい社会的リスク」が噴出する一方で，依拠できる経済的資源の拡大にはストップがかかり，福祉国家はタスクの拡大とリソースの減少の板挟みに遭う[20]。

こうしたなかでは，「ブタの貯金箱機能」も「ロビンフッド機能」もともに機能不全に陥る。安定した家族と雇用が，人生前半と中盤のリスクを吸収することを前提として設計された「ブタの貯金箱機能」は，人生後半のリスクへの対処に資源を集中する，いわばJ字型の給付パターンを有していた。人生後半には，家族にも雇用にも依拠することが困難になるからである。これに対して，家族と雇用の揺らぎは，いわばW字型のリスク構造を生みだす。従来の給付パターンは，この新しいリスク構造に対処できない。いったん失業や病気，子どもの数の増大などに直面した若い世帯が低所得リスクに直面する可能性が高まる。加盟各国における世代別の相対的貧困率を70年代半ばから2000年まで経年的に集計したOECDのデータは，

この期間を通して,高齢世代の貧困率が抑制されつつあるのに対して,若い世代の貧困率が上昇傾向にあることを示している[21]。論理的には,雇用と家族への依存度が高かったところほど,こうしたリスクは増大することになる。その典型は日本型福祉国家であるが,実際のところわが国のジニ係数の世帯主年齢別の変化をみた白波瀬佐和子の研究は,若い世代において,また非「標準」世帯において,格差が増大する傾向があることを示している[22]。

「ブタの貯金箱機能」が機能不全に陥り,低所得リスクに直面する層が増大するならば,それは社会的扶助にかんする支出が増大し,「ロビンフッド機能」の負荷が高まることにつながる。これまで社会的扶助支出が例外的に抑制されてきた日本を含めて,各国で「ロビンフッド機能」の肥大化が始まると,これまで自由主義レジームにおいてしばしば見られたような,中間層の福祉批判が他のレジームにおいても高まることになる。とくに,ヨーロッパでは「ロビンフッド機能」の受益者のなかで,政治難民を中心とした移民層が増大していることから,中間層の反発には排外主義的な政治傾向が伴うようになる[23]。

これまで,相対的に安定した雇用と家族に支えられ,さらにそれに連動した福祉国家の「ブタの貯金箱機能」に依拠していた中間層は,「新しい社会的リスク」の噴出を前に,自らも日常的に社会的リスクに直面することになる。ここで彼らは,しばしば私的なリソースや民間の保険制度によってリスクに対処することを余儀なくされる。こうしたなかで肥大化する「ロビンフッド機能」に対しては,中間層は強く反発するのである。同時に,機能不全に陥った「ブタの貯金箱機能」を含めて,社会保障制度全般に対する不信が高まる傾向がある。

以上のような傾向は,「新しい社会的リスク」に私的に対処しうる中間層とそれが困難な周辺層の分化という,リスクへの対処能力の階層化に起因するものである。だが,事態の別の半面は,新たに中間層も含めて,ほとんどの人々が日常的にリスクに直面しているというそのことである。これはリスクの普遍化ともいうべき事態である。既存の制度についての不信が中間層を中心に広がるその水面下で,実は,公的なリスク管理についての強い潜在的需要が拡大している。このことは見方を変えれば,リスク構造変容に対応できなくなっている「ブタの貯金箱機能」と「ロビンフッド機

能」それぞれのあり方について，あるいはこの二つの機能分化そのものについて抜本的見直しが図られるならば，中間層の福祉国家（仮に見直された福祉体制のあり方を引き続きこのように呼び続けることができるとして）に対する態度は大きく変化する可能性がある，ということである。

## 2－2 新しい平等言説の叢生

以上のような背景のもとで，今日，福祉政策のビジョンや平等像をめぐって，次々に新しい言説が叢生している。いわく，社会的包摂，「第三の道」，ワークフェア，アクティベーション，積極的福祉等々である。ここで現れている新しい言説については，筆者自身，別のところでその類型化を含めて考察を加えたことがある[24]。ここでは，重複をできるだけ避けながら，このようなかたちで現れてきた平等言説についてその含意を検討し，併せて，このような言説をめぐる新しい政治過程の特質を考える。

一連の新平等言説に共通するのは，社会保障，福祉政策の目的を困窮層の所得保障それ自体から，人々の経済的，社会的自立の支援へと転換するという議論である。多くの場合，議論は中間層の批判の焦点となりつつある社会的扶助などの「ロビンフッド機能」にかかわって，その受給者の自立支援を強めるという目標が掲げられる。同時に「ブタの貯金箱機能」にかんしても，リスクが顕在化した後での所得保障それ自体よりも，リスクを脱却して社会復帰を早めたり，個人の様々なライフチャンスの実現を支えることが，より強調されるようになる。各国で失業保険や年金保険制度の改革に際して，就労インセンティブの強化が図られているのはそのことを表す。さらには，女性，障害者，高齢者など，これまで非活動的とみなされていた層を就労に導く施策も追求される。

こうした目標を掲げる新しい平等言説は，一般に「結果の平等」から「機会の平等」への力点移動であると解説されることが多い。しかし，機会の平等は，実は徹底しようとするならばきわめて大きな政府責任を生じさせる事柄で，決して市場主義的改革に連なるものではない。たとえばドゥオーキンは，機会の平等を徹底するために，「意欲 Ambition は反映するが来歴による資質 Endowment を反映しない」かたちで分配をおこなう制度を求めた。つまり，たとえば出生時の貧困な環境やそれに起因する能力の格差など，個人の意欲以外の偶然的要素がコントロールされることを求めた

のである[25]。このような制度は際限ない政府介入を引き起こすかもしれない。しかし，これが困難だからといって，機会の平等の中味をきわめて形式的に，たとえば職業上の地位が誰にでも開かれている（誰にでも応募することは可能）という程度に留めるならば，逆に今度はきわめて実質に乏しい機会の平等が現れるであろう。

　つまり，機会の平等とは，当事者の活動能力に連なる生まれや教育環境などの因果連関の連鎖をどこで截ち切り，当事者の責任をどこで設定するか，当事者の能力発揮のためにどのような支援を展開するかで，まったく異なったシステムを生みだすことになる。ゆえに，新しい平等言説が20世紀型福祉国家の平等構造にいかなる変化をもたらすか，おそらくその含意するものはきわめて両義的である。

　一方においては，人々の参加可能性を制約する多様なリスクに対して，比較的手厚い支援を展開していくタイプの社会的包摂が想定される。主には，北欧の福祉国家改革の経験に由来するアクティベーションの考え方は，このタイプの社会的包摂論である。こうした言説の延長では，20世紀型福祉国家における「ブタの貯金箱機能」と「ロビンフッド機能」の二元構造，すなわち，経済能力ある市民のためのプログラムとスティグマを伴う扶助的プログラムという二元構造そのものの撤廃も射程に入るかもしれない。技能や知識の欠如であれ，近親者のケアであれ，心身の衰えや障碍であれ，すべての市民が社会参加の上で何らかの問題を有しているという前提から，福祉政策の目標をこうした問題を取り除くことによるすべての市民の参加保障に置くならば，原理的には経済能力ある市民と周辺層を区分する理由はなくなるからである。

　併せて，典型的（とされる）ライフスタイルを前提に社会保障制度を設計し，それにそぐわないライフスタイルを排除するのではなく，より広範な人々のニーズに柔軟に対応していく制度も模索されている。北欧を含めた一部の福祉国家では，多様なライフスタイルにより中立な所得保障のあり方として，ベーシックインカムの導入が論じられている。ベーシックインカムは，すべての市民に無条件で給付される所得保障を指し，少なくとも所得保障にかんしては，これまでの「ブタの貯金箱機能」と「ロビンフッド機能」の二元構造を解消しようとするものである[26]。

　しかし，他方においては，人々の自立を妨げているものは結局のところ

勤労倫理の欠落であるという理解から，これまでの所得保障の体系をモラルハザードの要因としてひたすら縮小しつつ，人々に自立を迫るタイプの社会的包摂論も想定される。「ブタの貯金箱機能」と「ロビンフッド機能」は，より包括的な体系に一元化していくのではなく，よりはっきりと二元化していく。すなわち前者は，公共サービスの民営化と私的保険の比重拡大のなかで，経済力ある市民が私的な資源によって「新しい社会的リスク」に対処する仕組みに移行する。また後者は，困窮層に対してより懲罰的あるいは強制的な手段で自立を求めていく制度になる。すなわち弱者保護に力点のあるロビンフッド機能から，保護の受給者により厳しく就労義務を課し，その義務を果たせないものからは保護を剥奪する制度への転換である。多様な言説のうち，アメリカの福祉改革に由来するワークフェアという理念は，ロビンフッド機能をめぐるこのような転換をすすめようとする考え方である。改革がこうした方向を辿るならば，レジームの如何を問わず，格差は全体として拡大していくことになろう。

　こうした二つの系列の言説についてその出自を辿れば，まず前者のアクティベーションの流れが北欧の社会保障政策のなかで現れ定着した。スウェーデンでいえば，この流れは，保守派と労働運動が中間層の支持をめぐって争った60年代初めから，労働運動や社民党の新しい戦略としてすでに現れていた。他方で後者のワークフェアの流れは，アメリカで中間層の福祉国家批判が高まるなか，共和党周辺の知識人によって提起され，その後の福祉改革のなかで導入されていった。アメリカ民主党周辺の知識人は，共和党のワークフェア路線に対抗して，より支援の要素を強めた（その限りでアクティベーション的な）福祉改革路線を打ち出す。イギリス労働党のブレーンとなったギデンズは，このアメリカ民主党の系譜と北欧の経験を総合するかたちで「第三の道」路線を打ち出した。実際のところ，イギリス労働党が主導した福祉改革には，アクティベーション的な側面とワークフェア的な側面が混在していた。

　ただし，新しい言説とこれまでの政党勢力の対応関係は必ずしも明確ではない。たとえばイギリス労働党の場合，「第三の道」路線自体が前述のように複合的な性格のものであったという事情もあって，同党のなかには社会的包摂について，アクティベーションに近い議論からワークフェア型の議論まで，複数の異なった言説が相互に対抗しあっていることが指摘され

ている27。アクティベーション型の言説が支配的なスウェーデン左派のなかでも，緑の党は，脱生産中心主義の観点から就労促進型の社会保障政策に反対し，労働市場以外での領域での参加保障を主張してベーシックインカムを綱領に掲げている。21世紀の福祉政治は，単純な左右の両翼対決に還元できない複雑な構図をともないつつ，新しい段階に入りつつある28。

## 2－3　日本型福祉・生産レジームの転換と平等言説

　日本における福祉レジームと生産レジームの連関をみると，経済政策を含めた広義の生産レジームが福祉レジームを機能的に代替する傾向があったことを，前節において述べた。経済政策によるパイの拡大を優先することは，後発資本主義国に共通して見られた特徴である。後発資本主義国の福祉政策は，開発の正負の効果を補完する「開発補完型」に留まりがちであった29。ただし，日本における福祉・生産レジームの構造を，資本主義の後発性の反映に解消することはできない。

　70年代の初めに日本でも福祉元年が言われ，福祉国家が欧米的水準に接近したことは広く指摘されている。そして，その後の石油ショックなどの背景のもと，欧米の福祉国家を反面教師として企業と家族をとおしての生活保障を打ち出す「日本型福祉社会」論が広がり，併せて社会保障支出の伸び率が鈍化していったことも論じられているとおりである。開発政治のもとで発展してきた上からの保護・規制と利益誘導は，政治的な支持基盤の維持と培養という観点からは，政権党にとって福祉国家よりもはるかに魅力的であった。

　「英国病」などという表現で福祉国家批判の言説が高まり，福祉国家としての発展は軌道修正され，それに代わって，中小企業への保護規制，公共事業等による生活保障が追求されることになった。後発資本主義としての開発政治の段階とは異なり，こうした政策手段は政治的な観点から選択され，大企業の長期的雇用慣行などと相まって，福祉国家の代替メカニズムとなっていった。ここに現れたのは，交付税などをとおしての地域間の再分配，経済的規制をとおしての業界保護，業界内部での護送船団的秩序，企業内部の平等的処遇が連動する仕組みであった。

　80年代に入ると，英米の新保守主義と並んで日本でも，「小さな政府」に向けた行政改革が開始された30。81年の第二臨調第一次答申が「活力ある

福祉社会」論を掲げ公的福祉の縮小を打ち出したことを受け，老人医療の無料化に終止符が打たれ，さらに中曽根政権のもと，一般会計における高率補助金の一律削減や年金改革，国鉄，電電公社の民営化など，表向きは新保守主義的改革が進行した。しかしその一方で，財政投融資や交付税によって元利返済を措置された自治体債など，目につきにくい部分ではそれまでの利益誘導型の生活保障がむしろ強化され，生産レジームも持続していったのである。

生産レジームが福祉レジームを代替したといっても，それは部分的にであり，福祉レジームのすべてを生産レジームが吸収したわけではもちろんない。正確にいえば，生産レジームのあり方によって，福祉レジームの規模が抑制され，またその構造が方向づけられた。70年代の半ばから80年代半ばまでの時期，上記の改革に加えてさらに，生活保護給付は抑制され児童手当の支給対象は狭められるなど，福祉レジームはまず規模において抑制された。その一方で，制度一元化を謳った85年の年金改革にもかかわらず，社会保障制度の職域的分立性は解消されなかった。

OECDの統計では，この70年代半ば以降の10年間で，日本のジニ係数は1.4ポイント減少した[31]。このことは，福祉レジームに代替した生活保障メカニズムがある程度は機能したことと解釈できよう。もっとも，80年代半ばの段階でも日本のジニ係数は，0.278と，同じ時期のOECDの20カ国平均0.289と比べればやや低い（平等度が高い）ものの，とくに平等主義的であったわけではなかった。北欧諸国と比べればもちろんのこと，ドイツ，オランダ，フランスといった大陸ヨーロッパの国々と比べても，ジニ係数はやや高かった。

しかしながら90年代の初めに，日本の福祉・生産レジームは大きな転換点を迎える。もっとも大きかったのは，グローバル化と脱工業化のなかでの，雇用と家族にかんする変容である。本節冒頭にも述べたように，これはレジームの如何を問わず各国の福祉・生産レジームの動揺をうみだした背景であるが，雇用と家族への依存度がとりわけ高かった日本の場合は，雇用の流動化は人々の所得の不安定化に直結し，家族の揺らぎは介護や子育てに起因する「新しい社会的リスク」を急速に広げた。

こうしたレジームの機能不全に加えて重要であったのは，やはり90年代に入るころから，かつて福祉国家に対する批判が広がったのと同様に，今

度は生産レジームに対する批判的言説が広がったことである。日本の生産レジームが利益誘導政治と不可分であったゆえに，まずはリクルート事件を一つの契機として，90年代初めに政治改革論ブームが起こり，批判的言説の先駆けとなった。そして93年に起きた非自民連立政権の誕生とそれに続く選挙制度改革を経て，批判的言説の切っ先は，しだいに利益誘導政治から生産レジームそれ自体に向けられるようになった。生産レジーム批判の背景として見逃せないのは，80年代半ばの日米構造協議以降，アメリカの日本型生産レジーム批判が恒常化し，日本の政策過程に組み込まれていったことである。当初はこれに抵抗する議論もあったが，バブルがはじけることで腰砕けとなった。

　こうして，経済的低迷が続くなか，かつて肯定的にとらえられていた長期的雇用慣行や業界保護の仕組みが，今度は経済回復の制約要因として批判的に論じられるようになった。二大政党化への移行が焦点となっていた時期でもあり，与野党間で市場主義的な改革のせり上げ競争がおこなわれ，そのなかで政権復帰間もない自民党が新進党に対抗しつつ打ち出したのが，いわゆる橋本「6大改革」であった。

　ここで留意したいのは，政治改革から生産レジーム改革（「構造改革」）へと焦点が広がるなかで，日本社会における平等は行き過ぎた，不公正なものであるという主張が有力な諮問機関の答申などで目立つようになったことである。たとえば1999年の経済戦略会議「日本経済再生への戦略」は，「規制・保護や横並び体質・護送船団方式に象徴される過度に平等・公平を重んじる日本型社会システムが公的部門の肥大化・非効率化や資源配分の歪みをもたらしている」とした上で，「いまこそ過度な規制・保護をベースとした行き過ぎた平等社会に決別」するべきと述べた。また，2000年の21世紀日本の構想懇談会「21世紀日本の構想」でも，日本社会が「結果の平等を求めすぎた挙げ句，『機会の不平等』を生んできた」として「結果の平等」に別れを告げ，「新しい公平」を導入するべきであると論じた。ここで想起したいことは，もともと日本型の生産レジームが隆盛であった80年代半ばでさえ，ジニ係数で見る限り日本が「過度に平等」であったり，「結果の平等」を実現していたとは言い難い，ということである。しかも，こうした言説が広がった90年代半ばから2000年の時期，日本のジニ係数は拡大傾向にあったのである（表1）。

にもかかわらずこうした見方が一般的にも広がった背景は，企業や業界内部では相対的に平等な処遇が行われる傾向があったこと，また，レジーム全体での再分配の制度はあくまで裁量的でルールも不透明であったために，業界や地域に対して過剰な保護がおこなわれているのではないかという疑念がつのったことなどが挙げられよう[32]。いずれにせよ，こうした見方にも寄りかかりながら，生産レジーム改革としての構造改革が推進された。

それでは日本型福祉・生産レジームの再編については，どのような平等言説が現れているのであろうか。欧米におけるアクティベーションあるいはワークフェアにほぼ対応する言説として，日本では「自立支援」という言葉がしだいに用いられるようになっている。福祉レジームそのものの改革は，橋本「6大改革」の一環として社会保障構造改革が打ち出され，これに並行してとくに福祉サービスの領域では，措置制度の抜本見直しを掲げる社会福祉基礎構造改革が提起されるようになった。「自立支援」は，とくにこの福祉サービスの「普遍主義化」（中間層への対象拡大）にかかわって用いられるようになった。この点，社会的扶助改革の文脈で論じられるようになったアクティベーションやワークフェアとは異なっているが，日本でもその後，児童扶養手当法における「自立条項」付加や生活保護制度における「自立支援プログラム」導入など，所得保障改革をめぐってこの言葉が用いられるようになり，その点では欧米と同じ流れが見られるようになっている。

ただし現状では，アングロサクソン諸国におけるワークフェア改革ほど懲罰的な性格はみられず，かといって北欧諸国のアクティベーションほど重厚な支援も展開されないという点で，この新しい福祉言説はまだ明確な制度構想をもちえないでいる。その具体的内容は，今後の福祉政治の展開のなかで決定されていくことになろう。

## むすびにかえて

本稿は，20世紀型福祉国家の実現した平等構造とその転換について，比較の視点を交えながら分析をしてきた。ここでの議論は，もっぱら福祉国家内部の平等にかかわるものであり，20世紀型福祉国家がその外部に対して維持してきた排外性や閉鎖性という問題は，それ自体としては取り上げ

ていない。しかし今日，移民問題をとおしてこれまでの内と外の境界面が破れるなか，福祉国家はこれまで内に対して行使してきた権力性ともども，その理念と制度をいかに展開させるかが問われている。

　こうしたなか日本でも，平等と格差の問題はしだいに政策的対立軸の中心にせり上がりつつある。しかしながら，日本においてはこの問題は，他の先進工業国に比べて，より複雑にねじれたかたちで現れている。日本はきわめて小さな福祉国家であったが，80年代半ばまでは生産レジームが福祉レジームの機能を吸収するかたちで格差の拡大を抑制してきた。ただし生産レジームをとおしての平等化は，行政の裁量による利益誘導や，業界や企業への囲い込みを伴った。それゆえに，こうした従来型の生産レジームからの脱却を目指すことが，しばしば平等主義を揺るがせるという効果を伴った。また逆に，格差の拡大を批判することがすぐに既存の生産レジーム擁護と受け取られる，という混乱も生じてきた。さらに90年代の半ばからは，実態としては既に格差が広がり始める中で「悪平等」批判が強まり，こうした言説にのった市場主義的改革がさらにすすむ，という事態が進行した。

　日本における平等問題は，このようにきわめて錯綜しているように見える。ただし，日本はこの問題にかんして全く特殊（uniquely unique）であるというわけではない。本稿の議論のポイントは，福祉国家と平等という問題について，先進工業国の共通の展開とそのバリエーションを明らかにすることにあった。こうした枠組みをふまえると，これまでの日本型平等の構造も，後発型資本主義における福祉レジームと生産レジームのリンケージとして説明可能である。また，新たに生まれている福祉言説も，リスク構造の転換を経た他の先進工業国における議論と重なる部分が大きい。

　そうであるならば，日本における格差や平等をめぐる議論は，後発福祉国家としての日本が辿った固有の道筋をふまえつつも，よりグローバルな基準から，すなわち20世紀型福祉国家が達成した平等のバランスシートをにらみ，今日浮上している複数の福祉言説と政策オプションの比較検討をふまえて，掘り下げていく必要がある。

（1）　Nicholas Barr, *The Welfare State as Piggy Bank: Information, Risk, Uncertainty, and the Role of the State*, Oxford University Press, 2001.

（ 2 ） こうした制度設計をもっとも体系的に，かつ精密におこなったのはウィリアム・ベヴァリッジである。William H. Beveridge, *Social Insurance and Allied Services*, Agathon Press, 1969（山田雄三監訳『社会保険および関連サービス』至誠堂，1969年），pp. 122-127.
（ 3 ） 日本の政治学における議論として，田口富久治編『ケインズ主義的福祉国家　先進6カ国の危機と再編』青木書店，1989年がある。
（ 4 ） 富永健一『社会変動の中の福祉国家　家族の失敗と国家の新しい機能』中央公論新書，2001年，103頁。
（ 5 ） Gøsta Esping-Andersen, *The Three Worlds of Welfare Capitalism*, (Cambridge: Polity Press, 1990)（岡沢憲芙・宮本太郎監訳『福祉資本主義の3つの世界　比較福祉国家の理論と動態』ミネルヴァ書房，2001年）。
（ 6 ） Peter A. Hall and David Soskice, "An Introduction to Varieties of Capitalism", Peter A. Hall and David Soskice (eds.), *Varieties of Capitalism: The Institutional Foundations of Comparative Advantage*, Oxford University Press, 2001.
（ 7 ） Evelyne Huber and John D. Stephens, *Development and Crisis of the Welfare State: Parties and Policies in Global Markets*, The University of Chicago Press, p. 86.
（ 8 ） Toben Iversen, *Capitalism, Democracy, and Welfare*, Cambridge University Press, pp. 46-67.
（ 9 ） Alexander Davidson, *Two Models of Welfare: The Origins and Development of the Welfare State in Sweden and New Zealand, 1888-1988*, Almqvist & Wiksell International, 1989.
（10） Walter Korpi and Joakim Palme, "Robin Hood, St Matthew, or Simple Egalitarianism? Strategies of Equality in Welfare States", Patricia Kennett (ed.), *A Handbook of Comparative Social Policy*, Edward Elgar, p. 171.
（11） Peter A. Hall and David Soskice, *ibid.*, pp. 27-33.
（12） *Ibid.*, 33-36.
（13） スウェーデンの労働市場政策の評価について詳細は，拙稿「未完の自由選択社会　G・レーンとスウェーデンモデル」（古城利明編『世界システムとヨーロッパ』中央大学出版部，2005年）をみられたい。
（14） Margarita Estevez-Abe, Torben Iversen, and David Soskice, "Social Protection and the Formation of Skills: A Reinterpretation of the Welfare State", Peter A. Hall and David Soskice (eds.), *Varieties of Capitalism: The Institutional Foundations of Comparative Advantage*, Oxford University Press, 2001, pp. 149-153.
（15） Peter A. Hall and David Soskice, *ibid.*, pp. 34-35.
（16） Nancy Fraser, *Justice Interruptus: Critical Reflections on the "Postsocialist"*

*Condition*, Routledge, 1997（仲正昌樹監訳『中断された正義「ポスト社会主義的」条件をめぐる批判的考察』御茶の水書房，2003年）．
(17) ユルゲン・ハーバーマス（丸山高司他訳）『コミュニケーション行為の理論（下）』未来社，1987年．
(18) Walter Korpi, "Faces of Inequality: Gender, Class and Patterns of Inequalities in Different Types of Welfare States", *Social Politics*, Vol. 7, No. 2, 2000, p. 145.
(19) *Ibid.*, p. 146.
(20) 「新しい社会的リスク」については，以下が要領よくまとめている。Peter Taylor-Gooby, "New Risks and Social Change", Peter Taylor-Gooby(ed.), *New Risks, New Welfare: The Transformation of the European Welfare State*, (New York: Oxford University Press, 2004)。さらに，「新しい社会的リスク」の出現も含めたリスク構造の転換に関して，詳しくは，拙稿「ポスト福祉国家のガバナンス　新しい政治対抗」（『思想』第983号，2006年3月号）を参照．
(21) OECD編（井原辰雄訳）『世界の社会政策の動向　能動的な社会政策による機会の拡大に向けて』明石書店，2005年，42頁．
(22) 白波瀬佐和子「不平等化日本の中身　世帯とジェンダーに着目して」（白波瀬佐和子『変化する社会の不平等　少子高齢化にひそむ格差』東京大学出版会，2006年），59頁．
(23) 近年では，単なる福祉バックラッシュというよりも，中間層の直面するリスクの深刻化と相まって，福祉政策の正当性をいったん認めた上で，その対象から外国人を排除しようとする福祉ショービニズムも広がっている。拙稿「新しい右翼と福祉ショービニズム　反社会的連帯の理由」（斎藤純一編『福祉国家／社会的連帯の理由』ミネルヴァ書房，2004年）参照．
(24) 拙稿「ワークフェア改革とその対案　新しい連携へ？」（『海外社会保障研究』147号，2004年）をみられたい．
(25) Ronald Dworkin, *Sovereign Virtue: The Theory and Practice of Equality*, Harvard University Press, 2000（小林公，大江洋，高橋秀治，高橋文彦訳『平等とは何か』木鐸社，2002年）．訳書126頁．
(26) ベーシックインカムについてのまとまった紹介として，Philippe Van Parijs, "Basic Income: A Simple and Powerful Idea for the Twenty-first Century", Erik Olin Wright (ed.), *Redesigning Distribution: Basic Income and Stakeholder Grants as Cornerstones for an Egalitarian Capitalism*, Verso, 2006.
(27) Ruth Levitas, *Inclusive Society? Social Exclusion and New Labor*, Palgrave Macmillan, 2005.
(28) 福祉政治の新しい条件については，拙稿「福祉国家の再編と言説政治

　　　　新しい分析枠組み」（宮本太郎編『比較福祉政治　制度転換のアクターと戦略』早稲田大学出版部，2006年）参照。
(29)　Frederic C. Deyo, "The Political Economy of Social Policy Formation: East Asia's Newly Industrialized Countries", R. P. Applebaum (ed.), *States and Development in the Asian Pacific Rim*, SAGE, 1992,
(30)　日本における福祉削減の政治については，新川敏光『日本型福祉レジームの発展と変容』ミネルヴァ書房，2005年，とくに第一編第四章，第五章，第二編第二章参照。
(31)　Michael Forster and Mark Pearson, "Income Distribution and Poverty in the OECD Area: Trends and Driving Forces", *OECD Economic Studies*, No. 34, 2002.
(32)　この点は，苅谷剛彦『階層化日本と教育危機　不平等再生産から意欲格差社会へ』有信堂，175頁参照。

# 国民意識における平等と政治
―政治経済対立軸の継続と変化―

田中愛治・三村憲弘

## 序論

　戦後の日本政治において，国民はどのような平等意識を持ってきたのだろうか。本論の目的は，国民意識において平等と政治とがどのように関連してきたのかを，世論調査データによる実証的な根拠を通して探ることである。特に，「結果の平等」を重視する志向性と「機会の平等」を重視する志向性とがどのように政治上の政策対立軸と関連していたのかに焦点を当て，その関係がどのように変化したのかを時系列に追うことによって，戦後日本政治における平等の意味を探ろうとするものである。

　55年体制以降の日本における最も重要な政治経済対立軸は，保守と革新とを両端に置いた1次元上の直線によって表される保革の対立軸であった[1]。1990年代以降，この保革対立軸に変化が生じている。政治や安全保障・外交における保革の対立軸の他に，経済や平等・福祉における保革の対立軸が新たに登場してきているように見える。本論では，平等意識をめぐる軸が政治経済上の政策対立軸とどのように関係してきたのか，この平等意識をめぐる対立軸が政治的対立軸としてどのように機能してきたのか，それらのどの部分が継続しどの部分が変化したのかを明らかにする。

　分析の結果，まず平等に関する国民意識の分布は年代を超えて変化がないことを実証的に示す。次に，1980年代には，政党に対する国民の意識と政治的次元での対立軸は関係が強かったが，平等に関わる経済的次元の対立軸は意味を持たなかったことを示す。さらに，1993年以降には，双方の対立軸とも関係が強くなったことを明らかにする。結論では，この変化がなぜ起きたのかについても考察する。

　本論の構成は以下の通りである。第1節で日本における保革対立軸にお

ける平等意識について理論的な考察を行い，平等意識をめぐる保革対立における最近の変化について2つの仮説を提出する。国民意識の分布の変化説と国民意識の相関の変化説である。そして，第2節では前者の国民意識の分布の変化説を，第3・4節では後者の国民意識の相関の変化説を実証的に検証する。

## 1. 平等意識と保革対立軸

「結果の平等」への志向は，富もしくは所得の再配分を重視する福祉国家志向と同一視できるであろう[2]。その福祉国家を志向する政策の方向性は，経済政策上の対立軸で考えると，国家による経済への介入もしくは統制を志向する「大きな政府」の方向性と一致することになろう。これに対し，「機会の平等」を重視する考え方は，自由競争を重視する「小さな政府」志向との親和性が高く，その方向性は経済的自由主義と一致するといえよう。この対立を示したのが，図1である。この横軸では，左の方向が「大きな政府」（強い経済的統制）を示し，右の方向が「小さな政府」（弱い経済的統制）を示している。

### 図1　経済における保守対革新の対立軸

| 結果の平等 | 機会の平等 |
|---|---|
| 革新志向 | 保守志向 |
| 経済的統制　強 ←――――――――→ | 経済的統制　弱 |
| 大きな政府志向 | 小さな政府志向 |
| 福祉国家志向 | 自由競争志向 |

出所：久米・川出・田中「政策の対立軸」，久米他『政治学』1章，有斐閣，2003年，25頁。

さらに，この「大きな政府」対「小さな政府」の対立軸が，政治的統制をめぐる対立軸との関係ではどのように位置づけられているかを構想してみたものが，図2である[3]。ここでは，図1の横軸に加えて，縦軸に政治的統制の強弱の対立軸を入れている。縦軸の上向きの方向は政治的統制の強い志向を示し，下向きの方向は政治的統制の弱い志向を示している。これを見ると，保革の1次元の対立軸は，実は政治の次元と経済の次元によって構成される2次元の平面上での右上（政治的統制志向が強で経済的統制志向が弱）と左下（政治的統制志向が弱で経済的統制志向が強）との対

図2　保守対革新の対立軸の2次元性

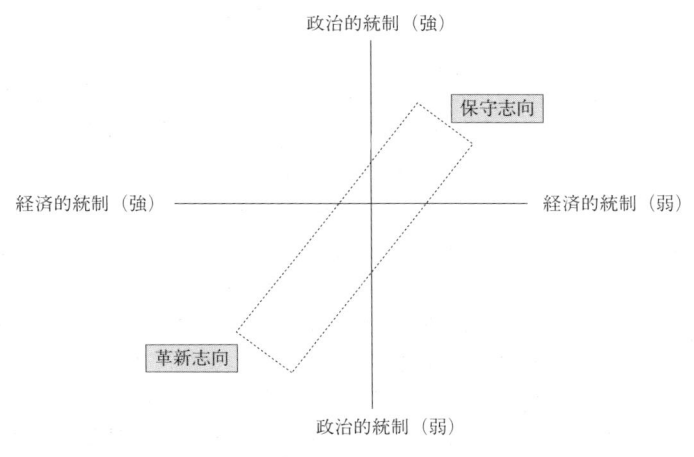

政治的統制（強）

経済的統制（強）　　　　　　　　　　　　　経済的統制（弱）

保守志向

革新志向

政治的統制（弱）

出所：久米・川出・田中「政策の対立軸」，久米他『政治学』1章，有斐閣，2003年，27頁。

立軸であることがわかる。政治的な保守主義とは，経済政策上の自由競争志向すなわち「小さな政府」志向と強い政治的統制志向との組み合わせを意味してきた。政治的な進歩主義（革新主義）とは，経済政策上の福祉国家志向すなわち「大きな政府」志向と弱い政治的統制志向との組み合わせを意味してきたのである[4]。図の右上から左下へ延びる斜めの軸はそのことを表現している。

　ここで，近年における経済的統制をめぐる保革の対立軸の変化を考察する前に，上記の理念的な保革対立軸の構図が55年体制下においてどうであったのかを考察する[5]。まず，日本の保革対立軸においては，西ヨーロッパやアメリカと異なり，経済的統制の強弱は重要性を持たなかったと考えられる。なぜなら，社会保障や福祉政策をめぐっては保守政党も革新政党もともに福祉の充実を掲げていたからである。そして，保革を分ける争点となってきたのは，政治的統制の軸であった。このことは図2で考えると，保守政党である自民党が左上（政治的統制志向が強で経済的統制志向が強），革新政党である社会党が左下（政治的統制志向が弱で経済的統制志向が強）に位置し，この間の対立が保革の軸だったということになる。ただし，このことは経済的統制の軸をめぐって人々の意見が一致していたということ

を意味するのではない。有権者におけるこの軸での意見対立が政党の対立軸と一致してこなかったということである。このことは次のようにまとめることができる。

　　80年代の保革対立構造の仮説：80年代においては，経済的統制の強弱の軸における保守志向（経済的統制志向が弱）は保守政党の評価と関係がなく，革新志向（経済的統制志向が強）は革新政党の評価と関係がなかった。それに対して，政治的統制の強弱の軸における保守志向（政治的統制志向が強）は保守政党の評価を規定しており，革新志向（政治的統制志向が弱）は革新政党の評価を規定していた。

　このような保革対立軸の構図が近年にどのように変化したのかについては，第1に平等意識の分布の変化説を提出することができる。国民のある程度の部分が図2の左上（政治的統制志向が強で経済的統制志向が強）から右上（政治的統制志向が強で経済的統制志向が弱）へ移動したことにより，近年になって保革対立軸に変化が生じてきたというシナリオである。

　この仮説は以下のような主張を背景としている。すなわち，近年の日本社会においてはグローバル化の進展とともに所得の再配分を志向する福祉国家的な平等が軽視される傾向にあると多くの論者は指摘する。例えば，杉田敦は「従来の平等主義は，ここへきて，大きくゆらいでいる[6]」として，経済のグローバル化との関連で，そのような傾向が人々の意識の中に強まっていることを指摘している。同様に，齋藤純一も「現在，人々の生活保障を脅かしているのは経済的保障の著しい後退である」と主張している[7]。もっとも齋藤は，「グローバル化の進展がただちに国家の自立性を奪い，福祉国家の縮小を避けられないものにするわけではない」とグローバル化と福祉国家の衰退を直接的に結びつけることには，慎重な姿勢を示しつつも，「社会の脱－統合化の進行は，福祉国家／国民国家を自らの生活保障にとって安定したユニットとはもはや見なさないという反応を惹き起こし始めてもいる。自らの生活保障は自らの努力を通じてもっぱら私的に獲得されるべきものと見なされ」る傾向が出てきているとしている[8]。これらの杉田や齋藤らの懸念は，近年のバブル経済崩壊後の日本とそれを取り巻く世界経済の状況が，自由競争を重視し，福祉国家政策志向に反対する潮流を生み出してきていることを示唆している。

　第2が平等意識の相関の変化説である。これは，「近年においては，経済

的統制の強弱の軸における保守志向（経済的統制志向が弱）は保守政党の評価を規定するようになり，革新志向（経済的統制志向が強）は革新政党の評価を規定するようになった。そして，政治的統制の強弱の軸における変化はない」というものである。

バブル崩壊後の日本においては，それまでの政府自民党の経済政策の根幹であった，自由競争の抑止と富の再配分を通じての社会の平準化を目指した社会民主主義的な「日本型システム」との決別が，日本社会にとって重要であると指摘された。特に，小さな政府や市場原理の活性化を理念として掲げる人々によって，その重要性が強調されたことを山口二郎は指摘する[9]。このような社会民主主義的な，すなわち福祉国家政策を重視した従来の自民党の経済政策に対して批判的な考え方を持つ人々が，2001年4月に登場した小泉内閣が標榜した自由競争重視と経済構造改革を中心とする経済政策に惹かれる傾向が現れたといえよう。この説明は，そのことを端的に示したものである。

以下では，第2節で国民意識の量的な変化において，経済的統制の軸において国民意識の変動は確認できず，平等意識の分布の変化説がデータからは支持されないことを明らかにする。その上で，第3・4節で，従来の政治的対立軸が，先述した80年代の保革対立構造の仮説で示したように，経済的統制の軸が保革の対立軸と関係がなかったのが，近年になって経済的統制の軸が保革の対立軸と関係が出てきたことをデータで確認する。この国民意識の相関の変化説は，80年代の仮説と以下の90年代の保革対立構造の仮説との組み合わせとして理解することができる。

> 90年代の保革対立構造の仮説：90年代においては，経済的統制の強弱の軸における保守志向（経済的統制志向が弱）は保守政党の評価を規定するようになり，革新志向（経済的統制志向が強）は革新政党の評価を規定するようになった。また，80年代と同様に，政治的統制の強弱の軸における保守志向（政治的統制志向が強）は保守政党の評価を規定しており，革新志向（政治的統制志向が弱）は革新政党の評価を規定している。

次節では，平等意識の分布の変化説を実証的に検討していくことにしたい。

## 2. 平等意識の分布の変化説の検証

　本節では，一般的に思われているように近年になって経済的統制の強弱の軸における保守化が進んでいるのかどうかを世論調査データによって検討する。平等意識の分布の変化説が実証的に正しいのかどうかの検証である。具体的には，国民意識における平等をめぐる意見対立がどのように変遷してきたのかを，経済的統制の強弱に関わる有権者の政策態度の分布を時系列的に見ていくことによって明らかにする。ここでは，社会福祉政策・福祉国家的な政策に対する態度を聞いた質問項目を分析に用いる。前節で検討したように，この態度は経済的次元における保革対立軸に対応していると考えられるからである。

　この福祉国家的な政策志向に関する意識を探った世論調査には，1976年から今日まで複数の学術的世論調査があるので，本節ではそれらの世論調査データを分析していくことにする。

　社会福祉に関する国民意識を捉えた学術的な全国世論調査の初期のものとして，1976年に実施されたJABISS調査[10]にまず注目したい。JABISS調査には，「年金や老人医療などの社会福祉は，財政が苦しくても極力充実すべきである」という意見に対して(1)賛成，(2)どちらかといえば賛成，(3)どちらともいえない，(4)どちらかといえば反対，(5)反対，の5つの選択肢を示して回答を求めている。この回答は，本稿が対象とする国民の平等観の一側面を測定していると考えられる。

　この質問と全く同じ質問項目が，1983年に実施されたJES調査[11]，および1993－96年における同一回答者の追跡調査（パネル調査）であるJESII調査[12]にも含まれており，時系列の変化を見ることができる。

　また，筆者の一人（田中）が参加し中心的な役割を果たした「社会保障と国民意識に関する調査（JSS調査)[13]」と「開かれた社会に関する意識調査（JSS-GLOPE調査)[14]」も類似した質問項目を聞いている。

　前者のJSS調査の第1波と，後者のJSS-GLOPE調査の第2波には，「A．福祉など国のサービスに使う予算を減らしてでも，税金を減らすべきである」と「B．税金を増やしてでも，福祉などの国のサービスに使う予算を増やすべきである」との2つの意見のうち，回答者に自分の意見に近いと思う方を選ばせる先の質問と類似したワーディングの質問項目が含まれて

いる。回答の選択肢も(1)Aに近い，(2)どちらかと言えばAに近い，(3)どちらかと言えばBに近い，(4)Bに近い，と4つの選択肢があり，その探っている国民意識はJABISS調査やJES調査，JESII調査と近いと考えられる。

これらの1976年から2003年までの5種類6回の学術的全国世論調査によって示された，日本人の福祉国家政策志向の意識の変遷を概観してみよう。まず，どのくらいの比率の回答者がこれらの福祉の充実を必要もしくは重要と考えていたのかをパーセントで見ていこう。図3は，1976年から2003年までの社会福祉の充実を望む（もしくは社会福祉を重視する）回答者の比率と，福祉政策を重視する回答者の比率（パーセント）の変化を，時系列に追いかけてみたものである[15]。

図3に示されているように，JABISS調査の「年金や老人医療などの社会福祉は，財政が苦しくても極力充実すべきである」と同じワーディングの質問項目は1996年のJESII調査までは継続している[16]（図3では，「福祉充実賛成」で──◇──で示されている）。1976年から1996年までの20年間には大きな変化はなく，財政が苦しくても社会福祉は充実すべきだという意見が74％から69％までの範囲に収まっている。詳しく見ると，バブル経済のピークを少し過ぎた頃の1993年に福祉重視が最も高く73.8％になり，1996年には若干下がって69.0％になっている。この変化は不景気の時期に入ると，

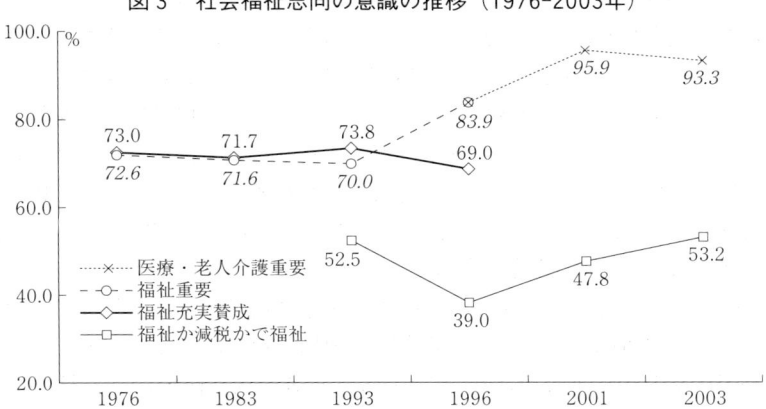

図3　社会福祉志向の意識の推移（1976-2003年）

データ出所：JABISS調査：1976年，JES調査：1983年，JESII：1993-96年，JSS調査：2001年，JSS-GLOPE調査：2003年を筆者が加工，グラフ化した。

減税などを望む声が若干増えたためであろうとも解釈できる。ここまで概観してみただけでも，1970年代から1990年代初頭までの日本の国民意識では，財政的な裏付けが多少苦しくても福祉を重視すべきであると考える人々が，約3分の2から7割に達していたことがわかる。

上記と同じ質問項目は，その後はJSS調査やJSS-GLOPE調査では継続して聞かれていないので，異なるワーディングで同じく社会福祉の充実か減税か，政策上の判断を回答者に聞いた質問項目を追いかけることにする。幸いなことに，1993年から1996年にかけてのJESII調査では，若干ワーディングは異なるもののJSS調査やJSS-GLOPE調査と同様に，AとBの社会福祉について2つの対極の意見を対比させて回答者の意見を聞いている質問があるので，それによって継続性を見ることができるであろう。その質問の福祉に対して肯定的な回答を，図3では1993年から2003年まで追ってみた（図3では，「福祉充実か減税か」で―□―で示されている）。JESII調査では，1993年も1996年も「A．増税をしてでも，福祉などの公共サービスを充実させるべきである」と「B．増税をしてまで，福祉などの公共サービスを充実させる必要はない」との対立する2つの意見を示して，どちらの意見に回答者が近いかを聞いている。これに対して，既に述べたようにJSS調査とJSS-GLOPE調査では，「A．福祉など国のサービスに使う予算を減らしてでも，税金を減らすべきである」と「B．税金を増やしてでも，福祉などの国のサービスに使う予算を増やすべきである」との2つの意見を示し，先と同様に自分の意見に近いと思う方を選ばせるようにしている。JESII調査ではAが福祉志向なのに対し，JSS調査とJSS-GLOPE調査ではBが福祉志向である点を除いては，これら2種の質問項目はほぼ同じ趣旨のことを聞いていると考えられる内容である。この2種類のワーディングの質問における社会福祉の充実を志向する回答者のパーセントは，1993年に52.5％，96年に39.0％と落ち込み，2001年に47.8％，2003年に53.2％と社会福祉の充実を望む意見が次第に上昇し，元のレベルに戻ってきている（図3，―□―参照）。とすると，小泉内閣の登場後に，必ずしも福祉切り捨てで自由競争的な経済政策への志向が増加したとはいえないようである。

1976年から1996年まで継続している，「年金や老人医療などの社会福祉は，財政が苦しくても極力充実すべきである」という質問のワーディングは，回答者には福祉を重視するという一方向の選択肢しか示していないの

に対し，1993年から2003年までの10年間を通して聞いている2種類の質問では，「福祉充実か」，「減税か」という2つの対立する選択肢を与えた上で意見を聞いているので，福祉充実を選ぶ回答者のパーセントも低くなっていると考えられる。1993年のJESII調査では，双方のタイプの質問を同じ調査で聞いているので1時点での2つの異なるワーディングの質問項目の差を見ることができる。1993年には前者の1つしか選択肢がない質問では73.8%だった福祉充実を望む回答が，後者の2つ選択肢を示す質問では52.5%と低くなっていることから（図3，参照），選択肢を2つ提示した場合には福祉重視のパーセントが低くなる傾向があると見て間違いがないようである。

このように見てくると，前者のワーディングの質問で福祉重視の回答が1996年に69.0%と若干ながら減少していたパターンと，後者のワーディングの質問で福祉重視の回答が1996年に39.0%と大きく下降しているパターンは一致しており，どうやら1996年の福祉充実志向の意見の減少は，実際に起きていたと見なすことができるようである。とすると，この1996年のバブル経済崩壊後の影響が強い時期には，福祉充実よりも減税による景気回復を志向する人が多くなっていたと推測できるだろう。

しかしながら，その後の2001年のJSS調査と2003年のJSS-GLOPE調査によれば，社会福祉の充実を求める回答は，1996年の39.0%から2001年の47.8%，2003年の53.2%と増えており，福祉重視の意識が減税重視の意識よりも多くなっているので，前節で述べた国民意識の分布の変化説の予測とは異なり，小泉内閣の出現とともに自由競争を重視する意見が必ずしも急増したわけではなく，福祉国家政策を通しての平等の実現を重視する国民意識が小泉内閣誕生後に低下したとはいえない。

また，図3では社会福祉充実に賛成か反対かたずねた質問項目以外に，社会福祉の重要性を聞いた質問に重要と回答したパーセントも示している。1976年から1983年までのJABISS調査，JES調査では，「年金や老人医療などの社会福祉は，財政が苦しくても極力充実すべきである」という先の質問と同じワーディングで，その重要性を聞いており，社会福祉の充実の賛成を聞いた質問とこの重要性を聞いた回答のパーセントは（図3では，「福祉重視」として--〇--で示している），ほとんど同じになっている。その差が若干開くのはJESII調査になった1993年からで，1996年には福祉充実

の意見の低下 (69.0%) とは逆に重要という回答 (83.9%) は上昇している。2001年と2003年の調査では福祉の重要性を聞いているが (図3では,「医療・老人介護重要」として- - × - -で示している), これらの年でも福祉を重要と答える回答の比率はさらに増加している[17]。

以上, 図3が示す世論調査データのパターンにおいては, バブル経済崩壊後, また小泉内閣誕生後の日本において, 必ずしも福祉を軽視する意識が国民の中に広まったようには見えない。むしろ, 経済的統制に関わる有権者の政策態度の分布は, 継続性によって特徴付けられるといえよう。

ただ, このような時系列な世論調査データにおいては社会福祉充実を志向する意識の分布を見てくると, 調査の質問項目のワーディングの変化や回答の選択肢の数が変わるなど, 必ずしも一貫性が保たれていないので, 2001年から2003年にかけての小泉内閣の前と後の変化という少し短い時期に焦点をあてて, 福祉に対する国民意識を見ていく必要があるだろう。

図4は, JSS調査とJSS-GLOPE調査で, 「A. 福祉など国のサービスに使う予算を減らしてでも, 税金を減らすべきである」と「B. 税金を増やしてでも, 福祉などの国のサービスに使う予算を増やすべきである」との2つの意見のどちらに近いかを回答者にたずねた質問のBの意見 (福祉充実) への賛成の比率である。2001年3月で森内閣末期 (小泉内閣誕生の直前) から, 2002年11月の小泉内閣発足後1年半の時期, そして2003年11月の衆議院議員総選挙の3時点で, これら福祉充実と減税との2つの選択肢への賛成の回答者の比率の推移を見た。図4が示すとおり, 小泉内閣誕生直前の2001年3月には福祉充実に賛成する回答者が56.0%いたが, 2002年11月には50.7%に減少している。しかし, 2003年11月には再び60.5%に増加している。

図4 福祉国家志向と自由競争志向の変化 (2001-03年)

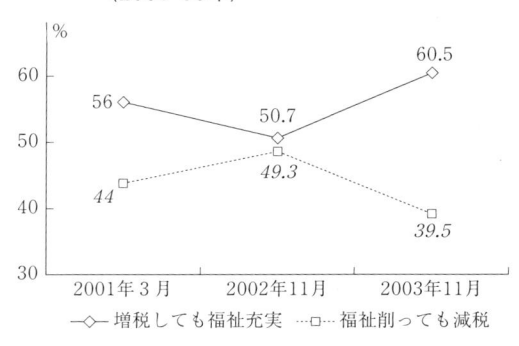

```
%
60      56◇              60.5
              50.7         ◇
50      44   ◇
         □---49.3
40            □---
                          39.5
                           □
30
     2001年3月   2002年11月   2003年11月
     ─◇─ 増税しても福祉充実  ---□--- 福祉削っても減税
```

データ出所:JSS調査:2001-03年を筆者が加工, グラフ化した

同様に, 「A. お年寄りは, 国の年金で面倒を

みてあげるべきだ」と「B. お年寄りは，自分で生活するか家族に養ってもらうべきで，国の年金で面倒を見る必要はない」という2つの意見のどちらの意見に近いかを，2001年3月から2003年11月まで聞いた結果を図5に示した。この質問に関しては小泉内閣誕生後も80％を超える回答者が一貫して国の年金制度でお年寄りの面倒を見るべきだと答えており，老人介護に関しては，小泉内閣の掲げた経済政策上の主張とは無関係に，老人の生活は国の福祉政策で支えるべきだという国民意識が強いことが示されている（図5，参照）[18]。

図5　高齢者の生活を支えるのは？

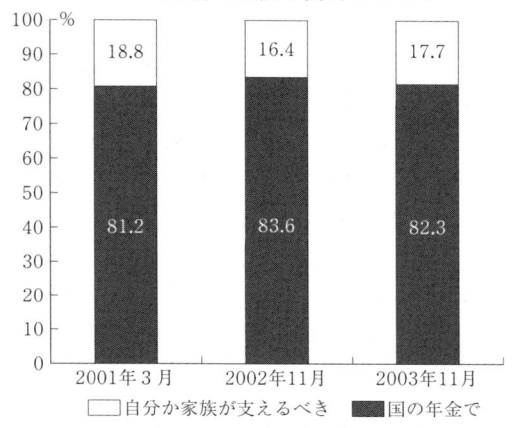

|  | 2001年3月 | 2002年11月 | 2003年11月 |
|---|---|---|---|
| 自分か家族が支えるべき | 18.8 | 16.4 | 17.7 |
| 国の年金で | 81.2 | 83.6 | 82.3 |

データ出所：JSS調査：2001-03年を筆者が加工，グラフ化した

高齢者の生活資金は国の年金で見るべきだ
（世代別の内訳）

|  | 戦前派世代 | 戦中派世代 | 団塊の世代 | 新人類世代 | 団塊Jr.世代 |
|---|---|---|---|---|---|
| 2001年3月 | 84.0 | 84.2 | 80.1 | 79.7 | 76.1 |
| 2002年11月 | 80.4 | 88.4 | 81.9 | 80.5 | 80.7 |
| 2003年11月 | 88.4 | 83.7 | 82.1 | 78.8 | 81.4 |

　以上の分析から，一般的に考えられているような，バブル経済崩壊後の日本社会では自由競争が重視されるようになり，その結果として社会福祉を軽視する傾向が国民意識の中に広がったというパターンは，実証的には確認できなかった。

　このことは，我々に1つのパズルを提示する。近年，経済的統制の強弱をめぐる対立軸は重要性を増しているように見える。例えば，小泉純一郎首相の人気は高く，上記のデータを分析した2001年から2003年までをとってみても，2001年には内閣支持率も過去最高のレベルに達していた。そのことは，「構造改革なくして，経済再生なし」といった標語にも示されていたような小泉内閣が唱えた経済政策の方向性が，政治的対立軸として浮上してきていることを示唆しているように見える。しかし，本節で明らかにしたように，福祉国家型の経済政策を否定する方向へ国民意識が変化した

ことは実証的には確認できない。

このパズルを解くためには，近年の保革対立軸の変化を，国民意識の変化に求めるのではなく，エリートの変化，あるいは国民が認識する政党の政策位置の変化に求める必要があるように思われる。すなわち，福祉に反対して自由競争を重視する小泉内閣を支持するからといって，また日本社会を都市と農村間の格差を平準化する従来の自民党の経済政策を修正する構造改革をすすめることに賛成する[19]からといって，それは国民意識が，経済的統制の強弱をめぐる保革の軸において保守化したことを意味してはいないのである。我々は，平等意識の分布の変化説を退けて，次に平等意識の相関の変化説（80年代と90年代の保革対立構造の仮説）を検証しなければならない。

## 3. 平等意識の相関の変化説の検証　Ⅰ

これから前節の議論を受けて，第1節で提出した平等意識の相関の変化説（80年代と90年代の保革対立構造の仮説）を実証的に検討するのであるが，この仮説の本格的な検討は次節で行うことにして，本節ではまず単純な方法での分析（相関係数の時系列的な比較）を行う。その理由は，時系列的な比較を厳密に行うためには全く同じワーディングで聞かれた複数の質問項目が分析の対象とする期間にわたって必要となる（この点は次節で詳述する）が，そのようにしてデータを絞ると分析できる期間が限られてしまうからである。本節では方法論的な厳密さは犠牲にしつつも，ある程度の長期間にわたる分析を行うことにしたい。ここで検討するのは，前節でデータによって記述した日本国民の福祉国家を志向するもしくは志向しない意識と，政党を評価する意識との関係がどのようなものであったのかということである。具体的には，日本における国民意識の中で，経済的統制の軸における革新的な考え方（経済的統制志向が強），すなわち福祉国家志向で「大きな政府」志向の考え方と，その対極に位置する保守的な考え方（経済的統制志向が弱），つまり自由競争志向で「小さな政府」志向の考え方との対立軸が政党評価とどのように関連を持ってきたのかを分析する[20]。

ここで，まず平等意識と保革自己イメージとの関係を検討する。保革自己イメージは，世論調査の回答者に，最も革新的な場合に0，最も保守的な

場合に10として，自分自身の立場を数字で答えてもらう質問項目によって測定される[21]。この保守革新のイデオロギー傾向と，福祉重視をすべきかもしくは減税をすべきかを聞いた質問項目との相関関係を示したのが，図6である。図6の中で上から2番目（下から3番目）の太い実線（――□――）が「福祉充実志向と保革自己イメージ」の相関係数を示しているが，相関関係は驚くほど低く，1976年から2003年までを通して相関係数が0.1を超えた年はない（最低で0.04，最高で0.08）。確かに，1976年から1996年までの質問の形態と，2001年から2003年までの形態が異なっているので相関係数を時系列に直接に比較することには慎重でなくてはならないが，それでもワーディングの異なる質問項目間の相関関係を比較する方が，頻度数やパーセントを直接比べるよりは意味があると考えられる[22]。少なくとも，保革自己イメージは福祉充実を志向する意識とは相関関係がほとんどないというパターンは1976年から2003年まで一貫していると考えられる（図6，参照）。また，自民党に対する感情温度と保革自己イメージとの相関関係（図6の――◇――）は，明確に示されている。保革自己イメージは経済的統制

図6　福祉政策志向と政党感情温度等の相関の推移（1976-2003年）

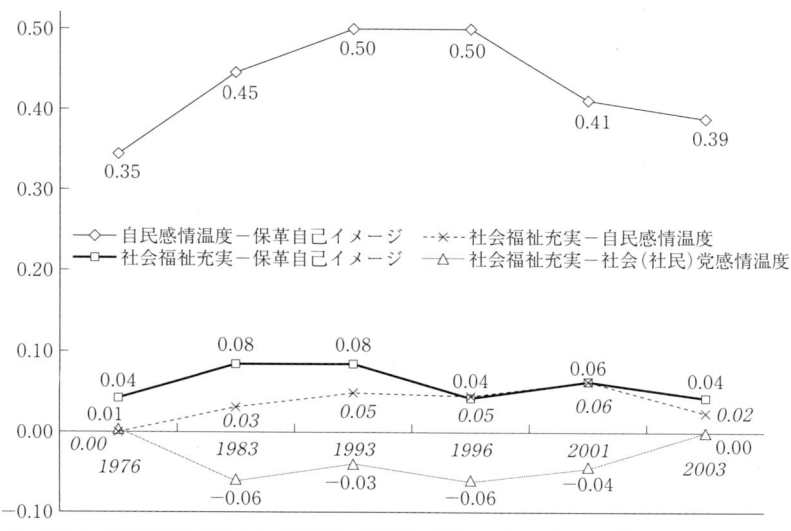

データ出所：JABISS調査：1976年，JES調査：1983年，JESII：1993-96年，JSS調査：2001年，JSS-GLOPE調査：2003年を筆者が加工，グラフ化した。

の軸とは関係ないが，政党評価には影響を与えていることが示唆される。詳しい分析は今後の検討課題であるが，以下ではデータの制約から保革の対立軸を政党評価の次元でのみ考えることにする。

次に，日本国民の福祉国家を志向する意識と政党を評価する意識との関係を見ていく。図6では福祉充実を求める意識と自民党に対する評価との相関関係の強さと，さらに同様に福祉志向の意識と社会党（1996年以降は社民党）に対する評価との相関関係を示した。図6の中で下から2番目の点線（- - × - -）は，福祉充実を志向する意識と自民党に対する感情温度尺度[23]との相関係数を示したものである。図6で最も下の点線（- - △ - -）は，福祉充実を志向する意識と社会党（社民党）に対する感情温度尺度との相関係数を示している。ここでは，それぞれの質問文における「わからない（DK）」，「答えない（NA）」という回答は欠損値として分析から除外した。福祉充実を求める意識は，(1)賛成，(2)どちらかといえば賛成，(3)どちらかといえば反対，(4)反対という形でコーディングされているから，福祉充実に消極的か反対の人ほど自民党に対する感情温度が高くなる傾向が示されている点と，福祉充実に消極的か反対の人ほど社会党（社民党）に対する感情温度が低くなる傾向が示されている点は予想通りであるものの，相関関係は非常に小さく，また統計的に有意な値はどの年もほとんど示されていなかった。

図6に示された世論調査データのこれらのパターンは，現代日本政治においては，経済的統制の強弱の軸における革新的な考え方（経済的統制志向が強），すなわち福祉国家志向で「大きな政府」を志向する考え方は，革新政党である社会党（社民党）に対する評価の原因になっておらず，保守的な考え方（経済的統制志向が弱），つまり自由競争志向で「小さな政府」を志向する考え方は，自民党に対する評価の源泉にはなっていないことを示唆している。

しかし，本節の最初で書いたように，ここでの分析においては用いることのできるデータの量を優先し，方法論的な厳密さを犠牲にしていた。次節では，本格的に第1節で提出した80年代と90年代の保革対立構造の仮説を検証していく。なお，そこでは，本節でのシンプルな分析がどのような点で問題があるかも含めた考察も行うことにしたい。

## 4. 平等意識の相関の変化説の検証　II

　本節では，まず第2節で明らかにされた知見を踏まえて，本稿で検討する仮説の含意を整理する。そして，第3節で明らかになった方法論的問題点とそれを克服する方法について述べてから，実際に分析を行っていくことにしたい。まず平等意識の相関の変化説は，「近年においては，経済的統制の強弱の軸における保守志向（経済的統制志向が弱）は保守政党の評価を規定するようになり，革新志向（経済的統制志向が強）は革新政党の評価を規定するようになった。そして，政治的統制の強弱の軸における変化はない」というものであった。80年代の保革対立では政治的統制の軸が大きな役割を果たしていたが，90年代の保革対立では，それに加えて，経済的統制の軸も重要になってきたというシナリオである。

　もしこの仮説が正しいのならば，以下の2つの仮説を支持する分析結果が得られると考えられる。すなわち，1つが80年代の保革対立構造の仮説であり，「80年代においては，経済的統制の強弱の軸における保守志向（経済的統制志向が弱）は保守政党の評価と関係がなく，革新志向（経済的統制志向が強）は革新政党の評価と関係がなかった。それに対して，政治的統制の強弱の軸における保守志向（政治的統制志向が強）は保守政党の評価を規定しており，革新志向（政治的統制志向が弱）は革新政党の評価を規定していた。」というものである。もう1つが90年代の保革対立構造の仮説であり，「90年代においては，経済的統制の強弱の軸における保守志向（経済的統制志向が弱）は保守政党の評価を規定するようになり，革新志向（経済的統制志向が強）は革新政党の評価を規定するようになった。また，80年代と同様に，政治的統制の強弱の軸における保守志向（政治的統制志向が強）は保守政党の評価を規定しており，革新志向（政治的統制志向が弱）は革新政党の評価を規定している」というものである。これらの仮説を支持する結果が得られれば，先に提示したパズル，平等意識の分布に変化がないにもかかわらず経済的統制をめぐる保革対立が重要となった理由を明らかにできるように思われる。

　以下では，現代日本社会において国民の平等ならびに福祉国家型政策に対する意識ばかりでなく，それ以外の政策をめぐる意識も含めて，それらの政策の方向に関わる日本の有権者の意識が，どのように政党評価と関わ

っているのかを，掘り下げて検討する。また，本節では前節で指摘した方法論的な問題点も考慮した分析を行う。

ここでの分析と同様のものとして，蒲島らが1976年の世論調査[24]データ，ならびに1983年，1993年，1996年の世論調査データにおけるさまざまな政策争点態度を因子分析して，政策上の争点に関する日本人の意識構造を分析した研究[25]がある。これらの研究はあくまでも政策争点に関する有権者の意識構造を見ようとしており，本節の分析とは焦点が異なる。しかし，以下で論述する方法論的な問題点は同様に当てはまると思われる。

本論のここまでの分析では，現代日本社会において国民がどのように平等とそれに基づく福祉国家政策を支持してきたのか，またその政治意識がどのように政治的な選択と関連があったのかを，世論調査の質問項目のワーディングの違いなども丁寧に見ながら，それらの回答のパーセントとそれらの質問項目間の相関関係を見ることによって推論してきた。しかし，後者の問い，すなわち有権者の平等志向並びに福祉国家型の政策への志向がどのように政党に対する評価と関係があるのかという問いに答えるには，このような方法では問題がある。なぜなら，世論調査を用いて測定された変数には測定誤差（measurement error）が含まれているため，希薄化と呼ばれる現象が生じるからである。希薄化とは測定誤差を含んだ変数同士で単純に相関を取ると，推定値が実際の相関係数の値よりも低くなってしまうという現象だが，前節の分析ではこれが生じていた可能性が高い。したがって，以下では希薄化の修正を行うために，複数の指標によって構成概念を測定する方法を導入する。この手法の基本的なアイデアは，複数の指標に共通している部分を用いて１つの構成概念を測定することによって，複数の指標に共通して表れてこない個々の指標の独自の部分を測定誤差として排除するというものである。

上記の検討を踏まえて，仮説２を検証するために，同じワーディングによる質問項目を持つ世論調査データに絞り，福祉国家型政策以外の政策に対する回答者の態度も視野に入れ，これらの変数間の関係が時系列的にどのように変化したのかを分析した。以下ではその分析手順をまとめて説明しておこう。

まず第１に，年代を超えた厳密な比較が可能になるように，ワーディングが完全に同じ質問項目のみを分析に含めることにした。様々な政策に関

して回答者の政策上の志向（好み）を聞いた同じワーディングの質問項目をもつ1983年JES調査，および1993年と1996年のJESII調査に絞ってデータ分析した[26]。

第2に，それら3つの世論調査データの中で，政策争点に関する質問項目と政党評価に関する質問項目との双方を分析した。政党評価といっても，ここでの分析では全ての政党を分析には含めず，仮説において焦点を当てている社会福祉政策志向と関係があると予想されている社会党（1996年は社民党）と，社会福祉政策に冷淡であると予想されている自民党の2つの政党のみに絞って，分析した。

第3に，これらのすべての質問項目（変数）を，構造方程式モデリング（SEM: Structural Equation Modeling）の手法で，確認的因子分析モデル（confirmatory factor model），あるいは確認的測定モデル（confirmatory measurement model）を用いて，1983年および1993年，1996年の調査における該当する変数をすべて同時に1つの分析に投入した。この分析では，先述した希薄化の修正を行うために，政策争点に関する回答者の態度を測定した変数や政党評価に関する変数などの複数の変数（質問項目）を用いて，後述するそれぞれの構成概念を測定している。

第4に，このモデルでは，1983年と93年，96年のそれぞれのデータセットを独立したデータセットとして扱い年代ごとに別々に分析を進めていく方法ではなく，1983年と93年，96年の該当する変数を同時に同一のモデルで分析する方式をとった。その理由は，異なる母集団を持つ異なるサンプル間での比較（多母集団間の比較）を可能にするためである[27]。先述したように希薄化を修正するために構成概念を導入したわけだが，構成概念を用いて，本節の分析で焦点を当てているような異なる母集団間での比較を行うためには更なる工夫が必要となるのである。この多母集団間の確認的因子分析モデルについては，以下で先に分析で用いる変数について説明してから詳述する。

最後に，分析に用いた変数（質問項目）を表1に示したが，これらについて述べておこう。まずV1～V9の変数は政策争点に関する回答者の賛否を聞いている9つの質問項目を分析に投入した[28]。これらの9つの質問項目の形式はワーディングも，3つの世論調査で完全に共通しており，それぞれ政策の方向性に関しての回答者の賛否の程度を，(1)賛成，(2)どちら

**表1　多母集団の確認的因子分析モデルに用いた変数（質問項目）の一覧**

＜政策争点上の態度に関する変数＞
V1．「日本の防衛力はもっと強化するべきだ」
V2．「日米安保体制は現在よりもっと強化するべきだ」
V3．「日本は絶対に核兵器をもってはいけない」
V4．「天皇は政治に対して、現在よりもっと強い発言権をもつべきだ」
V5．「年金や老人医療などの社会福祉は財政が苦しくても極力充実するべきだ」
V6．「お年寄りや心身の不自由な人は別として、すべての人は社会福祉をあてにしないで生活しなければならない」
V7．「公務員や公営企業の労働者のストライキ権は認めるべきだ」
V8．「労働者は重要な決定に関して、もっと発言権をもつべきだ」
V9．「より高い地位やよい職業につく女性をふやすため、政府は特別な制度を設けるべきだ」

＜政党評価に関する変数＞
V10．政党支持態度（合成変数：7点尺度）
V11．政党感情温度尺度（合成変数：201点尺度）

かといえば賛成，(3)どちらともいえない，(4)どちらかといえば反対，(5)反対の5段階の選択肢の中から選ぶように設計されている。この5つの選択肢をそれぞれの質問項目ごとに、保守的な態度であればあるほど点数が高くなるようにコーディングし直したものを用いた。「わからない（DK）」、「答えない（NA）」は欠損値として分析から除外した。政策争点態度に関する変数は5点尺度である。

次に、政党評価に関する質問項目として、政党支持態度と政党感情温度尺度を用いた。表1でのV10は、政党支持態度である。政党支持態度については、以下の手続きで新たな変数を構築した。自民党評価を用いるモデルにおいては、自民党を支持している人をプラス1、自民党以外の政党を支持している人をマイナス1、支持する政党がない人を0とコーディングしたものに、3段階の支持強度（3．熱心な支持，2．あまり熱心ではない支持，1．支持するというほどでなくても、ふだん好ましいと思っている）でウェイト付けした新たな変数を作成した。また、社会党（または社民党）評価を示す新たな変数も同様に、社会党（社民党）を支持している人をプラス1、社会党（社民党）以外の政党を支持している人をマイナス1、支持する政党がない人を0とコーディングしたものに、3段階の支持強度でウェイト付けしたものを作成した。それぞれの質問文で「支持する政党は」と聞かれて、「わからない（DK）」、「答えない（NA）」と回答した者は欠損値として分析から除外した。政党支持態度に関する変数は7点尺度である。

表1のV11は，政党感情温度尺度である。自民党評価を示す指標は自民党に対する温度から自民党以外の政党の中で最も高い温度を，社会党（社民党）評価も同様に社会党（社民党）に対する温度から社会党（社民党）以外の政党の中で最も高い温度を引いて作成した。「わからない（DK）」，「答えない（NA）」は欠損値として分析から除外した。このようにして構築した政党感情温度の指標は201点尺度となる。なお，第3節と異なる形に加工したのは，相対評価である政党支持態度と指標の形式を揃えるためである。

　それでは，多母集団間の確認的因子分析モデル[29]について説明することにしよう。ここでの分析の基本となる確認的因子分析モデルのパス図を，図7と図8に示した。図7は自民党評価と政策争点態度との関係を分析したモデルで，図8は社会党評価と政策争点態度との関係を分析したモデルである。図7のモデルでも，図8のモデルでも同じ政策態度変数との関係を分析しているので，モデルの構造は変わらない。このモデルは，V1からV4の政策態度が「安全保障」に関わる政策態度を示す構成概念で説明され，同様にV5とV6が「福祉」，V7からV9が「参加」，V10とV11が「政党評価」（図7では自民党評価，図8では社会党評価）という構成概

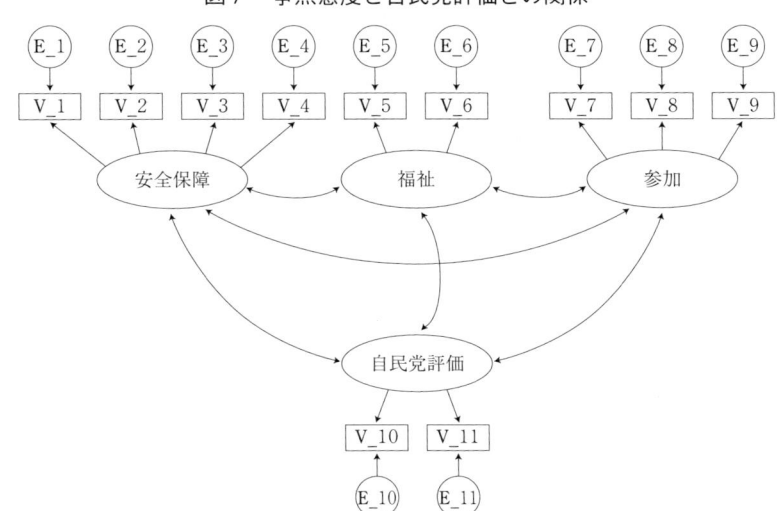

図7　争点態度と自民党評価との関係

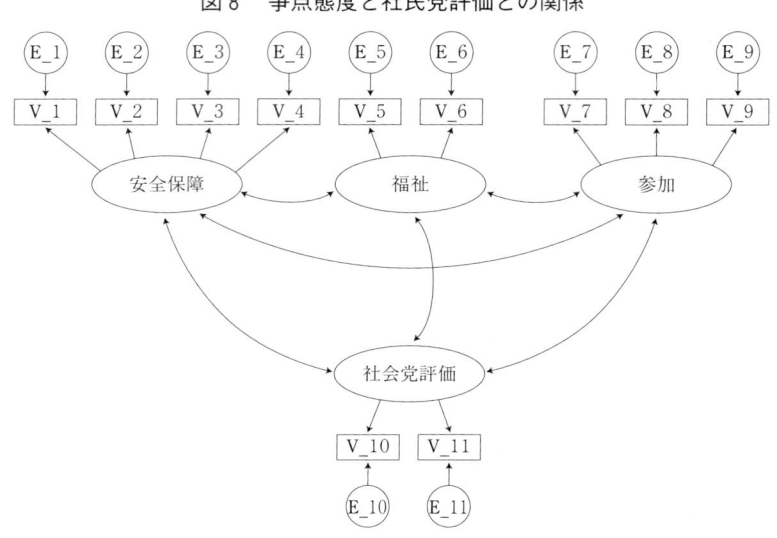

図8　争点態度と社民党評価との関係

念で説明されることを表している。
　すなわち，「安全保障」という構成概念は，V1.「日本の防衛力はもっと強化するべきだ」，V2.「日米安保体制は現在よりもっと強化するべきだ」，V3.「日本は絶対に核兵器をもってはいけない」，V4.「天皇は政治に対して，現在よりもっと強い発言権をもつべきだ」という変数（質問項目）に対する回答者の態度を用いて測定される。同様に，「福祉」は，V5.「年金や老人医療などの社会福祉は財政が苦しくても極力充実するべきだ」と，V6.「お年寄りや心身の不自由な人は別として，すべての人は社会福祉をあてにしないで生活しなければならない」で測定される。「参加」は，V7.「公務員や公営企業の労働者のストライキ権は認めるべきだ」，V8.「労働者は重要な決定に関して，もっと発言権をもつべきだ」，そしてV9.「より高い地位やよい職業につく女性をふやすため，政府は特別な制度を設けるべきだ」が測定に用いられている。
　また，図7のモデルの場合は，「自民党評価」という構成概念は，自民党に対する政党支持態度の新たな変数（V10）と自民党への感情温度の新しい指標（V11）によって測定されている。図8のモデルの場合も，「社会党

評価」という構成概念には，社会党に対する政党支持態度の新たな変数（V10）と社会党への感情温度の新しい指標（V11）が測定に用いられている。

そして，分析ではこの基本モデルを以下の6つのグループで同時に推定する。第1のグループが1983年で政党評価が自民党評価のモデルで，第2が1983年で政党評価が社会党評価，第3が1993年で政党評価が自民党評価，第4が1993年で政党評価が社会党評価，第5が1996年で政党評価が自民党評価，第6が1996年で政党評価が社民党評価のモデルである。したがって，図7のモデルは第1，第3，第5グループに共通の構造を示しており，図8は第2，第4，第6グループに共通の構造を示している。もっとも図7と図8におけるモデルの構造は，自民党に対する評価か社会党に対する評価かの違い以外にはない。直感的には，図7のモデルと図8のモデルが1983年，93年，96年と繰り返される形で続いており，それら全体が一つのモデルだと考えて頂ければ，ここでの分析モデルの全体像が把握しやすいかもしれない。

このようにして多母集団で同時に推定するのは，本論が焦点を当てている因子間の相関関係を比較可能にするためである。従来の因子分析を用いた研究などで一般的になされていたように異なる母集団で因子分析を繰り返したとしても，異なる母集団間で因子間の相関を比較することはできない[30]。母集団ごとに抽出される因子はそれぞれ異なるものになるからである。本稿ではこの問題点を乗り越えるために，6つのグループすべてで因子付加量が等しいという制約を設けて上記のモデルを同時に推定する。もちろんこの制約がデータにフィットしているという保証はないが，この点も適合度指標を参照することによって検討することができる。それ以外に，すべての観測変数の誤差項の分散と政策態度に関わる因子間の相関を年度が同じグループで等しいという制約を設ける。これは用いるデータ・質問文がともに等しいのだから当然必要となる制約である[31]。

このような分析の過程を経て，得られた結果が表2から表4までに示されている。表2は1983年のデータによる分析結果であり，表3は1993年の，表4は1996年の分析結果である。それぞれの年度ごとに自民党評価（図7）と社会党評価（図8）の2つのモデルが推定されているのが確認できるはずである。なお紙幅の都合で表を年度ごとに別々に掲載しているが，前述

表2 1983年におけるモデルの推定結果

| 1983年の自民党モデルにおける因子付加量 | | | | | 1983年の社会党モデルにおける因子付加量 | | | | |
|---|---|---|---|---|---|---|---|---|---|
| 因子付加量 | 安全保障 | 福祉 | 参加 | 自民党評価 | 因子付加量 | 安全保障 | 福祉 | 参加 | 社会党評価 |
| V_1 | 0.778 (0.579) | | | | V_1 | 0.778 (0.579) | | | |
| V_2 | 0.715 (0.615) | | | | V_2 | 0.715 (0.615) | | | |
| V_3 | 0.350 (0.278) | | | | V_3 | 0.350 (0.278) | | | |
| V_4 | 0.448 (0.338) | | | | V_4 | 0.448 (0.338) | | | |
| V_5 | | 0.472 (0.444) | | | V_5 | | 0.472 (0.444) | | |
| V_6 | | 0.404 (0.284) | | | V_6 | | 0.404 (0.284) | | |
| V_7 | | | 0.655 (0.471) | | V_7 | | | 0.655 (0.471) | |
| V_8 | | | 0.395 (0.414) | | V_8 | | | 0.395 (0.414) | |
| V_9 | | | 0.428 (0.359) | | V_9 | | | 0.428 (0.359) | |
| V_10 | | | | 1.376 (0.819) | V_10 | | | | 1.376 (0.819) |
| V_11 | | | | 20.970 (0.763) | V_11 | | | | 20.970 (0.763) |

| 1983年の自民党モデルにおける因子間相関 | | | | | 1983年の社会党モデルにおける因子間相関 | | | | |
|---|---|---|---|---|---|---|---|---|---|
| 安全保障 | 1.000 | | | | 安全保障 | 1.000 | | | |
| 福祉 | 0.327 | 1.000 | | | 福祉 | 0.327 | 1.000 | | |
| 参加 | 0.451 | 0.724 | 1.000 | | 参加 | 0.451 | 0.724 | 1.000 | |
| 自民党評価 | 0.462 | 0.120 | 0.505 | 1.000 | 社会党評価 | −0.368 | −0.095 | −0.570 | 1.000 |

上段　非標準化係数　　（下段）　標準化係数　　　　　　上段　非標準化係数　　（下段）　標準化係数

データ出所：JES調査：1983年を筆者が分析

のようにこれらすべてで1つのモデルである。

　表2の分析結果から見て取れることは，1983年には自民党評価と関係がある政策争点態度は「安全保障」（.462）と「参加」（.505）であり，これらの領域での政治意識が保守的な有権者ほど，自民党に親近感を抱いていると考えられるが，「福祉」（.120）は自民党評価と有意な関係は確認できない。同様に，社会党評価に影響を与えているのは，「安全保障」（−.368）と「参加」（−.57）であり，これらの領域での政治意識が革新的な有権者ほど，社会党に親近感を抱いていると考えられる。だが，「福祉」（−.095）

表3　1993年におけるモデルの推定結果

| 1993年の自民党モデルにおける因子付加量 | | | | | 1993年の社会党モデルにおける因子付加量 | | | | |
|---|---|---|---|---|---|---|---|---|---|
| | 安全保障 | 福祉 | 参加 | 自民党評価 | | 安全保障 | 福祉 | 参加 | 社会党評価 |
| V_1 | 0.778 (0.647) | | | | V_1 | 0.778 (0.647) | | | |
| V_2 | 0.715 (0.597) | | | | V_2 | 0.715 (0.597) | | | |
| V_3 | 0.350 (0.291) | | | | V_3 | 0.350 (0.291) | | | |
| V_4 | 0.448 (0.360) | | | | V_4 | 0.448 (0.360) | | | |
| V_5 | | 0.472 (0.479) | | | V_5 | | 0.472 (0.479) | | |
| V_6 | | 0.404 (0.285) | | | V_6 | | 0.404 (0.285) | | |
| V_7 | | | 0.655 (0.491) | | V_7 | | | 0.655 (0.491) | |
| V_8 | | | 0.395 (0.447) | | V_8 | | | 0.395 (0.447) | |
| V_9 | | | 0.428 (0.371) | | V_9 | | | 0.428 (0.371) | |
| V_10 | | | | 1.376 (0.745) | V_10 | | | | 1.376 (0.745) |
| V_11 | | | | 20.970 (0.724) | V_11 | | | | 20.970 (0.724) |

| 1993年の自民党モデルにおける因子間相関 | | | | | 1993年の社会党モデルにおける因子間相関 | | | | |
|---|---|---|---|---|---|---|---|---|---|
| 安全保障 | 1.000 | | | | 安全保障 | 1.000 | | | |
| 福祉 | 0.186 | 1.000 | | | 福祉 | 0.186 | 1.000 | | |
| 参加 | 0.236 | 0.687 | 1.000 | | 参加 | 0.236 | 0.687 | 1.000 | |
| 自民党評価 | 0.354 | 0.263 | 0.439 | 1.000 | 社会党評価 | −0.279 | −0.026 | −0.406 | 1.000 |

上段　非標準化係数
（下段）　標準化係数

データ出所：JESⅡ調査：1993年を筆者が分析

は社会党への親近感と関係があるとはいえない。

　表3の1993年の分析結果では，若干の変化が見られる。自民党評価には「安全保障」（.354）と「参加」（.439）がはっきりと関係があり，社会党評価でも「安全保障」（−.279）と「参加」（−.406）は関係があるのは同じである。しかし，1993年には「福祉」（.263）への保守的な態度が自民党評価と1％水準で有意な関係のあることが確認できるが，相変わらず「福祉」（−.026）と社会党評価との間に有意な関係は見られない。

　表4の1996年の分析結果では，さらなる変化が見られるようになる。自

表4　1996年におけるモデルの推定結果

| 1996年の自民党モデルにおける因子付加量 | | | | | 1996年の社民党モデルにおける因子付加量 | | | | |
|---|---|---|---|---|---|---|---|---|---|
| | 安全保障 | 福祉 | 参加 | 自民党評価 | | 安全保障 | 福祉 | 参加 | 社会党評価 |
| V_1 | 0.778 (0.642) | | | | V_1 | 0.778 (0.642) | | | |
| V_2 | 0.715 (0.617) | | | | V_2 | 0.715 (0.617) | | | |
| V_3 | 0.350 (0.354) | | | | V_3 | 0.350 (0.354) | | | |
| V_4 | 0.448 (0.401) | | | | V_4 | 0.448 (0.401) | | | |
| V_5 | | 0.472 (0.478) | | | V_5 | | 0.472 (0.478) | | |
| V_6 | | 0.404 (0.308) | | | V_6 | | 0.404 (0.308) | | |
| V_7 | | | 0.655 (0.517) | | V_7 | | | 0.655 (0.517) | |
| V_8 | | | 0.395 (0.448) | | V_8 | | | 0.395 (0.448) | |
| V_9 | | | 0.428 (0.389) | | V_9 | | | 0.428 (0.389) | |
| V_10 | | | | 1.376 (0.767) | V_10 | | | | 1.376 (0.767) |
| V_11 | | | | 20.970 (0.738) | V_11 | | | | 20.970 (0.738) |

| 1996年の自民党モデルにおける因子間相関 | | | | | 1996年の社民党モデルにおける因子間相関 | | | | |
|---|---|---|---|---|---|---|---|---|---|
| 安全保障 | 1.000 | | | | 安全保障 | 1.000 | | | |
| 福祉 | 0.238 | 1.000 | | | 福祉 | 0.238 | 1.000 | | |
| 参加 | 0.125 | 0.540 | 1.000 | | 参加 | 0.125 | 0.540 | 1.000 | |
| 自民党評価 | 0.463 | 0.231 | 0.379 | 1.000 | 社民党評価 | −0.304 | −0.329 | −0.389 | 1.000 |

　　　　上段　　非標準化係数　　　　　　　　　　上段　　非標準化係数
　　　（下段）　標準化係数　　　　　　　　　　（下段）　標準化係数
データ出所：JESⅡ調査：1996年を筆者が分析

民党評価は，1993年と同様に「安全保障」（.463）と「参加」（.379）がはっきりと関係があるが，「福祉」（.231）においても関係のあることが示されている。これに対し，社会党評価は「安全保障」（−.304）と「参加」（−.389）だけでなく，「福祉」（−.329）の領域においても進歩的な態度は明確な関係が見られるようになった。これらは1％水準で有意である。

　ここで，この多母集団間の確認的因子分析モデルとデータとの適合度を確認しておく。表5にモデルの適合度を示した。適合度指標は，モデル全体がどの程度データに当てはまっているかを評価するためのものである。

表5　多母集団間の確認的因子分析モデルの適合度

| df | Chi-Square | GFI | AGFI | RMSEA |
|---|---|---|---|---|
| 325 | 1454.626 | 0.957 | 0.947 | 0.024 |

GFIとAGFIは最大値が1となり，値が大きければ大きいほどモデルがデータにフィットしていることを示す。RMSEAは小さければ小さいほど良く，1.00より大きいと当てはまりの悪いモデル，0.05より小さいと当てはまりの良いモデルだと判断できる。これを見ると，この本論のSEM分析における多母集団間の確認的因子分析モデルは妥当だと判断できる。

このように，1983年には「福祉」での進歩的な意識は，社会党への評価と全く関係がなかったのが，1996年には明確に関係が示されるようになっている。自民党への評価も，1983年に「福祉」での保守的な態度はごく弱い関係だったものが，93年と96年にははっきりと関係があることが示されている。

政策争点における有権者の意識は，相対的には「安全保障」や「参加」の領域での保守的な態度が自民党評価に，革新的な態度が社会党評価につながっているのに対し，「福祉」の領域での態度は自民党評価にも社民党評価にもつながらなかった。しかし，1996年には「福祉」の領域での政策上の争点態度が自民党評価にも社会党評価にも関連が強くなっているのである。その意味では，80年代と90年代の保革対立構造の仮説を支持する結果であり，平等意識の相関の変化説も実証されたといえよう。

結論

本論の分析結果をまとめると，以下のようになろう。経済的な次元での対立軸において，平等に関する国民意識の分布は戦後の日本では年代を超えて大きな変化はなかった（第2節）。変化があったのは，国民意識における主要政党間の保革対立の構図である。1980年代には，国民の政党評価は政治的統制の強弱の対立軸と強い関係を持ち，経済的統制の強弱の対立軸とは関係がなかった。したがって，平等意識は政党評価に影響を持たなかったと推測できる。だが，1990年代には経済的統制の強弱の対立軸が政党評価に意味を持つようになった（第3・4節）。

これらを踏まえると，先に提示したパズル，平等意識の分布に変化がないにもかかわらず，経済的統制の強弱の対立軸と政党評価とが意味のある

関係を示すようになった現象は、国民意識における政党の政策位置が変化したとすると、説明できる。つまり、経済的次元の対立軸において国民意識の量的な変化がないのにもかかわらず、経済的次元の軸と政党評価との相関が近年に出てきたのであるから、保守政党である自民党が図2の左上（政治的統制志向が強で経済的統制志向が強）から右上（政治的統制志向が強で経済的統制志向が弱）へ移動した、あるいはそう国民の目に映ったと考えると、この現象の説明がつくと思われる[32]。

　戦後日本の従来の保革対立の構図においては、自民党も社会党も平等をめぐる対立軸上では自らの立場を他から差異化して評価を獲得することはできなかった。それは、1980年代には自民党も社会党も経済的次元の軸上では差がないと国民から見られていたからである。この時期には、自民党も社会党もこの軸上で存在意義を高めることができず、安全保障問題や国民の政治参加等の争点によって評価を獲得してきたといえる。ところが、この構図は1993年以降に変化し、自民党の評価は政治的次元の軸だけでなく経済的次元の軸における評価によっても形成されるようになった。この自民党が小さな政府を志向する流れは、小泉内閣に至るまで継続していることが推測される。また、1996年には社民党（社会党）も同様に、平等をめぐる保革の対立軸を自らの評価の源泉とするようになった。しかし、この時には社民党（社会党）に代わる野党が複数登場しており、社民党（社会党）自身もその勢力を衰退させつつあったのである。

　**謝辞**：初期の草稿の段階で、荒井紀一郎、関能徳、萩森正尊、山崎新の各氏からいただいたコメントがたいへん有益であった。記して感謝したい。

（1）　久米・川出・田中「政策の対立軸」、久米・川出・古城・田中・真渕『政治学』有斐閣、2003年、第1章、19-20頁。ならびに、川出「自由と自由主義」久米・川出・古城・田中・真渕『政治学』有斐閣、2003年、第3章、62-63頁。

（2）　新川敏光も「再配分政策を通じて一定の平等性を実現することが福祉国家の根幹をなす」という見方を示しており、平等を志向することが福祉国家志向と一致するとみてよいであろう。新川敏光「福祉国家の危機と再編」、齋藤純一編著『福祉国家／社会的連帯の理由』ミネルヴァ書房、2004年、第1章、28頁。

（3）　ここで政治的統制として想定している問題は，個人の思想・信条・表現の自由や職業選択の自由にどこまで規制がかけられているのか，また国家が対内的・対外的秩序の維持のためにどれだけコストをかけるのか（警察や軍隊の規模，徴兵制度の有無），そして市民がどこまで政治参加できるのか，といったことである。久米・川出・田中，前掲論文，2003年，参照。
（4）　例えば，齋藤純一，新川敏光，宮本太郎らがそのような理解を示している。新川，前掲論文，2004年，参照。齋藤純一，前掲書，2004年，参照。宮本太郎「新しい右翼と福祉ショービニズム」，齋藤純一編著『福祉国家／社会的連帯の理由』第2章，ミネルヴァ書房，2004年。
（5）　詳しくは，久米・川出・田中，前掲論文，13－15頁。
（6）　杉田敦「平等と政治」，山口二郎・杉田敦『現代日本の政治』放送大学教育振興会，2003年，第11章，95頁。
（7）　齋藤純一編著　前掲書，6頁。
（8）　齋藤，前掲書，2－3頁。
（9）　山口二郎「構造改革と政治」，山口二郎・杉田敦　前掲書，58－67頁。山口はここで，「日本型システム」における社会民主主義的（福祉国家的）な政策の2本柱を，産業界で弱い企業が生き残れるような業界秩序を作り出してきた政策（「護送船団方式」と呼ばれる業界全体を救済するための規制等）と，自民党の支持基盤である農村部に公共投資を重点的に配分し都市部との平準化を図る政策と，指摘している。
（10）　JABISS調査とは，Scott Flanagan, 公平慎策，三宅一郎，Bradley M. Richardson, 綿貫譲治が1976年の衆議院選挙の前後に実施した二次パネルによる全国世論調査である。データはレヴァイアサン・データバンクから提供された。コードブック『日本人の政治意識と行動』LDB刊行，1997年を参照。
（11）　JES調査とは綿貫譲治，三宅一郎，猪口孝，蒲島郁夫が実施した1983年の参議院選挙後，衆議院選挙前・後の三次パネル方式の全国世論調査である。データはレヴァイアサン・データバンクから提供された。コードブック『日本人の選挙行動』LDB刊行，1997年を参照。
（12）　JESII調査とは，蒲島郁夫，三宅一郎，綿貫譲治，小林良彰，池田謙一が1993年の衆議院選挙から1996年の衆議院議員選挙まで4年間にわたり実施した7波のパネル調査である。データはレヴァイアサン・データバンクから提供された。『JESIIコードブック』木鐸社，1998年，参照。
（13）　JSS調査は，北岡伸一，飯尾潤，加藤淳子，田辺國昭，田中愛治が実施した3波にわたる全国面接調査によるパネル調査で，2001年3月に第1波の調査を行い，第2波を2001年10月に，第3波を2002年11月に実施した。JSS調査は全国多段無作為抽出法によって全国の有権者を母集団として抽

出した。回答者3,000名（計画サンプル）に面接して，有効回答者数は2,034名であった。

(14) JSS-GLOPE調査は，前述のJSS調査のメンバーと，早稲田大学・21世紀ＣＯＥ「開かれた政治経済制度の構築」研究拠点（GLOPE：Center for Global Political Economy）（研究代表者：藪下史郎）との共同による大規模な全国面接調査である。JSS-GLOPE調査は全国面接調査で，2003年の10月から2004年の4月まで衆議院議員選挙と参議院選挙のそれぞれの前後に調査を行った4波のパネル調査である。2003年10月に第1波の調査を行い，計画サンプルは，3,000名で有効回答者数は2,064名であった。2003年11月に第2波を，2004年6－7月に第3波，7月に第4波を実施した。

(15) 以下，1976年から2003年までの5種6回の学術的全国世論調査において，各質問項目における回答の選択肢の比率（パーセント）を示した数値は，すべて「わからない（DK）」「答えない（NA）」を有効回答に含めて計算しており，実際に回答者全体の中で何パーセントの回答者が「賛成」（もしくは「反対」）意見を答えたかを示すようにしている。

　もし「わからない（DK）」「答えない（NA）」を有効回答に含めずに計算した場合は，有効回答者数だけが分母になり，調査自体の回答率の影響を受けてしまう。ここでは，その問題を回避するために上記のようにして分析を行った。

(16) 1976年から2003年までの5種6回の学術的全国世論調査を通して見ると，上述のように全く同じ形で一般国民の福祉政策志向を常に聞いているわけではなく，調査によっては従来の質問と同様の意図を持ちながら，異なるワーディングを用いている場合がある。図3では，それらの異なるワーディングによる質問に対する回答のパーセントを，それぞれ異なる折れ線によってトレースしたので，ある程度の継続性と，質問のワーディングの違いによる断絶とを見ることができるであろう。

(17) これらの福祉の重要性を聞いた質問のワーディングは，調査ごとに異なっていた点に注意を要する。1976年JABISS調査と1983年JES調査は，福祉の充実を聞いた「年金や老人医療などの社会福祉は，財政が苦しくても極力充実すべきである」という質問で「賛成／反対」を聞き，そのまま続けて「重要か／否か」を聞いているので，両者のパーセントはほぼ一致している。

　1993年と1996年のJESII調査では，「Ａ．福祉など国のサービスに使う予算を減らしてでも，税金を減らすべきである」と「Ｂ．税金を増やしてでも，福祉などの国のサービスに使う予算を増やすべきである」との2つの意見を示して，この設問の重要性を聞いてから，賛成か反対かを聞いており，設問の調査票の中での位置も「年金や老人医療などの社会福祉は，財

政が苦しくても極力充実すべきである」という質問とは異なっている。にもかかわらず，93年も96年も「重要」と答えた回答者の比率は，「賛成」と答えた回答者の比率よりずっと高くなっており，かえって「年金や老人医療などの社会福祉は，財政が苦しくても極力充実すべきである」の質問での「賛成」の比率の方に近いくらいである。

　JSS調査の3回の調査（2001年3月・10月－2002年11月）には，「医療サービスや老人介護などの福祉の充実」について(1)重要，(2)やや重要，(3)あまり重要でない，という選択肢を聞いた質問項目がある。さらに2003年－04年に筆者の一人（田中）が中心となって実施したJSS-GLOPE調査では，単に「福祉」について，(1)重要，(2)やや重要，(3)あまり重要ではない，(4)重要ではない，の4つの選択肢で聞いている。

(18)　これらの年金制度のあり方，また年金制度への信頼感および改革に関する意識については，筆者の一人が次の文献で詳しく述べているが，年金制度への不信感は若い世代ほど高いが，「お年寄りの生活の面倒は国の年金で見るべき」という意見への賛成は，若い世代でも70－80％台で，高齢者世代の80％台と近くなり，2001年から2004年までほとんど変化がない。このことからも，高齢者の生活や介護に関する意識においては平等性を重視する福祉国家型政策への志向が，小泉内閣の時期に衰退していたとは言い難い。田中愛治「年金問題をめぐる国民意識と世代間格差―全国世論調査データに見る2001年～2004年の変化―」，北岡伸一・田中愛治『年金改革の政治経済学』，東洋経済新報社，2005年，第3章。

(19)　例えば，山口二郎，前掲論文，参照。山口二郎「構造改革と政治」，山口二郎・杉田敦　前掲書，第7章，58－67頁。

(20)　同様の分析として，蒲島郁夫・竹中佳彦『現代日本人のイデオロギー』東京大学出版会，1996年，247－252頁，蒲島郁夫『政権交代と有権者の態度変容』木鐸社，1998年，第8章がある。しかし，これらの分析も，本節の分析と同様に，後に詳述する方法論的問題点がある。

(21)　回答者の保革自己イメージを測定する質問項目は，ワーディングも若干異なっており，また回答の選択肢の数は調査によって異なっている。1976年のJABISS調査は3段階の選択肢しかなく，1983年JES調査は5段階で，1993－96年のJESⅡ調査では10段階（1～10）の選択肢を提供するようになり，2001年JSS調査と2003年JSS-GLOPE調査では11段階（0～10）になっている。ここでの分析結果の解釈はこの点に注意する必要がある。

(22)　比較政治学の方法論としての比較世論調査の分析について，フライは，国や社会が異なっている場合に，ほぼ同等（equivalent）と見なされる質問項目でも，若干のニュアンスがその国や社会のコンテクストの中では，回答者の異なる反応を引き出すことになりうる点に触れ，国を超えて比較す

る場合に，単に回答の頻度数やパーセントの比較をするよりも，その質問項目（変数）と他の質問項目（変数）との相関関係を比べる方が，相対的な関係の違いを見極めるには有益である，と指摘している。Frederick W. Frey, "Cross-Cultural Survey Research in Political Science" as chapter 6, in Robert T. Holt and John E. Turner eds., *The Methodology of Comparative Research*, The Free Press, 1970, pp. 173-294. これと同様の考え方をとれば，ほぼ同じ内容のことを異なるワーディングの質問項目で聞いている場合，たとえ異なる聞き方であっても，それらの質問項目と他の質問項目との相関を見ることにはある程度の妥当性があると考えられる。

(23) 世論調査における感情温度尺度という質問項目は，回答者に様々な対象を示し，その対象に対して最も温かい気持ちを持つ場合は「100度」，最も冷たい感情を持つ場合は「0度」，温かくも冷たくもない中間の感情を持つ場合は「50度」として回答してもらい，各回答者の当該の対象への親近感や支持的な態度を測定する方法である。政党や個々の政治的指導者など幅広い対象においてこの尺度を用いることの妥当性が確認されている。

(24) アメリカのミシガン大学の教授 Robert Ward と Akira Kubota が，当時のミシガン大学の SRC（Survey Research Center）の全米世論調査（ミシガン調査，後の ANES）をモデルとして，日本で実施した投票行動および政治意識に関する全国世論調査。本論では，このデータは扱っていない。

(25) 蒲島らは，1967年の Ward らの調査と，76年の JABISS 調査，83年の JESI 調査，93年と96年の JESII を分析している。蒲島・竹中，前掲書，1996年，第7・9章，蒲島，前掲書，1998年，第8章，参照。

(26) この分析に用いたデータは，JES 調査の第1波（1983年7月）と，JESII 調査の第1・2波（1993年7月），第6・7波（1996年9月－11月）である。

(27) 93年の分析においては第1・2波に回答した有権者のみを，96年の分析においては同様に第6・7波に回答した有権者のみを分析対象とした。JESII 調査は同一のサンプルを1993年から1996年まで追跡調査したパネル調査であるが，途中の波から新たに調査対象者となった有権者が各波に含まれているので，異なる母集団に対する別々のサンプルと考えることにある程度の妥当性があると考えられる。

(28) JES 調査と JESII 調査における政策の質問項目は，1983年と1993年，1996年においてそれぞれ13項目あるが，この3回の調査に共通しているのは11項目である。この11項目のうち次の2項目は分析から省くこととした。

1つは，「政府のサービスが悪くなっても金のかからない小さな政府のほうがよい」という質問項目で，これは一般の回答者にとって内容が難しいと考えられる。一般の回答者には，「小さな政府」という言葉が，歳出

を削減した低福祉の政策を実施する政府ということを意味しているとは，必ずしも理解されていない。小さい政府は地方自治体で，大きい政府は国の政府であるとか，小さい政府は政治的にリベラルで，大きい政府は強権的な政府であるというような誤解があることが，パイロット調査や，個別の深層面接などでしばしば見いだされている。そのため，回答者によってこの質問項目の意味する内容は全く正反対に解釈される場合も多いように思われる。この「小さな政府」という言葉を用いた質問項目が，他の福祉政策重視を唱えた質問項目と負の相関を示しても良いはずなのに，ほとんど相関関係が見いだせない場合も多い。また因子分析によっても，この質問は，他の2つの社会福祉志向を示す質問項目と同じ次元を構成しなかった。したがって，この質問項目をここでの分析には含めないことにした。なお，この項目を福祉の構成概念を測定する項目として含めた分析も行ったが，結果にほとんど変化はなかった。

　2つ目は，「日本が譲歩しても外国との貿易摩擦をすみやかに解消すべきだ」という質問項目である。国際貿易についてのこの問いは本稿が対象とする安全保障や参加，福祉といった構成概念を測定する項目としては必要ないと考えられるため，ここでの分析からは除外した。その結果，分析対象としたのは，表1に示した9項目の政策に関する質問項目である。

(29)　ここで分析に用いたソフトウェアは，EQS である。ただし図7の作図だけは，AMOS の描図ソフトを用いた。

(30)　この点について指摘いただいた早稲田大学大学院経済学研究科の西郷浩教授のコメントに感謝する（田中愛治「一般国民の意識構造ならびに意思決定を探る」，21世紀 COE-GLOPE メソッド・セミナー報告，2004年6月23日，にて）。

(31)　この手法については，豊田秀樹『共分散構造分析［入門編］』，朝倉書店，1998年，第14章を参照。

(32)　このことは主要な政治リーダーの言説を内容分析した結果でも同様に確認できている。筆者の一人（田中）が早稲田大学政治経済学部田中ゼミ2004年度生の共同研究に基づいて作成した以下の論考を参照。田中愛治「総選挙　自民圧勝の背景」，北海道新聞，2004年9月15－16日。

# 地域間平等の行政学

金井利之

## 1．はじめに

　本稿は，地域間平等の観点から，戦後日本の行政的諸制度を考察するものである。もっとも，「地域」という軸で平等を考察することは，実は必ずしも容易ではない。一般に，平等化とは豊かなところから貧しいところへの再分配を必要とするので，地域間平等化のためには，豊かな地域から貧しい地域への再分配がされていることになる。具体的には，東京圏から地方圏へ，都市部から農村部へ，中央から地方へ，資源の移転が生じていると想定される。その意味では，地域間の垂直的平等を果たしているようでもある。

　ただし，地域間平等は，集合的な「地域」間の平等であり，個人や世帯間での平等には必ずしも寄与しない。地域間平等は，地域内不平等とは矛盾しないこともある。地域間平等のための行政的諸制度がなければ，同一尺度（例えば，所得）で同等の個人・世帯間でも，地域が異なることにより，同じ行政サービスを受けるための負担が異なる，というだけである。地域間平等のための行政的諸制度があれば，同一尺度（例えば，所得）で同等の個人・世帯間は，どの地域に住んでも同じ負担になるというだけである。その意味では，同等の個人・世帯間の水平的平等を実現するに過ぎない[1]。

　本稿で考察するのは，戦後日本において「地域」という要因では不平等が発生しないようにしてきたと見られている，逆に言えば，その他の要因の不平等を温存してきたかもしれない，行政的諸制度とそれを支える政治・行政の仕組である。2．では自治制度と地域間平等の関係を考察する。3．では，個別諸政策と地域間平等の関係を観察する。そして，4．では，

地域型福祉国家としての戦後日本の行政的諸制度と，その展望に触れたい。

## 2. 自治制度と地域間平等

### （1）はじめに

　地域間平等の観点から一国の内国行政を想定するならば，集権的な自治制度である方が，地域間平等に適していると想定されるであろう。逆に，分権的な自治制度は，地域間の経済力の差異や，様々な社会的・経済的・自然的・政治的条件を反映し，また，自治体による政策選択や政策失敗により，地域間の相違を生じやすいと考えられるからである。一般に，地域間平等を指向するのであれば集権的な自治制度が，地域間多様性を指向するのであれば分権的な自治制度が，整合的であると想定される。

　もっとも，集権的な自治制度は，必ずしも地域間平等を指向するものではない。極端なケースで言えば，自治制度を廃止して，国が内国行政を直轄したとしても，地域間平等が保障されるものではない。直轄的な国，あるいは，集権的な国は，その資源と権力をもって，地域間の不平等を放置することもあり得るし，さらには，地域間不平等を促進することも可能である。例えば，国が専管している防衛では，基地は沖縄県域に集中しており，基地の存在に伴う負担あるいは利益は，地域間で不平等である[2]。高速道路などの社会基盤整備に関しても，国が行政資源投入を，「合理的」な政策分析に基づき，「戦略的」に政策判断をし，地域的に「傾斜配分」と「重点化」をすれば，地域間平等は指向されない。

　集権的な自治制度が地域間平等に繋がるのは，国が，例えば，全国画一指向を持つとか，負担の地域間平等に敏感であるとか，「国土の均衡ある発展」を指向しているとか，ある特定の政策選好を持つときだけである。

### （2）財政調整制度
①財政調整と地域間平等

　財政調整とは，複数の相対的に自立した財政主体（政府会計）から構成される関係を，ある適正な状態に保とうとする営みである[3]。本節で問題としているのは，自治制度と地域間平等の関係であるので，より厳密には，同種の自治体間で地域のみが異なるという意味で水平的地方財政調整のこ

とである。

　財政調整制度は、自治制度と地域間平等を両立させるための制度的工夫として、戦後日本では実際に利用されてきた。地方交付税制度では、「適正な状態」とは「財源の調整」と「財源の保障」であるという制度目的に基づき、基準財政需要額と基準財政収入額の差額を補填するという方式により、全国のどの自治体でも、同一の税制・税率で、同一の行政サービスを提供できる能力を付与することとなったからである。国民の側に立てば、どの地域に居住しても、当該地域の自治体からは、同一の税率（税負担）によって、同一水準の総合的な行政サービスを享受できる、という状態である。自治体は、国民の居住地選択に「歪み」を与えないように、「中立化」させられたのである。

②留保

　もっとも、財政調整制度による地域間平等の「実現」には、いくつかの留保が必要である。第1に、地域間平等に関する同意できる物差しがない場合には、現実に地域間平等が「実現」されたのかどうかは、不可知である。例えば、住民1人あたり一般財源額を物差しにして、ジニー係数、キング尺度、タイル尺度その他を用いて、何らかの「結論」ないし「判断」を出すことは可能であるが、それが地域間平等（あるいは悪平等・過剰平等・順位逆転）を生んでいるのかどうかは、論者の物差し選択に依存する[4]。確かなことは、地方交付税制度が「住民1人あたり一般財源額」を物差しにしていないということだけである。逆に、地方交付税制度が現実に使用している物差しを、地域間平等の物差しと追認すれば、地方交付税は地域間平等を「常に実現」する状態になる。

　従って、第2に、財政調整制度は何を「実現」しているかは、政治的・社会的言説によって確認するしかない。擁護者も批判者も含めて全ての言説が、地方交付税は、良くも悪くも、地域間平等をもたらしている、と認知していればよいのである。もっとも、誰がそれを確認するのかという問題に立ち戻ると、結局は第1点と同じ問題になる。ただ、自治制度官庁が、どのように弁証＝答責するのかは、行政制度の核心でもあるから、後者は無視できない[5]。「地方交付税は、……どの地域に住む国民にも一定の行政サービスを提供できる……ためのもの」である[6]。地域間平等を「実現」しているかどうかはともかく、少なくとも、地域間平等で「弁証」しよう

としている。

　そして第3に，地域間平等は，財源調達・財源負担の側面では，より明示的に行われる。財政調整制度は，自治体から見れば，基準財政需要額と基準財政収入額の二面があり，国民（住民）から見れば，享受する行政サービス水準と負担する租税の二面がある。しかし，行政サービスの側面は，自治体側から見ても，国民（住民）側から見ても，より物差しが曖昧なものである。サービス水準とは物差しを作りにくい。しかも，財政調整制度で問題になっているのは，特定の個別サービスの水準の地域間平等ではなく，総体としての行政サービスの水準の地域間平等であるから，つまり，複数の異なる個別サービスの集計としての比較である。さらに，自治の観点からは，自治体には政策選択の自主性が一定程度残るから，ある政策に力をいれて，別の政策は相対的に水準を下げる判断も可能である。また，同一目的の個別サービスであっても，具体的なメニューは多様であり得る。

　これに比べて，財源面は比較的に物差しを作りやすい。さらに，全国画一的税制を導入すれば，地域間平等の物差しとしてだけではなく，現実の租税制度としても地域間平等を測定しやすくなる。戦後日本の地方交付税による地域間平等とは，負担面の地域間平等であった。1つには，国税で徴収して自治体に財源移転するという「集権的分散システム」である[7]。全国画一の国税として徴収することは，財源面の地域間平等につながる。2つには，地方税制自体の画一化である。3つには，地方税の税率の画一化である。

　このように見れば，第1点で例示された「住民1人あたり一般財源額」という財源面に偏った尺度は，あながち，現実の制度から遊離しているわけではない。ただ，現実の地方交付税制度は，全国の住民に画一的な国税・地方税制を適用していると言う意味で，つまり，特定個人に着目すれば，どの地域に行っても同じ税制・税額になると言う意味で，地域間平等を指向しているのである。住民1人あたりの租税負担額ないしは一般財源額の「平等」を，物差しにはしていない。いわば，地方交付税制度での地域間平等は，租税負担の制度（機会）の平等であって，租税負担の金額（結果）の平等ではない。

(3) 大都市制度

①納付金制度

　一般制度である財政調整制度を適用することで，なおも地域間不平等の是正は困難な場合がある。自治体間の再分配的な財政移転によって水平的財政調整を行う場合には，地域間平等の達成は，理論的には可能である[8]。地域間平等で目指されるべき水準を超える富裕自治体から，その分を拠出させればよいからである。しかし，現実には，一旦，ある自治体に帰着したものを「剥奪」することは，政治的には容易ではない。従って，このような納付金（あるいは拠出金）制度によって水平的財政調整を行うことは，現実には乏しい。戦後日本においても，都区財政調整制度に納付金制度が実施されたことはある。しかし，2000年都区制度改革以降は，納付金制度は廃止された。また，かつても，財政移転の総額を富裕区からの拠出金で賄っていたわけではない。

　地方交付税制度は，納付金制度を持たないから，一般制度をそのまま適用すれば，特定の富裕自治体の状況は，そのまま放置される。それが地域間平等から見て許容できないと判断されるときには，何らかの手当が必要である。しかし，納付金制度は現実的ではない。そのために，自治財政制度で吸収しきれない不均衡問題を，自治行政制度による「負担調整」によって処理する。これが，都区制度および政令指定都市制度という2つの大都市制度である[9]。

②都区制度

　都区制度は，東京都が市町村事務の一部を留保事務として持ち続けるために，都区間の事務・権限配分は，一般の府県・市町村間よりも，都側が厚い。このようなことを「論拠」にして，通常は市町村税であるところの固定資産税・市町村民税法人分・特別土地保有税を都区間共有の調整三税とし，全額を特別区側の財源とはしていない[10]。簡単に言えば，これらを全て区税とすると，都心区などの一部富裕区の財源があまりに過剰になるから，地域間平等の観点から，財源を制限する必要があることに起因する。しかし，何の論拠もなく税収を「剥奪」するわけにはいかないから，「一般の市町村よりも事務・権限配分が小さい」という擬制を作る必要があるのである。これが都区制度である。

　もっとも，都側は，現実には，事務・権限配分以上の財源の留保を得ることになる。つまり，富裕区の突出状態は回避できても，東京都というも

のの突出状態はかえって悪化する。このため，東京都は，これらの「過剰」な財源を，何層かに渡って広く薄く撒いて，地域間平等に向けた配分をする必要がある。

　1つは，都区財政調整による周辺貧困区への配分である。富裕区からの剰余を周辺区に配分する。「大都市の一体性」という論拠による[11]。2つは，都としての事業を三多摩地域で展開することである。「多摩格差の是正」という論拠による。3つには，東京都が全国的な観点から，財源配分に制限を受けることである。例えば，東京都・特別区は，都区間の「合算算定」に基づき，「恒久的・制度的不交付団体」である。4つには全国的行政を負担することである。警視庁・東京消防庁が典型であるが，東京都は，《「国」としての東京都》であり[12]，全国の自治体を補完するための人員・装備を敢えて保有し，全国的に行政サービスを展開することがある。

③政令指定都市制度

　政令指定都市制度は，政令指定都市が道府県事務の一部を再配分することで成立しており，道府県・市間の事務・権限配分は，一般の府県・市町村間よりも，指定都市側が厚いことになっている。政令指定都市制度の要諦は，事務・負担再配分はしているが，それに伴う財源の道府県・市間の再配分はしないことである。いわゆる，大都市特例税制を原則として認めていないのは，このためである。大都市である政令指定都市は，経済力がある場合には，一般市町村と同制度の財源配分・事務配分では，余剰が発生する恐れがある。このため，財源を制限するのではなく，事務負担を増やすことによって，余剰財源を抑え，地域間平等に寄与するような仕組になっている。

　他方，政令指定都市の存在によって事務負担からは「身軽」になった道府県は，財源に関しては一般の道府県の制度が適用されるから，それだけ「余裕」が発生することになる。この「余裕」は，1つには，道府県内の「残存部」への事業として撒くことができる。2つには，これらの指定都市を抱える道府県への地方交付税の配分の必要性を相対的に減らすことで，他の県への配分余地を大きくすることになる。

　このように，政令指定都市制度も，制度としては地域間平等に寄与するように構築されている。もっとも，現実には，北九州市以降の政令指定都市制度の「インフレ」によって，旧五大市のような経済力のある大都市ば

かりとは限らず，もともと，一般市町村の事務だけでも賄えないような政令指定都市も多く存在する。また，政令指定都市側の追加の負担は，金額的には必ずしも大きくはないともいえる。県費負担教職員（任用権限は政令指定都市，給与権限は道府県）が指定都市の負担とならない限り，道府県はそれほどは「身軽」にはなっていない。逆に，一般市町村と同一の税制の下では，県費負担教職員の移管を政令指定都市が受ければ，指定都市の負担は大きくなりすぎ，道府県の負担は軽くなりすぎるのである[13]。

## 3. 個別諸政策と地域間平等

2．では，自治制度によって，一般的に地域間平等を指向する仕組が採られていたことを陳べた。3．では，個別の諸政策においても，地域間平等を指向する仕組が採られているかどうかを検討する。いわば，2．が横割的平等であるならば，3．は縦割的平等を扱う。もっとも，個別政策を細分化して網羅的に議論することは困難である。そこで，本稿では，やや広めの政策領域として，地域開発政策，初等中等教育政策，社会福祉政策を代表的に採り上げ，それぞれの仕組を観察することにしよう。

### (1) 地域開発政策
①地域開発と地域間平等

地域開発政策は，論理的には，地域間平等を指向するとは限らない。既に述べたように，国が中心となって政策を展開したとしても，必ずしも地域間平等を指向するとは限らない。むしろ，国が強大な権力を持てば，特定地域の不満を押さえつけて，ある地域に受益を集中させ，また，別の地域に負担を集中させることは，充分にあり得る。重点化と総花化は，地域開発政策につきまとう2つの矛盾する要請なのである[14]。

地域間平等には，国による資源の再分配的な政策判断が必要であるが，そのような政策判断を国にさせる政治・行政のメカニズムが必要である。地域間平等を国に要求するには，業種・業界・セクター，世代，性別，イデオロギー・政策指向性ではなく，「地域」（あるいは「地元」）の利害を代弁する勢力が必要であり，それが，国の政策決定メカニズムに結合していなければならない[15]。

勿論，個別地域の利害代弁者は，当該地域の利害を「特別」に配慮する

ことを求めるのであり，個別の地域が地域間平等を指向しているとは限らない。むしろ，個別地域がそれぞれに当該地域の利害を利己的に要求するなかで，結果的に，全体として，地域間平等を指向しているかのような状態になることがある，と言うことだけである。

現実には，旧新潟三区（田中角栄）や旧島根全県区（竹下登）のように，「有力政治家」の地元選挙区に厚く配分されている，という指摘がされることはあるので，結果としての地域間平等が実現したとは認知はされていない。むしろ，このような「成功例」の存在，つまり，「不平等」の存在が，「成功例」を目指して各地域に「ミニ角栄」を量産し，「成功例」への上昇・追いつきを促すことで，地域間平等を指向しているかのごとき地域間競争の動きになるということである。

また，こうした地域開発政策が，地域格差の是正に大きな効果があったわけではない[16]。むしろ，こうした政策にもかかわらず「地域格差」が存続しているという認知そのものが，さらなる地域間平等を目指すエネルギーをもたらしてきた。水平的政治競争のメカニズムである[17]。

②地域利害の代弁メカニズム

地域の利害代弁者は，第1に，地域代表である国会議員である。勿論，国会議員は，国民全体の代表でもあって，個別地域の利害のみを代弁するものではあってはならないし，実際にも，地元利害のみを主張しているわけではない。しかし，戦後日本では，選挙区は通常は，特定の地域によって区割りされており，そこが「地盤」となってきた。全国的な政策決定に関わるには，再選を保障する「地盤」の安定こそが必要であり，そのためには，地域利害を代弁することは不可欠であった。戦前戦後日本の政党政治は，地方利益誘導によって確立してきたのである[18]。

第2の利害代弁者は，自治体である。区域が限定されている自治体は，当該地域全体の利害を指向しているとしても，一国のなかで見れば，個別地域の利害代弁者となる。自治体が個別地域を代弁していようとも，国と自治体の政策・行政が分離しているならば，自治体の利害代弁行動は，国の政策判断に影響を与えることはできない。しかし，戦後日本では，国と自治体は融合型の有機的関係を持っており，政策・行政の推進のためには，国と自治体の密接な連繋が必要であった[19]。

第3の利害代弁者は国の各省庁である。国の政策は自治体レベルで執行

される。勿論，国は，財源や権限を持っているから，国の政策を自治体に強要することは可能であるし，事実そのようにしてきた。しかし，政策の円滑な展開のためには，自治体レベルでの怠慢や遅延を防ぐ必要があり，自治体の地域利害を受け入れる場合もあった。また，限られた国の資源を配分するならば，より強く望んでいる地域に配分する方が得策である。従って，可能であれば，また，可能な範囲内ではあるが，国としては，自治体の地域利害に叶うように政策を構成することもあった。そして，自治体側は，国の政策意向を推察・増幅して，地域利害として表出した[20]。

こうして，地域開発政策は，国と自治体の双方の責任を曖昧にしうる共同責任方式のもので展開されたのである[21]。

③地域開発政策の意味

地域開発が，それぞれの地域にとって便益をもたらし，かつ，全国的にもどこかで開発をすることが全国的な便益をもたらすならば，国と自治体の利害状況は矛盾しない「相勝状況」になる。仮に，地域開発を拒否する自治体または地域があるとすれば，国は，地元自治体の反対を押し切ってまで，その地域に資源を配分する必要はない。他に手を挙げる候補の地域はたくさんあるからである。実際上は，多くの地域・自治体は，地域開発を求めて，国に陳情を繰り返す。多くの地域が陳情競争をするため，国が一時に配分できる資源を超えてしまうため，「箇所付け」が必要になる。各地域・自治体は，「他の地域に配分されるならば我方にも」という，横並びの論拠で国の配分を要求する。

繰り返しになるが，観念的には，国には全国的利益を考えて，資源の効率的配分の見地から，特定の地域にのみ重点的に配分し，他の地域には配分しないという政策判断を指向する可能性はある。しかし，そのような「合理的」な政策判断をするインセンティブのある主体はない。国の中央省庁も政治家も，自分の仕事と権力源泉を限定してまで，しかも，要求する地域から不平不満をぶつけられるような役回りをすることはない。むしろ，陳情する声を背景に，「地元ニーズはある」などと称して，永遠に地域開発を追求することが合理的になる。

勿論，現実には，地域開発政策は，常に地域から歓迎されたわけではない。地元選出国会議員や地元自治体の首長・議会が要求していても，地元住民が反対運動をすることは，むしろ珍しくはなかったし，地元自治体が

反対することもある。地域開発政策は，必ずしも「相勝状況」ではない。ダム，高速道路，新幹線，空港，堰，干拓，発電所など，いずれも多くの反対運動（「闘争」）を引き起こしてきたし，にもかかわらず，「国策」として強行されてきた。反対運動を融和するためには，これらの「迷惑施設」の立地に対しては，地元振興策を抱き合わせることで補償し，全体として「相勝状況」を拡張しようとしてきたのである。

④行政的諸体制の構築

地域開発政策のために戦後日本では，以下のような行政的諸制度が構築されたといえる[22]。

第1に，特定地域の総合開発である。これは，本来は，全国的に見て有用な特定の地域に限定して，多数の施策を総合的に結合するという局所的総合化[23]の方策であり，必ずしも地域間平等に寄与する仕組ではない。しかし，現実には，「特定地域」が，さまざまな名目で追加・蓄積されて重層化・多層化していくため，さらに，その名目ごとに指定される箇所が分散・蓄積されていくため，結果としては，地域間平等に寄与する方向で作用することとなる。

戦後当初は，TVAをモデルとした特定地域開発方式（国土総合開発法）が目指され，ついで，圏域・地方ブロックごとの地域開発が重なり（首都圏整備法，東北・九州・四国・中国・北陸の各地方開発法など），さらに，特定都市ごとの開発・復興も模索された。広島平和記念都市建設法（1949年），長崎国際文化都市建設法（1949年），首都建設法（1950年）など，地方自治特別法の制定がその典型である。その後，旧軍港市転換（横須賀市・呉市・佐世保市・舞鶴市），国際観光温泉文化（別府市・伊東市・熱海市・松山市），国際港都（横浜市・神戸市），国際文化観光（奈良市・京都市・松江市・芦屋市・軽井沢町（国際親善文化観光））などに，模倣されていった。

その後は，「特定地域」を直截に指定するよりは，開発テーマごとの地域総合開発と，そのための地域指定という拠点開発方式に移行した。その典型が，新産業都市・工業整備特別地域であり，開発地域工業開発促進法指定地域であり，新全国総合開発計画の大規模プロジェクトと地方中核都市整備であり，都市政策大綱・列島改造論であり，テクノポリス構想，リゾート開発であり，都市再生・地域再生である[24]。

また，特定の不利な地域を補償・救済・振興する系列もある。具体的には，山村，中山間地域，離島，半島，旧産炭地域などである。広い意味では，工業化・都市化の不可逆的進展を与件とすれば，農業・農村振興政策はすべて，こうした補償・救済の施（ほどこし）策であったとも言える。また，基地・原子力発電所・埋立・ダム水没などの「迷惑施設」への「補償」もこの系列に属しよう[25]。

　第2は，各政策・事業ごとの諸制度づくりである。上記の第1が地域を軸にした配分であれば，こちらは分野を軸にした配分である。具体的には，特定の事業の総量を確保する計画を策定し，そのための財源を確保し，その実行主体を確立し，それを，個別の地域に逐次配分していく行政的諸制度である。これは，道路，治山・治水，農業構造改善，上下水道，港湾，鉄道，空港など，個別の公共事業ごとに形成される[26]。そして，それぞれの公共事業の分野のなかで，各地域が陳情を繰返し，政権党と中央省庁が利益誘導を行なう。

　このような諸制度が構築された典型例は道路（特に，高速道路）である。道路法，道路整備特別措置法，高速自動車国道法，国土開発幹線自動車建設法，日本道路公団法などの法制が，1950年代に相次いで制定されて，基盤が形成された。そのもとで，道路整備5カ年計画などで，事業総量の確保に向けた要求方針と，各地域への事業配分の調整を行なう仕組を構築した。そのための財源として，単に一般会計から一般財源を予算配分するというだけではなく，道路特定財源および道路整備特別会計が用意され，また，「第2の予算」としての財政投融資が回された。そして，実際に事業を推進するために，国の直轄事業，自治体への補助事業，そして，日本道路公団・首都高速道路公団などの外郭団体による事業遂行という，各実施主体が構築された。そして，このような諸制度を"整備・開発・保全"するために，政官業の利益共同体が絡みついた。

　第3は，これら上記の地域別・分野別の経糸・緯糸を編成する全国総合開発計画の仕組である。総合計画は，各地域からの利害代弁と各分野の利害主張を，地図に落として，マクロ的に調整するための一覧図表である。戦後日本の「全国総合開発計画」は，それが建設省や自治省ではなく経済企画庁で策定されてきたことからも分かるように，基本的には「経済計画」を地図上に落としたものである。経済計画は，マクロ経済を制約条件とし

て，各分野の公共事業にどれだけの資源配分をするかという，公共事業配分計画である。この経済計画は，個別分野での公共事業計画を背景としている。逆に全国総合開発計画に位置づけられれば，全国的利害からのお墨付きが得られたことになり，個別の公共事業計画に弾みがつく[27]。

全国総合開発計画は，「日本地図に落とした公共事業配分計画」であり，各地域・自治体にいかなる公共事業を配分するかの「一覧図表」である。このような一覧図表の存在は，地域間・自治体間で，相互の有利・不利を比較・確認するための情報インフラとなる。オーソライズされた比較の尺度の存在は，地域間平等への指向を助ける。マクロ的な状況認知なくして，地域間平等は目指しえないからである。このようにして，戦後日本の地域開発政策は，個別公共事業計画，経済計画，全国総合開発計画の重層化・多層化という，日本的「マルチ・レベル・ガバナンス」を形成していった。

### （２）初等中等教育政策[28]
#### ①「ミニマム」＝「マキシマム」の教育

教育のなかでも初等中等教育は，普通教育としてユニバーサル・サービスが期待される領域である。初等中等教育の対象は，一般には，一定年齢の幅の子どもであり，その子どもを教育する憲法上の義務を負担させられている保護者である。地域間平等の観点からは，子どもはどの地域に暮らしていても平等な初等中等教育を受けることができ，保護者は，どの地域に暮らしていても平等な教育負担で済むという状態である。

戦後日本においては，学校という公教育による初等中等教育では，全国画一的な教育サービスによって，「ミニマム」であると同時に「マキシマム」という状態が長く維持されてきた。それは，一定のユニバーサル・サービスを保障するうえで，地域的にもナショナル・ミニマムを達成することを目指すものである。しかし，それは「ミニマム」を超えた「ローカル・オプティマム」を許容するものではない。「ミニマム」は同時に「マキシマム」であることにより，特別・特殊ではない"普通の教育"を目指すものであった。

#### ②行政的諸制度の要素

このような初等中等教育サービスのための行政的諸制度は，以下のような要素からなる。

第1に，管轄の広さである。学校教育における適切かつ精妙な需給調整により，"公共教育サービス＝公立学校教育"の擬制を形成してきた。とくに，義務教育段階での公立学校のシェアは圧倒的であり，高校段階でも，私立高校は需給の安全弁としての役割に留まることが見られた。管轄範囲は最大にしたうえで，サービス給付は最低にするのが，「ミニマム」＝「マキシマム」の要諦である。一般に，「ミニマム」レベルのサービスだけでは，対象者が他のサービスを求めることになる。実際，付加的教育サービスとしての塾・受験産業は存在したが，結果的には学校教育に代替するものではなかった。そして，幅広く子ども・保護者を抱え込んだ管轄のなかでは，強力な画一的動員と同調圧力により，異質な存在の排除・黙殺により，全国画一性を維持してきたのである。

第2に，節度の存在である。学校教育の担い手が，公教育の拡張に向かわない抑制メカニズムが内在していなければ，無限のサービス拡大を目指して行動し，「マキシマム」の設定は不可能になる。その場合，現実には投入可能な行政資源に制約されるから，豊かな地域とそうでない地域との地域間平等は実現しない。このような内在的抑制メカニズムは，学校教育サービスに関わる諸関係当事者間の抑制と均衡によって織りなされてきた（小川 2006：39）。国・都道府県・市区町村間の複雑な融合関係における権限・財源・人事などの相互連関と捩れ，首長と教育委員会とからなる執行機関多元主義，「素人」の教育委員と「専門家」の教育長，教育委員会事務局内の教員職と事務職との相違，教育委員会・教育事務所と学校現場の乖離，文部省その他の教育行政側・学校長側と日教組の歴史的対立，それを支える保守政党と革新政党の対立，保護者と学校・教師側の相互不信，学生運動・校内暴力など，様々な当事者・機関・集団が割拠することにより，相互牽制がなされていた。そのために，相互に足を引っ張ることで，各機関・当事者が思い描く独自の教育サービスの展開は許されなかった。

第3は，保障の存在である。「マキシマム」の押さえ込みという抑圧のメカニズムだけでは，教育サービスの「底割れ」を防止することはできない。「ミニマム」を維持するメカニズムが必要である。基本的には，受験競争・学歴社会というような，競争・選抜への社会的圧力の存在という環境要因が作用した。そのような「過当競争」状況のもとでは，学校側は適度な進路指導により，一定の競争制限的政策を導入することで充分だったのであ

る。さらに，学校・学級における集団形成によって，協調と競争のバランスを制御してきた。そのうえで，学力の低い要支援対象に，学習・進路指導の選択的・集中的投入が可能であったのである。

③ "分権""画一"的制度

「ミニマム」＝「マキシマム」の画一的な教育サービスは，逆説的ではあるが，国による中央集権的な仕組で達成されたものではない。確かに，「標準」を文部省が設定して全国画一的に貫徹したという意味では，集権的であると理解することはできよう。しかし，すでに触れているように，集権的な国は，選択と集中によって，格差のある多様で複線的・エリート主義的な教育サービスを展開することは，充分にあり得るからである。

現実には，上記のような多くの当事者・機関が割拠することにより，それぞれが相互牽制をするなかで，膠着点として画一的内容と水準に帰着していたのである。文部省が設定する画一的な「標準」は，文部省の政策選択を反映し，それを全国的に統制していって達成されたというものではない。むしろ，教育業界内の関係当事者間の各種の反発と妥協の産物として到達した了解内容を，文部省が結果的に文書として追認していったものであった。典型的な業界型行政における行政指導にすぎない。さらに，明示的な行政指導のための「標準」の存在は，文部省をも自己拘束し，文部省の政策的な裁量や恣意性は，むしろ抑制されていた。国に恣意的・裁量的な選択の余地が少ないという点では，極めて非集権的であり，そのような倒錯した意味で"分権"的であるといえる。そこには，都道府県・市区町村という自治体側の実情や意向も，マクロ的な員数としては，反映している。

例えば，教育条件整備の基本は定数と財源であるが，それは，自治体および学校現場の児童実数・教員実数・学校実数が，「標準」設定のための基礎数値である。地方の実情が，員数化され全国集計・平均化される形で，反映したものである。「標準」の内実は，"分権"的要因を集計して平均化した"画一"性である。しかし，個別自治体の地域実情や政策選択が反映されるという，地方分権・自治的なものではない[29]。自治体全体としての実態は反映していても，個別自治体の実態も意向も反映しない。通常，個別自治体の意向が反映しない状態は地方分権的ではないから，その意味で，集権的であると考えられてきた。しかし，その集権性なるものは，国の政

策選択を強く反映したものではないのである。

　つまり，国の政策意思も，自治体の政策意思も，直接には反映しない体制として"分権"的である（地方分権ではない）。そして，教育サービス内容と種類は，各当事者の主体的選択を許容しないという意味で"画一"的である。この場合，現状から改革をしたいという各当事者の選択が阻害されることになるから，極めて現状維持的・保守的な"画一"性が発生する30。沢山の当事者が相互に足を引っ張り合うという点で，割拠主義的（辻清明）である。教育サービスの内容・水準を誰もが決めていないという点で，無責任体制（丸山真男）である。権力者の誰もが「自由」にはできないという点で，「不当な支配」のない中立性が確保された体制でもある。

## （3）社会福祉政策31
①画一性・個別性と地域間平等

　平等に最も関わりあるのが社会福祉政策であるが，戦後日本では社会福祉政策に自治体が大きく関与してきた32。社会福祉政策の領域では，サービス提供者側の体制構想は，「基礎構造」と呼ばれている。このような体制構想が，地域間平等の観点から，どのように構築されていたかを見ることにする。勿論，いわゆる社会福祉基礎構造改革では，どちらかというと，政府部門と民間部門の関係に関する構想の側面が強いが，地域間平等の観点からは，国と自治体の間の政府間の役割分担が重要である。潜在的には地域間平等を促進するも阻害するもどちらも可能である国に対して，地域の利害を表出して，とくに，特定地域の不平等な取扱に異議を主張するのは，第一義的には自治体だからである。

　社会福祉政策は，地域間平等だけを念頭においたものではない。むしろ，地域間平等は第二義的な要因である。むしろ，社会福祉政策は，一方では，画一性・公平性の契機を持ちつつ，他方では，個別性・多様性の契機を持ち，両者をバランスさせるものである。前者は，ナショナル・ミニマムの保障，あるいは，ユニバーサル・サービスの確保という点から，不可欠の契機である。後者は，最終的には個々の人間を相手にして，個別的なニーズに即応する社会福祉では，不可欠の契機である。

　社会福祉政策が画一的・公平的であれば，それを地域ごとに投影して把握した場合には，地域的平等にも繋がる。勿論，形式的に画一的な政策に

よって，かえって実質的な平等性が損なわれるということはある。しかし，それは，画一的な政策の中身の設定の仕方の問題であり，実質的な意味で画一的に展開される社会福祉政策は，地域という観点から平等・不平等を見る場合，地域間平等に寄与する。

他方，社会福祉政策の個別性・多様性と，地域間平等の関係は微妙である。社会福祉福祉政策における個別性・多様性は，個人や世帯などの状況への個別性であるならば，個別性・多様性への契機は，地域間平等と両立するものである。全ての地域で，同じように，個別性・多様性を満たせばよいからである。

しかし，この個別性・多様性が個人や世帯などではなく，地域という単位で追求されるとき，形式的な地域間平等は失われる。例えば，自治体が地域の実情に応じて社会福祉政策を決定すれば，地域間での個別性・多様性は増大する。このような自治体の政策選択が，ナショナル・ミニマムを超えたローカル・オプティマムを目指すものであるとされるときには，必ずしも地域間平等を指向しているものではない。しかし，地域ごとの自治体の政策選択が，全国画一的な政策では地域の実情に合わず，実質的な地域間平等を達成していないとして，実質的な地域間平等を回復するためになされているとするのであれば，これは実質的な地域間平等を指向した個別性・多様性ということになる。

②画一性・公平性と自治体の役割

社会福祉政策はナショナル・ミニマムに対応すべきものであり，最低限度の公平性・全国画一性の要請がある。しかし，それだけでなく，社会福祉政策の持続可能性のためには，「福祉磁石」の防止のための画一性が必要である。

「福祉磁石」とは，ある地域で高い水準の社会福祉サービスが供給されると，その地域に福祉受給の資格者が流入する，という言説である。勿論，実際に人が大量に移動して，目に見える形で「福祉磁石」が磁力を発揮することは少ない。しかし，「福祉磁石」が現実に発生しなくとも，通常は，そのような可能性が主張されるだけで，社会福祉サービスを高水準にしないようにする政治的圧力が作用する。むしろ，そのような斥力が働いているからこそ，目に見える形での「福祉磁石」が見えにくくなってるだけかもしれない。自治体の分権的な政策選択に委ねることは，逆説的ではある

が，社会福祉政策の画一化に貢献する。少なくとも，社会福祉政策を拡大する方向へ地域間多様性を発揮して，画一性を「上に破る[33]」ことは生じにくい。

　むしろ，「福祉磁石」は，ある地域での低い水準の社会福祉政策を求める潜在的誘惑が存在していることを示唆する。自治体は，社会福祉の内容・水準を切下げ，画一性を「下に破る」ことで，いわば，「福祉難民の輸出」をしかねない。生活保護，ホームレス対策，公営住宅，保育，特別養護老人ホームなどでは，実際にも，このような人的移動はあるといわれている。このように想定するならば，社会福祉政策に自治体を組み込むことは問題があり，仮に自治体を通じて社会福祉政策を展開するとしても，国による集権的な統制を必要とすると考えられる。実際，社会福祉政策は，機関委任事務制度，高率の国庫負担金制度，社会福祉事務所と社会福祉主事の必置のように，権限・財源・組織・人員を通じた集権的諸制度が構築されてきた。

　このように，画一性・公平性の契機からは，国が一元的・集権的に社会福祉政策を担うことが自然であるように思われる。ところが，現実には，必ずしも，国が一元的に社会福祉サービスを担っているわけではない。戦後福祉国家の進展においても，必ずしも，中央集権化が一面的に進行したわけではなかった。自治体という存在自体が，画一性・公平性の維持に機能する面があるからである。画一性・公平性の維持には，内容・水準の引上げも引下げも抑止できなければならない。複数自治体制という政府体系は，画一性・公平性の維持に向けた政策水準の重心を形成することがある。

　個別の自治体が，社会福祉政策の引下げを利己的にすることを抑止する仕組は，自治体間の厳しい相互比較のなかに組込まれている。ある自治体が，利己的な低福祉政策を採ることは，周辺自治体から厳しい批判を生じさせる。あまりに逸脱した行動をした自治体には，全国的な世論からも，国からも，批判が生じる。そして，そのような圧力は，自治体のなかでの政治行政過程や，首長選挙・議会選挙にも反映する。自治体は，公的政府機関である以上，単に，住民の利得になるからという理由だけで，社会福祉の引下げを正統化することはできない。仮に独自の低い水準を選択するならば，なぜ，それが適切・妥当で正統であるかの弁証をしなければならない。自治体は，他の自治体との相互比較が容易なだけに，独自の水準を

設定した場合には,相当の理屈付けが必要になる。逆に言えば,安易な利己的引下げは困難である。いわゆる「横並び」意識の効用である。「横並び」意識は,ある自治体が低水準である場合には,比較対照となる自治体の水準にまで向上させるように,強い圧力が当該自治体の内部で作用する。

複数自治体制による"分権"的な社会福祉政策は,一見すると,多様な政策選択をもたらすようではあるが,必ずしも,そうばかりではない。"分権"的であるがゆえに,相互に牽制・競争することにより,画一化を実効的に進めるという圧力が作用する。むしろ,国の中央集権的な統制だけでは,画一化は実現できない。国には各地域ごとの多様性を把握する情報資源も,それを監視する人的資源も欠けているからである。

国にとって重要なのは,自治体が収斂すべき誘導目標としての,「全国標準(ナショナル・スタンダード)」を設定することなのである。ナショナル・スタンダードに準拠する限り,自治体には特段の立証責任は課されない。しかし,それから逸脱する場合には,厳しい説明責任が求められる。国が設定したナショナル・スタンダードの実現は,国自身によるのではなく,複数自治体制によって担保される。初等中等教育政策と同様に,"分権"による"画一"の実現である。勿論,この場合の"分権"とは,自治体ごとの自主的な政策選択という自治的なことではなく,「横並び」の相互参照と相互監視を,「隣組」的に"自発"的に行うという意味である。

③画一性・公平性の改訂と自治体

社会福祉政策のあるべき姿としての全国標準が,全知全能の国によって,一義的に決定できるのであれば,自治体や現場の第一線職員は,それを着実に機械的に執行すればよい。しかし,現実には,どのような社会福祉政策が,真に公平なのかは不明である。あらゆる標準は,常に改訂される必要がある。

完全な意味での画一的な社会福祉政策は,極めて脆弱である。既存の基準に当てはまらない事案は,単に棄却してしまう。こうして,極度に画一的な政策体制では,現状の課題すら,発見することができなくなってしまう。現実と実情への有効性を失っていくと,社会福祉政策自体が,持続可能性を失っていく。行政的諸制度は,体制の学習と自己革新によって,諸制度それ自体を持続可能とするメカニズムを内包しなければならない。従って,社会福祉政策の体制構想が,究極的には完璧なサービスとしての公

平性・画一性を目指していたとしても，その政策の適切性を常に再強化し，常に社会福祉の内容と水準を更新していくために，一定の多様性を許容していなければならない。このような過程を経て，公平で画一的なサービス内容の範囲と水準それ自体が，変化することが可能になる。

　問題は，そのような画一的な既存基準の改訂のための実践を，いかなる主体が行うのかである。実際の個別の実情に直面するのは第一線職員であるから，第一線職員の裁量と発意によることもできる。例えば，生活保護における特別基準などは，第一線のケースワーカーから厚生（労働）省に政策提案する仕組である。しかし，裁量にせよ提案にせよ，政策判断であり，それには説明責任が必要であるから，プロフェッションでなければ，民主的正統性のない職員に直接に期待することは現実的ではない。むしろ，プロフェッション化が医療・保健に比べて弱い社会福祉政策では，住民自治に支えられた自治体の政策判断として，裁量的実践と，既存基準改訂のための先導的発信がなされることが普通である。実際，介護保険なども，自治体レベルでの自治的な政策実践の蓄積の上に，制度が作られていったのである。

## 4. おわりに

### (1) 地域型福祉国家

　戦後日本の国家体制は，地域間平等という観点を比較的に重視したものであった。国民は，日本国内のどの地域に住んでも，所得階層等に応じたそれ相当の同程度の水準の生活が保障されるべきであるという意味で，水平的な地域間平等を目指す仕組が作られてきた。戦後日本の福祉国家は，職域・業種という軸と同様に，地域という軸によっても編制されてきた。その意味で，地域型福祉国家であった。

　地域型福祉国家は，家族主義型福祉国家が顕現した1側面である。そこでは恩顧主義的なサービス提供が見られ，税制などの垂直的再分配効果は小さい[34]。家族・企業という「イエ」を基礎単位に，「イエ」の集合である地域・業界という「ムラ」を含めて，福祉国家を編制したものである。戦後日本は業界型福祉国家でもあったが，地域型と業界型は縦糸・横糸として，全体としての家族主義型福祉国家における均霑のために編制されてき

たのである[35]。この地域型と業界型を一括して表現するのが,「土木国家」「土建国家」である[36]。地域間平等と業界間平等を, 土建業界を通じて地域開発政策によって達成する。地域開発政策（公共事業）は, 弱体な地域と業界とを一括して支援するものである。

地域型福祉国家では, 地域別の利害を代弁させて不平等が放置されることのないように, 国・自治体の政策主体に要求・通報する仕組が必要である。それと同時に, 政策主体が, 地域間平等を超えた過剰な状態にならないようにする抑制・均衡の仕組が必要である。これらのメカニズムとして, 自治体が政策主体として強固に組込まれてきた。戦後日本では, 国・自治体がある政策に密接に関わるという融合体制が執られてきた。これは, 各政策領域に, 国と自治体の相互を関わらしめ, 地域間平等へのメカニズムを埋込む仕掛けであった。

本稿では, 地域開発, 初等中等教育, 社会福祉の3つの政策領域のみを採り上げたが, 極めて雑駁にまとめれば, 多くの政策領域で同様の仕掛けがされている。例えば, 住宅・都市計画の領域では, 良好な住宅・都市計画に関する自治体の独自施策を制限し, 全国画一的に低水準で魅力の乏しい雑然とした住宅・都市になるように, 謙抑的な「指導」行政が展開された。良質な住環境を提供しない, 提供させない, あるいは, 仮に形成されても破壊しやすくする, という地域間平等を重視したメカニズムが作用した。部分的には「盆栽」「箱庭」的な豊かなエリアの出現を否定したわけではないが[37], 全般的に見れば, 等しく貧しい住宅・都市を達成してきたといえよう。

## （2）今後の展望

これらの地域型福祉国家を支えるメカニズムは, 1990年代以降, 弱体化の傾向を見せている。高度経済成長期に見られた人口の大幅な社会的移動は, 過疎と過密の現象として現れたが, それは同時に, 地方圏と東京圏の属人的紐帯を国民規模で確保するものであった[38]。少なくとも,「帰省先」や「故郷」のある世代が多数を占めるときには, 地域間平等が実在感を持って要請された。しかし, 大都市圏での世代の再生産が可能になるに連れて, 地域間平等の基盤となる地域間紐帯は希薄となる。その意味で, 戦後日本の地域型福祉国家は動揺を来しているのである。

但し，これが，地域型福祉国家の解体に結びつくかは不透明である。なぜなら，東京圏の出生率の著しい低下は，東京圏が持続可能な社会でないことを示し，人口の不断の社会的流入を要請するものだからである。その意味で，東京圏の人口は「帰省先」と「故郷」を持つのである。その人々の「故郷」がどこかが，今後の問題である。グローバル経済における世界都市・東京に相応しければ，「故郷」とは外国となり，地域型一国福祉国家は崩壊しよう。外国人の流入によって支えられる社会であり，地域型福祉国家も空洞化するのである。逆に，そこまでの国際化が進展しない場合には，弱められた形にせよ，地域型福祉国家が存続するだろう。東京圏の人々は，依然として，地方圏に「故郷」を持つからである。

（１）　堀場勇夫『地方分権の経済分析』東洋経済新報社，1999年，217－220頁。
（２）　百瀬恵夫・前泊博盛『検証「沖縄問題」』東洋経済新報社，2002年，第5章。
（３）　金井利之『財政調整の一般理論』東京大学出版会，1999年，5頁。
（４）　赤井伸郎・佐藤主光・山下耕治『地方交付税の経済学』有斐閣，2003年，11－13頁，高林喜久生『地域間格差の財政分析』有斐閣，2005年，75－86頁。
（５）　金井利之「財政調整の回転」『東京都立大学法学会雑誌』第40巻第2号，2000年，72－73頁。
（６）　総務省交付税課『平成17年度地方交付税関係資料』2005年，9頁。
（７）　神野直彦『財政学』有斐閣，2002年，293－295頁。
（８）　金井前掲書，37頁。
（９）　金井利之『自治制度』東京大学出版会，2006年刊行予定。
（10）　東京都総務局行政部区政課『都区財政調整について』2002年，2－3頁。
（11）　もっとも，この「一体性」という用語の意味内容は，かなり曖昧である。その点に関する検討は，金井利之「大都市制度としての東京都制度」三菱総合研究所『大都市の地域特性と行財政のあり方に関する調査』2005年，所収，122－123頁。1943年の旧都制の導入に際しては，府と市を廃止して，都区という「一の体制」にするという政府答弁がされていた。それが，「一体性」という用語に変質してきたのである。
（12）　金井利之「東京都制度／都区制度の側面と性格」『都政研究』2004年5月号，8頁。

(13) 大都市特例税制検討会『指定都市の事務配分の特例に対応した大都市特例税制について提言』指定都市市長会，2005年11月，3－7頁。
(14) 西尾勝「過疎と過密の政治行政」『年報政治学1977』岩波書店，1977年，203頁。
(15) 古典的に，升味準之輔「自由民主党の組織と機能」(日本政治学会『年報政治学1967』岩波書店，1967年，所収)，71－75頁，河中二講「『地域政策』と地方行政」(同所収)，106－131頁，などによって観察されている。
(16) 西尾前掲論文，204－206頁。
(17) 村松岐夫『地方自治』東京大学出版会，1988年
(18) 御厨貴「日本政治における地方利益論の再検討」『レヴァイアサン2号』1988年，141－147頁。もっとも，単純に自己の「地元」に有利に誘導した訳ではない。宮崎隆次「政党領袖と地方名望家」『年報政治学1984』岩波書店，1984年，119－120頁。
(19) 辻清明『地方自治』岩波書店，1976年，131頁，天川晃「変革の構想」大森彌・佐藤誠三郎『日本の地方政府』東京大学出版会，1986年。
(20) 井出嘉憲『地方自治の政治学』東京大学出版会，1972年，68－72頁。
(21) 西尾前掲論文，204頁。
(22) 佐藤竺『日本の地域開発』未来社，1965年，第1部。西尾前掲論文，196－204頁。
(23) 金井利之「空間管理」(森田朗『行政学の基礎』岩波書店，1998年，所収)，169頁。
(24) 自由民主党都市政策調査会『都市政策大綱』自由民主党広報委員会出版局，1968年。NHKおはようジャーナル取材班『ドキュメント リゾート』日本評論社，1989年。今村都南雄『リゾート法と地域振興』ぎょうせい，1992年。下河辺淳『戦後国土計画への証言』日本経済評論社，1994年。宮下直樹『図解都市再生のしくみ』東洋経済新報社，2003年。五十嵐敬喜・小川明雄『「都市再生」を問う』岩波書店，2003年。
(25) 百瀬・前泊前掲書。
(26) 武藤博巳「公共事業」西尾勝・村松岐夫『講座行政学第3巻』有斐閣，1994年，250－266頁。
(27) 北原鉄也「国土計画」西尾勝・村松岐夫『講座行政学第3巻』有斐閣，1994年，299頁。
(28) 以下の議論は，脚注などを含めて，金井利之「教育におけるミニマム」自治体学会『「ミニマム論」再考』第一法規，2005年，所収，を参照されたい。
(29) 教育サービスの世界では，自治体の政策選好を反映させることを"地方分権"とは呼ばずに"地方集権"と呼ぶようである。

(30) ショッパ, W．A．『日本の教育政策過程』三省堂, 2005年, 169-170頁。
(31) 以下の議論は, 脚注などを含めて, 金井利之「社会福祉における政府間役割分担」『社会福祉研究』96号, 所収, を参照されたい。
(32) 武智秀之「ミニマム論再考－福祉・自治・デモクラシー」自治体学会『「ミニマム論」再考』第一法規, 2005年。
(33) 西村美香『国家公務員給与と地方公務員給与の「均衡」制度の形成』東京大学都市行政研究会・研究叢書5, 1991年, 182頁。
(34) 新川敏光『日本型福祉レジームの発展と変容』ミネルヴァ書房, 2005年, 274頁, 小林正弥『政治的恩顧主義論』東京大学出版会, 2000年, 341頁。
(35) 京極純一『日本の政治』東京大学出版会, 1983年, 150-157, 256-266頁。
(36) ジェラルド・カーティス『土建国家ニッポン』光文社, 1983年。本間義人『土木国家の思想』日本経済評論社, 1996年, とくに序章。
(37) 西村幸夫『都市保全計画』東京大学出版会, 2004年, 342-414頁。
(38) 西尾前掲論文, 195頁。

# 家父長制とジェンダー平等

―マイノリティ女性条項が新設された2004年ＤＶ法[1]を手がかりに―

岩本美砂子

## 1 なぜ「家父長制」が問題なのか

　「ジェンダー」や「男女共同参画」という言葉が日本で用いられるようになったのは，1990年代からである。1970年代には，「婦人問題」「女性問題」という言い方がされていた。この２つの時期の間には「性別役割分業（批判）」という言葉が多用されていた。これは，欧米で1960年代後半からの第２波フェミニズムにおいて「家父長制 Patriarchy（批判）」という言葉が流通していたのと，大きな対照をなした。

　「1968年の運動」と呼ばれる「新しい社会運動」は，「官僚制・ハイアラーキー・家父長制」を批判した。ここでの「家父長制」批判は，二重の意味を含んでいた。ひとつは，フランスのドゴール大統領やアメリカのジョンソン，ニクソン両大統領が「国の父」として振る舞い，若者に例えば「ベトナムに行って戦え」と指図することに対する批判であり，「国家」を「家父長制」と名指しての批判であった。もうひとつは，ウーマン・リブ（Women's Liberation）[2]からなされた，歴史貫通的で近現代においても継続している男性による女性への支配に対する批判であった。しかし後者の意味での「家父長制（批判）」という言葉は，小さいながらも自生のウーマン・リブをはぐくんでいた日本では[3]普及しなかった。

　私は，その理由をふたつ考えている。ひとつは，当時の日本では「家父長制とは戦前のイエ制度を指すものであり，新民法によって解決済みだ」という理解が広まっており，いちいち言葉の定義に異議申し立てをして，相手から「君達は学問的ではない」という批判を浴び続けていくことは，弱かった日本のウーマン・リブ[4]にはうっとおしすぎたということだ。

　もうひとつは，共和制の国においては「国の父」は大統領を指すが，君

主制の国では王を名指しして批判することになってしまうということである。幸か不幸か，第2波フェミニズムが台頭した時のイギリスの君主は女性であり，「国の父」というシンボルと重なりにくかったのだが，日本では現在女性・女系天皇の是非が議論されているように，当時はもちろん男性であった。しかもその名の下にアジア太平洋戦争が遂行された当の人物が，在位し続けていた。例えば職場での男女の待遇の差や，女性のみに家事・育児・介護が課されていることに異議申し立てをするために，天皇制批判を含意してしまう「家父長制批判」を振り回すのは，あまりにも重かったと思われる。

「Sex Role」の翻訳語としての「性別役割分業」への批判は，どこにでもある多様な女性差別を指す便利な言葉として通用した。

しかし，男性による女性への支配/権力関係を「性別役割分業」という言葉に切り縮めたことは，重大な欠落をもたらした。Patriarchyの「-archy」は支配/権力関係を指す。その代わりに「分業Division of Work」を用いることは，男女間のハイアラーキカルな支配関係への批判という視角を取り落とす危険性が高かった。「性別役割分業」への批判に対して，「では，女が職業を持ち，男が家事・育児を分担すれば，問題は解消するのだろう」という安易な応答を呼び起こしがちだったのである。

そうではなく，賃労働や家事・育児といった無償労働からなる「働き」の中のみならず，「女は男や家族に尽くすもの」「男の性は攻撃的なもの」といった意識の形を取る，感情や性のあり方というプライベートな関係の只中に，男女の支配/権力関係の核があった。「分業」という「働き」に焦点を当てた言葉は，これを見落とす可能性が大きかったのである。

1980年代の欧米フェミニズムは，「Sex（Discrimination）」に代えて「Gender（Equality）」という言葉を用いるようになった。生得的性別による差別を批判し続けることは，「男が全て悪く，女はいつも正しい」という本質（還元）主義に陥る危険性があることが察知されたからであった。生得的でほとんど変更不可能なものとしての「Sex」から，文化・社会・歴史を通じて人為的に構築されたものとしての「Gender」へと，問題構成が変わった。

皮肉なことに，この転換を促したのは，「最も反女性的な女性」と呼ばれたイギリス首相サッチャーの1979年の登場であった。彼女は，フォークラ

ンド（マルビナス）紛争で軍国主義を煽り，福祉や教育の予算を削って，福祉受給者の圧倒的多数を占める女性達から支援を奪い，また多数が女性からなる公的福祉や教育のスタッフからも職を奪った。サッチャー政権との闘いの中でフェミニスト達は，「いつも女が女の利益を代表する」のではなく，「フェミニズムは主義や思想なのだから，性器にではなく脳に存在するのであり，男性でもシェア可能であると同時に，女性でもシェアしない者がいる」と，問題の立て方を変えることを強いられた。

さらに，「女性」という一元的な本質への還元は，ブラック・フェミニズム[5]やレズビアン・フェミニズム[6]からの，「白人・中産階層・異性愛者のフェミニズムのみがフェミニズムではない」との鋭い批判を受けた[7]。「女性の利益が一様ではない」ことは，フェミニストの間で常識となっていった。

ひるがえって日本では，「Gender Equality」に「男女共同参画」という水増しした訳語が当てられ，アジアにありながら「欧米白人のフェミニズムに学ぼう」という姿勢を取り続けていることに関して，根源的な批判は存在しているが[8]，日本人マジョリティに属するフェミニストの間で広く理解されているとは言いがたい。

旧日本軍性奴隷制（「従軍慰安婦」問題）に対するアジアの被害女性からの，1980年代からの問いかけに対して，「日本の女性も侵略者側にあって加害者だった」という問題意識は喚起されたが[9]，「アジア人でありながらアジアを侵略した日本の女性が，欧米のフェミニズムを志向する」こと自体が「パラドックスなのだ」ということまで，広く共有されているとは言えないであろう。

筆者は，本質主義でなく構築主義的立場を取りたいと思うが，日本で「家父長制」という言葉が用いられなかったこととあいまって後回しにされてきた私的家父長支配の典型であるドメスティック・バイオレンス[10]（以下，DV）という問題に，「家父長制」という言葉を用いてもう一度向かい合いたい。そして，自分の父・夫・息子に従い，「国の父」に従ったことによって，同時に戦争の被害者でありながら加害者であった日本の女性の歴史を受け継ぐ者の一人として，日本におけるジェンダーをめぐる支配/権力関係に光を当てて行きたいと考えている。

## 2　2001年DV法の成立

　他国での第2波フェミニズムは，産む・産まないにかかわる当事者としての女性の自己決定権（リプロダクティブ・ライツ）[11]に加え，女性の社会進出と性暴力反対とを主軸として進んだ。とりわけ雇用における男女平等のための特段の施策の必要性は，1979年の国連女性差別撤廃条約にも盛り込まれ，滑り込みで調印を決断した日本[12]は，不十分なものではありながらも1986年施行となる男女雇用機会均等法を制定した。

　性暴力に関しては，各国の草の根運動が，レイプ救援センター（強姦被害を予防したり，被害者のケアに当たったりするほか，強姦罪を含む性犯罪処罰の厳罰化を要求して刑法改正を求める運動などをして成果を上げた）[13]や，NPOがDV被害女性（バタード・ウィミン）のための駆け込み施設（以下，シェルター）[14]を各地に設立するという形で対応が進んでいた。ところが日本においては，夫から妻への暴力は「よくあること＝自然なこと」と見なされ続け，なかなか政治的イッシューとして立ち上げることが困難であった。1980年代に社会問題化した「家庭内暴力」は，もっぱら子供から親への暴力をさしていた（多くの場合，息子から母親への暴力であり，広い意味での男性から女性への暴力の一環ではあったが，この側面は注目されなかった）。

　毎年刊行される『現代用語の基礎知識』（自由國民社）において，子供から親への暴力とは別のものとして「ドメスティック・バイオレンス」が取り上げられたのは，DV反対を含む「女性の権利は人権だ」と述べた1993年の国連ウィーン人権会議よりさらに後，1995年の北京国連世界女性会議の後になってからであった。そこでは，12のプラットフォームのうち，特にリプロダクティブ・ライツ，あらゆる意思決定機関への最低30％の女性の参加と並んで，DVを含む性暴力からの自由が取り上げられていた。

　もちろん「外圧」のみならず，1989年にセクシュアル・ハラスメント（以下セクハラ）裁判が提起され，性暴力が男性による女性への支配の重要な形態として取り上げられたことも大きい。セクハラはDVと異なり，職場や教育の場など，「性的でないこと」が前提となる「おおやけ」の場所における性的いやがらせであるが，これが公的アジェンダになるにつれ，親密なカップル間という私的な場所での女性に対する暴力も，男性による女性への支配の重要な形態として認識が広まっていった。

他方，政治・行政の責任者の側では，私的な場での女性への暴力は「公的アジェンダ」として意識されることが，非常に少なかった。1970年代初頭，訪米に当たってインタビューを受けた佐藤栄作首相は，「あなたは妻を殴りますか」という質問に対して何の躊躇もなしに肯定的な回答をし，「ワイフ・ビーター」としてアメリカの新聞を騒がせたが，国内ではスキャンダルにならなかった。2001年のDV法施行の後になってさえ，カナダ駐在の日本人男性外交官が妻へのDVのかどで逮捕されたときに，「妻を殴るのは日本の文化だ」と居直っている。

　夫から妻への暴力が「当然のこと」ではなく「犯罪にあたることもある人権侵害」にあたると認識が改まり，保護命令（Protection Order）15を含む立法が進んだのは，欧米ばかりではなかった。東アジアにおいても韓国（1997年）16・台湾（1998年）17と立法が成されている。近隣諸国にも遅れを取って，さすがに日本政府も立法の必要性を意識し始めた。また，2000年国連ニューヨーク「北京プラス5」会議においても，日本政府は，親密なカップルにおける暴力に国家が介入するようなDV政策をアジェンダに載せることを迫られた。

　青島幸男知事時代の東京都は，1997年度にDVに関する無作為抽出による大規模調査を行い，女性の5人に1人がDV被害に遭っているという結果を得た18。既に民間の「夫（恋人）からの暴力」調査研究会が，1992年から94年にかけて被害者の手から手へと回す形でアンケート調査を行っていた19。それは日本で初めてDVの経験を明らかにする貴重なものであったが，未経験者を含む住民一般に占める暴力被害の頻度を示すものではなかったため，この東京都の調査はその被害の頻繁さ・深刻さを明らかにし，国家＝警察に従来の「民事不介入」の原則を踏み越えさせるような，立法・行政の対応を促すものとなった。

　政府機関の対応は二重に進んだ。ひとつは，橋本龍太郎 自民・社民・さきがけ内閣で，橋本以外の2党首が土井たか子と堂本暁子であり，フェミニスト・イッシューへの関心が高かったことから，政府がDV問題を政治課題として検討し始めたことである。1996年6月，総理府男女共同参画室付属の男女共同参画審議会は，「男女共同参画ビジョン」を出し，97年2月には「男女共同参画2000年プラン」を発表した。「ビジョン」では，国内のほとんどすべての解決するべき暴力問題が含まれていた。しかし「プラン」

になると女性に対する暴力を人権問題として考慮しておらず,いくつかの点で後退した[20]。「プラン」のほうが「ビジョン」より権威があったのだが,おそらく現行法制度でDVに対応可能だと考える,保守的な（ほぼ男性からなる）官僚達からの抵抗があったのだろう。

　橋本首相は,男女共同参画審議会に「女性に対する暴力の問題」の検討を1997年6月に諮問した。男女共同参画審議会は,橋本退任後の1998年10月に中間報告を発表,さらに1999年5月に「女性に対する暴力のない社会」報告を発表した。同年9～10月,総理府男女共同参画室は,最初の両性間の暴力に関する全国調査を行い,2000年2月に公表した[21]。同年4月,男女共同参画審議会は「女性に対する暴力」に対する基本的な手段中間報告を発表（「立法の必要なし」と後退したものだった）[22]し,パブリック・コメントを集めた。この審議会は,2000年7月に最終報告を行った。同年6月のニューヨークの国連女性会議（北京＋5）は家庭内暴力に関する国の特別の立法の重要性を発表したけれども,日本政府の報告では,ドメスティック・バイオレンスについては,既存の法律や制度手段（刑法の傷害罪や,民法の仮処分手続きなど）によって十分だと結論していた。1998年7月の参議院選挙の後で橋本首相は辞任し,自民党の小渕恵三が首相に任命された。連立政権は,自民・社民・さきがけの組合せから,自民党と小沢一郎が率いた自由党,ついで自民・自由・公明党そして自民・公明と自由党の政権離脱の後残留した部分であった保守新党の組み合わせとなり,ジェンダー・イッシューへの関心を減少させた。

　これに対し,もうひとつの政治的動きは,1998年の参議院議員選挙（この時女性参議院議員の数は43人と史上最高――この後比例代表の非拘束名簿化で減少に転じる――）後に作られた共生社会調査会（権限は常設委員会に同じ）が最初のアジェンダとして「男女共同参画」を選び,女性の立法機関への進出を促す方途を調査するとともに,DV対策立法に最重点を置いたことであった。参議院共生社会調査会メンバーは,「意図したわけではない」が,女性議員が多かった。彼女達は行政府や連立与党の消極化をにらみながら,「DV新法を作るためには議員立法しかない」と考えた。そして,自民・公明・民主・社民・共産の各党の調査会メンバー一人ずつと各党一人の「プラス・ワン」と調査会メンバーで無所属だった堂本暁子との11人が「DVプロジェクト・チーム（以下,PT）」として立法のための

調査に当たることになった（自民党の1名のみ男性）[23]。立法過程に関しては，他の著書や別稿にゆずるが[24]，2001年4月13日，まさに小泉純一郎政権が5人の女性大臣を交えて成立する26日に先駆け，最初のDV法が成立したのであった[25]。

DV法の関連省庁は，内閣府・厚生労働省[26]・総務省[27]・法務省[28]・警察庁・最高裁判所・国土交通省[29]などと多岐にわたるが，同法制定過程で最も大きな抵抗を示したのは，「民事の問題に刑事罰を加える」保護命令が，伝統的な民事と刑事の壁を越えるとしてこれを嫌った，法務省・最高裁判所であった[30]。結局他国でも導入されている「裁判所による保護命令」は，こうした抵抗を超えて実現された。こうした抵抗は，前年に同じく議員立法で成立した「ストーカー規制法」に関しては，公安委員会が行政裁量で禁止命令を出す構造になっている[31]ために，起きてはいなかった。

2001年のDV法は，次節に述べるように様々な不備を抱えていたが，実に画期的なものであった。家庭，とりわけ夫婦間に暴力沙汰があっても「私的なこと＝民事」とみなされ国家権力は殺人にでも到らない限り不介入を原則としてきたのだが，夫が「男であること」（たとえ収入がなかったり，障害があったりした場合でも）に加え，多くの場合妻より体力・財力で勝っており，暴力はほとんどが夫から妻への暴力なのである。それが法的に阻止されないできた事態は，妻にとっては「身体の安全」という基本的人権の中核部分が，国家ではなく私人による侵害であるがゆえに，事実上確保されないことを意味すると同時に，夫にとっては，「妻への家父長的支配」の中核が確保されていることを意味していた。それを根底から覆しうる法律が成立したのである[32]。

しかし2001年DV法は，身体的暴力を既に受けたことを条件とし[33]，さらに裁判所へ保護命令を申し立てる前に，警察か配偶者暴力相談支援センターへの相談，ないし公証人面前での陳述を経ていることが条件とされるという，被害者にとって厳しい制度である。だが，地方裁判所でDV被害が認定され保護命令が発令され，法的介入がなされ，もしこの保護命令に違反があった場合には，懲役1年以下ないし100万円以下の罰金が課されることになったのである。

さて，このDVに介入する国家とはどのようなものであろうか。「国家は丸ごと家父長制機構である」と理解すれば，公的家父長制を以って私的家

父長制を制することになり，結局女性に対する家父長支配はゆるがないことになる[34]。しかし，現代民主主義において国家は一枚岩な家父長制機構ではない。日本は，国家公務員に占める女性割合が16.0%と例外的に低い[35]が，他国では民間セクターより国家公務員で女性比率が高い傾向にあった。また，ジェンダーに関するナショナル・マシナリーが日本のように脆弱でなく，他省庁の政策に改善勧告を出せる場合も少なくない[36]。国会議員に関しても，今や約80カ国において法律によるか（約30カ国）主要政党の内規による（約50カ国）女性クォータが実施されている[37]。日本では，女性裁判官は2005年で13.7%，女性検察官は，同じく9.5%である[38]。

すべての女性議員・女性公務員・女性裁判官が国家の外の女性の利益を代表すると限らないことは既に述べた[39]が，現代民主主義における国家は，例えば部局ごとに外部の集団と結びつき，部局相互で利害が衝突する場合も少なくない（「国家の破裂」）。単純に一枚岩の「男性の，男性による，男性のための家父長支配機構」と見なすことは，1960年代の原初的ラディカル・フェミニズムが行った本質還元論的偏見に，未だにとらわれていることになるだろう。

したがって，夫から妻へのDV防止のために国家が介入することは，私的な家父長支配に対して不十分ではあるものの，「男女両性によって，自由・平等を原則として運営されているはずの機構」が，被害者保護のために介入することをも意味する。もちろん，夫婦その他私的なパートナーが平等であるべきことは，例えば日本国憲法には明記されているが，これが不平等な場合，国家は介入する正統性を有することになるのである。

事実DV法の成立に際して，不十分な点を批判するフェミニストは少なくなかったが，法律の制定そのものに反対するフェミニストは，ほとんどいなかった。他方，DV防止が私的家父長制の根幹に介入し動揺させ，僅かずつでも崩壊を早める可能性があることに関して，「ジェンダーなどは知ったことではない」というセンスの年長の男性議員達は，立法に反対してもおかしくなかった。だが，まさにその可能性に気づくことなく，むしろ「気の毒な女性を助ける法律ならば良い物だ」とばかりに，彼らのパターナルな志向に合うものとして同法案に賛成した。

大半が男性からなる日本の官僚達は，国連がらみでない限り積極的にフェミニズムに呼応する法案を作ろうとはしない。これに対して，他の領域

では不活発だと言われる議員立法が，このジャンルでは目立っている[40]。他国での先進的な法制を男性の官僚が導入する際，彼らのジェンダー・バイアスによって「気にならない」か「気に入らない」ものは避けて通ることが可能だが，女性議員達によって国会にアジェンダとして提起されれば，女性票を意識する男性議員達は，たとえ「気に入らない」法案でも賛成に回らざるをえないことが多いからだ。但し彼らのパターナリズムに沿うのではなく全く対立する事例では，この限りではない[41]。

2004年のDV法改訂に当たっても，男性議員のうち自身が妻に暴力をふるい，それゆえ同法違反にあたる者は皆無ではなかったろうが，正面切って反対に回る議員はいなかった。

## 3　DV法改正に向けての動き

2001年4月に成立し10月に施行となったDV法は，2002年4月から新年度予算を伴って本格施行となった。この時点ですでに，実際のDV被害者や彼女達を支援するシェルターなどのNPO（法人格の有無にはかかわらない）や，女性弁護士，女性法学者達が，とりわけ被害者保護に関して，同法の不十分さを指摘していた。以下，列挙する。

　　　保護命令対象となるDVが身体的暴力に限定されており，脅迫を含む精神的暴力や性的暴力に対応していないこと，保護命令，とりわけ退去命令の期間が2週間と他国と比しても異常に短いこと，退去命令に再発令が認められて居らず，接近禁止命令（6カ月）も再発令にあたって公証人面前宣誓陳述を必要としていて，申し立てが大変困難なこと，禁止される行為が物理的な接近のみであり，電話・手紙・ファックス・Eメールを含まないこと[42]，保護命令がカバーするのは被害者当人に限られ，子どもや被害者の親族，かくまうことや保護命令の申し立てに協力する支援者や弁護士などに及んでいないこと，またカバーの範囲が法律婚・事実婚の配偶者に限られ，元配偶者や交際相手が含まれないこと[43]，そのことは同性間カップルの問題を排除してしまうこと，民間シェルターなど支援団体の財政問題に対して国にも地方自治体にも配慮義務がないこと，都道府県にのみ配偶者暴力相談支援センターの設置権限があり，市町村立の女性センターなどに相談しても保護命令申し立ての要件を満たさないこと，都道府県間格差に対

応していないこと，住民基本台帳の自由閲覧の原則が，DV加害者による被害者の避難先捜索に荷担してしまうこと，保護命令の期間が短いのに加えて違反の場合の懲役刑の上限が1年と短く，被害者が安心していられる期間が短いこと，裁判官にDVに関する理解が乏しく，保護命令違反の加害者に対して，罰金刑としたり，懲役刑を科しても執行猶予を付けたりしてしまうなど，被害者・加害者間の物理的離間を保障するとは限らないこと，被害者の生命身体の安全確保が当面の目的とされており，自立した生活開始への支援法という形になっていないこと，医療・生活保護・母子保護・児童保護・住宅確保など生活支援に関連する行政が縦割りになっており，被害者や支援者が全ての手続きを進めるために多大なエネルギーを必要とすること，外国人被害者への配慮がなく，DV法に関する外国語での広報や配偶者暴力相談支援センターへの通訳の配置などが考慮されていないこと，オーバースティとなる外国籍の被害者が警察・配偶者暴力相談支援センター・公立病院・福祉担当など公的機関に援助を求めると，国や自治体の職員は，退去強制事由に該当すると考えられる外国人を発見した場合には入国管理局への通報義務があるため（出入国管理法62条2項），被害者が身柄を拘束され国外退去を余儀なくされるので，日本国内に留まりたい場合にDV被害からの救済を求めることが非常に困難であること，障害のある被害者にとって，DV法に関する広報上の配慮がないこと（聴覚障害者が必要とするファックスでの相談がなく電話のみが設置されていたり，視覚障害者への広報手段の工夫もないことなど），一時保護施設が「かくまう」目的で狭い道に面していたりエレベーターのない2階に設置されていたりと，バリア・フリーへの配慮がないこと，などなど。

　これらの問題に関しては，参議院共生社会調査会や衆議院法務委員会において議員や参考人から質問・意見が出された[44]ほか，今回は共生社会調査会のメンバーで5党から各1名が入ったPTでの協議[45]や，DV法を改正しよう全国ネットワーク「改正DV法基本方針策定に関する省庁への質問」（2003年2〜4月募集，179項目）としてまとめられた[46]。また，全国女性シェルターネットは，財団の基金を得て『自立支援とは－DV被害当事者を支援する民間団体の活動実態』をまとめた（2003年9月）。以上で集約さ

## 表2　ＤＶ法をめぐる動き

| 日時 | 参議院・政府 | | NPO など | |
|---|---|---|---|---|
| 2002.2.27 | 調査会 | 内閣府・警察庁・法務省・厚生労働省よりDV防止法施行後の状況に関して聴取 | | |
| 12.18 | | | 移住連「女性DVプロジェクト」 | 意見交換会：内閣府・法務省・厚労省 |
| 2003.2.12 | 調査会 | DV防止法見直しのためのPT設置 | | |
| 2月〜4月 | | | 「DV法を改正しよう全国ネットワーク」結成 | ロビイング「意見交換会」へのPT協力確認 179項目を省庁へ提出 |
| 3.11 | PT | 弁護士（長谷川京子・可児康則）聴取 | | |
| 4.16 | 調査会 | 内閣府・厚生労働省 聴取 参考人（戒能民江法学教授・原田恵理子全国婦人相談員連絡協議会・大津恵子シェルターHELP）から聴取 | | |
| 4.16 | PT | 栗原ちゆき神奈川県立女性相談所指導課長・石本宗子久留米男女平等参画推進センター相談員・佐々木郁子墨田区福祉保健部保護課婦人相談員聴取 | | |
| 5.26 | PT | 内閣府・警察庁・法務省・厚生労働省・最高裁判所 聴取 | | |
| 5.28 | | | DV法を改正しよう全国ネットワーク | 省庁「意見交換会」①全般 |
| 6.2 | PT | 近藤恵子女のスペースおん・野本律子女性ネットSayaSaya・森望ウィミンズ・ライツ・センター聴取 | | |
| 6月 | 内閣府 | 男女共同参画会議「女性への暴力に関する専門委員会　報告書」 | | |
| 7.4 | PT | 島野穹子国際私法教授・原ひろ子人類学教授・戒能民江・大津恵子・前田雅英刑法教授から「女性への暴力に関する専門委員会報告書」の説明・意見交換 | DV法を改正しよう全国ネットワーク | 省庁「意見交換会」②保護命令と外国籍，二次被害 |
| | 知事 | 女性4知事がDV法見直しの要望→PT | | |
| 7.9 | PT | 内閣府・法務省・最高裁 聴取 | | |
| 7.16 | PT | 内閣府・警察庁・法務省・厚労省・最高裁 聴取 | | |
| 7.23 | PT | 内閣府・警察庁・文科省・厚労省・国交省 聴取 | | |
| 7.24 | | | DV法を改正しよう全国ネットワーク | 省庁「意見交換会」③自立支援の具体的項目 |
| 7.30 | PT | 内閣府・総務省・法務省・文科省・厚労省 聴取 | | |
| 8.2 | | | DV法を改正しよう全国ネットワーク | 省庁「意見交換会」④保護命令 |
| 9.4 | | | DV法を改正しよう全国ネットワーク | 省庁「意見交換会」⑤当事者参画・支援センター |
| 9.5 | | | 日弁連 | DV法見直しに関する意見書 |

| 日時 | 参議院・政府 | | NPOなど | |
|---|---|---|---|---|
| 9月 | | | 全国女性シェルターネット | 『自立支援とは―DV当事者を支援する民間団体の活動実態』まとめ |
| 11.17 | PT | 今後の進め方協議（3月改正案提出目標） | | |
| 12.2 | PT | 「法改正にかかる検討項目」合意 | | |
| 12.12 | PT | 「検討項目」について，内閣府・警察庁・総務省・法務省・厚労省から聴取 意見交換 | | |
| 12.13 | | | DV法を改正しよう全国ネットワーク | DV法改正全国集会（東京300人） |
| 12.17 | PT | 「改正案骨子」の取りまとめに向けて，各省庁と意見交換しつつ討議 | | |
| 2004.1.7 | PT | 同上 | DV法を改正しよう全国ネットワーク | 省庁「意見交換会」⑥被害当事者自立支援 |
| 1.19 | PT | 同上 | | |
| 1.20 | PT | 同上「改正案骨子」合意 | | |
| 2.10 | 調査会 | PT座長「改正案骨子」報告 | | |
| 2.16 | | 2001年法制定時のPTメンバーから意見を聞く会 | DV法を改正しよう全国ネットワーク | 省庁「意見交換会」⑦改正案骨子について |
| 2.25 | PT | 「法律案要綱」案討議 | | |
| 2.27 | PT | 「法律案要綱」案大筋合意 | | |
| 3.12 | PT | 「法律案要綱」案・条文案討議・合意 | | |

れた要望は，PTメンバーを中心とした共生社会調査会メンバーが陪席した，DV法を改正しよう全国ネットワークによる7回にわたる「省庁『意見交換会』」においても，どこまでが改善するべきか，またそれが可能か，詰められた（表2参照）。同改正法が，「議員立法」のなかでもさらに進んだ「市民立法[47]」と呼ばれるゆえんである。

## 4　改正DV法の意義　外国籍・障害のある女性の条項は，なぜ，どのように入ったのか

### 4－1　改正の概要

　第1は，「配偶者からの暴力」の定義の拡大であり，保護命令に関する部分等を除き，身体に対する暴力又はこれに準じる心身に有害な影響を及ぼす言動（精神的暴力・性的暴力など）を指すことにした。これにより，一時保護などの対応が出来る範囲が明確に拡大された。これに伴い，法律前文におけるDVに関しての「犯罪となる行為」は「犯罪となる行為を含む」に変更された。

第2は，保護命令制度の拡充で，元配偶者と被害者が連れている子どもへの接近禁止命令が可能になった。交際相手，支援者，親兄弟などは含まれなかった。保護命令のうち，住居からの退去命令の期間を2週間から2カ月に拡大し，退去命令の再度の申立てを認め，保護命令の再度の申立手続に必要だった公証人面前宣誓供述を除いた。

　第3は，市町村による配偶者暴力相談支援センターの業務の実施を認め，保護命令の請求時に市町村のセンターへの相談でもよくなった。

　第4は，2001年法が被害者の生命身体の保護を第一とし，保護命令制度導入に集中していたのに対し，改正法は被害者の生活再建支援という法の目標を明確化した。国及び地方公共団体の責務を規定し，担当大臣はDV防止及び被害者の保護のための施策に関する基本方針を，各都道府県は基本計画を定めなければならないとした。特に後者は，施行後2年強で目立ってきた都道府県間格差を是正するために盛り込まれた。また配偶者暴力相談支援センターの業務として，被害者の自立支援や関係機関との調整を明記し，縦割り行政の隙間に被害者が陥りがちなことに一定の歯止めをおいたほか，配偶者暴力相談支援センターの民間団体との連携が明記された。但し自治体の事業については国から特別交付金が出ることになったが，自治体から民間団体への財政支援は明記されなかった。

　第5は，被害者に対する警察本部長の援助を入れたことで，配偶者からの暴力を受けている者から被害を自ら防止するための援助を受けたい旨の申し出があり，その申し出が相当だと認めたときは，被害の発生を防止するために必要な援助を行うと明記し，なお不十分だと批判されることの多い警察の被害者支援を促した。女性警察官による対応もここに含まれる。

　第6は，被害者からの苦情の適切かつ迅速な処理が盛り込まれたことで，頻発していた二次被害への対応が意図された。

　第7は，被害者の多様性の顕在化で，特に外国人，障害者等への対応について，警察を含む自治体・政府職員等が，その職務を行うに当たり，被害者の国籍，障害の有無を問わずその人権を尊重しなければならないと，第23条第1項に盛り込んだ[48]。

　上記の改正点のうち，本稿では最後の点にしぼって，マイノリティ女性がDVに遭いやすい，ないし被害を訴えにくいこと，つまり二重三重の家父長制と向き合っていることと，そのことの解消なくしては，真のジェン

ダー平等はあり得ないことを述べていきたい。

## 4－2　複合差別条項の経緯

　外国籍・障害のある女性の条項が改正法に入ったのには，2つの方向からの働きかけがあった。ひとつは国際的動きである。国連は1993年を世界先住民年とした。また同年ウィーンで「世界人権会議」が開催され「女性の権利は人権である」と宣言されたが，この年の国連総会では，「女性に対する暴力に関する宣言」が採択され，先住民族・マイノリティ・難民・貧困や武力紛争下の女性など「特定のグループの女性」が暴力にさらされやすいことを指摘した[49]。1995年の北京女性会議では，行動綱領に先住民女性が取り上げられていないという異議申し立てが行われて以後，南北の女性の格差のみならず，各国内で様々なマイノリティ女性が直面している複合的な差別が，ジェンダー平等の課題として取りあげられるようになった。国連は1997年に2001年に南アフリカのダーバンで「反人種主義・差別撤廃世界会議」を開催することを決定した。

　日本政府は，1995年に加入した人種差別撤廃条約に関して，2000年1月に第1・第2政府報告書を提出したが，単に関係法令や制度を羅列しているにすぎない部分があり，ジェンダーに関連する人種差別についての記述が全くなかった[50]。日本政府は国連人種差別撤廃委員会から2001年3月，次回の人種差別撤廃条約に関する報告書に，ジェンダーならびに民族的・種族的集団ごとの社会・経済的データ，ならびに性的搾取および性的暴力を含むジェンダー関連の人種差別を防止するために取った措置に関する情報を含めるように，勧告を受けた。

　また，2000年のニューヨーク女性会議（北京＋5）の成果文書では，先住民，難民，人種主義・人種差別，外国人，移住女性，障害のある女性，少女に関して，取られた措置や対処するべき課題が述べられた[51]。さらにそこで，「国際先住民族女性フォーラム」が持たれ，宣言が発された[52]。

　日本政府は，1985年に批准した女性差別撤廃条約に関して，第4次報告書を1998年，第5次報告書を2000年に提出した。国連女性差別撤廃委員会は2003年7月に審査を行い，条約に照らして最終コメントを出した。そのなかには，外国人女性のDV被害への対応を求める2つのパラグラフと外国人を含む多様なマイノリティ女性に配慮を求めるパラグラフ[53]を初め，

日本政府に対し，マイノリティ女性にとっての平等とは，その同じグループ内の男性との平等でなく，マジョリティ男女との平等を意味することを理解するよう厳しい指摘があった。以上が，国際的な流れである。もちろん国連とて，家父長支配のないジェンダー中立の組織ではないが，この面では甚だしく後進国である日本にとっては，国連の水準に合わせることは，スローダウンでなく急ぎのキャッチアップを意味している。

　もうひとつは，国内における様々なマイノリティ女性達からの異議申し立てや，マジョリティ女性との連携の試み，さらには，上記のような国際的仕組みを活用して，日本政府にマイノリティ女性に関しては特段の配慮を行ってこそジェンダー平等が実現されるということを理解させるための闘いがあったことである。

　1994年9月カイロで開催された世界人口会議で，骨形成障害を持つ日本人女性安積遊歩が，当事の日本で1948年制定の「優生保護法」が継続しており，障害者から「合法的に」子どもを持つ権利を奪ったり（強制不妊手術や強制人工妊娠中絶），非合法に子宮摘出手術まで行ったりしている実情をスピークアウトし[54]，それが1996年の優生保護法から母体保護法への移行（ハンセン病条項と優生条項の削除）につながった[55]。

　1994年10月に北京女性会議の前段として，神奈川でロシア・モンゴル・中国・北朝鮮・韓国・台湾・香港・マカオの参加を得て，第1回「東アジア女性フォーラム」が開催された。それに先立ち7月に大阪で「マイノリティ・先住民族女性のつどい」が反差別国際運動日本委員会（IMADR-JC 1990年設立）によって開催され，これを受けて「東アジア女性フォーラム」では「マイノリティ分科会」が開催された[56]。

　1995年北京女性会議では，日本居住のマイノリティ女性がフィリピン・台湾の女性に参加を呼びかけて「アジア・太平洋マイノリティ・先住民族女性ワークショップ」を持ち，それぞれの問題の明確化と連携がはかられた。また1993年にフィリピンで開催された「アジア先住民族女性ネットワーク」会議に，アイヌ女性とオブザーバーとしての被差別部落女性が参加しており，北京会議での「北京先住民族女性宣言」につながった。

　1997年発足の「移住労働者と連帯する全国ネットワーク（以下，移住連）」の中に，1999年，「女性プロジェクト」ができ，2001年8月の「第4回移住連全国フォーラム」で移民女性のDV被害が焦点となり，「女性－DVプロ

ジェクト」に発展，毎年の全国一斉DV（多言語）ホットラインを実施し，2003年から2004年にかけて，各都道府県知事に「外国籍女性への暴力の防止および被害女性の保護に関する要望書」を出すとともに「外国籍女性支援に関する都道府県質問調査」を実施，取りまとめ，DV法改正のロビイング資料とした[57]。

　1999年，日本の（マジョリティ）女性団体は，共同で政府レポートに対するカウンターレポートとして国連に提出する「日本女性差別撤廃条約NGOレポート」を作成したが，その際，マイノリティ女性の視点が欠落しているとの指摘を受け，これに関する修正が加えられた。ニューヨークでは政府レポートに「マイノリティの視点が欠落している」ことを冒頭で指摘した修正バージョンが「世界NGOレポート」の一部として提出された[58]。同年末，2000年の「北京＋5」会議に向けて，IMADR-JCがマイノリティ女性に関する「複合差別ネットワーク」を立ち上げた[59]。翌年6月「北京＋5」に並行して行われたNGOによるグローバルフェミニストシンポジアでは，部落女性・在日コリアン女性・スリランカのマイノリティ女性をパネリストとした「マイノリティ女性ワークショップ」が開かれ，7月に京都で「北京＋5フォローアップ　おんなの集い」を開催，その成果も報告された[60]。

　2001年の「反人種主義・差別撤廃世界会議」の際のNGOフォーラムで「『マイノリティ女性にとっての暴力』の概念の再考」ワークショップが開かれ，南アフリカ，スリランカ，インドのマイノリティ女性に加え日本の被差別部落女性もパネリストとなった。

　2002年には障害者団体DPI（Disabled Peoples' International）日本会議が第6回DPI世界会議札幌大会を開催し，女性障害者のパネルがもたれた[61]。

　2003年の国連女性差別撤廃委員会日本報告書審査に向けては，被差別部落女性・在日コリアン女性，朝鮮学校女子生徒への嫌がらせ，アイヌ民族女性，人身売買被害の外国人女性，障害を持つ女性のそれぞれに関して，カウンターレポートが出されており，特に障害を持つ女性からのレポートは，DVの被害者となる障害女性への言及が2001年法に欠けていたことを指摘した[62]。

　以上ですべてを尽くすわけではないが，こうした多様なマイノリティ女性自身からの問題提起，国際的・国内的ネットワークの拡大，マジョリテ

ィ女性との提携の試み，DV対策を含む日本政府の政策を変革しようという意識的ロビイングが，国内法初の複合差別条項を含む改正DV法につながったと言えるであろう。

### 4－3　外国籍女性

　外国籍女性は，参政権を持たない。また国籍について出生地主義でなく血統主義を取り続けている日本では，3代・4代と居住しても国籍・参政権ともに得られない在日朝鮮韓国人等が在住している。にもかかわらず数少なかった日本の女性国会議員のうちで，外国籍女性の問題に関心を持ち続けてきた者は少なくない[63]。2001年法の制定の際，「保護命令」の導入が最も厳しい争点になったため，同じく法務省所管の外国人女性特有の保護上の問題が宙づりになってしまっていた。しかし2004年改正に外国籍女性の人権保護を入れることは，PTにも異存がなかった。

　外国人女性特有の人権上の問題には2種類ある。ひとつは他のマイノリティ女性にも共通する，貧困，非識字，結婚差別，同化主義と排外主義による疎外[64]であり，DV関連の情報が届きにくく暴力を受けていても「自然なこと／仕方がないこと」と受け止め，何がDVかという認識ができにくいことと，援助に関わる情報にもアクセスが困難であるということ（ニューカマーの場合，特に言語の壁が大きい）である。もうひとつは，ビザなし外国人に関するもので，最も対応が急がれた問題である。不法入国や，滞在期限切れによるオーバーステイのケースと，日本人や永住者（在日朝鮮韓国人等の特別永住者と，他の資格で入国し，永住が認められた一般永住者）の配偶者の資格で在留し，配偶者からDVを受けているが，逆らったり逃げたりするとビザの更新ができなくなるため，加害者のもとを離れにくくなっている（加害者はそこに乗じて暴力をエスカレートさせることも多い）ケースがある。

　すでにビザがない場合，警察・自治体窓口・公立病院に行けば，職員は出入国管理法第62条2項により，出入国管理局への通報が義務づけられており，逮捕収監，強制退去となるため，DV被害に遭ってもこれら機関に援助を求めることができなかった。彼女たちの受け皿となってきたのは，この義務を免れる民間シェルターのHELP，みずら，サーラ等しかなかった。民間シェルターで対応するといっても，財政問題が厳しく，必要な通訳の

確保などについて多くの困難をかかえていた。

　日本人男性・永住者男性と別れたい外国人女性も，同様の困難を意識せざるをえなかった。但しこうした困難なケースの増大に対して，法務省入国管理局は1996年7月に「日本人の実子を扶養する外国人親の取扱いについて」という通達を出し，日本人の未成年かつ未婚の実子（国籍は問わない[65]が，嫡出子でない場合も認知が条件，永住者の子は含まれない）を扶養する場合，在留資格更新の際に「定住者」の在留資格を認めることができるとした（自動的にではない）。それゆえ，DV被害にあっている女性が，日本人男性の実子を連れて逃げることに成功し，その子が連れ戻されていないことが条件になり，子どもの成人や（未成年でも）結婚により取り消される可能性のある，暫定的な措置であった。が，これにより例えば，避難先にある学校に子どもを通わせるために教育委員会に出向いても必ずしも通報・逮捕とはならないケースが出来たわけである。このような前提条件のもとで2001年に外国籍女性に特段の配慮がないDV法が成立したのであった。したがって，都道府県の配偶者暴力相談支援センターも出入国管理法第62条2項を免れず，ビザに問題がある外国人女性の受け皿とはなれなかったのである。

　PTやNPOのロビイングはこの問題に関して法務省に要求を続けた。その結果2003年11月に出入国管理局の「出入国管理及び難民認定法第62条第2項に基づく通報義務の解釈について」という通達が出され，DV被害者に関して，「日本人実子の扶養」という条件なしに，出入国管理局への通報義務を免除できるとされた。

　　　　入管法第62条第2項に基づき，国又は地方公共団体の職員には，その職務を遂行するに当たって，退去強制事由に該当する外国人を知ったときは，通報義務が課せられている。しかし，その通報義務を履行すると当該行政機関に課せられている行政目的が達成できないような例外的な場合には，当該行政機関において通報義務により守られるべき利益と各官署の職務の遂行という公益を比較衡量して，通報するかどうかを個別に判断することも可能である。

　　なお，不法滞在の状態にある配偶者等の暴力の被害者が日本において正規に在留できる状態を回復するためには，入管当局に出頭の上，退去強制手続の中で，法務大臣から在留特別許可を受けるしか方策は

ないので，仮に支援センターにおいて，通報しない場合であっても，在留資格を回復させるため，入管当局への出頭を勧めることが望ましい。

これによって配偶者暴力相談支援センターなどは，個別のケースごとに通報義務を免れることができるようになった。被害者の国籍を問わずその人権を尊重しなければならないという，改正DV法第23条第1項の努力義務の意味するのは，この通達による通報義務の免除に尽きるといえよう。逆に言うと，配偶者暴力相談支援センターや民間シェルターへの通訳の配置，多言語でのDV情報の発信などは，財政措置もないまま各都道府県・市町村にゆだねられ続けているということである[66]。増加する中国人女性や南米出身の日系人女性に対し，多言語的対応をすることを，国が統一的に，予算措置を伴って推進することが強く望まれる。

なお上記通達の名宛人は，入国者収容所長・地方入国管理局長・地方入国管理局支局長となっており，警察や検察は含まれていない。改正DV法施行後2005年7月になって，日本人加害者夫から逃げて民間シェルターに保護されていたタイ人女性が，出入国管理法違反で小金井警察により検察との合意の上で逮捕される事件があった。この女性は，すでに入国管理局に出頭し，特別在留許可の審査を受けている最中であったにも拘わらずである[67]。HELPや移住連，カラカサンなど滞日外国人女性の権利を支援している団体から，厳しい抗議が行われた。一省の一局内の通達一枚では，縦割りの日本行政全体を変えることは出来ないこと，また改正DV法のポイントに関して必要な研修が政府部内で行われていなかったことが明らかとなった。

日本の行政は，すでに述べたように女性比率16.0％と非常に男性に偏った組織である。警察では，4.8％にすぎないが，女性への暴力に関心が強まり警察の対応が求められ始めた1990年には僅か2.0％であったものが，倍増してさえ，この水準なのである。なお女性比率ばかりが組織の「家父長制の度合い」を決めるものではない。入国管理局をふくむ法務省は，近年の出入国行政や矯正行政へのニーズの高まりによって1989年に比して定員が倍増しており，女性職員比率は約3割に上る[68]。しかし，地方出先が多く，新規採用者の比率が高く，霞ヶ関での意思決定への参加は非常に限定されていると想像される[69]。日本人や永住者の妻として在住する外国人女

性には，私的家父長制と，それに逆らうことを押しとどめるように入国管理行政や警察といった公的強制力を持つ家父長制とが，単純労働ではビザを出さない政策をとる日本では一層強くおおいかぶさっているのである。改正DV法第23条第1項の外国籍女性の人権への配慮が，双方に風穴を開けていく端緒となることが，強く求められる。

なお外国人DV被害者が受ける二次被害で特徴的なのは，「被害を受けたのならば，なぜ帰国しないのか」と言う対応を，警察や入国管理，自治体機関（福祉・教育・医療・住宅関係等）で受けることである。帰国しても経済的にサバイバルできないからこそ，言語を取得し始め，家族以外にもつながりができつつある日本に石にかじりついてでも居たいのである。また，日本の学校に通う子どもをつれて急に外国に出た場合の適応の問題や，逆に連れ出せなかった場合の暴力的夫の下に留まる子どもの安全への懸念も，出国したくない大きな理由となっている。配偶者暴力担当部局のみならず，すべての行政部局において，拡大する南北経済格差をふまえつつ外国人女性の人権尊重に本当に必要なことは何なのか，きちんとした研修が求められるし，またそれを進める行政トップのリーダーシップが求められる[70]。

### 4－4　障害のある女性

障害のある女性特有の人権上の問題を4つに整理したい。ひとつは他のマイノリティ女性にも共通する，貧困，非識字およびないしまたは低い学歴，結婚差別，社会からの排除であり，DV関連の情報が届きにくく暴力を受けていてもDVだという認識ができにくいことと，援助に関わる情報にもアクセスが困難であるということである。視覚障害者のための音声情報や点字情報，聴覚障害者のためのファックス，Eメール，手話による情報提供，知的障害者のための簡単な言葉による情報提供等が求められる。一時保護施設においてもそのようなスキルや配慮が求められる。

また，障害のある女性は，「女は家に」という家父長的イデオロギーのもとでは，障害のある男性以上に社会との接点を失いがちである（排除）。しかも男性パートナーが居る場合，彼に障害があってもなくても，世帯を代表した社会との情報のやりとりは彼が担うことになりがちである。ところがDV被害があると，この接点である男性が加害者となるのである。彼は，

女性が逃げたり権利を主張したりするための情報を受け取ろうとはしないし，仮に受け取ったとしても被害女性に渡らないようにする。障害のあるDV被害女性は，どこにどのように求援すればいいかわからない状況におかれ，彼女達を排除している社会の側は，そこに被害者が居ることに気づきにくい。特段の配慮があって初めてマジョリティ女性と同様のアクセスが保障されるのである。もっともすべての行政情報がすでに音声・点字・ファックス・手話・IT・平易な言葉で発信されているのならば，DVに関してのみ「障害の有無にかかわらず」という条項が必要な度合いが低くなる。この条項の必要性の高さは，日本社会で障害者のノーマライゼーションが進んでいない証左でもある。

また一時保護施設は，都道府県立の場合は，売春防止法上のものを受け継いでいる場合が多く，民間シェルターは，「見つかりにくい」ということを意識して設置されたり財政上の制約が強かったりするため，狭い道に面していたり，階段を上がらなければならないところにあったりする。身体に障害を抱える女性には，バリアが高いのである。マジョリティの被害女性の高齢化も考慮して，バリア・フリーの設置・設備が望まれる。しかしこの点も国の予算措置は，一般的な一時保護のための特別交付金以外に講じられていない。

障害のあるDV被害女性のあいやすい二次被害に，行政のたらい回しがある。DV被害ということを考慮しないで，障害者担当の福祉部局に回されがちで，その部局の職員は多くの場合DVに関する知識を十分には持っていない。「障害女性と暮らしてくれる男性が相手なのだから，あなたが我慢すればよい」といった，初歩的な誤った対応を行うことも少なくない。バリアの少ない障害者施設への入居を進められることもあるが，シェルターと異なり所番地の明らかな公立の障害者施設は，加害男性が発見し連れ戻したり逃げたことへの報復に来たりすることが容易である。被害当事者にはアクセスしやすく，加害者にはアクセス出来ないような施設が必要なのである。

このように，「障害の有無にかかわらず」という条項も，強力な研修体制や情報発信や，一時保護施設の改修・増築を可能とするような予算措置を伴わなければ意味が薄れるものなのである。しかしそれらの対応が実現されれば，二重に「家（または施設）にとどまれ」という圧力に直面してい

る障害のある女性の暴力からの解放に，道筋が付けられるであろう。

### 4－5　性的マイノリティ

性的マイノリティへの配慮の欠如に関しては，あまり言及されてこなかった[71]。この点は2004年法改正でも触れられておらず，放置されていること自体が大問題である。なお，「ストーカー規制法」では規制対象に関する規定が「特定の者に対する恋愛感情その他の好意の感情又はそれが満たされなかったことに対する怨恨の感情を充足する目的」となっており，「異性間」に限定していないので，性的マイノリティのDV被害の防止に利用できないことはない。しかし同法が被害者から利用しにくいという問題が依然存在する[72]。

日本において第2波フェミニズム初頭に「家父長制（批判）」という問題が立たなかった点は本稿1で述べたが，日本のフェミニズムにおいて，既存の社会が「異性愛を強制している」という視点が弱かったこともこれに関連している。欧米では，もともと同性への性的指向を持つ女性が異性愛指向の女性以上に差別されてきたことも問題となった。女性の経済的立場の弱さが男性と結婚生活を営むことを強制しており，逆に相対的に経済力のある男性と結婚生活を営むことが「当然」とされているので，女性には「家計補助的低賃金」しか払われないという悪循環が存在していることも指摘された。それゆえ女性の解放は，「性的関係も含めて意識的に男性を排除した生活を営む」ことによるという「政治的な理由によるレズビアン」も登場した。しかし日本では，レズビアン・フェミニズムは弱く，欧米でのようにフェミニズム運動の前衛を占めるには到らなかった[73]。

これは，日本ではマルクス主義の影響が強く，「一夫一婦制」への批判が，1970年代にはエンゲルスの『家族・国家・私有財産の起源』に沿って（異性間の）乱婚を指向するものであったことに加え，むしろ，既存文化内の「女＝母性」という決めつけが欧米以上に強く，女性による「産む・産まないの自己決定」の主張のために大きく力をさかなければならなかったことも影響しているだろう。

1995年の北京世界女性会議以前から，日本でもマイノリティ女性の独自の主張が強まり，既述のように2000年のニューヨーク「北京プラス5」，2001年ダーバン反人種主義・差別撤廃世界会議等に向けて，被差別部落，

アイヌ，琉球，在日コリアン，外国籍，障害などの主として出自にかかわるマイノリティ女性がおかれている状況に注目がなされてきた。しかし性的指向に関わるマイノリティ女性への注目は僅かである。この事情についてIMADR-JCの熊本理抄は，国連でもこの問題はタブー化している点を指摘しており[74]，国連がらみの「外圧」で動くことが少なくない日本のマジョリティの運動や政府の視野からは，はずれてしまいがちだと言えよう。

なお国内では「性的マイノリティ」のなかでも「性同一性障害」に関しては急速に関心が高まり，「性同一性障害者の性別の取扱いの特例に関する法律」が2003年7月に制定された。が，これは，「保険証に書かれた性別と見かけの性別＝自分がそうありたい性別とが違っていると，本人と信用してもらえず，医者にもかかれない」という主張が，パターナリスティックな国会議員の心を動かして成立した（一定の条件付きでの戸籍上の性別変更）。これに対し「同性愛者の権利」の主張は家父長的心性と正面衝突するため，立法に盛り込まれるには相当の困難が予想される。

また，同じ同性愛でも，男性同性愛者に比して女性同性愛者は経済力をはじめ社会的立場が弱い。そこでDVがあった場合，女性が女性を告発することになる。同性愛に理解のない日本の行政が対応する場合，救済よりも二次被害をもたらすことが大きく懸念される。また，「同性愛への偏見を強める」ことを恐れて，被害当事者が名乗り出ていないことが想定される。にもかかわらず，こうした弱い立場にあるからこそ，「国籍，障害の有無」のみならず，「性的指向の如何にかかわらず」ということも法的文言に書かれる必要性が高いと言える。他方で「同性カップル」の存在を認めるような文言は，「配偶者間暴力」という異性愛を暗黙のうちに――それゆえ，より強力に――想定している，DV法の基本的構えと衝突するので，受け入れられない可能性も高い[75]。

## まとめ

DV被害者は，私的家父長支配によって平等でない扱いをうけているとともに，それによる人権侵害を有効に阻止できない国家という公的家父長機構からも不平等な扱いを受けている。逆にそれを阻止し得るならば，この国家は「家父長制色の薄まった，自由・平等という原則に最も近く運営されている機構」だということができるであろう。男性刑法学者による「警

察はそもそも私人の権利を侵すおそれのあるものだから, 家庭への介入は極力消極的に留めるべきだ」という「民事不介入」擁護論は, 今日ではDVという私的家父長制による加害の放置を擁護する, 最も家父長主義的な議論ということができる。

　日本では性暴力への処罰が軽い明治以来の刑法の伝統が継続してきた。強盗罪が5年以上であるのに対し, 強姦罪で　従来6カ月以上7年以下, 2004年改正でようやく6カ月以上10年以下となった。集団強姦罪も最近新設されたばかりである。保護法益論もようやく「善良な風俗」から「女性の性の自己決定権や身体の権利」へと推移してきた[76]が,「家父長制」から自由・平等な社会の主体として女性を守るという観点から論じたものは, 今のところ見受けていない。

　「性別役割分業」という言葉では, 性暴力を取り締まる刑法やDV罪を新設するべきかどうかということは論じられないのである。また,「男女共同参画」という甘ったるい言葉でも, 凶器をもってパートナーを襲うDV加害者から警官が身を挺して被害者を守る[77]とか, 冷酷な言葉でパートナーにPTSDを与えた加害者を, それ故に罰する（日本では実現されていない事例）とかといった, 強制力を伴った対策が必要だということがクリアーには見えてこない。「ジェンダー平等」を阻むものは, 男女の異なった扱いではなく, 女性を圧倒的に不利にしている, ジェンダーの不均衡に満ちた支配の構造なのである。

　マイノリティの女性は, その不均衡が幾重にも重なった場所にいるがゆえに, マジョリティ女性が体験したり想像したり出来ない害を被っているが, 彼女達が明らかにしているのは, マジョリティ女性はマジョリティ男性に対して不利な側に押しやられているとともに, マイノリティ女性に対しては有利な場所というパラドキシカルな位置にいるということである。また日本在住のマイノリティ女性は,「南」の女性達に対しては自らは有利な場所にいるというパラドックスに気づきつつある[78]。

　グローバリゼーションの時代に求められているのは, グローバルで幾重にも重なるジェンダーの不均衡への気づきと, それへの是正の意志と行動である。そしてその担い手は, 本来ならば「被害者」とされる女性, とりわけマイノリティ女性ではない。二重三重の支配を加え, 支配者の立場を享受しているがゆえに不均衡の存在に気づかないで居られる, マジョリテ

ィ男性の側である。「名誉白人」とも呼ばれる日本人のマジョリティ男性は，ジェンダー平等という問題に対して，どのような立ち位置をとるのであろうか。一定規模の企業の一定の地位についていた／つくことを期待されていたがゆえに「マジョリティであること」に気づかないで来たのに，グローバリゼーションと連動した企業の再編の中で，様々な地位を失うという危機感にかられた男性達の一部は，何人かの女性をも隊列に加えては，「ジェンダー（フリー）バッシング」に血道を上げている。彼らをクールダウンさせ，マジョリティ女性のみならず，マイノリティ男性やマイノリティ女性との連携の必要性に気づかせるために，「日本の政治学に期待されているもの」に対し，本巻が示唆を与えるものであることを祈って止まない。

（１）　正式名称は，「配偶者からの暴力の防止及び被害者の保護に関する法律」。
（２）　中年白人中間層主婦からの反乱は，ベティ・フリーダン『新しい女性の創造（原著：Feminin Mithtique: 1963）』改訂版，大和書房，2004を参照。若い白人高学歴シングル女性の反乱に関しては，シュラミス・ファイアーストーン『性の弁証法』評論社，1972，ケイト・ミレット『性の政治学』ドメス出版，1985を参照。
（３）　藤枝澪子「ウーマン・リブ」朝日ジャーナル編『女の戦後史Ⅲ』朝日新聞社，1985，参照。
（４）　欧米では専業主婦という女性の生活形態が中間層の増加とともに1920年代に普及し，「家電に囲まれた家庭の主人公」としてのその「幸福な面」が注目されたが，社会との直接の接点を断たれて疎外された存在としての「幸福ではない側面」が隠されていたことに対し，戦後生まれのベビーブーマー達が20歳前後に達した1968年頃から批判が進んだ。これに比して日本では，高度経済成長を経て「幸福な専業主婦の第１世代」になったのがベビーブーマー女性達であった。主婦としての生き方は，農家の嫁，商家のおかみさんとしての自分達の母親の苦労からの解放を意味し，それへのあこがれや肯定感は，ウーマン・リブが叫んだ「女性として生き方を規制されることへの反感」を大いに上回った。
（５）　ベル・フックス『ブラック・フェミニストの主張―周縁から中心へ』勁草書房，1997などを参照。
（６）　富岡妙子「レズビアン・フェミニズム」江原由美子・金井淑子編著『ワードマップ・フェミニズム』新曜社，1997などを参照。
（７）　北と南の女性達の利害の相違に関して，先進国の女性達が鈍感なこと

に対する批判は，1975年のメキシコ・シティでの第1回世界女性会議の場でも提出され（例えば，ドミティーラ『私にも話させて』1984，現代企画室），グローバルなフェミニズムを考える際，非常に大きなイッシューとなっている。
( 8 )　鄭暎恵「フェミニズムのなかのレイシズム」前掲，江原・金井編著，所収など。
( 9 )　松井やよりの仕事などを参照のこと。
(10)　親密な（すなわち性的関係にある）パートナー間の暴力。大半は男性が加害者で女性が被害者だが，同性間カップルにおいてもDVは存在する。一般に身体的暴力のみならず，精神的暴力・経済的暴力（妻を働きに出さない，少額しか生活費を渡さない，しかも「俺が養ってやっている」と主張して反論を許さないなど）・性的暴力（妻が望まないのに性関係を強要する，望まない形で強要する，妻が見たくないポルノ映像を見せる，避妊に協力しないなど）を含む。とりあえず，沼崎一郎「愛と暴力――ドメスティック・バイオレンスから問う親密圏の関係倫理」『岩波応用倫理学講義5愛/性』岩波書店，2004，参照。
(11)　いつ何人子供を産むか産まないかに関して，妊娠・出産の当事者である女性が決定できること。具体的には，避妊や人工妊娠中絶が，合法的で安全・確実でアクセス容易であることを指す。1999年まで低容量経口避妊薬ピルが認可されず，現在の母体保護法でも女性が中絶を受ける際に配偶者の同意を条件としている日本の事態は，のちに述べる「北京プラットフォーム」違反でもある。
　　優生保護法のもつ人権侵害的側面に関して参照，優生手術に対する謝罪を求める会編，優生保護法が犯した罪，現代書館，2003。
(12)　岩本美砂子「日本」（『ジェンダーに関するナショナル・マシナリーの比較研究』2003－4年度科学研究費研究報告書，2005）参照。改稿して「日本におけるジェンダーに関するナショナル・マシナリーの問題」として，『法経論叢（三重大学）』24巻2号，2007．に掲載予定。
(13)　日本では1985年設立の「東京強姦救援センター」があるが，各都市にレイプ救援センターがあって当たり前という状況には，とうてい及ばない。また日本における1970年代の刑法改正案作りにおいては，法制審議会の部会委員が全員男性であったことからも分かるように，西欧や北米のような，性暴力犯罪の厳罰化は含まれず，現在においても強姦罪の刑罰は強盗罪のそれより軽い。2000年の部分的な改正により，性犯罪の被害者が告訴しないと捜査・逮捕・送検しないという「親告」の仕組みに設けられていた6カ月というあまりに短い期間制限だけは，撤廃された。
(14)　妻の実家や友人宅など，加害者である夫が知っている場所に逃げた場

合，突き止められ一層の暴力被害にあうので（「よくも逃げたな」），場所を公にしないで被害女性を匿う施設が不可欠である。1995年の北京世界女性会議前後に，国内シェルターは約30カ所と言われていたが，2006年現在，ようやく100カ所を越えたと推計されている。

(15) 被害者が逃げた先に加害者が立ち回り，脅したり連れ戻したりすることを防ぐ「接近禁止命令」と，「一つ屋根の下」にいるからこそ被害者は暴力を免れないので，夫が所有していたり賃貸契約を結んでいたりする住居からでも彼を一定期間排除する「退去命令」からなる。日本では別途加害者への審尋なしの「緊急命令」は設定されていない。

(16) 韓国は特に，1987年の民主化以降，女性の権利推進が政権の正統性をバックアップするものとされた。DV防止法は「家庭暴力犯罪の処罰等に関する特例法」および「家庭内暴力防止および被害者保護等に関する法律」。庄司洋子・波多野あい子・原ひろ子編著『ドメスティック・バイオレンス――日本・韓国比較研究』明石書店，2003，参照。

さらに2004年の国会議員選挙（一院）に当たって，小選挙区比例代表並立制の比例部分では各党に女性候補を半数にするよう選挙法で義務付け，その結果299議席のうち39議席を女性が占めて13％となり，日本の衆議院を追い抜いた。

(17) 戒能民江「台湾家庭暴力防止法から学ぶ」戒能民江編著『ドメスティック・バイオレンス防止法』尚学社，2001，参照。
(18) 東京都生活文化局『「女性に対する暴力」調査報告書』1998。
(19) 「夫（恋人）からの暴力」調査研究会『ドメスティック・バイオレンス』有斐閣，初版1998，新装版2002，参照。
(20) 戒能民江「DV防止法の成立」前掲戒能編，7頁。
(21) http://www.gender.go.jp/e-vaw/reporttop.htm.
(22) 堂本暁子『堂本暁子のDV最前線』新水社，2003，p.129。
(23) 表1　DVプロジェクトチームのメンバー

| 自民党・保守党 | 民主党・新緑風会 | 公明党 | 共産党 | 社民党・護憲連合 | 無所属の会 |
|---|---|---|---|---|---|
| 南野知恵子・有馬朗人（交替）仲道俊哉 | 小宮山洋子・竹村泰子 | 大森礼子・但馬久美 | 林紀子・八田ひろ子 | 清水澄子・福島瑞穂 | 堂本暁子（交替）高橋紀世子 |

(24) 南野知恵子・小宮山洋子・大森礼子・林紀子・福島瑞穂・堂本暁子『詳解ドメスティック・バイオレンス防止法』（ぎょうせい，2001），前掲戒能編，福島瑞穂『使いこなそう！ドメスティック・バイオレンス防止法』（明石書店，2001），戒能民江『ドメスティック・バイオレンス』（不磨書

房，2002)，前掲堂本のほか，岩本美砂子「日本のドメスティック・バイオレンス防止法（2001年）制定をめぐる政治過程」『法経論叢（三重大学)』23巻1号，2005，参照。
(25) 自民党総裁選で勝利した小泉が首相になることは，自民党シニア男性議員としては例外的に女性の権利に理解が深かった経世会の野中広務が幹事長の座を去ることを意味した。それゆえDV法は，「小泉内閣に変わる前に」成立させなければならないものであった。岩本同上，特に注22参照。
(26) 各都道府県に最低1カ所はある婦人相談所と一時保護施設は，もともと1956年の「売春防止法」によって必置となっており，旧厚生省の所管である。被害女性の生活再建に際しての雇用問題に関しては，旧労働省の所管である。
(27) 自治体を管轄するほか，2002年までは地域改善対策特定事業法を所管しており，門地による差別を受ける被差別部落出身の女性がDV問題でも，差別に起因する非識字，デジタルデバイド，学歴の低さや所得の低さによって特段の困難にある時は，同省が対応すると考えられる。
(28) DV対応の法律をどのようなものにするか，違反者処罰を含む法整備一般に加え，外国籍の女性のDV被害が深刻になりがちなことは，同省が所管する出入国管理行政に関連している。
(29) DV被害女性の落ち着き先として公営住宅への優先入居などに関係する。さらに，本稿で詳しく触れないが，アイヌ民族の問題は，国土交通省に合併された旧北海道開発庁の担当である。アイヌ民族の女性は，民族差別に加え，男性を下回る所得の低さ（就職差別・学歴が関係する）や学歴の低さ（親の所得の問題のほか，学校でいじめにあい登校できないケースなどを含む)，特に高齢女性の非識字から，自己の蓄えの少なさやDV被害者援助情報へのアクセスの困難など，マジョリティ女性よりも被害が深刻になりがちな状況にある。
(30) 前掲南野ほか，33－34頁，前掲戒能編，14－17頁，前掲福島，71－72頁，前掲堂本，136－39頁，前掲戒能，70－72頁，参照。
(31) 「ストーカー規制法」における警告や禁止命令が，行政機関としての警察・公安委員会が判断し警察が命令の執行を行うのであり，司法機関が判断を行わない点で恣意に流れる危険性が大きいことは，例えば，戒能前掲（148－50頁）が指摘している。DV法の裁判所による保護命令に比して公安委員会が発令するストーカーへの禁止命令は件数が著しく少なく，潜在している被害者の保護に欠ける可能性が高いことは，長谷川京子（「実務から見たDV問題とDV防止法の課題」『民商法雑誌』129巻4／5号，26－27頁）も指摘している。
(32) 同法の成立過程におけるPTの活動は，前掲南野他17頁にまとめられ

(33) すでに述べたように，身体的暴力はDVの一部に過ぎないし，その怖れだけでは足りずすでに暴力を受けていることが2001年，2004年法の保護命令の発令条件になっていることも問題である（2003年国連女性差別撤廃委員会が，DV法の暴力概念に，身体的暴力以外の暴力も含めるように勧告している）。なおかつ，裁判所に申し立てる前に，警察か都道府県配偶者暴力相談支援センターへの相談ないし，公証人面前での陳述を経ていることが条件とされていた。

(34) 北欧で，女性の労働力化と国家による福祉の整備が同時に進んだ際，女性は私的ケアの担い手から公的ケアの担い手（低賃金，決定に参加できない）にシフトしたにすぎず，私的家父長制の支え手から公的家父長制の支え手になったにすぎない，という消極的な評価もあった。

(35) 2004年に国立大学が独立行政法人化される前に，約20％であった。現在はここから，国立大学付属学校の女性教員や，国立大学医学部付属病院の女性看護師が抜けている。16.0％は，http://www.jinji.go.jp/saiyo/jyosei/fusho-zaisyoku.htm より計算。国立病院の分離が進めばこの比率はもっと下がるはずである。他国では，ニュー・パブリック・マネジメントが進行し，福祉・教育部門の切り離しが進む前は，民間セクターより国家公務員のほうが女性比率が高い傾向にあったため，40％を越えるところも少なくなかった（『平成13年度版公務員白書』）。

(36) Cf. Dorothy M. Stetson & Amy Mazur eds., "Comparative State Feminism", Sage, 1995. 同書は，米・加・仏・英・独・伊・蘭・スウェーデン・アイルランド・オーストラリア・デンマーク・ポーランド・スペインのナショナル・マシナリーを比較したものである。同書の翻訳は，岩本美砂子・田中和子・横山文野『ジェンダーに関するナショナル・マシナリーの比較研究（2003年度科学研究費報告書）』の前半。なお，同書刊行以降，新保守主義からのバックラッシュで，縮小や廃止を余儀なくされた機関もあるが，ナショナル・マシナリーへの関心が低い日本においては十分フォローされていない。

(37) 議席の割り当てのことで，「1／4」とは無関係。岩本美砂子「女性の政治的代表は世界でどのように論じられているか——クォータ制を手がかりに」『東北大学21世紀COEプログラム「男女共同参画の法と政策——ジェンダー法・政策研究センター」研究年報』2005年2巻1号，参照。

(38) 独立行政法人国立女性教育会館『男女共同参画　統計データブック2006』2006，ぎょうせい，174頁。

(39) Cf., Julie Dolan & David H. Rosenbloom eds., "Representative Bureaucracy", M.E. Sharp, 2003.

(40) 岩本美砂子「女のいない政治過程——日本の55年体制における政策決定を中心に」『女性学』vol. 5, 1997, とくに4章参照。
(41) ここでは，選択的夫婦別姓問題を想起されたい。1996年に法制審議会で民法の改正要綱まで準備されたが，与党審議の過程で自民党のシニア男性議員の反対にあって閣議に回すことができなくなったままである。現在も自民党内にも何人かの女性議員を中心に改正に賛成する議員がいるが，野党からの議員提案には党議拘束によって賛成できず，自分たちで議員提案することも所属会派の承認がないので不可能となっている（これは法律で義務づけられているわけではない）。党議をはずして単純に議員数で考えると，自民党男性議員にも賛成者はいるので，賛成のほうが多数かも知れないが，立法には到っていない。
(42) これが同形態で繰り返されたときには，「ストーカー規制法」の禁止命令対象となるが，DV加害者が同じ形で脅迫を繰り返すとは限らず，また這々の体で逃げ出したDV被害者に，裁判所への保護命令申し立てに加えて，警察・公安委員会への禁止命令を要請する（裁判所への申し立てと異なって，発令の検討を開始する義務はなく，カラ振りになる可能性が高い）ことを求めるのは，まったく現実的配慮を欠いていると言える。
(43) こうした関係の場合，「ストーカー規制法」で対応できると説明された。
(44) 参議院共生社会調査会，2002年11月27日，12月11日，2003年2月5日，2月12日，4月2日，5月7日，2004年2月18日，2月25日，3月3日，5月12日（以上は障害者をテーマとしたものだが，改正DV法に障害者への配慮条項が入る地ならしをしたとも考えられる。また同調査会では，2001年DV法成立以前にも外国人DV被害者について論じていた——1999年4月19日・2000年4月17日——）。2003年2月26日（児童に関するものだが，DV被害者の子どもにも触れている），2003年4月16日（DVに関し原田恵理子，戒能民江，大津恵子参考人），2003年7月28日，2004年2月10日（南野知恵子PT代表より改正骨子説明，可決），2004年3月25日，衆議院法務委員会2001年11月16日（裁判官の養成に関するもので，DVに関する研修にも触れている），2001年10月03日（治安に関するもので，DVへの対応などで女性警察官の増員に触れている），2003年02月25日（治安・人権擁護に関するもので，DVに触れている），2003年4月9日（裁判員制度導入に関して，DVについての意識に触れている），2003年5月26日（改正DV法審議：議員立法のため，参議院共生社会調査会PTが答弁者）。
(45) 南野知恵子・神本美恵子・山本香苗・吉川春子・福島瑞穂『詳解改正DV防止法』（ぎょうせい，2004）p. 39–42。同書は「小委員会」ではなくPT方式にしたために，議事録が残らなかった（これをNPOと機動的に協働できたと肯定的に評価するメンバーと，公式性を犠牲にし過ぎたと否定

的に評価するメンバーがいる）代替と位置づけられている。前掲南野他2001も同趣旨である。
(46) この項目と回答については，DV法を改正しよう全国ネットワーク編著『女性たちが変えたDV法——国会が当事者に門を開いた365日』（新水社，2006，巻末付録CD-ROM所収）。
(47) この言葉は，1998年成立の特定非営利活動促進法（通称NPO法）導入の際，自民党の加藤紘一や社民党の辻元清美といった国会議員のほか，NPO自体が関与したことを指して用いられたのが初めである。また南野他2004，p.42では，PTの協議の経過について「このような成果を上げることができたのは，被害を受けた当事者の方々や，その保護・支援のために日夜活動されてきた民間団体関係者の後押しを得て，超党派で新たな制度・施策を実現しようと結集されたメンバーの力によるものです」と述べている（傍点＝引用者）。戒能民江編著『DV防止とこれからの被害当事者支援』ミネルヴァ書房，2006，p.106-109。前掲DV法を改正しよう全国ネットワーク編著のサブタイトル「国会が当事者に門を開いた365日」にも，そのことが強く意識されている。
(48) 2004年3月25日，共生社会調査会および，5月26日衆議院法務委員会におけるPT座長南野知恵子の発言，前掲戒能編著2006，108-118頁，参照。
(49) IMADR-JCマイノリティ女性に対する複合差別プロジェクトチーム『マイノリティ女性の視点を政策に！社会に！——女性差別撤廃委員会日本報告書審査を通して——』解放出版社，2003，18頁。
(50) 反差別国際運動日本委員会『マイノリティ女性が世界を変える！——マイノリティ女性に対する複合差別——』解放出版社，2001，279頁。
(51) 「北京プラス5　成果文書・抄訳」同上，266-273頁。
(52) 「北京プラス5において採択された国際先住民族女性フォーラム宣言」同上，274-278頁。
(53) 361．委員会は，締約国による，女性に対する暴力を扱う法律やその他の施策を認識する一方で，女性や女児に対する暴力の横行及び既存の公的機関に援助を求めることに女性にためらいがあることについて懸念を有する。委員会は，「配偶者暴力防止法」が，現在のところ，身体的暴力以外の形態の暴力を対象としていないことに懸念を有する。委員会は，また，強姦に対する罰則が比較的寛大であること，近親姦が刑法において明確に犯罪と定義されておらず，様々な処罰規定の下で間接的に扱われていることに懸念を有する。委員会は，更に，ドメスティック・バイオレンスを受けており，かつ入国管理上の地位が配偶者との同居に依存している外国人女性の特有な状況に懸念を有する。委員会は，強制退去への恐れが，そうした女性が援助を求めたり，別居や離婚といった措置を講じる妨げとなり

得ることに懸念を有する……。

　362．委員会は，ドメスティック・バイオレンス……を受けて別居している外国人妻の在留許可の取り消しは，その措置が当該女性に与える影響について十分に評価した後でのみなされることを勧告する……。

　365．委員会は，報告に日本のマイノリティ女性の状況についての情報が欠如していることに懸念を表明する。委員会は，これらの女性グループが教育，雇用，健康，社会福祉，暴力被害の面で，彼らの共同体内も含め，直面している複合的な形態の差別や周縁化に懸念を表明する。内閣府男女共同参画局による仮訳より（http://www.gender.go.jp/teppai/4th5th-comment.pdf）。

(54) 安積遊歩『車イスからの宣戦布告—私がしあわせであるために私は政治的になる』太郎次郎社，1999参照。

(55) これは議員立法でなされたが，与党が合意している場合「委員長提案」となり，一切の審議なしに参院厚生委員会→参院本会議→衆院厚生委員会→衆院本会議とスピード採決された。改正自体には賛成だった女性参議院議員6名は本会議を欠席し，「民主主義＝審議の欠如」に抗議した。この時の経験が学習となって，議員立法であるDV法案，改正DV法案に関して審議を抜かない配慮がなされた。

(56) 「第1回東アジア女性フォーラムにおける日本のマイノリティ女性の主張」前掲IMADR-JCマイノリティ女性に対する複合差別プロジェクトチーム，243−252頁。ここでは，在日韓国・朝鮮人女性，アイヌ民族女性，外国人労働者，被差別部落女性，障害を持つ女性，女を愛する女性（レズビアン）が取り上げられている。

(57) 移住労働者と連帯する全国ネットワーク『ドメスティック・バイオレンスと人身売買』現代人文社，2004，参照。稲葉奈々子「国際人権基準と日本における移住者の権利保障の現状」（『部落解放 増刊号 反人種主義・差別撤廃世界会議と日本』2002年502号），同「女性の権利」（移住連編『「多民族・多文化共生社会」に向けて』2002年版），同「移住女性の権利保障——〔国連〕宣言と行動計画から考える」（前掲IMADR-JCマイノリティ女性に対する複合差別プロジェクトチーム）において，外国人女性のDV被害についての，それまでの日本政府における女性政策DV政策からの抜け落ちを批判している。

(58) 松本めぐみ「世界会議と部落女性」，同上，177−8頁。

(59) IMADR-JC「北京＋5に向けて作成したレポートのイントロより——日本におけるマイノリティ女性に対する複合差別」同上，p. 258。同書にはその成果として，在日コリアン，アイヌ民族，被差別部落出身者，野宿者，沖縄，障害，滞日外国人といった女性グループからのレポートが掲載され

(60) 同上261－265頁。
(61) DPI日本会議＋2002年第6回DPI世界会議札幌大会組織委員会編『世界の障害者　われら自身の声――第6回DPI世界会議札幌大会報告集』現代書館，2003，とくに425－475頁が女性・虐待問題。DPIは1981年創設，1985年から女性問題常設委員会設置。ダイアン・ドリージャー『国際的障害者運動の誕生』エンパワソント研究所，2000。
(62) 前掲IMADR-JCマイノリティ女性に対する複合差別プロジェクトチーム，144－157頁。
(63) よく知られているのは，国籍法による日本国籍の継承が，父が日本人の場合のみ認められていて母が日本人の場合に認められていなかったという差別に，女性差別撤廃条約批准のために改正が行われる（1984年）かなり以前から，土井たか子達が関心を持って法務省に働きかけていたことだ。
(64) 武者小路公秀「『北京＋5』から2001年反人種主義・差別撤廃世界会議へ」前掲反差別国際運動日本委員会，3頁。
(65) 従来，日本人父の非嫡出子に日本国籍が与えられるためには，「胎児認知」というほとんど知られていない手続きが必要であった。なお2006年3月29日最高裁判決を参照。（日本人男性とフィリピン人女性との間に生まれ，出生当時父母が結婚しておらず胎児認知もされていなかったため日本国籍が取得できなかった9人の日比ハーフの子供たちが，出生後に父から認知を受け国籍取得届を提出したところ，国籍法3条1項の準正要件を備えていないという理由で，日本国籍の取得が認められなかった。そこで，両親が結婚していないからと言って日本国籍を認めないのは憲法14条の法の下の平等に反するなどとして2005年4月に東京地裁に訴えていた。そして最高裁判決で，原告の子供たちが勝訴し，子供たちの日本国籍が認められた）。
(66) 例えば山形市は，同地方に多い外国人妻に対応するため，定期的な英語・タガログ語・韓国朝鮮語・中国語での女性生活相談電話事業を行っている。
(67) 朝日新聞，2006年3月24日。
(68) 法務省大臣官房任用課よりの電話での聞き取り，2006年7月25日。局別や採用区分，等級別の男女比は把握していないというが，このこと自体が驚きで，法務省のジェンダー感覚を疑わせる。
(69) 2006年8月版の『国会便覧』を手がかりに，氏名が記してあるおおよそ課長級以上の職員の女性比率を調べてみた。氏名から性別が判然としないケースについては，省に確認した。法務省では，大臣・副大臣・政務官・大臣秘書官（政務）を除く83名のうち女性は2人で2.4％，公安調査庁と

最高検察庁を加えると128名中 3 名2.3％である。女性キャリアの採用が比較的多かった厚生労働省では，138名中 6 名で4.3％である。

(70) 鳥取県の DV 防止基本計画が，リーディング・ケースである。これに対し例えば内閣府男女共同参画局の「第 4 回・第 5 回報告審査に関する女子差別撤廃委員会からの質問事項に対する回答」のうち外国人の医療に関しての回答「我が国の病院，診療所等の医療機関については，基本的に，誰でも，いかなる医療機関においても受診することが可能である。また，医師個人についても，医師法において応招義務規定が設けられており，国籍による区別，あるいは入管法違反の有無による区別も行われていない。したがって，医療の提供体制については，いかなる外国人に対しても，日本人と平等に開かれているということができる」http://www.gender.go.jp/teppai/res-4th5th.pdf 20頁は，「在留資格によって医療保険が使えない」ということへの外国人女性被害者からの異議申し立てに全く応えていない。「保健のない日本人とは平等（！）」とでも書くべき所である。

(71) 前掲戒能民江編著2006，175頁。

(72) 注32，43を参照。

(73) 溝口明代・三木草子・佐伯洋子編の『資料 日本ウーマンリブ史Ⅰ・Ⅱ・Ⅲ』1992，94，95，松香堂は，総計1222ページに及ぶ大部なものだが，女性同性愛からの主張は少なく（Ⅲ，63－64，238－248，272，304－305頁など），「レズビアン・フェミニズム」という項目さえ立っていない。

(74) 熊本理抄「ジェンダーと人種差別の『交差』＝『複合差別』」『部落解放 増刊号 反人種主義・差別撤廃世界会議と日本』2002年 502号，p. 193。前掲 IMADR-JC マイノリティ女性に対する複合差別プロジェクトチーム，p. 194。リプロダクティブ・ライツに対しても，カソリックとイスラム勢力からの反発が著しく，1995年の北京会議ではリプロダクティブ・ライツは行動綱領に盛り込めたが，セクシュアル・ライツ（性的指向の自由）は盛り込めなかった。2005年に「世界女性会議」が設定されなかったのは，ブッシュ政権下保守化した合衆国政府もリプロダクティブ・ライツやセクシュアル・ライツに反発を強めており，何らかの宣言を出せば，1995年のものより後退することが懸念されたからでもあった。

(75) この課題について，鳥取県は「上乗せ・横出し」対応をし，前掲同県の DV 防止基本計画では「保護対象を配偶者以外の者（恋人，親，兄弟等）から暴力を受けた被害者に拡充」するとしている（2004年12月 2 日「配偶者等からの暴力防止及び被害者支援計画」19頁）。
　　こうした条項であれば，同性カップルや同性愛者ということで親族から虐待を受けた被害者にも対応できる。

(76) 小島妙子「ドメスティック・バイオレンスと法―― DV 法と親密圏に

おけるパラダイムシフト」齋藤豊治・青井秀夫『セクシュアリティと法』東北大学出版会，2006。
(77) カナダではこうしたケースでの警官の殉職が社会問題になっている。
(78) 前掲熊本論文。

# 1990年代イタリア左翼の再定義論争における敵対性と平等主義

——ボッビオ『右翼と左翼——政治的区別の理由と意義』をめぐる論議を中心に——

中村勝己

## はじめに

　1990年代のイタリアでは，左翼の再定義をめぐる論争が政治学者や社会学者，哲学者などによって活発になされた[1]。その際に中心的役割を担ったのが，「敵対性」の概念により右翼と左翼の対抗関係は古びていないことを指摘し，また「平等」に対する態度の違いにこれからの左翼と右翼の定義の基準を見出そうとした政治哲学者ノルベルト・ボッビオ[2]の『右翼と左翼』であった[3]。そこで本稿では，ボッビオの『右翼と左翼』における「敵対性と平等主義」という枠組みが，その後の論者にどのように受容され，検討されたかを見ていく。そうすることを通じて，平等について論じることが今日の政治学にとってどのような意味をもつか，そして今日においても政治イデオロギーとして右翼と左翼を区別することにどのような現代的な意味があるかを考察する[4]。

## 第1節　イタリア共産党の「大転換」と左翼の再定義論争の開始

　本節では90年代左翼の再定義論争を準備する役割を担った論議をいくつか見ておこう。

### ①『自由主義的社会主義——ノルベルト・ボッビオとの対話』

　これは書籍ではなく，イタリア共産党（当時）の機関紙『ウニタ』の1989年11月9日号の付録パンフレットとして配布されたものである[5]。その日はイタリア共産党が左翼民主党へと大転換する議論を開始した党大会の直前，まさにベルリンの壁が崩壊した当日であった[6]。このパンフレットには，その前年の『ニュー・レフト・レヴュー』に掲載されたペリー・アン

ダーソンのボッビオ論7が翻訳・掲載され，それに対するボッビオ本人の書簡形式の返答およびアンダーソンのリプライなどが収録されている。

アンダーソンは，ガエターノ・モスカやヴィルフレード・パレートら保守的なイタリア・エリート学派のリアリズムを継承するボッビオの「保守的現実主義」に一定の疑問を提示しつつも，ボッビオの政治思想を英米圏のリベラル左派の思想家たち（J・S・ミル，B・ラッセル，J・A・ホブソン，J・デューイ）の流れを汲むものと位置づけた。また，彼に「自由主義的社会主義者（Liberal socialist）」という定義を与え8，ソ連（当時）のゴルバチョフ改革の登場により，ボッビオ思想の妥当性が立証されたと評価をしている。

こうしたアンダーソンの高い評価を受けて，ボッビオはこのパンフレットに所収のインタビューのなかで大略，次のように言う9。将来の左翼はどのようなものになるのかという質問に対して，左翼の課題は，いまや個別の諸国家から世界へ，グローバルな共同体へと移転した社会問題，言い換えるならば世界大に広がった貧富の格差の解消であると述べる。また，ポーランドやハンガリーにおける改革を例に挙げて社会民主主義の新しい可能性に言及する質問に対しては，東欧改革がマルクス・レーニン主義の破産を証明した以上，左翼の進むべき道がこれまでになく不透明になったと思うし，左翼の展望が社会民主主義への単なる回帰であるならば，ロシア革命から今日まで重要な前進がなかったことになる，と答えている。

当時はEU統合がヨーロッパ左翼共通の課題であったから，左翼は狭く一国内の問題に取り組むのではなく，世界大に広がる問題に取り組む政治勢力であるべきだというグローバルな視野が強調されている。「分配的正義の問題は，もはや今日では一国内の問題ではなく，国際的な問題となっている」のであり，「法学者たちがこれまで市民権と呼んできたものは，国民的な市民権に制限されていますが，国際的な市民権はいまだに実現していません」というボッビオの指摘は，これからの左翼の課題を，グローバルな規模で広がる諸問題（内戦，難民，飢餓，環境破壊，移民労働者の人権など）へと向けようとしたものである。編者ジャンカルロ・ボゼッティにはボッビオの立場を「自由主義的社会主義」として押し出し左翼民主党の立脚点としようという意図が窺われたが，むしろこのインタビューは，右翼と左翼の再定義という90年代におけるボッビオの理論展開を予感させ

## ②左翼民主党結成1周年全国会議《左翼の諸理念》

1992年2月26－7日，ローマにおいて左翼民主党（当時）の全国会議が開かれた。それは「左翼の諸理念」と題されたシンポジウムで，結党1周年を祝うものであり，その内容はこれから新しい時代を切り開く左翼勢力の立脚点は何かを大胆に論じるものだった。その年のうちに出版された記録は『左翼の諸理念――1992年2月26－7日，ローマにおける左翼民主党全国会議の記録』と題され刊行された[10]。序文でクラウディア・マンチーナは言う。「左翼民主党の政治文化はどのようなものでありえ，またどのようなものであるべきか。左翼民主党は労働運動の理念的遺産，すなわち《古典的》範疇としての平等，自由，正義，連帯とどのような関係にあるのか。いやそれ以前に，個人的，集団的な諸主体を政治的行動へと動機づける能力を持った左翼のアイデンティティを確定する諸価値と諸概念の核心がはたして存在するのか。こうした問いと向き合うことで新党成立1周年を祝うことがこの会議の目的なのだ」と[11]。

本書においては，自由，平等，正義など抽象度の高い政治概念をめぐって論議が交わされている。アラブ・アフリカ諸国からの移民の急増を背景にして，文化多元主義，価値相対主義に関する議論も目立つ。外国人労働者の市民権をどのように承認するのかは，90年代イタリアの政治を左右するテーマであった。また，現代思想の議論の導入も目立つ。リチャード・ローティ，ジョン・ロールズ，アイザイア・バーリンといった人びとの著作が言及されており，対照的にグラムシの名前がほとんど見あたらないのが特徴であろう。左翼民主党（当時）がグラムシ的なマルクス主義からリベラル左派への転換を模索していたことが良く判る文献であるといえよう。

## ③『左翼の再出発地点』

イタリアの知識人による左翼の新たなアイデンティティの模索は，1993年にドンゼッリ社から刊行された『左翼の再出発地点』という本でも続けられている[12]。かつてグラムシが創刊した新聞『ウニタ』（現左翼民主派の機関紙）副編集長で前出のジャンカルロ・ボゼッティが編集した本書は，同紙や『ムリーノ』などの活字メディアに掲載されたイタリア国内外の左

翼知識人のインタビューを採録したり，独自に執筆したものを収録している13。

ボゼッティの序文でも明らかにされているとおり，ここに集められた知識人たちの問題意識は，ポスト社会主義時代における自由，公正，連帯などの諸規範をいかにして実現するかというものである。ボゼッティはいう。「東欧体制の崩壊に伴う社会主義理念の取り返しのつかないほどの損傷，社会民主主義における社会主義的プロジェクトの敗北，福祉国家の漸進的な拡張という計画の完成と行き詰まり，工業型労働の数的減少，左翼があてにしてきた経済成長の支えの終焉，ヨーロッパの民主主義的な社会主義諸政党の危機，オルタナティヴを構想することの無能力。［これらの条件を考慮してもなお］社会主義は，われわれの将来において左翼のアイデンティティの政治的理念的核心であり得ると考えられるだろうか。もちろんその答えは否定的なものだろう」と14。

ポスト共産主義であるとともに，ポスト社会民主主義的でもある左翼のアイデンティティの再定義，これがわれわれに課せられた課題だというのである。それゆえヨーロッパ左翼（社会民主主義）と福祉国家政策とのあいだにあった強い結びつきを一旦切り離すことが主張される。「国家統制主義的な純粋福祉国家と左翼との同一視から抜け出すこと。もし左翼がそうした福祉国家政策のなかに閉じこもり続けるのであれば，その弊害から解放されることはできないだろう。このことはイタリアにおいてとりわけ明らかである」と15。

戦後ヨーロッパにおける社会民主主義の戦略は，福祉国家の創設と密接な関係にあった。福祉国家の危機の自覚は，それゆえ，共産主義の終焉の確認のみならず社会民主主義の批判的再検討へと展開していく。グローバル化・情報化時代の社会諸勢力を代表しうる左翼とは何か。この問題意識が次節以降でみるようなボッビオらの議論へとつながっていった。

## 第2節　ボッビオの『右翼と左翼』

90年代中期における左翼の再定義論争において，もっともマスコミの注目を浴び人びとの関心を引いたのが，ボッビオの本書であることに異論を挟む人はいないだろう16。一見，時代遅れになったかのような右翼―左翼の対立を政治哲学的に吟味する堅い政治思想の書でありながら，なぜかべ

ストセラーとなったこの本は，1994年，96年の総選挙が，右翼—中道—左翼の三極構造から中道右派連合—中道左派連合というブロック対決へと収斂していったことにも規定されて，イタリアの政治状況に対する一定の説明能力を示した。

　右翼と左翼との区別は，政治的領域を横断するさまざまな課題が増大した今日においてもはや意味を失ったとする議論は多いし，その指摘には耳を傾けるべきものがある[17]。環境破壊のようなエコロジー問題，遺伝子治療や人工妊娠中絶のような生命倫理問題，同性愛者の結婚や先住民族の自治権といった新しい世代の人権論のような差異の承認問題など，右翼と左翼双方の内部に賛成派と反対派を生み出してしまうような階級横断的，政党横断的な政治課題は今日枚挙に暇がない。

　しかしながら，ボッビオはいう。「今日ほど，右翼と左翼の伝統的区別に反対して，いろいろなことが書かれたことは，かつてなかった。この区別はすでに時代の役割を演じ終えて，過去にはある意味をもっていたにしても，もはや何の意味もないとみなされている。しかしながら，議会制度改革のための来るべき総選挙を前に，本書を執筆中の現在ほど，イタリア政界が右翼と左翼をそれぞれに宣言しあい，この二つの旗印のもと，覇権に向けて互いに激しい闘いに備えている両陣営に支配されたこともまたかつてなかったのである」と[18]。この初版序文が書かれた1994年2月とは，翌月に総選挙を控えてシルヴィオ・ベルルスコーニ率いる中道右派と左翼民主党を軸とする中道左派とが激しい競り合いを続けていたときである。もちろんこうした右翼と左翼の敵対性の再活性化は，それ以前に行われた選挙制度改革により，小選挙区制が導入されたことが大きい[19]。ただし，ボッビオが目指したのは，そうした政治制度の分析ではなく，むしろその結果生じた右翼—左翼の政治的な区別の理由と意義の政治哲学的な基礎付けなのである。

　ボッビオの主張のうちで目を引く第一の論点は，政治の領域における敵対性（antagonismo）の永続的性格である。ボッビオは，カール・シュミットの議論を念頭に置きながら，次のように言う。「対立しあう諸党派（諸政党，利益諸集団，諸派閥，また国際関係なら諸国民，諸民族，諸国家）のあいだの敵対的諸関係によって構成される政治のような領域においては，それらの諸関係を表象するのに最も自然かつ簡潔でしかも最も一般的な方

法が二項対立あるいは二分法であるということは，驚くべきことではない。(……)／政治のカテゴリーそれ自体が，ある良く知られた理論では，《友―敵》という二項対立によって表象されている。この理論は，最も抽象度の高い水準で，政治的なるものの概念を敵対性の場としてまとめており，敵対性の究極的形態は，当然のごとく二分法的な戦争である（……）。／友―敵という大きくて包括的な二分法に変化がない以上，抗争しあうただふたつの党派へと不可避的に巻き込まれてしまうということ，言い換えれば可能性としては様々にありうる入れ物がただふたつの党派へと吸引されることにより，必然的に二極化のプロセスが（……）生じるのである[20]」。

　ボッビオは，政治の領域を友―敵という敵対性の力が支配する場とみなすシュミット流の政治観を援用することで，右翼対左翼という政治上の対決・競合関係を政治哲学的に説明すると同時に，現代イタリア政治史を長く支配してきたトラスフォルミズモ[21]を批判し，政治に政権交代などのダイナミズムが回復することを希求したのだと思われる。政治における敵対性の契機を重視する姿勢は，次節で取り上げる論者にも，立場の違いを問わず共通している。

　第二の論点は，右翼と左翼の政治的な区別の基準として，自由対権威主義，穏健派対急進派，伝統対解放といったいくつかの基準を確認した後に，最後にボッビオがたどりつく平等と不平等という区別の根源性である。しかし，彼が左翼の特徴として掲げる平等主義は，「あらゆるものを平等にせよ」という平等至上主義とは明確に異なる。彼はいう。「生まれながらの不平等というものが存在し，そのある部分は正されても，その大部分は取り除くことができない。社会的不平等もまた存在し，そのある部分は是正し除去することができるとしても，その多く，とりわけ個々人そのものに責任がある不平等は，どうすることもできない。ある個人がどの行為に対して責任があるはずだと識別できるのかは困難な問題だということを認めるとしても（……），自然的不平等の状態，あるいはある家庭環境や世界のある地域に生まれたことによる社会的不平等の状態は，さまざまな能力の違い，達成すべき目標の違い，その目標を達成するための努力の程度の違いから生じる不平等の状態とは異なるのだということは認められなければならない[22]」。

　ボッビオによれば「ある家庭環境や世界のある地域に生まれたことによ

る社会的不平等の状態」は社会的・政治的に是正されるべきであるからこそ，彼は左翼の側にその是正の課題を負わせるのである。「不平等を縮小するための感受性をより多く左翼に託するといっても，左翼はあらゆる不平等を除去するよう主張するとか，右翼はすべての不平等を維持することを望んでいるなどということを意味するのではない。左翼はより平等主義的であり，右翼はより不平等主義的であるということを意味するのである23」。ボッビオは「平等主義」のイデオロギーが差異の承認要求に対する抑圧として機能しないように，「平等至上主義」と「平等主義」を区別しているのである。

それゆえジョン・ロールズやマイケル・ウォルツァー，アマルティア・センなどに言及しつつ24主張されたボッビオの平等主義的左翼の定義は，機会の平等や格差原理にもとづく財の再分配といった政策と結びつく。しかも，そうした政策を国際的な規模で構想しているところに，ボッビオの自由主義的社会主義的志向の特徴がある。「人間たちのあいだの平等をますます増大させる方向へと押しやる推進力は，トクヴィルが前世紀に観察したように，押しとどめることができない。人間たちが上位のものと下位のもの，支配するものと支配されるもの，金を持つものと貧しいもの，主人と奴隷に分割されてきたあれやこれやの差別のあらゆる克服は，文明化の過程の，もちろん必然的ではないにせよ，少なくとも実現可能な，一段階をあらわしている25」。

ただし，こうした不平等の克服として文明の進展の過程をとらえるならば，経済の領域でむしろ拡大している世界的，国内的な不平等をいかに克服するのか，これがボッビオのいう平等主義的左翼の大きな課題となるはずだ26。また，ボッビオの整理では，自由と平等がトレード・オフの関係になった場合に，自由を平等よりも優先するのが右翼，平等を自由より優先するのが左翼であるとする単純な理解に道を開く危険性があるが，果たして右翼と左翼はそのような対称的な棲み分けを可能とするような範疇なのであろうか。更には，第1節で言及されたポスト福祉国家の展望のような政治経済学的な分析がボッビオの政治哲学的議論には欠けている。これら言わば積み残された課題は，次節で取り上げる論者たちによって検討されることになった。

## 第3節 『右翼と左翼』をめぐる論争

本節では，ボッビオの『右翼と左翼』に対する言及に多少の差はあれ，それをめぐる論争に参加した論者のうち三人を取り上げてみていこう。

### ①M・ヴェネツィアーニ『左翼と右翼—ノルベルト・ボッビオへの回答』

ボッビオの著作のタイトル（Destra e sinistra）をマルクス的な転倒のレトリックにより挑発するのが「新右翼」を名乗る哲学者マルチェッロ・ヴェネツィアーニの『左翼と右翼』（Sinistra e destra）である[27]。やはりシュミットの《友—敵》理論を念頭に置きつつ「新右翼にはふたつの敵がいる。左翼と政治的右翼である」と述べるヴェネツィアーニは，フォルツァ・イタリアや国民同盟，北部同盟など特定の右派政党からはっきりと距離をとりながら，政治的右翼ではないスピリチュアルな右翼，すなわちディープ右翼（Destra profonda）の必要性をとなえる。彼の右翼と左翼の区別は明らかに非対称的である。左翼は世俗的な価値にのみ拘泥しており，「政治的右翼」もこれに追随している点で大きな違いはない。世俗化の進行する現代社会において本当に必要なことは，スピリチュアルな価値を復権することなのだ。こう主張するヴェネツィアーニの「右翼」は，宗教的・伝統的・地政学的な「根づき（radicamento）」をもった言わば精神的・文化的な勢力なのである。

本書では，グローバリゼーション批判，消費社会批判，コミュニタリアン的な個人観の提起，伝統と宗教（カトリック）と聖なるものの再発見といった主張が繰り返され，イタリアを EU 統合によりヨーロッパ化するのではなく，むしろ地中海化せよという提起がみられる。さらには，ポストモダン思想の導入により「平等主義」よりも「差異の承認」に力点が置かれている。90年代のイタリアで奇しくも中道右派のリーダー（S・ベルルスコーニ）と中道左派のリーダー（M・ダレーマ）の双方が，1920年代にピエロ・ゴベッティの唱えた「自由主義革命（rivoluzione liberale）」を自らの立場として押し出したのに対して，この新右翼の思想的リーダーは，「保守革命（rivoluzione conservatrice）」を対置している[28]。

本書におけるボッビオ批判は辛辣である。「反ファシズムの大祭司としてのボッビオの役割については，彼の自伝の数ページが，暴露的で非常に

示唆に富むものとなっている。しかしそれはあまり教育的とは言い難いものである。良く知られる通り，ボッビオは，ジョエーレ・ソラーリ29の薫陶を受け，早くも1935年に法哲学の非常勤講師になったとき，まだ27歳の若さであり，1938年の終わりには専任教官となった。この早熟で誉れ高い経歴が，すでにひとつの素朴な異論をひきおこす。もし，ボッビオのような反ファシストがファシズム体制下でキャリアを積むことができたとしたら，それはファシズムが，当のボッビオが描き出したような全体主義的で自由を圧殺するような体制ではなかったということを意味する。そうでないとすれば，ボッビオは，たとえその後《正義と自由》派の運動30に合流したとしても，体制とのあいだで折り合いをつけていたということを意味する。近年，この件に関して，彼に不利ないくつかの手紙が発見された。ファシズム四大幹部のひとりデ・ボーノが，1938年にドゥーチェ［ムッソリーニ］に宛てて，［遠縁である］ボッビオが法哲学の講座をもてるように依頼した手紙のように，あるいは，アカデミズムで生きていける認可を得られるように彼自身が［ドゥーチェに宛てて］自らのファシストとしての業績を強調した手紙のように31。（……）彼がファシスト大学生団や国民ファシスト党に入党していたこと，あるいは忌まわしい人種法が公布された後の1939年においてなお体制への忠誠を誓ったことは今は言うまい。おそらくこの件についてのボッビオの正当化は，［彼がファシズム体制に屈服していたという］事実それ自体よりもひどいものである。［ボッビオ曰く］《独裁は，人びとの心を腐敗させるものなのだ。》しかしながら，ボッビオはそう述べることで，ファシズム体制下でも堕落しなかったがゆえに個人的につけを払った人びとに対して，誤りを犯したのである32」。

「俗界の法皇」とまで呼ばれ，戦後社会において左翼知識人のリーダー的存在として国内外の多くの尊敬を集めた人物33のファシズム時代におけるいわば「転向問題」は，それ自体，学問と政治参加における良心の問題として非常に興味深く，また真剣に論じられるべきテーマである34。それにしても，なぜヴェネツィアーニはこれほどまでに執拗な敵意をボッビオに対して示すのであろうか。それは，ボッビオの『右翼と左翼』においては取り上げられなかったものの，やはりイタリアの右翼と左翼を分岐させる重要なテーマが実は存在するからである。ファシズムとレジスタンスをめぐる歴史認識問題がそれである35。かつての自国が起こした戦争の記憶，

軍隊（だけではない）の振るった暴力の記憶を，今日どのように位置づけ語りうるのか。これは少なくとも日独伊においては，これからも右翼と左翼を分かつ大きなテーマなのである。

また，ヴェネツィアーニが主張するスピリチュアルな価値の擁護は，社会の世俗化を基本的には善きこととみなす世俗的な左翼の主張とは対極をなす。ヴェネツィアーニの立場は，主要には社会や文化といった生活世界の領域における価値観の変化を目指すものであるが，こうした日常生活意識の変化が集合的意思決定の場としての政治に対して今後いかなる影響を与えうるのか。これは未知数であり，左右の区別の軸として軽視することは出来ないだろう。以上のことから，ボッビオの「敵対性と平等主義」の枠組みに対して，ヴェネツィアーニの枠組みは「敵対性と差異の承認」ということになろう。しかし，本書におけるヴェネツィアーニのボッビオ批判は，ボッビオが『右翼と左翼』においてみせた政治哲学的考察に対し，真正面からこれを取り上げ批判する姿勢が欠如していると言わざるを得ない[36]。

## ② M・レヴェッリ『ふたつの右翼』

ボッビオの『右翼と左翼』において高い評価を与えられていたのが，68年世代でトリノ大学教授（当時）の労働社会学者，政治思想史家のマルコ・レヴェッリである。彼は『ふたつの右翼―ポストフォーディズムの政治的漂流[37]』において，90年代に台頭した右翼政治勢力には，新自由主義を旗印とするテクノクラート的な右翼と，ポピュリスト的で親ファシスト的な右翼のふたつの潮流が同居していることを分析する。「実際，日が経つごとに明らかになってきたのは，今日のイタリアにおいては，これまで《右翼》，《左翼》とみなされるのが常であった諸勢力のあいだの《正常な》競争が全く存在せず，その代わりに，むしろ政治空間がもっぱらふたつの右翼によって占められているという事実である。一方には，ポピュリスト的で満場一致的な（親ファシスト的な）右翼，他方には，テクノクラート的でエリート的（自由主義的な）右翼が。これらふたつの右翼のあいだには手段をめぐって葛藤があるが，彼らは共通の目標により多くの面で似通っている[38]」と。

ふたつの右翼のうちの後者，すなわちテクノクラート的右翼とブロック

を組み「オリーヴの木」を設立した左翼民主党（当時）は，レヴェッリからすればいわば右翼のヘゲモニーに追随する補完勢力に過ぎない。「左翼民主党とその影に発芽している胞子は，今日，独自の計画と綱領をもつ自立的な政治主体というよりは，むしろ第二の右翼［テクノクラート］の付属物であるように見える。彼らはむしろ《テクノクラート的》計画が，選挙市場での競争にとり不可欠な，有権者の合意を獲得するための《補完物》であって，（……）現実の政権交代を見据えた有効なオルタナティヴの《中軸》ではない」。ようするに，「イタリアの公式左翼は，（……）テクノクラート的右翼というソフトウエアが回転するためのハードウエアとみなすことができる39」というのである。ボッビオはイタリアに成立した中道右派対中道左派の二大ブロック政治を「右翼と左翼」という枠組みで捉えたが，レヴェッリにとってこの二大ブロック政治は「右翼と右翼（＋左翼）」という構図でしかない。いうまでもなく，こうした分析は議会外左翼（エクストラパルラメンターリ）の十八番である。

　本書におけるレヴェッリの分析は，ボッビオが言及することのなかった社会・経済システムの問題にまで踏み込んだ考察を行なっており，第1節の③で見たような，ポスト福祉国家時代の分析と戦略提起の課題に応答しようとしたものであると言えよう。この点でレヴェッリの分析は，ボッビオの枠組みを大きくのりこえるものと評価してよい。彼は90年代イタリア社会の状況をフォーディズムからポストフォーディズムへの移行期と捉えている。「一方には，資本と労働との間の社会的葛藤に，そして［両者の］契約的媒介の追求に基礎を置く，矛盾をはらみかつ交渉的な資本主義がある。これは《フォード主義的》と呼び習わしてきた時代，すなわち大量生産，専制的工場時代の資本主義であるが，それと同時に，大衆化した社会紛争，工業の労働組合，福祉国家の時代の資本主義である。他方には，《ポストフォード主義的》と呼ぶことのできよう時代，すなわち今われわれが迎えようとしている時代の資本主義，［トヨタ・システムのように］統合された工場とトータル・クオリティの時代の資本主義，言い換えれば，企業内の満場一致主義，生産哲学にまで高められた忠誠心，社会国家［福祉国家］を企業─国家へと超克していく時代の資本主義がある40」。

　ポストフォーディズムの時代とは，経済成長がむしろ雇用を減らし，福祉国家が解体される時期でもある。「このように新たな，そしてまだ不確

定な段階においても確実に見えることは，(……) 成熟したフォーディズム (……) を特徴づけてきた好循環が解体したということである。経済発展，社会の結束，政治的諸権利は，もはや一度にかなえられるような《約束》とはなりえない (……)。福祉，社会の統合，民主主義は，相互に促進しあうどころか，互いに分岐し対立し合う。産業の発展，生産性と投資の増大は，もはや雇用を生み出さず，逆に雇用を破壊する。集合的な富を増大させるために，社会的不平等が減少する代わりにむしろ増大するのである[41]」。

IT産業に見られるような経済の情報化や製造業の海外移転などによる雇用の減少，企業の多国籍化による法人税収入の減少や少子高齢化＝労働人口減少による税収減。こうした多様な要因から生じた福祉国家の危機と社会保障費の削減。これらは現在の先進諸国がほぼ共通して直面している問題である。レヴェッリの議論は，議会外左翼の立場からのこうした現代社会経済と国家の変容の分析としては秀逸なものであると評価できる。

レヴェッリは，ボッビオの「敵対性と平等主義」という枠組みを基本的に継承しているのである。しかし，ボッビオのように右翼と左翼を再定義して，あるべき政党政治の構図についての規範的議論を提示しようという姿勢はみあたらない。あたかもレヴェッリにとっての左翼は，再定義など不必要であるかのようである。新自由主義改革に好意的であることを理由にロマーノ・プローディに代表される中道左派勢力を「テクノクラート的右翼」と規定する姿勢にもかなりの違和感がある。また，レヴェッリの構想する左翼は，右翼と競合しつつ政権を担いうる統治能力をもちうるのか。ポストフォード主義的に変容する資本の攻勢に対する抵抗をひたすら呼びかける政治主体には，むしろ孤塁を死守しようとする守旧派のおもむきさえ窺える。

③ P・アンダーソン「左翼の意味」

1988年のボッビオ論（第1節参照）によってイタリアにおける左翼の再定義論争のいわば黒衣役として無視できない役割を果たしてきたアンダーソンは，98年の『ニュー・レフト・レヴュー』に「左翼の意味」と題する評論を発表し，ボッビオの『右翼と左翼』に関する自らの考察を明らかにした[42]。現代においても右翼と左翼の区別は古びていないと力説したボッ

ビオの議論に高い評価を与えながらも，アンダーソンはいくつかの点でボッビオの考察に異議を唱える。「ボッビオが左翼と右翼の区別を擁護して提示した理論は，確かに雄弁ではあるが，見た目よりも弱点があると言える。なぜ弱点があるかといえば，経験的な社会的世界へ一貫した言及をせずに政治的諸価値についての価値判断を構築することは困難だからである。ボッビオは，あたかも自らが示す理念の分類学が現代の歴史から分離可能であるかのようにしばしば語るが，もちろんそれは不可能である。実際には，彼は自分の議論を支持するようなことがらだけを考慮に入れて，現在の政治状況を取捨選択しているのだ。しかし，まさにこの現在の政治状況にこそ，彼の発言の最も深遠な動機とともに，その大きな限界もまたあるのだ[43]」。

アンダーソンが問題とするのは，先進諸国における政党政治の構造が，ボッビオの定義とは異なり，二大政党制の下で変容し，与党と野党の政策的違いが縮減しているという事実である。「実際に今日のヨーロッパにおいて存在しているような左翼が，社会的不平等のあらゆる機能性を否定しているというのは本当だろうか。そうではないということは，市場に対して与えられている普遍的評価，市場活動を奨励するために提案されている諸構造をみれば，明らかである。多くの国々で社会的不平等の実際の指数は，現に周知のように，右翼の統治の下でと同様に——しばしばそれ以上に——左翼の統治の下でも上昇している[44]」。「主要な諸政党の間の綱領上の違いが［イタリアにおいて］これほどまでに縮減したことはかつてなかった——これは明らかに元共産党が多かれ少なかれネオ・リベラルの経済理論（……）へと転換した結果である。1996年には［中道右派と中道左派という］二大ブロックの綱領上の収斂が，行き着く所にまで行き着き，その結果，互いが互いを自派の選挙綱領を真似たといって非難するまでに到った。これはボッビオの理念型と矛盾する事態であり，彼が一貫性をもってこの理念型から切り離すことのできない事態なのである[45]」。

アンダーソンの反証はこの後も第三世界諸国，米国，日本と続く[46]。アンダーソンは，ボッビオの「敵対性と平等主義」という枠組みに基本的に賛成しながらも，小選挙区制の導入により現実の政治の趨勢は「敵対性」すなわち右翼と左翼の対抗関係を示すものにはなっていないことを指摘している。しかし，アンダーソンが日本の政治状況を論じる姿勢には疑問が

ないわけではない。日本における政党政治の枠組みが「中道右派対中道左派」という左右対決構造とならずに，むしろどちらが真の新自由主義的改革勢力であるかを競う「右対右」の構図になっていることは，小選挙区制度を導入した必然的結果とはみなせない。それは，旧日本社会党が本格的な社会民主主義政党へと脱皮することに失敗した結果なのであり，政治リーダーたちが何を目指しどう動いたかの関数なのである[47]。

アンダーソンは上記の引用文の中で「経験的な社会的世界へ一貫した言及をせずに政治的諸価値についての価値判断を構築することは困難だ」と述べたが，「政治的価値についての価値判断」は，現実の政党政治の構造を受動的に反映するだけのものではないだろう。言説は，とりわけ政治や社会の構造が流動的な局面では，現実を構成しなおす規定力を持つ[48]。特に政治の世界では，敵対性と並んで説得や妥協（合意形成の力）を軽視すべきではない。ボッビオの右翼と左翼の区別の基準の再提案は，まさにその意味で，状況を記述する機能だけではなく，状況を一定の方向へ誘導する規範的な機能ももっているのである。アンダーソンの論評は，末尾になって「真のオルタナティヴを構築するために，左翼はあらゆるエネルギーを注いで闘わなければならないだろう」という，どこかとってつけたような決意表明で締めくくられているが，全体としてみると今日における右翼と左翼の対抗関係を，左翼の衰弱という現実の趨勢と照らして否定するだけのものになっている[49]。

## おわりに

ボッビオが1994年に初版を世に問うた『右翼と左翼』は，多くの論議を呼んだ。第一に，右翼と左翼という政治的区別の現代的意義を指摘し，社会的，政治的な敵対性の永続性を認めたこと，そしてこれからの左翼が掲げるべき特徴として平等主義を提起したことで，多くの論者が参加する論争の端緒となったことは高く評価すべきであろう。

第二に，グローバル化・情報化が進行する今日の世界では，市民社会・経済社会の領域において新たな格差や葛藤，抗争が生じてきており，そうした社会的敵対性を政治社会において表現する政治勢力の必要性がこれまでになく高まっている。そうした時代の要請を逸早く感知して政治哲学的考察にまで練り上げた点に，ボッビオの『右翼と左翼』の功績がある。た

とえば第三節で取り上げたレヴェッリやアンダーソンは言うまでもなく，ボッビオの論敵ヴェネツィアーニでさえも，現代社会における新たなる敵対関係に言及することで，右翼と左翼の区別は今後もなくならないことをはからずも認めているのである。

　第三に，ボッビオによる平等主義的左翼の提起は，90年代のみならず，グローバリゼーションによる格差拡大が指摘される21世紀の今日においても妥当性をもつ。本稿で取り上げた以外にも多くの論者が，右翼と左翼の再定義に関わる論議においてまっさきにボッビオの本書に言及するのも，そのためであろう50。ボッビオの問題提起とその波及効果を日本政治の文脈にひきつけて再解釈すること，これがわれわれに残された課題となろう。

（1）　N・ボッビオの『右翼と左翼』巻末に資料として収録された文献目録 Polito(2004)を参照。この目録によれば，1990年から99年までの10年間にイタリアにおける左翼の再定義をめぐる書籍・雑誌論文はおよそ90を数えることがわかる。

（2）　N・ボッビオの生涯の概略については，中村勝己（2004）を参照されたい。

（3）　Bobbio(2004). 本書の第二版には邦訳があり，2004年1月に著者が亡くなった後，ペリー・アンダーソンと1998年に行なわれた対話を補論として収録した第四版が刊行された。ただし第二版と第四版の本論部分には加筆・修正などによる違いはない。

（4）　この論争に着目し紹介している邦語文献として眞柄秀子（1998）所収の「第四章　新しいアイデンティティを求めて」がある。

（5）　Bosetti(1989).

（6）　後房雄（1991）「はしがき」を参照。また，このときの『ウニタ』編集長は，後に左翼民主党の党首となり，プローディの後を継いで首相となったマッシモ・ダレーマであったことも注目に値する。

（7）　Anderson(1988).

（8）　ただし，イタリアにおける「自由主義的社会主義者」の系譜は，1920年代前半に活躍した「自由主義革命（Rivoluzione liberale）」論のピエロ・ゴベッティ，1928年に流刑先のリーパリ島で『自由主義的社会主義（Socialismo liberale）』を執筆，翌年パリでフランス語版を刊行したカルロ・ロッセッリ，1930年代後半からピサ大学やピサ高等師範学校などで「自由社会主義（Liberalsocialismo）」論を提起し始めたグイド・カロージェロとアルド・カピティーニらにまでさかのぼるものである。この潮流の全体像につ

いては，Bovero et altri（1994）を参照。またゴベッティについては中村勝己（2001）を，ロッセッリについては鷲平京子（2001）を参照。
（9） Bosetti(1989) L'intervista a Bobbio: Adesso la democrazia e sola, in Bosetti(1989) pp. 89-102.
（10） AA.VV.(1992).本書には，「アイデンティティの変容」，「普遍主義のパラドックス」，「市民権の拡大」，「世俗性について」，「平等と効率性」，「葛藤の諸形態」，「大文字の差異と複数形の差異」，「正義と公正」など左翼の立脚点を根本から問い直すような政治哲学的テーマによる報告が並ぶ。これらの報告以外に，討議参加者（ウンベルト・エーコ，ヴィットーリオ・フォア，ジョルジョ・ナポリターノ，ジュゼッペ・ヴァッカら）がいる。
（11） Op.cit., p. 9.
（12） AA.VV.(1993).
（13） 本書には，ボッビオ以外に，スティーヴン・ルークス，リチャード・ローティ，ラルフ・ダーレンドルフ，ジョヴァンニ・サルトーリ，ペーター・グロッツ，アンドレ・ゴルツ，マイケル・ウォルツァーらイタリア以外の国で活躍する政治家・知識人の寄稿が多い。本書の詳しい紹介が眞柄秀子（1998）にある。
（14） Bosetti(1993) Introduzione. La crisi in cielo e in terra, in AA.VV.(1993) p. 29. [ ]内は引用者による補足。以下同じ。
（15） Op.cit., p. 30.
（16） ボッビオの『右翼と左翼』の刊行を手がけた出版者カルミネ・ドンゼッリによれば，本書は1994年の初版刊行の際に，その部数が「最初の3日で1万部，2ヵ月後には10万部，そして最初の1年間に30万部以上」が売れたという。また「さらに驚くべきことは，本書の国際的反響であって20以上の外国語に翻訳されたこと」であると述べている。Donzelli(2004) p. VII 参照。
（17） たとえば，Giddens(1994)，邦訳2002を参照。
（18） Bobbio(2004) Prefazione alla prima edizione 1994, p. 3.邦訳xxvii頁，ただし訳文は変えた。以下特に断らないが，『右翼と左翼』の訳文はすべて筆者による。
（19） 1993年8月に成立した新しい選挙制度の内容は「下院（630議席），上院（315議席）ともに，議席の75％を小選挙区制で選び，残り25％をブロック制の比例代表制で選ぶという，小選挙区優位の混合型である」。後房雄（2004）139頁を参照。
（20） Op.cit., p. 86, 邦訳48-9頁。強調は原文。（……）は引用者による省略，「／」は原文の改行をあらわす。以下同じ。
（21） リソルジメント達成後，イタリア政治を特徴づけてきた無原則的多数

派形成のこと。
(22) Op.cit., p. 126, 邦訳95頁。
(23) Op.cit., p. 127, 邦訳95頁。
(24) Op.cit., p. 121n, p. 122n, 邦訳105－6頁の注を参照。
(25) Op.cit., p. 152, 邦訳130頁。
(26) Op.cit., p. 148, 邦訳126頁。
(27) Veneziani(1995).
(28) Op.cit., p. 139.
(29) ボッビオがトリノ大学法学部で学んだ際の指導教官。P・ゴベッティやA・P・ダントレーヴをはじめとして反ファシズムの側に立つ多くの政治学者を育てた。G・ソラーリの横顔については，Bobbio(1977), 邦訳（2003）pp. 53－57を参照されたい。
(30) 1929年に亡命活動家カルロ・ロッセッリら自由主義的社会主義者によって結成された反ファシズム抵抗運動のための組織である。
(31) このエピソードは，ボッビオの『自伝』においても言及されている。Bobbio(1997) pp. 29-40. この問題をめぐる論議については，上村忠男（1993）を参照。
(32) Veneziani(1995) pp. 35-6.
(33) ボッビオが戦後イタリアで勝ち得た知的道徳的ヘゲモニーについては，村上信一郎（1999）を参照。
(34) このテーマに関しては，近年，多くの歴史研究者が，ファシズムに対する消極的翼賛と消極的抵抗の領域を「グレイ・ゾーン」と呼んで問題にしている。代表的なものとして，d'Orsi(2000) を参照。
(35) 90年代のイタリアでは，解放50年となる1995年を前後して，レジスタンス参加者の側からはレジスタンス当時の政治文書の集成などの回顧録が多く刊行されたが，レジスタンスから生まれたいわゆる「第一共和制」を共産党の文化支配体制とみなす側からはレジスタンスや行動党を呪詛するようなテクストが多く発表された。この論争のうち行動党をめぐるものについては，歴史家ジョヴァンニ・デ・ルーナの本の序文を参照。De Luna(1997) pp. IX-XX.
(36) その点で，ヴェネツィアーニの著作の副題「ノルベルト・ボッビオへの回答」は，羊頭狗肉の感を禁じえない。
(37) Revelli(1996). 本書には部分訳がある。レヴェッリ（1997）を参照。
(38) Op.cit., p. 7. 強調は原文。以下同じ。
(39) Op.cit., p. 11.
(40) Op.cit., p. 64.
(41) Ibid.

(42) この論考には，ボッビオのコメント，さらにはアンダーソンのリプライが付されている。Anderson(1998), Bobbio(1998). このやりとりは，ボッビオの『右翼と左翼』第四版（2004）に再録されている。Bobbio(2004) pp. 167-98.
(43) Anderson(1998) p. 79, Bobbio(2004) pp. 179-80.
(44) Op.cit., p. 79, p. 176.
(45) Op.cit., p. 78, p. 177.
(46) Op.cit., p. 78, p. 183.
(47) この点については，新川敏光（1999）「第五章 社会党における現実政党化とその陥穽」を参照されたい。
(48) 眞柄秀子（1998）によれば，「リーダーによる［政治経済的］環境のコントロール，規範の確立，そして市民社会との相互作用」が，「政治経済レジーム移行においてとりわけ重要」となるのである（9頁）。
(49) その後アンダーソンは，ボッビオ，J・ロールズ，J・ハーバマスの三者が湾岸戦争，ユーゴ内戦，アフガン・イラク戦争における米軍・NATO軍の介入に対して支持の姿勢を示したことをまとめて批判する論文を発表している。『ニュー・レフト・レヴュー』の論客健在である。Anderson(2005)を参照。これは人道的介入や正戦論の是非をめぐる重要な論考であり，言わば「左翼の再定義論争」の第二幕（21世紀版）として，稿を改めて論じたい。
(50) Giddens(1994), Mouffe(2000), Callinicos(2001) を参照。

## 文献目録

AA.VV.(1992) Le idee della sinistra. Atti del convegno nazionale del Pds Roma, 26-27 febbraio 1992, Editori Riuniti.

AA.VV.(1993) Sinistra punto zero, (a cura di G.Bosetti), Donzelli.

Anderson, Perry.(1988) "The Affinities of Norberto Bobbio," *New Left Review*, No. 170.

—— (1998) "A Sense of the Left," *New Left Review*, No. 231.

—— (1998) "A Reply to Norberto Bobbio," *New Left Review*, No. 231.

—— (2005) "Arms and Rights. Rawls, Habermas and Bobbio in Age of War," *New Left Review*, Second Series No. 31.

Bobbio, Norberto.(1977) Trent'anni di storia della cultura a Torino(1920-1950), Cassa di Risparmio di Torino. 邦訳ノルベルト・ボッビオ『光はトリノより―イタリア現代精神史』中村勝己訳，青土社，2003.

—— (1997) Autobiografia, a cura di Alberto Papuzzi, Editori Laterza.

—— (1998) "At the Beginning of History," *New Left Review*, No. 231.

―― (2004) Destra e sinistra.Ragioni e significati di una distinzione politica, Quarta edizione accresciuta, con una nota dell'editore, Donzelli. 邦訳 N・ボッビオ（1998）『右と左―政治的区別の理由と意味』片桐薫・片桐圭子訳，御茶の水書房．

Bosetti, Giancarlo.(1989), a cura di, Socialismo liberale. Il dialogo con Norberto Bobbio oggi, *L'Unita*.

Bovero,M., Mura,V., e Sbarberi,F.(1994), a cura di, I dilemmi del liberalsocialismo, La Nuova Italia Scientifica.

Callinicos, Alex T.(2001) Against the Third Way, Polity Press. 邦訳アレックス・カリニコス（2003）『第三の道を越えて』中谷義和監訳，吉野浩司・柚木寛幸訳，日本経済評論社．

De Luna, Giovanni.(1997) Storia del Partito d'Azione 1942-1947, Editori Riuniti.

Donzelli, Carmine.(2004) "Dieci anni di Destra e sinistra," in N.Bobbio, 2004.

d'Orsi, Angelo.(2000) La cultura a Torino tra le due guerre, Einaudi.

Giddens, Anthony.(1994) Beyond Left and Right. The Future of Radical Politics, Polity Press. 邦訳アンソニー・ギデンズ（2002）『左派右派を超えて―ラディカルな政治の未来像』松尾精文・立松隆介訳，而立書房．

―― (1998) The Third Way. The Renewal of social Democracy, Polity Press. 邦訳 A・ギデンズ（1999）『第三の道―効率と公正の新たな同盟』佐和隆光訳，日本経済新聞社．

Mouffe, Chantal.(2000) The Democratic Paradox, Verso.

Polito, Pietro.(2004), a cura di, "Ripensare la sinistra. Orientamenti bibliografici (1980- 1999)," in N.Bobbio(2004).

Revelli, Marco.(1996) Le due destre. Le derive politiche del postfordismo, Boringhieri. 第2部第1章の訳としてマルコ・レヴェッリ（1997）「「ポストフォーディズム」についての八つの仮説」石堂清倫訳，『情況』1997，1－2合併号．

Veneziani, Marcello.(1995) Sinistra e destra. Risposta a Norberto Bobbio, Vallecchi.

上村忠男（1993）「解説」，ノルベルト・ボッビオ（1993）所収．

後房雄編著（1991）『大転換―イタリア共産党から左翼民主党へ』窓社．

後房雄（2004）「イタリアの場合【小選挙区制導入の実験室】」，梅津實・森脇俊雅・坪郷實・後房雄・大西裕・山田真裕（共著）『新版 比較・選挙政治―二一世紀初頭における先進六カ国の選挙』ミネルヴァ書房．

新川敏光（1999）『戦後日本政治と社会民主主義―社会党・総評ブロックの興亡』法律文化社．

中村勝己（2001）「ピエロ・ゴベッティの自由主義革命の思想」，池庄司敬信

編『体制擁護と変革の思想』中央大学社会科学研究所研究叢書10,中央大学出版部.
――(2004)「ノルベルト・ボッビオを追悼する」『未来』2004.3,未来社.
馬場康雄・岡沢憲芙編 (1999)『イタリアの政治―「普通でない民主主義国」の終り?』早稲田大学出版部.
ノルベルト・ボッビオ (1993)『イタリア・イデオロギー』馬場康雄・押場靖志訳,未来社.
眞柄秀子 (1998)『体制移行の政治学―イタリアと日本の政治経済変容』早稲田大学出版部.
村上信一郎 (1999)「知識人と政治」,馬場・岡沢編所収.
鷲平京子 (2001)「スペイン内戦からイタリア・レジスタンスへ―カルロ・ロッセッリの思想と行動」『文学』1-2月号,岩波書店.

# 「連帯」の変容

―20世紀フランス福祉国家史試論―

田中拓道

　本稿の目的は，現代フランス福祉国家の再編論を歴史的文脈の中に位置づけ，その思想的課題を明らかにすることにある。これまで，複雑かつ折衷的な制度で知られるフランス福祉国家は，保守主義，自由主義，左派の影響など様々な枠組みから考察されてきた[1]。近年の代表的研究者B・パリエは，その特徴をベヴァリッジ型とビスマルク型の折衷と称している[2]。本稿では，フランス福祉国家の思想基盤を，第三共和政中期の「連帯」の思想に遡る[3]。そこに内在する個人の「解放」と「排除」という二つの契機を提示した上で（1節），その制度化の過程を踏まえ，戦後フランス福祉国家の構造的特徴を指摘する（2節）。その上で，1970年代後半以降の「排除」の顕在化と福祉国家の再編論を，新しい中間集団を組み込んだ「連帯」の再構成への模索の過程と位置づけ，現在の問題状況を探る（3節）。

## 1　フランス福祉国家の原理―「連帯」の成立

　フランス福祉国家の構造は，その成立前史に大きく規定されている[4]。フランス革命期には「生存の権利」「扶助の権利」が宣言されたが，それらが社会権として制度化されるには一世紀以上の期間を要した。

　フランス革命初期には，旧体制下の「社団国家」から析出された，私的自律を有する個人の契約から成る新たな秩序像が提唱された。こうした秩序を具体化するために，中間集団をいったん廃止し，国家と個人の二極構造を生み出すことが実際に目指された（1791年ル・シャプリエ法など）。しかし，個人の自律を国家が一元的に保障するという理念は，総裁政府期以降，公権力を制約する原理の不在によって革命中期の専制と秩序の混乱を招いたとして，自由主義者，保守主義者，サン＝シモン主義者など，多くの思想家による批判の対象となっていく。

19世紀以降のフランス政治思想は，身分制や伝統集団からの個人の解放という理念を引き受けつつ，国家と個人の二極構造ではなく，その間にある「社会」という領域を主題とし，様々な中間集団を媒介した「社会の組織化」を構想するという形で展開された。この時期以降，共済組合，協同組合，労働組合，同業組合，パトロナージュ，宗教組織，地域集団，家族など，多様な中間集団を媒介した社会統合のモデルが様々に提起され，それらは20世紀に至るまで競合を繰り広げていく。

　本稿の主題である「連帯」の思想は，19世紀を通じた「社会問題」に一定の解決を与えるものとして，1890年代に提唱された。それは急進共和派を代表するレオン・ブルジョワや，大学で社会学を唱えたエミール・デュルケームなどに担われ，世紀転換期に社会保険の義務化を正当化する役割を果たした。彼らにおいて「連帯」とは，分業化された個別の役割（職能）を担う個々人の相互依存関係の全体を指す。この思想の特徴は，こうした抽象的な社会関係の把握から出発して，それ以前の思想に見られた自由と強制，法とモラル，国家と中間集団などの諸要素の対立を解消する論理を提供したことにある。

　第一に，ブルジョワやデュルケームにとって，個人は社会関係の中でのみ自己の能力を発達させ，自律を獲得する存在とみなされる。デュルケームは言う。「人がよく行うように，規制の権威と個人の自由とを対立させようとすることほど誤ったことはない。全く逆に，自由—正しい自由とは，社会によって尊重するべく義務づけられるような自由である—はそれ自体，規制の産物である[5]」。ブルジョワは「リスク」という語を用いて個人と社会の関係を説明している。彼によれば，個人は人生の中で，病気，事故，老齢など，自己の統制を越えた自律を脅かす出来事に遭遇する。他者との相互依存関係にあって，それらは秩序全体を脅かす「リスク」である[6]。「連帯」とは，これらの出来事を社会に内在する集合的「リスク」の偶発と読み替え，それへの補償責任を成員全体が共有することで成り立つ。「社会的リスクへの自発的かつ相互的な保険が成員に同意され，受容されるところにしか，社会生活は存在しない。社会生活の進歩とは，まさにこの相互保険に関わる共通の対象・利益・リスクの範囲によって測られるであろう[7]」。

　第二に，「リスク」の「社会化」によって成り立つ「連帯」は，個人と社

会の相互「契約」によって正当化される。ブルジョワはそれを「準契約（quasi-contrat）」という概念で説明している。それは「もしも平等で自由な条件のもとで交渉したとするなら，両者［個人と社会］の間で前もって成立しえたはずの合意にかんする解釈であり，表現である[8]」。「準契約」とは，社会関係の中にある個人が，「リスク」の発現する以前の「平等で自由な条件」という仮想状態へと遡及し，万人の人格的対称性を仮構することで，将来の「リスク」への補償責任を共有し，それに伴う義務を追認することを意味する。「リスク」への集合的補償という「社会権」は，個々人が「リスク」を最小化し，社会秩序の維持・発展に貢献するという「義務」の観念と結びついている。ブルジョワは言う。「私の想定する個人とは，労働する個人であり，労働によって生きるための給与（salaire）を獲得する個人である[9]」。デュルケームによれば，「有機的連帯」に属する個人の「道徳意識の定言命法」とは次のようなものである。「与えられた機能を有効に充足できる状態に汝を置け[10]」。「連帯」に属する個人は，産業社会で与えられた個別の役割を能動的に充足し，社会全体の「進歩」に貢献すること，自助努力によって「リスク」を軽減すること——教育を通じた理性の発達，労働規律・衛生習慣の内面化——を義務として担う。

　第三に，分業に基づく職能の相互依存からなる「連帯」は，中間集団の自治を国家が補完するという構造をとる。「連帯」の思想では，同業組合，共済組合，協同組合などの結社の自治が奨励され，国家の役割は，中間集団への加入の奨励と財政援助，個人への公教育に限定される[11]。デュルケームによれば，「社会問題」への対応は，労働者と使用者から成る同業組合（corporation）に委ねられる。彼は国家について次のように言う。「国家とは，いわば一般的で単純な作業を行うために作られた鈍い機械である。……労働時間，保健衛生，賃金，保険や救済の事業が問題になる時，善意の人々はどこにおいても同じ困難に直面する[12]」。国家に代わり，労使代表から成る同業組合が労働条件の交渉，職業教育などを担い，保険によって「リスク」を共有する制度主体となる。さらに「デモクラシー」とは，職能代表と国家との「コミュニケーション」として定義される[13]。

　以上のように，「連帯」の思想とは，新たに現れた産業社会において，個人と社会の間に擬似「契約」関係に基づく相互義務を想定することで，両者の調和を導こうとするものであった。それは個人—社会関係の抽象的把

握によって，個人を伝統集団（職人組合，パトロナージュ，宗教組織，家父長的家族など）への依存から実質的に解放すると同時に，「社会進歩」を目的とした中間集団と国家との協調関係を想定することで，それ以前の思想を超える社会統合の論理をもたらし，世紀転換期に幅広い勢力に受容された。

しかし，「連帯」の思想が第三共和政中期にコンセンサスを確立できたわけではないことに注意する必要がある。急進共和派に主導された1898年労働災害補償法，1910年労農退職年金法は，いずれも激しい反論の下大幅な妥協を強いられて成立した。国家介入を拒否し，労働者階級の自律を唱えるサンディカリスムは，とりわけ1910年法の定める義務化に激しく抵抗した[14]。匿名の個人同士の相互依存ではなく，対面的関係に基づく中間集団内の「共同性」の維持を重視する社会経済学（とりわけ共済組合主義）は，「連帯」の思想を，社会の自発的紐帯を脅かし，国家の無制約な拡大を導くものとして批判した[15]。

こうした思想対立は，「連帯」思想の有する両義的性質を表している。ブルジョワやデュルケームが個人の権利よりも義務を強調し，ブルジョワがそれを「準契約」という概念によって正当化しようとしたように，「連帯」の思想は，個人に先立つ社会秩序を前提とし，「社会進歩」という目的から遡及して個人の役割を規定することで，秩序維持に適合する「義務」の充足を個人に課すという論理を内包している。こうした論理は，デュルケームの思想における「アノミー」という概念にも現れている。デュルケームによれば，「アノミー」とは，分業化された役割を能動的に引き受けるべき個人が，必要な「モラル」（道徳的個人主義）を内面化せず，所与の社会的役割を超えた欲求を抱えた状態を指す[16]。それは「有機的連帯」を構成する個人の「正常」なあり方を逸脱した「異常（anormal）」な状態であり，矯正の対象と見なされる。デュルケームの思想に想定される個人と社会の調和的関係は，中間集団を通じてこのような「アノミー」に陥った個人に働きかけ，彼（女）らを「正常」な状態へと矯正するという操作を前提としている。この思想が，20世紀以降国民統合と産業発展という目的の下に援用されていく時，それは「義務」を引き受けるべく「社会化」されない個人の「排除」，という契機を内にはらんでいくことになる。

## 2 フランス福祉国家の制度化
### ——コルポラティスム体制と「連帯」の変質

 20世紀福祉国家の形成過程は，様々な政治勢力・職業団体（共済組合，農業団体，医療団体，労働組合など）間でその都度なされた妥協と合意の過程である。ここでは，フランス福祉国家の基本構造の形成にかかわる1928－30年，1945－50年，1960－70年代という三つの立法時期を対象とし，その背後にある思想的文脈について指摘を行っておきたい。

### （1）1920－30年代

 19世紀を通じた複数の社会統合モデルの対立は，第一次大戦以降，総力戦への動員と戦後復興という文脈において，社会保障の制度構想をめぐる対立へと重点を移行させる。1910年代まで社会保険の義務化に反対していた共済組合は，1923年の全国大会で義務化を承認する[17]。サンディカリスムも，1926－28年には，共産党系を除くCGT，CFTCが賛意を表明する。急進共和派に主導された社会保険法は，1928年法の修正を経て1930年に出産・障害・疾病・退職・死亡を含む包括的な保険として成立する。この法では加入の義務化が定められる一方，共済組合・労働組合・職域団体・宗教団体など多くの中間集団間で金庫選択の自由が承認された。

 こうした動向の背後に見られたのは，中間集団と国家の関係の制度化，すなわち「コルポラティスム」体制への一定の合意であった[18]。1920年代に入ると，左右両派は，政府と労働組合・使用者団体の協調関係の制度化によって「社会進歩」（産業発展）と個人の「自律」（労働者の生活条件の改善）を両立させる「コルポラティスム」体制の構築を様々に模索する[19]。一方で，「連帯」思想を担った急進共和派は，1910年以降，一部の改革官僚と結びつき，職能代表による「産業デモクラシー」を模索する[20]。20年代にはP・ラロック（Laroque），A・パロディ（Parodi），ネッテルなどの改革官僚により，労使代表と官僚から成る国民経済評議会の設立による労働勢力包摂が目指された[21]。他方サンディカリスムの側は，20年代以降，労働者・技術者の産業自主管理を目的とした評議会設立を目指し，それが挫折すると，30年代には官僚による「コルポラティスム」構想に接近していく。その代表的理論家マクシム・ルロワは，1922年に『幸福な共和国へ』

という著作を発表し，次のように述べている。「今日我々は，行政的集権化のただ中にあってさえ，すばらしい産業的連合，真の職業的政府の自発的な形成に立ち会っている」。「あらゆる私的・公的諸機能の間に連帯の感覚をもたらさなければならない[22]」。それまでのサンディカリスムに見られた国家権力への敵対に代えて，ルロワは両者の間に「産業発展」を目的とする緊密な協力関係を構築し，「生産・消費と統治を結びつける」新しい体制を築こうとする。ここで消費が含められているように，それは政労使協調による労働条件の改善によって労働者の購買力を強化し，彼らを「消費者」として産業体制へと組み込むことを意図したものであった。経済不況が深刻化する30年代には，ベルギーの社会主義者アンリ・ド・マンやマルセル・デアによる「ネオ・コルポラティスム」論がフランス社会党員に大きな影響を与え，その一部は人民戦線下のレオン・ブルム内閣で実践に移された[23]。さらにトゥール・ド・パン（Tour de Pin）など社会カトリックは，社会主義に対抗して，家父長的家族・職域集団・国家を有機的に結合する保守的コルポラティスム構想を唱え，1932年の家族手当導入に主要な役割を果たした[24]。

## （2）1945－50年

　一般に，戦後フランス福祉国家の基本構造は，1945－46年の一連のオルドナンスと立法によって与えられたとされる。ただしその枠組みは，1930年代のコルポラティスム論に直接の起源を持つ[25]。戦後福祉国家の形成は，ヴィシー政権崩壊を経た保守派の退潮と，労働運動の活性化を背景として，ラロック，パロディなど30年代の「コルポラティスム」論に連なる改革官僚の主導による労働勢力包摂の試みとして把握できる[26]。

　1945年に暫定政府の要望に応じて提出されたラロック・プランは，イギリスのベヴァリッジ・プランと異なり，労使代表による保険拠出と金庫自主管理（「社会的デモクラシー」と称される）を目指すものであった[27]。社会保障は労働者の給与補填を主たる目的とし，職業的帰属と結びつけられる[28]。それは労使から成る「職域的連帯（solidarité professionnelle)」）を基礎とし，国家による保険金庫（地域，下級）への財政補完と，最小限の公的扶助（1953年以降は「社会援助（aide sociale）」と称される）を組み合わせることで，間接的に国民的連帯（solidarité nationale)」の実現を図るもの

であった[29]。その制度化の過程で，給与所得者を対象とする一般制度のほか，自営業者・農民を対象とする独立制度，特定産業労働者を対象とする特別制度が並存するなど，著しい職域的分立がもたらされた。社会保障金庫の「一元化」は，戦前からの自治を享受する職域団体や共済組合の抵抗によって徐々に放棄され，一般制度以外に複数の職域金庫が並立した。フランス福祉国家は，戦後拡張された家族手当と合わせ，家族・職域集団自治・国家の補完から成る独自のコルポラティスム体制として発展を遂げる。

### （3）1960－70年代

1960－70年代には，政府・使用者の政治的連合が強化されることで，国家の指導による社会保障の一般化と制度間の均衡・効率化が追及される一方，労使関係の実質的な制度化が進められた[30]。1960年代は，労働組合によるストライキの頻発と，国家が前面に立つ経済統制への批判によって特徴づけられる[31]。社会学者ミシェル・クロジェは，68年5月革命の経験を踏まえた著作において，集権的官僚制，エリートの閉鎖性，個人の自発性の抑圧などを指摘し，フランス社会を「閉ざされた社会（société bloquée）」と称した[32]。60年代末から70年代にかけては，ポンピドゥー大統領によって首相に任命されたシャバン＝デルマ内閣の下で，国家の管理や指導に代わる，労使代表と国家との新しい交渉・契約関係の樹立（「進歩への契約」），それまでイデオロギー的分裂を繰り返してきた労働組合と使用者団体との協調関係（「社会的パートナー」）の制度化が推進される[33]。労働者はこの体制に組み込まれることで，所得保障（物価と連動した最低賃金SMIC導入），月給制，労働時間の短縮などを獲得し，国家は疾病保険，年金保険の拡充によって，この体制に万人を包摂していった。

戦後体制に想定される個人とは，国家の公教育によって「社会化」され，長期雇用の下で個別の職能を充足し，代表の選出を通じて金庫の自主管理に能動的に参与する「労働する個人」であり，家族を扶養する責任を担う家父長である。こうした国家―労働―家族関係に包摂されない個人は，「社会保障」の対象と見なされず，例外的な「社会援助」によって把捉され，最低限の生存維持を保障されるにすぎない[34]。思想的に見れば，この体制は，国家と職域団体の協調を想定する「連帯」の思想と，家族を重視する保守主義との妥協であり，それらを戦後復興と産業発展へと援用したもの

である。個人の「自律」の内実は，当初「連帯」の思想に想定された「人間性」の発展から，産業社会に適合する条件，すなわち所得拡大，労働条件改善，雇用保障へと読み替えられる。個人は，教育・就労や市民的生活習慣の内面化という「義務」の充足によって，対応する「社会権」を付与される存在とみなされる。

## 3　フランス福祉国家の危機
### ――「排除」の顕在化と「連帯」の再生論

　1974年に就任するジスカール＝デスタン大統領下のフランスでは，福祉国家が成熟に至る一方で，「栄光の30年（Trente Glorieuses）」と呼ばれる経済成長の終焉とともに「福祉国家の危機」が顕在化する。

　一般に「危機」の背景として，経済の停滞，社会保障の一般化にともなう社会支出の増大，産業構造の変化，家族の多様化と高齢化の進展などが指摘される[35]。しかし，こうした変化にともなう財政構造の悪化のみが問題であったわけではない。その背後に見られたのは，従来の「連帯」の秩序に包摂されない「排除された人々（Exclus）」の顕在化であり，福祉国家の「正統性」の危機であった[36]。

　1970年代の福祉国家批判を担ったのは，主に行政官や経済学者であった。彼らは従来の福祉国家の非効率性を指摘し，そのパフォーマンスの効率性（〈システム統合〉）強化による「排除」への対応を主張する。1974年に現れる二つの代表的な福祉国家批判――ルネ・ルノワール『排除された人々』，ストレル『豊かな国における貧困の克服』――は，経済的繁栄と福祉国家の成熟のただ中において，そこに包摂されない「社会的不適応者」が大量に存在することを指摘した[37]。ルノワールによれば，心身障害者を除く「社会的不適応者」は，フランスの全人口の約十分の一に達する。ここで「不適応」とは，遺児，暴力や犯罪に染まる若者，学校教育からの離脱者，アルコール・薬物中毒者，移民など，様々な不遇な条件下に生きる個人を一括するカテゴリーである。彼はその原因を，経済的困窮のみならず，従来の「社会化」のメカニズムの中に見出す。不安定な家族，画一的な学校教育は，「一定数の子供や青年の不適応の要因となっている」。重い負担と給付の対応から成る「社会保障体系の発展は，それ自体［排除の］予防に反する役割を果たしてきた[38]」。家族・学校・社会保障は，人々の「社会化」を引き

受ける措置であるにもかかわらず，一定層の「不適応」を生み出す要因ともなっている。ルノワールは，ソーシャル・ワーカーを強化し，貧困地域のコミュニティを支援することで，単なる給付ではなく「排除」の予防に重点を移すことを主張する。実際1970年代後半には，ソーシャル・ワーカーの専門化・拡充，低所得者層への住宅供給など，社会的不適応者を「統合（intégration）」するための様々な施策が進められた。

　しかし，こうした「統合」政策は，80年代には限界に直面する。若年失業の一般化，失業の長期化，雇用の不安定化，不正規雇用の増大などにともなって，「排除」は特定階層の「不適応」の問題から，現代社会に広がる「不安定」な状況一般を指す概念となる[39]。社会学者のポーガムによれば，「排除」とは，特定階層や周縁の問題ではなく，現代社会に生きる個人が，脆弱化した社会的紐帯の下で，常にそこから脱落し貧窮に陥るというプロセスに脅かされている状況を指す[40]。この時期以降，「排除」を問題化したのは，カトリック系，住居援助，食糧援助，フェミニズムなどの多様なNGO，アソシエーション団体であった[41]。これらの勢力は，社会支出削減の圧力に抗して既存の社会権の防衛を図る左派・労働組合勢力と異なり，〈社会統合〉の機能不全という観点から福祉国家批判を展開する。1987年にウレザンスキー神父が社会経済評議会に提出した著名な報告書では，経済的貧窮の背景にある社会的紐帯の弱体化――学校教育からの脱落，職業訓練の不在，職業的不安定，住居の悪化，家族の不安定など――が指摘され，それらが人間の「基本的権利」の侵害であると主張された[42]。80年代には「新しい貧困（nouvelle pauvreté）」「不安定（précarité）」を主題とした数多くのパンフレットや報告書が現れ，その一部は実際の立法に影響を与えた（例えば1988年のRMI参入最低所得）。

　1970年代の「統合」政策が，ソーシャル・ワーカーや教育・司法権力を通じて，不適応者を既存の「連帯」秩序へと適応させることを意図したものであったとすれば，1980年以降の「排除」論は，国家―労働―家族という従来の画一的な「社会化」装置が機能せず，その外部に「排除された人々」が恒常的に生み出されている状況を問題化する。前者が制度の改変や不適応者への働きかけ強化による福祉国家のパフォーマンス向上を目的とするのに対し，後者は，従来の福祉国家の構造が，多様な生活・就労スタイルを持つ個人への統合機能を果たせず，社会的「義務」を引き受けられ

ない個人を恒久的に生み出す要因へと転化していることを指摘する。80年以降の「連帯」の再生論は、この二つの議論がせめぎ合う中で展開される。以下ではこの時期の福祉国家再編過程について瞥見した後、その動向に批判的立場を採りつつ、相互に対立する「連帯」の再生論を唱えているロザンヴァロン、カステル、ドンズロの議論を整理し、現在の問題状況を探る。

(1) 保険と連帯の区別

1980年以降の福祉国家改革は、社会支出抑制を目指す政府・使用者の主導の下、90年以降は一部労組（CFDT）との協力によって進められた[43]。それは社会保障法の代表的研究者デュペイルーの要約に従って、「保険（assuranu）と連帯（solidarité）の区別」と称することができる[44]。戦後フランス福祉国家は、「職域的連帯」に基づく保険の拡張によって社会保障の一般化を成し遂げようとしてきた。80年以降は、保険と区別される「国民的連帯」に基づく社会的ミニマム（公的扶助）の拡張によって、従来の「連帯」秩序から逃れた個人を救済するという方向が選択されている。1980年代には特別連帯手当（ASS）、参入手当（AI）、参入最低所得（RMI）などが導入された[45]。公的扶助の拡大と並行して、保険拠出に代替する租税化（fiscalisation）と財源の国家管理が進められている。1991年に導入された社会保障一般税（CSG）は1998年に7.5％に達し、1996年には社会保障債務償還目的税（CRDS）、社会保障財政法による金庫管理の一元化が定められた。

以上の政策転換は、保険給付の抑制・削減を容易にする一方、従来の「職域的連帯」から脱落した層への最低限の公的扶助を拡張することを意図している。それは保険に依拠する層と公的扶助に依存する層との「二重化（dualisation）」を促進させることで、従来の「連帯」原理の根本的な変容をもたらしている。以下に採り上げる三人の論者は、こうした動向に批判的な立場を採りながら、「参入（insertion）」を鍵概念として「連帯」の再生を模索する代表的論者である。

(2) 連帯の義務の拡張

第一は、「連帯」の義務の側面を強調する立場である。ロザンヴァロンに代表されるこの議論は、リベラルな「参入」論と位置づけられる。彼によれば、長期失業や雇用の不安定による「リスク」の多様化、高齢化や医療

の発達による「リスク」の個人化などによって,もはや均等な「リスク」配分に立脚する旧来の「連帯」は妥当性を喪失した[46]。彼は,個々人がそれぞれの条件の下で自発的に公権力・企業と「契約」を結び,自らの「社会的有用性」を示し,社会に「参入」するという活動を支援するような「能動的福祉国家 (Etat-active providence)」への転換を唱える[47]。「能動的福祉国家」の役割は,所得補填や扶助ではなく,職業訓練の提供,公私企業や第三セクターへの就労機会の拡張,就労と給付の結合によって,個人に均等な「参入」機会 (équité) を提供し,個人を「義務」を引き受ける能動的な契約主体へと再構成することにある。

ロザンヴァロンが明示的にアメリカのワークフェア論を参照しているとおり,彼の議論は,アングロ・サクソン型の福祉国家モデルを採り入れることで,「連帯」と就労義務とを緊密に結合し,福祉国家のパフォーマンス(〈システム統合〉)強化と〈社会統合〉の両立を図ろうとしたものと位置づけられる[48]。それは「連帯」原理の義務の側面を強調し,「リスク」の個人化を奨励するという点で,従来の原理の大幅な修正を含意している。こうした議論がフランスにどの程度受け入れられるかは明らかではない[49]。さらに周縁化された個人と公権力との「契約」という論理が,両者の非対称性を覆い隠し[50],「義務」を担えない個人の排除を深刻化させる可能性もはらんでいる。

(3) 連帯の権利の拡張

第二は,「連帯」の権利の側面を拡張し,公権力による「参入」の拡大を図ろうとする議論である。カステルによれば,従来の給与所得者を対象とした福祉国家のあり方(レギュラシオン学派のM・アグリエッタに倣って「勤労者社会 (société salariale)」と称される)は,その外部に労働から疎外された「社会的不要者」を生み出した。これらの人々は,単なる経済的困窮者であるだけでなく,基本的権利を剥奪され,社会的アイデンティティを喪失した存在となっている[51]。「排除」への対応は,第三セクターを通じた労働市場への包摂や,地域ごとのアソシエーションを通じた包摂だけでは十分ではない。「社会的保護の存在しないところに社会的結合は存在しない[52]」。具体的な対案は不明確であるものの,彼の議論は,特定の職能を担うことで社会関係に包摂され権利を保障されるという従来の「連帯」

のあり方に代えて,「市民」という属性に対応する普遍的権利の保障を行ったうえで,労働への「参入」を図ろうとするものと位置づけられる[53]。より権利の側面を強調するのが,ボルジェット,ヴァン・パリジスなど左派の論者の主張する「市民所得(revenu de citoyen)」「普遍給付(allocation universelle)」である[54]。彼らは,従来の「連帯」や平等に代わる機会均等(équité)論が,いずれも普遍的な権利保障につながらないことを批判し,「友愛」の理念に基づいて,万人に対し生活に十分な無条件の所得保障を行うことを提案する[55]。

彼らの議論は,従来の「連帯」原理の限界を踏まえ,フランス共和主義のもう一つの伝統である「友愛」の再生を唱えることで,実質的には公権力による社会権の普遍化を図ろうとするものである。こうした提案は,フランスでは革命期から19世紀にかけて繰り返しなされてきた批判——国家介入の範囲をいかなる原理によって制約するのか,法に基づく権利保障と「モラル」に基づく自発的相互扶助との境界をどう設定するのか,という問題——を惹起し,「連帯」以前の思想対立を再びもたらす可能性が高い。

### (4) 地域的連帯論

最後にジャック・ドンズロは,地域コミュニティ(ville)に立脚した「参入」政策を唱える。ドンズロによれば,デュルケムの「有機的連帯」論に代表される職業的専門化に基づく相互依存は,経済的不安定の増大によって統合機能を失っている。それに代えて,地域の実情に即した「新しい共同体主義」が必要である[56]。従来の教育・警察・司法権力による「統合」政策が失敗したことを受け,ドンズロは,地域ごとにNGO,非営利団体,地方公共団体の間の「コミュニケーション」を活性化させ,「参入」計画(projet)を下から積み上げ,地域コミュニティが国家と「契約」を結ぶことで財政援助を受け,その実践主体となるというあり方を提案する[57]。1991年には自ら都市省(ministre de Ville)評価委員会に参画し,地域コミュニティ政策の実践に関わっていく。

これまでのところ,彼の唱える参入政策は,十分な成果を挙げていない。非営利団体やアソシエーションは「参入」を可能にするだけの資源や能力を保障されず,期待された役割を果たせなかった[58]。ドンズロ自身,地域コミュニティ政策は,政府の責任に代わってアソシエーションや個人の自

発性を強調するにとどまり，実際には排除を深刻化させたと振り返っている[59]。ドンズロの議論は，従来の「コルポラティスム」体制から逃れた人々の「参入」を促進するために，地域コミュニティに立脚し，様々なアソシエーション，私企業と地方公共団体の協力関係を築こうとするものであった。ただしこの政策が，国家の社会支出削減や地域の大規模開発という論理と結びついて進められるならば，排除された人びとへの新たな抑圧へと容易に転化することが，フランスの経験によって示されている。

## 4　おわりに

　戦後フランス福祉国家の理念的基礎である「連帯」は，フランス革命の経験からもたらされた。それは伝統集団から解放された自律的「個人から成る社会（société des individus）」の実現を，集権的国家に委ねるのではなく，諸個人の相互義務・権利関係に基づく中間集団の積み上げによってもたらそうとする理念である。戦後フランス福祉国家は，1920-30年代のコルポラティスム論を引き継ぎ，労使から成る職域集団の自治を官僚が活用することで形成された。個人は家族―職域集団―国家という「社会化」装置の下で一定の扶養・就労・教育義務を充足し，それに対応する権利を付与される存在とみなされた。こうした秩序は，1970年代以降，そこに包摂されない多様な個人を抱え込み，正統性を問い直されている。

　1980年以降の福祉国家再編過程と「連帯」の再生論で問われている論点は，以下の三つに整理できる。第一は，個人の権利・義務関係の問い直しである。家族―職域集団―国家の下に帰属することで義務を充足すると想定される画一的な個人像は，（エスニック集団を含めた）多様な生活・就労スタイルの下にある個人との乖離を拡大させている。それへの対応は，受動的な権利保障にとどまらず，個人を能動的な社会との契約主体として再構成し，契約目的そのものの選別を行う権能を授与することに見出されている。ただしその機能が，最低所得なのか，就労能力なのか，社会生活への参与能力なのかについて，未だ合意はない。

　第二に，「社会化」の回路を多様化するための中間集団の再編が問われている。従来のコルポラティスムと80年代以降活性化するアソシエーションとの関係を問うだけでなく，アソシエーションの活用を，福祉国家のパフォーマンスの効率化という〈システム統合〉の論理の上に従属させず，〈社

会統合〉の論理の上に基礎づけるために，二つの論理の整序が必要である60。

　第三は，代表制の再構築と新たな政治主体の形成である。戦後フランスでは，改革官僚の主導によって福祉国家が形成され，労働勢力は優越的地位を保障されることで〈上から〉そこに組み込まれた。戦後政治では左右両派が既存の福祉国家の枠内で利益配分を争うこととなり，その外部から提起された「正統性」問題に対応する回路が発達しなかった。今日に至るまで，福祉国家改革が日程にのぼるたびに，街頭での示威行動や暴動が繰り返されることはその現れである。福祉国家再編が「正当性」の回復を伴うためには，従来の左右勢力の外部にある多様な社会的アクターを政治的に代表しうる回路をどう再構築するのかが問われていかなければならない。

(1)　保守主義を強調するものとして，Paul V. Dutton, *Origines of the French Welfare State: the struggle for Social Reform in France, 1914-1947*, Paris, Cambridge University Press, 2002; エスピン・アンデルセン（岡沢憲芙・宮本太郎監訳）『福祉資本主義の三つの世界—比較福祉国家の理論と動態』ミネルヴァ書房，2000年，59頁など。自由主義を強調するものとして，Janet R. Horne, *A Social Laboratory for Modern France : the Musée Social and the Rise of the Welfare State*, Durham and London, Duke University Press, 2002 など。労働運動の影響を強調する研究として，Maurice Parodi et al., *La question sociale en France depuis 1945*, Paris, Armand Colin, 2000 など。保守主義と労働運動の妥協ととらえる研究として，Henri Hatzfeld, *Du paupérisme à la sécurité sociale, 1850-1940 : essai sur les origines de la Sécurité Sociale en France*, Nancy, PUF, 1989

(2)　Bruno Palier, *Gouverner la sécurité sociale : les réformes du système français de protection sociale depuis 1945*, Paris, PUF, 2001, p. 103.

(3)　こうした理解は，近年の研究に一般的である。Francois Ewald, *L'Etat providence*, Paris, Grasset, 1986, p. 349 et s. ; Jacuqes Donzelot, *L'invention du social : essai sur le declin des passions politiques*, Paris, Seuil, 1994, p. 121 et s. ; Pierre Rosanvallon, *L'État en France : de 1789 à nos jours*, Paris, Seuil, 1990, p. 173 ; Pierre Rosanvallon, *La nouvelle question sociale : repenser l'Etat-providence*, Paris, Seuil, 1995, p. 24 et s.（北垣徹訳『連帯の新たなる哲学—福祉国家再考』勁草書房，2006年，19頁以下）; Robert Castel, *Les métamorphoses de la question sociale : une chronique du salariat*, Paris, Gallimard, 1995, p. 445 et s.

（4）　フランス革命期から19世紀の福祉国家形成前史に関しては田中拓道『貧困と共和国―社会的連帯の誕生』（人文書院，2006年）を参照されたい。また20世紀以降の展開を「社会契約」の論理の変遷を軸に素描した拙稿「『社会契約』の再構成―社会的排除とフランス福祉国家の再編」（『社会政策学会誌』16号，2006年，77－90頁）は，本稿と一部重複があることをお断りしておきたい。
（5）　Emile Durkheim, *De la division du travail social*, 5$^e$ éd., Paris, PUF, 1998, p. IV（田原音和訳『社会分業論』青木書店，1971年，3頁）.
（6）　Léon Bourgeois, «L'idée de solidarité et ses conséquences sociales», dans *Essai d'une philosophie de la solidarité*, Paris, 1907, p. 48, p. 11.
（7）　*Ibid*., p. 44.
（8）　Léon Bourgeois, *Solidarité*, (1$^{re}$ éd., 1896), Paris, Presses Universitaires du Septentrion, 1998, pp. 47-48.
（9）　Léon Bourgeois, *Les applications de la solidarité sociale*, Paris, 1901, p. 9.
（10）　Durkheim, *De la division du travail social, op. cit*., p. 6（邦訳，45頁）.
（11）　Léon Bourgeois, *La mutualité et la lutte contre la tuberculose, conférence faite au Musée social, le 6 Novembre 1905*, Paris, 1906, p. 43.
（12）　Emile Durkheim, *Le suicide : étude de sociologie*, Paris, PUF, 1930 (1$^{re}$ éd. 1897), p. 436 et s（宮島喬訳『自殺論』中公文庫，1985年，487頁）.
（13）　Emile Durkheim, *Leçon de sociologie*, Paris, PUF, 1950, p. 77（宮島喬訳『社会学講義』みすず書房，1974年，74頁）．職能代表制に基づくデモクラシー論について，Durkheim, *op. cit*., p. 122（邦訳126頁）.
（14）　Henri Hatzfeld, *Du paupérisme à la sécurité sociale, op. cit*., pp. 229.
（15）　Ex. Emile Cheysson, *La solidarité sociale, extrait de l'économiste français, le 4 juillet 1903*, pp. 7-9.
（16）　Durkheim, *Le suicide, op. cit*.,p. 283（邦訳，313頁）.
（17）　Armand Salmon, *La mutualité et les assurances sociales*, Paris, 1926, p. 16.
（18）　こうした動向に関して次の邦語論文に優れた考察がある。阪上孝「計画の観念とテクノクラートの形成」河野健二編『ヨーロッパ―1930年代』岩波書店，1980年；廣田功「戦間期フランス労働運動とディリジスム」遠藤編『国家と経済　フランス・ディリジスムの研究』東京大学出版会，1982年；廣田功「1930年代フランスの雇用主と経済社会の組織化―コルポラティスムとの関連を中心に」権上康男ほか編『20世紀資本主義の生成―自由と組織化』東京大学出版会，1996年。
（19）　Jean-Pierre Le Crom, «L'entre-deux-Guerres : un pré-corporatisme ?», dans S. L. Kaplan et al. ed., *La France, malad du corporatisme ? 18$^e$-19$^e$ siècles*, Paris, Belin, 2004, p. 384.

(20) Gilles Pollet, «La régulation au confluent des coalitions sociales et politiques : l'exemple de la strucration de l'Etat social français (1850-1950)», Maison des Sciences de l'Homme, *Les métamorphoses de la régulation politique*, Paris, Librairie générale de droit et de jurisprudence, 1998, p. 342.

(21) Francois-Xavier et al., *L'Etat social : une perspective internationale*, Paris, Armand Colin, 2005, p. 90. 政権に携わった社会主義者アルベール・トマは、すでに1910年代半ばに集中化・国有化・集権化による「組織化された経済」を主張していた（Madeleine Rébérioux, Patric Fridenson, «Albert Thomas, pivot du réformisme français», *Le mouvement social*, n. 87, avril-juin 1974, pp. 85-97）。

(22) Maxime Leroy, *Vers une république heureuse*, Paris, 1922, p. 13, p. 7.

(23) アンリ・ド・マンは高度資本主義に相応しい産業体制として、階級利害に基づく労働組合に代わり、職業団体と国家との協力によるコルポラティスム体制の樹立を主張する（Henri de Man, *Corporatisme et socialisme*, 1935, p. 18）。マルセル・デアは、「国家を労働組合に組み込んだ」新しい産業体制の形成を主張する（Marcel Déat, *Perspectives socialistes*, Paris, 1930, p. 236）。なおここでの「ネオ・コルポラティスム」は、1970年代にP・シュミッターなどによって唱えられたネオ・コーポラティズム論とは異質な概念である。

(24) Isabel Boussard, «Les corporatistes français du premier vigtième siècle : leurs doctrines, leurs jugements», *Revue d'histoire moderne et contemporaine*, vol. 40, t. 4, octobre-novembre 1993, p. 648.

(25) F. -X. Merrien, «Etat-providence : l'empreinte des origines», *Revue française des affaires sociales*, n. 3, juillet-septembre 1990, p. 53. ロザンヴァロンによれば、1945−46年法は戦前の体制の「諸原理に対して何ら根本的な変化を示していない」（Rosanvallon, *L'État en France, op. cit*., p. 186）。

(26) Bruno Palier, *Gouverner la securite socialé : les réformes du système français de protection sociale depuis 1945*, Paris, PUF, 2001, pp. 73-74.

(27) ラロック・プランはベヴァリッジの直接の影響を受けて作成されたものではない。Nicole Kerschan, «L'influence du rapport Beveridge sur le plan français de sécurité sociale de 1945», *Revue française de science politique*, vol. 45, no. 4, aout 1995, p. 572. ラロックによれば、当事者の自主管理は、労働者の責任感を惹起し、新制度への協力を容易にするという意図をもって唱えられた。Pierre Laroque, *Au service de l'homme et du droit, souvenir et réflexions*, Paris, Association pour l'étude et l'histoire de la Sécurité sociale, 1993, p. 119.

(28) Pierre Laroque, «Le plan français de Sécurité sociale», *Revue française*

*du travail*, no. 1, 1946, p. 11.

(29) 「社会保障の設立」を定めた1945年11月4日のオルドナンスや社会保障法111条1項では,「社会保障の組織化は国民的連帯の原則に基づく」とされる。

(30) この時期のコーポラティズムの制度化について以下を参照。François Sellier, *La confrontation sociale en France, 1936-1981*, Paris, PUF, 1984, p. 219 et s.

(31) Henry Rousso dir., *La planification en crises (1965-1985)*, Paris, Centre National de la Recherche Scientifique, 1987, p. 10.

(32) Michel Crozier, *La société bloquée*, Paris, Seuil, 1970 (景山喜一訳『閉ざされた社会——現代フランス病の考察』日本経済新聞社, 1981年).

(33) シャバン＝デルマ内閣の「新しい社会」プランとその帰結について以下を参照。Serge Berstein, Jean-Pierre Rioux, *La France de l'expansion*, t. 2. *L'apogée Pompidou, 1964-1974*, Paris, Seuil, 1995, pp. 51-68. 労働組合の国家への不信によって, この時期の政労使協調体制が十分機能しなかったことにより, 70年代後半以降, 労働組合を排除した政府・使用者連合による福祉国家再編が本格的に進展する。

(34) ピエール・ラロックは1934年に次のように述べている。「扶助は受給者に努力の習慣を失わせ, 彼らを貧困の中に滞留させ, 社会階層を上昇するあらゆる希望を彼らから奪い去ることによって, 知的・道徳的に品性を貶める」(Pierre Laroque, «Politique sociale», *L'Homme nouveau*, janvier 1934, cité par Palier, *Gouverner la sécurité sociale, op. cit.*, pp. 67-68)。フランスの社会保護における扶助の占める位置の小ささについて次も参照。Robert Castel, Jean-François Laé dir., *Le revenu minimum d'insertion : une dette sociale*, Paris, Harmattan, 1992, p. 11-12.

(35) Patrice Bourdelais et al., *Etat-providence : arguments pour une réforme*, Paris, Gallimard, 1996.

(36) Pierre Rosanvallon, *La crise de l'État-providence*, nouvelle éd., Paris, Seuil, 1992, p. 18.

(37) René Lenoir, *Les exclus : un Français sur dix*, Paris, Seuil, 1974 ; Lionel Stoléru, *Vaincre la pauvreté dans les peys riches*, Paris, Flammarion, 1974.

(38) Lenoir, *Les exclus, op. cit.*, p. 24, p. 117.

(39) 「排除」概念を検討する著作は数多い。代表例として, 次註のポーガムの編著のほか, Jacques Dolzelot, *Face à l'exclusion : le modèle français*, Paris, Editions Esprit, 1991 ; Alban Goguel d'Allondans, *L'exclusion sociale : les métamorphoses d'un concept (1960-2000)*, Paris, Harmattan, 2003 など。邦語文献として, 都留民子『フランスの貧困と社会保護——参入最低限所得（RMI）へ

の途とその経験』法律文化社，2000年．
(40) Serge Paugam dir., *L'exclusion : l'état des savoirs*, Paris, Editions la Découverte, 1996, p. 16.
(41) ATD-Quart Monde, Restaurants du coeur, Droit au logement など。Cf. Paugam, *La société française et ses pauvres, op. cit.*, p. 66 et s ; Nathalie Hanet-Kania, «L'Etat et les associations humanitaires en France», Paugam dir., *L'exclusion : l'état des savoirs, op. cit.*, pp. 438-448. ただしこれらの運動の中でも移民問題は近年まで大きく採り上げられてこなかった。
(42) Conseil économique et social, *Rapport de Wrésinski : Grande pauvreté et précarité économique et sociale*, Journal Officiel, 1987, p. 96. ウレザンスキーは次のように言う。「国民的連帯」に基づき，「社会的排除への戦いを国家の最優先事項と見なさ」なければならない (*ibid.*, p. 9)。
(43) Parlier, *Gouverner la sécurité sociale, op. cit.*, p. 222.
(44) Jean-Jacques Dupeyroux et al., *Droit de la sécurité sociale*, 14$^e$ éd., Paris, Dalloz, 2001, p. 76. その他以下を参照。Olivier Mongin, «Le nouveau partage des rôles entre l'assurance et la solidarité : représentation collective des chômeurs, associations et travailleurs sociaux», *Esprit*, mars-avril 1998.
(45) 参入最低所得の位置づけは，右派と左派で全く異なる。これを公的扶助の一種と捉えるものとして，Bruno Jobert dir., *Le tournant néo-libéral en Europe : idées et recettes dans les pratiques gouvernementales*, Paris, Harmattan, 1994, pp. 76-78.「新しい社会権」と捉える議論として，Michel Laroque, «Le revenu minimum d'insertion, droit revolutionnaire et prestation sociale d'un nouveau type», *Droit social*, no. 7-8, juillet-août 1989, pp. 597-600.
(46) Rosanvallon, *La nouvelle question sociale, op. cit.*, p. 27 et s.（邦訳，23頁以下）
(47) *Ibid.*, pp. 178-179, p. 211 et s.（邦訳，186-188頁，221頁以下）
(48) それは，彼が福祉国家を近代の自由主義的「保護国家（Etat-protécteur）」の延長上に位置づけていることに対応している。Pierre Rosanvallon, *La crise de l'État-providence, op. cit.*, p. 20.
(49) Jean-Claude Barbier, Bruno Théret, *Le nouveau système français de protection sociale*, Paris, Découverte, 2004, p. 24.
(50) 例えば，Robert Castel, *L'insécurité sociale : qu'est-ce qu'être protégé ?*, Paris, Seuil, 2003, p. 78.
(51) Castel, *Les métamorphoses de la question sociale, op. cit.*, p. 623.
(52) *Ibld.*, p. 769.
(53) Castel, *L'insecurité sociale, op. cit.*, pp. 76-79. カステルが参照するアグリエッタも，「排除」の顕在化による「勤労者社会」の危機に対して，職業

的カテゴリーに基づく「連帯」から「普遍的市民権に基づく連帯」への転換を唱え，具体的には最低所得保障の導入を主張している（ミシェル・アグリエッタ（若森章孝ほか訳）『資本主義のレギュラシオン理論―政治経済学の革新―』大村書店，2000年，51頁）。

(54) P. Van Parijs, *Sauver la solidarité*, Edition du Cerf, 1995.

(55) 「連帯」に代えて「友愛」に訴える例として，Michel Borgetto, *La notion de fraternité en droit public français : le passé, le présent et l'avenir de la solidarité*, Paris, Librairie Générale de Droit et de Jurisprudence, 1993, p. 591.

(56) Jacques Donzelot, «L'avenir du social», *Esprit*, Mars 1996, p. 72, p. 77.

(57) Jacques Donzelot, *Faire société : la politique de la ville aux Etat-Unis et en France*, Paris, Seuil, 2003, p. 203.

(58) Jesper Visti Hansen, «Politique de la ville au Danemark et en France», MIRE, *Comparer les systèmes de protection sociale en Europe du Nord et en France*, v. 4, *rencontres de Copenhague*, Paris, 1999, p. 605.

(59) Entretien avec Jacques Donzelot, «Les nouvelles inégalités et la fragmentation territoriale», *Esprit*, novembre 2003, p. 138.

(60) 例えば，参入最低所得を定めた1988年12月1日法第1条では，この法の目的として「社会参入」と「職業的参入」の二つが挙げられている。これは本稿で述べた〈社会統合〉と〈システム統合〉の区別に対応する。この点に関して，田中拓道「『社会契約』の再構成－社会的排除とフランス福祉国家の再編」前掲書，83頁以下も参照。

# 「文化戦争」から「文化革命」へ
―第一次世界大戦期ルカーチにおける西欧・ドイツ・ロシアの連関―

西永　亮

> 文化批判の最高の物神は，しかし文化の概念そのものである。
> （アドルノ「文化批判と社会1」）

## I　問題設定
### ――「西欧文明」と「ドイツ文化」の対立としての「文化戦争」

　第一次世界大戦の勃発は，周知のとおりヨーロッパの知識人たちに大きな衝撃を与えたが，なかでもドイツでは，その出来事が「文明」と「文化」の対立という認識枠組みにおいて熱狂的に歓迎された。それは西欧文明に対してドイツ文化を防衛する「文化戦争（Kulturkrieg）」とみなされたのである。この「文化戦争」という主張において，西欧（主に英仏）の「文明」は商業主義的，外見的，機械的，合理的なものとして批判されるのに対し，ドイツの「文化」は精神的，内面的，有機的，道徳的なものとして理想化される。それと並行して，「1789年の理念」に対抗して「1914年の理念」が喧伝される[2]。

　「文明」と「文化」を対置し，前者よりも後者が優位になるよう序列化し，かつ前者を西欧に，後者をドイツに帰属させようとする傾向がドイツ知識人層のなかに出現した過程を，N．エリアス[3]は文明と文化の「社会的」対立から「国民的」対立への移行という観点から分析している。

　エリアスは「文明化（Zivilisation）」という概念を「ヨーロッパの自己意識」の表現として規定する。つまりそれは，17，8世紀以来のヨーロッパ社会が，それ以前の社会もしくは同時代の「より原始的」な社会に比べ進化してもっていると信じているものの総体を，あるいはそれに対するヨーロッパ社会の「誇り」を概念化したものである（PZ. 89，六八－六九）。しかし文明化概念は，それ自体としてはあくまで「すべての人間に共通する」もの，人間性や理性といった普遍的なものに導かれる。したがって，現在

では野蛮で未開な人間や社会も未来において「文明化」されうる。この意味で文明化は一つの運動，一つの「過程」であり，しかもよりよき未来への「進歩」の過程である（PZ. 90, 91-92, 六九, 七〇-七一）。それは基本的には外に対して開かれたものである[4]。それに対して「文化 (Kultur)」とは，イギリスとフランスで通用してきた「文明化」が意味するのと同様の自己意識をドイツ語で表現するものである（PZ. 90, 六九）。しかし文化概念は，文明化とは対照的に，人類共通のものではなく，国民や民族などの特定のグループの「独自性」や「差異」を強調する。したがってそれは自らを「限定」し「閉鎖 (Abschließen)」する（PZ. 91-92, 113, 七〇-七一, 九五）。

　文明と文化の対立という認識は，エリアスによればすでにカントの『世界市民的見地における普遍史の理念』(1784年) に見出せる[5]。芸術や学問などの「文化」は真に「道徳的」なものであるのに対して，「文明化」は人間に「社会的な礼節」，「名誉心」，あるいは「外見的な上品さ」しかもたらさないというカントの文明批判[6]を，エリアスは18世紀末に形成されつつあったドイツの中流市民階層の代弁者である知識人層による，上流階層の宮廷貴族の外見的な振舞いに隠された名誉心に対する批判として読み解く。つまりこの場合に文化と文明の対立は，ドイツの社会内部での階層的対立と関連しており，その意味で「社会的」対立なのである。もちろん，宮廷貴族は主にフランス語を話し，フランスを模範として自らの振舞いを「文明化」しようと努めていたのに対して，知識人層はドイツ語を用いていたので，この「社会的」対立にはすでにフランス対ドイツという「国民的」な対立の萌芽が見られるが，しかしこの段階では依然として前者が前面に出ていた（PZ. 95-96, 七五-七六）。

　ここで重要なのは，この社会的対立のなかで「文化」の概念が抽象的で非現実的な性質を帯び，人間の内面や精神的事柄を意味するようになったことである。西欧諸国と比較して国内の民主化と産業化が遅れたドイツの教養市民層は，第一に，国家の支配に影響をもちうるほどの政治権力を獲得できず，政治的領域から排除されていた。その結果，彼らの理念である文化の概念は基本的に「非政治的」，ときに「反政治的」な性質すらもつようになった（cf. SD. 164-165, 一四八-一四九）。そのような概念に基づく彼らの活動は，たとえ上流の支配階層に批判的なものであっても，あくま

で絶対主義的国家の許容範囲内に限定される。第二に，公衆（Publikum）として自分たちの活動を経済的に支援しうる商業市民層の未発達という状況にも直面していた彼らは，商工業を「物質的」なものとして蔑視するようになる。そのなかで文化概念は，具体的で現実的な政治・経済活動とは関係をもたない，学問や芸術などの「精神的」な業績――「浅薄さ，儀礼，外面的なおしゃべり」に対置される「内面化，感情の深さ，書物への沈潜，個人的人格の陶冶・教養(ビルドゥンク)」――という内容を指示するようになる。つまり，政治的にも経済的にも孤立した彼らにとって，現実から離れた精神内容が「避難所」となり，また彼らの「誇り」の源泉ともなる7。この意味において，政治・経済と区別される「文化」はドイツ知識人層の「自己意識」に他ならないのである（PZ. 96, 108-110, 119-120, 七六, 九〇-九二, 一〇二-一〇三）8。

　文明と文化の「社会的」対立が「西欧」対「ドイツ」という「国民的」対立に移行する過程，言い換えれば，ドイツ知識人層の「自己意識」としての文化が「国民意識」と結びつく過程について，エリアスはその主要な要因としてイギリス，フランス，ドイツ間の緊張の度合いという国際的な要因（PZ. 401, Amn. 2, 七八）以上に，ドイツ中流階層の台頭という社会的な要因を重視する。19世紀後半の急速な産業化のなかで，市民階層は支配階層へと台頭することによって国民意識の担い手となる。それに応じて彼らの自己意識が国民意識の意味内容を規定することになり，文化概念はそのヒューマニスティックな含意を失い，「ドイツ的自己意識」へと国民化する。その結果，文化概念の閉鎖的性格が前面に出て，これまで社会内部の宮廷貴族の振舞いを特徴づけていた文明概念は，ドイツと区別される西欧を指示するものへと転換するのである（PZ. 126, 108; SD. 176-177, 一六〇-一六一）9。

　「西欧文明」対「ドイツ文化」という認識枠組みがドイツ知識人層のあいだに成立する過程で働いたもう一つ重要な要因に，19世紀末から20世紀初頭にかけてのドイツ内での急激な工業化にともなう大衆化現象がある。工業化の進展の結果，より下流の商業市民層と産業労働者が台頭し，社会構造が平準化・水平化すると，これまで文化的エリートである教養市民層の避難所にして誇りの源泉であった教養や文化への「大衆」の侵入が意識される。ここから他ならぬドイツにおいて「文化の危機」が叫ばれるように

なる[10]。自分たちの教養や文化が大衆の脅威に晒されていると感じた知識人層は,「文化の復興」のために,自分たちが守るべき文化とは何かを回顧的に自己分析・自己批判するようになる[11]。それと同時に「文明批判」は,ドイツ教養市民層の「文化の危機」という不安,自己批判的意識がドイツの外側である西欧へと屈折して投影されたものとして展開される[12]。

以上のように,「文明」と「文化」をナショナリスティックに対置すると同時に,大衆化による「文化の危機」という意識を共有したドイツ知識人層は,そこからの脱出口として,文化再生への道として,第一次大戦の勃発を熱狂的に歓迎する。この知識人層の戦争熱を,G．ルカーチは戦争勃発直後からいちはやく批判する。当時ルカーチがドイツ的文化圏に属しながらも「文化戦争」論に対して批判的距離をとることができた決定的な理由は,彼がロシア革命とロシア文学,とりわけドストエフスキーへの関心から「ロシア」という理念に傾倒していたからである。そしてこの理念に基づいて彼独自の「文明批判」の言説と,「文化革命」としてのロシア革命という構想が展開されることになる。

本稿は,「文化戦争」の言説に対するルカーチの批判,およびそれに基づく彼の「文化革命」の構想を分析することによって,第一次大戦期における「文化戦争」から「文化革命」への展開がいかに20世紀政治思想の形成過程の重要な部分をなしているかを示そうとするものである。20世紀は社会の大衆化・水平化の条件下で「全体戦争」と「世界革命」によって幕開けした時代であると考えられる[13]。すでに見たように,「文化戦争」論はドイツ文化が急速な大衆化に晒されているという危機意識を背景としている。そしてこれから詳細に検討するように,それを批判するルカーチもまた「文化」概念を保持しつつ,それを「魂」という観点から,彼の理解する意味での「ロシア」の理念に接合させ,西欧対ドイツという図式を相対化しながらロシア革命を文化的に正当化していく。したがって,ルカーチの「文化戦争」論批判と「文化革命」構想は,20世紀政治思想の形成過程を解明するための重要な鍵を提供するように思われるのである[14]。

以上の目的を果たすために,本稿は,まずルカーチが多大な影響を受けたジンメルの「文化」概念を確認し,そこからジンメルの「文化戦争」論を検証する（Ⅱ）。次にルカーチの戦争批判を分析し（Ⅲ），最後にその批判を可能にする,「西欧」だけでなく「ドイツ」とも区別される「ロシア」

という視座から構想されたルカーチの「文化革命」論を明らかにする（Ⅳ）[15]。

## Ⅱ　ジンメルにおける「文化戦争」の言説
### ——「文化の悲劇」から「ドイツの内的変化」へ

　ジンメルにとって文化をめぐる問題は，単純に文明と文化の対置という枠組みには収まらない。ここに彼の文化社会学・文化哲学の特徴があり，またそれがルカーチを魅了した[16]。それでは彼にとって文化とは何か，そしていかにして彼は「文化戦争」の言説に与したのか。

### 1　文化の概念——「魂」の発展過程における主一客の綜合

　まず文化は「自然」と区別される。人間は「自然状態（Naturzustand）」から，自然に対して自らの意志と知性，技術を介入させることで発展し，「文化状態（Kulturzustand）」に到達する。しかし文化は，たとえば自然のままでは酸っぱい実しかつけない木に人間が食用の果物を実らせる，つまり「栽培する（kultivieren）」こととは異なる。果物は依然として木という自然的事物の本質に内在した可能性が実現したものにすぎない。文化は人間の「魂（die Seele）」に関わる。魂は同一の状態に留まるものではなく，より高次での完成を目指して発展する。魂の自己完成の方向は，他ならぬ魂自身の本質のなかにつねにすでに内包されている。「人間の魂だけが，その目標が魂独自の本質の目的論のなかに包含されているような発展の可能性を含んでいる」（WK. 367，九九）。それゆえ，自然は所与としての事物や生物の「因果的」発展の領域であるのに対して，文化は人間の「目的論的」活動の領域である。「文化形成（Kultivierung）」とは，人間の魂の内的完成を，単なる自然的成長に委ねることなく，人間の意志や知性，技術を用いることによって達成することに他ならない（cf. WK. 364-367，九六-九九）。それはいわば「魂のおのれ自身への道」である（PK. 385，二五四）。

　ここで重要なのは，その文化概念にとって「人間の外部にある何か」が本質的な構成要素とされていることである。「確かに文化達成（Kultiviertheit）は魂の一状態ではあるが，しかしそれは，合目的的に形成された客体を利用し尽くす途上で到達される状態である」（WK. 368，一〇〇）。文化は「魂の道がそれ自体は主観的でも魂的でもない価値と系列を経由し

て行く」場合にはじめて達成される（PK. 389，二五八）。人間の外部にある客体とは，自然的事物ではなく人間の活動が産出した事物であり，「精神が客体化したもの」である。そしてそれは一定の「事象的（sachlich）」な価値秩序に属する（PK. 391，二六〇）。魂は人間の客観的所産を媒介しなければならず，外界を遮断した直接的＝無媒介的な自己実現は文化達成ではない。「最も純粋で最も深い意味における文化達成は，魂がおのれ自身からおのれ自身へ，われわれの最も真なる自我の可能性からその現実性へ向かうあの道を，もっぱらおのれの主観的に人格的な諸力によって進むところでは，与えられない」（PK. 388-389，二五七）。このように，ジンメルにとって文化は外面的なもの，客観的なものに対して閉鎖的なものでは決してなく，それとの相互作用において発展するものであり，その意味で一つの「過程」──「文化過程（Kulturprozeß）」ともいわれる──なのである。

　したがって，文化には二つの側面がある。一つはその主観的な側面，つまり精神の自己発展である。もう一つはその自己発展のなかで精神が自らを客体化したもの，つまり人間の活動による所産であり，精神がおのれの完成の途上で媒介しなければならない事物の発展である。前者は「主観的文化」，後者は「客観的文化」と呼ばれる（WK. 371-372，一〇五-一〇六）。

　ここで注意すべきは，客観的文化のなかに，文化諸領域で産出される法律，芸術作品，学問的成果，労働生産物等に加えて，「作法，判断のなかにあらわれる趣味の典雅さ，個人を社会の歓迎すべき一員たらしめる礼儀のしつけ」（WK. 368，一〇一）などの習俗や社会的規範が含まれていることである。つまり，そうした社会的承認の獲得に必要とされる振舞いが，文化に対立しそれを堕落させるどころか，魂の内的発展に不可欠の要素とされているのである。それゆえ，外面的な礼儀作法を身につけず，ただ純粋に内面的自由や魂の自己実現を追求するならば，それは文化とは呼ばれない。逆にいえば，魂が自らの外部を経由しておのれ自身の完成を追求するという「迂回路」を嫌う「非常に内面的な性質の人びと」は，文化に対して憎悪を抱きかねないとさえジンメルは述べる（WK. 368，一〇一）。もちろん他方で，社会習俗への順応が主観的な魂の発展過程へと帰還せず，それに何ら貢献することなく，その意味で純粋に外面的なものにすぎない場

合には，それはやはり文化とは呼ばれない。礼儀作法や良い趣味をただ外面的にのみ身につけた人間は，以前よりも「洗練された」，あるいは「教養豊かに」なったとしても，決して「文化に達した」とはみなされない（PK. 388, 401, 二五六, 二七一）。このようにジンメルは，当時のドイツ知識人層の慣用語法における文化＝内面・閉鎖性と文明＝外見・開放性の単純な二元論的対置にはしたがわず，主体と客体，内面と外面の「織りあわせ」，「調和」あるいは「綜合」として文化を概念化するのである。

ジンメルの文化概念に関して最後に確認すべきは，客観的文化の「普遍性」ないし「公共性」である。文化諸領域で産出される所産は，それを産出した者だけの魂の発展に関わるのではなく，それ以外の人びとの魂にも影響を及ぼす。「ある所産がその産出者の主観的な魂の性質から切り離されていればいるほど，つまりそれが客観的な，それ自体として妥当している秩序のなかへ位置づけられていればいるほど，……それだけいっそうそれは普遍的な手段として，多数の個人の魂の養成に取り入れられるのに適したものとなる」（WK. 370-371, 一〇四――強調引用者）。たとえば，極めて偉大で天才的な芸術家が創造した最高度の芸術作品は，その芸術家一人に固有の人格性が顕現したものであり，「それが他の顕現と分ちあう事柄」は後景に退くがゆえに，文化の名に値しない。それは「孤独な完成品」（PK. 400, 二七〇）に留まる。文化は「主体からもっと距離をとったところで客体化されている，より普遍的，より非人格的な業績」に属しており（WK. 371, 一〇四－一〇五），複数の魂の養成，複数の生過程に奉仕すべく「公共的精神」によって使用される（PK. 402, 二七二）。それは，それぞれ独自に発展している多数の魂を繋ぎあわせる，いわば「橋」（PK. 399, 二六九）である。この点でも，ジンメルにとって文化は限定的なものでも閉鎖的なものでもない。

## 2　文化の悲劇――「疎外」における主―客の対立

しかしながら，ジンメルは文化形成の過程で主体と客体が対立しあい，相互に疎遠なものとならざるをえないと考える。その結果として，客観的文化が過度に発達して主観的文化を圧倒する。ここにジンメルにとっての文化の危機がある。

精神は，法，芸術，宗教，経済，学問などの文化諸領域で形象物（Gebilde）

を産出することで自らを客体化する。しかし，これらの形象物は一度産出されると，自らの出自である魂から独立し一定の法則性を獲得する。ここから形象物は主体に対立するようになり「疎遠な（fremd）」ものとなる（PK. 385, 二五三）。ここに「文化の逆説」がある。なぜなら，主観的な生は自らの内的完成のために外的な形象物を経由しなければならないにもかかわらず，その形象物が「自足的な閉鎖性（Abgeschlossenheit）」に達してしまうからである（PK. 389, 二五八）。主観的生と形象物との関係性としては，もはや前者に対して後者が及ぼす，「活気を固定しさらには硬直させる無気味な反作用」があるだけである（PK. 390-391, 二六〇）。

　主体と客体の疎遠ないし敵対の拡大に伴って，文化諸領域の事象的性質が前景化してくる。形象物の「文化価値」は，人格性への貢献という観点ではなく，それぞれの文化領域に固有の評価基準から事象に即して評価されるようになる。「〔文化諸領域の〕系列があの主観的な魂の発展のなかに組み込まれるのかどうか，組み込まれるとすればどのような価値をもってなのかは，純粋に事象的な，これらの系列にのみ妥当する規範によって測定されるこれらの系列の意義とは全く関係がない」（PK. 398, 二六八）。それゆえ，ある形象物の「文化価値」と「事象価値」とのあいだに不一致が生じる。ここから文化諸領域が自律化し，相対的に自立化する。つまり，たとえば政治のための政治，芸術のための芸術，学問のための学問，経済のための経済[17]などが発達する。もはや文化的所産は，主観的な魂の発展とは無関係に，その客観的な事象価値だけが顧慮されて産出・受容される。ここに「事象への情熱」，「事象への純粋な没頭」が生まれる（cf. PK. 397-400, 二六六-二七〇）。このように過度に事象化した文化状況は「生から切り離された専門主義」と特徴づけられる（PK. 413, 二八四-二八五 ; cf. WK. 370, 一〇三）。

　主観的魂に対して疎遠なまま客体の世界が肥大化し，それに応じて文化諸領域が事象化する現象がジンメルのいう「疎外（Entfremdung）」であり，具体的には「分業」として現われる（PK. 405, 二七五）。ここで重要なのは，社会的規範をめぐってもその文化価値と事象価値が合致しなくなるということである。社会の一員たるにふさわしい振舞いや知識は個人の内面的発展から完全に切り離され，単に「社会的に良い作法」という意義しかもたなくなる。それはもはや行為主体にとっては外的強制でしかなく，彼

はそこに内面的抑圧を感じざるをえない。ここから，社会習俗全般に敵対し閉鎖的に構える，「ただ人格的力の理念だけを問う者，あるいはいかなる外的要因も介入することが許されない個人的－内面的な発展だけを問う者」（PK. 399, 二六八）が現われる[18]。ここに，一つの「個性」としての人間と社会の「単なる関節」としての人間とのあいだの「社会的葛藤（コンフリクト）」が出現する（PK. 404, 二七四）。

以上のように，ジンメルは文化を「綜合」と「疎外」の両面をもつ「逆説的」なものととらえる。しかしこのことは換言すれば，「疎外」という文化の危機は「綜合」によって克服されることはないということを意味する。疎外は文化発展の過渡的な一段階ではなく，文化の本質に内在している傾向である。それは文化の「宿命」であり，したがってそこに「文化の悲劇」がある。

> 文化要素の一般的宿命とはすなわち，客体はその発展の固有の論理——概念的，自然的論理ではなく，文化的な人間作品としての客体の論理——をもっており，その論理の帰結において，客体は人間の魂の人格的発展に適合できたであろう方向から逸れてしまうということである。……ここで問題となるのは，事物の事象的関連，事物の文化的形成の内在的論理である。この論理は強制的に発展を支配し，人間はいまやこの強制の単なる担い手でしかなくなる。これが文化の本来的な悲劇である。というのも，悲劇的な宿命——悲しい宿命や外部から破壊する宿命とは違って——とわれわれが呼ぶのは，やはりおそらく次のことだからである。すなわち，本質に対して敵対的に向けられた無化する力が，他ならぬこの本質自体の最深の層から発生しているということである。（PK. 410-411, 二八一－二八二）

主体と客体のあいだには「根底的な疎遠さ（die radikale Fremdheit）」が横たわっており，それを「その最深の根底において克服することはできない」（PK. 390, 二五九）。文化の内的本質には，「未完性の魂としてのおのれから完成された魂としてのおのれへ至る魂の道を分裂させる諸形式」が内在している（PK. 415, 二八六）。主体と客体のあいだに架かる「橋」は，「完成不可能な，あるいは完成されたとしても繰り返し取り壊される橋」でしかない（PK. 389, 二五八）。したがってジンメルにおいては，たとえばルソーのように，文明の観点からは未開で野蛮とされる「自然状態」を逆

に理想化し，それを未来に投影しつつ，魂と魂が直接に触れあうことのできる新たな「文化状態」を構想したり19，マルクスのように，ある決定的な歴史的瞬間に革命的行為によって，疎外された客観的世界を破壊しようと目論んだり20，あるいは同時代の文化的保守主義者のように，外面的世界の強制（「文明」）に対抗して内面における自由の実現や人格性の陶冶（「文化」）を追求しようとするなど，文化的危機から脱出する可能性は基本的に否定されている21。

### 3　緊急事態における「ドイツの内的変化」——文化概念の内面化と国民化

にもかかわらずジンメルは，第一次大戦の勃発に直面したとき，戦争という例外状況のなかで，これまでの自らの文化社会学的観察を平和時にのみ妥当するものとして相対化する。それによって，疎外や事象化は悲劇的な宿命であるのをやめ，あくまで日常生活でのみ現象する文化状況としてとらえ直され，生の哲学に特徴的な日常からの跳躍が主張される。

ジンメルによれば，個人と全体がそれぞれ独立して存在し，両者の連関が「分業」という仕方で成立するのは「平穏な日常」においてでしかない。戦争は「共通の根底」の自明性を動揺させ，それに依拠していた分業体制における「機械的分割」を消失させた（KE. 14-15, 六-七）。つまり，これまで「宿命」として体験されていた事柄が突然弱体化したのである（KE. 13, 三）。これによって，「われわれの本質の有機的性格」が再び感じられるようになる。この「生の根底の動揺」の時期は，「生の新しい有機化，すなわち生の全体性の変更」が行われる転換点を示している（KE. 14-15, 六-七）。そして動揺をうけるのは「ドイツ」における魂であり（KE. 13, 三），生が有機的な連関を取り戻す「全体」は，人類でも個々の具体的な個人間の関係でもなく「国民」である（KE. 14, 五）。つまり，この緊急事態はドイツ国民の文化的再生の好機なのである。しかもこの場合，その文化発展はもはや自らの外部を媒介することはない。「個人は，分化した（differenziert）行為または存在という水路を通ってようやく全体のなかに入り込むのではなく，完全に無媒介＝直接的に，一挙に入り込むのである22」（KE. 15, 八）。このようにジンメルは，日常の現実から離れることによって自らの文化概念を純粋に内面化しかつ国民化し，この文化概念に基づいて第一次大戦を擁護する。

ここにおいてジンメルの主張は，外部に対して自らを閉じたドイツの内的自由の追求としての「文化戦争」という通俗的言説と一致する。この戦争においてドイツは単にフランスだけでなくいわば世界全体と対立しており，このドイツの「ヨーロッパ的孤独」を「外国は理解しない」。そこで懸けられているのは「物質的」または「領土的」な利害や，あるいは「名誉」といった外面的なものではなく，一つの「理念」であり，精神と魂に関わる。したがって，ドイツの生と存在を「客観的に」正当化することは許されない。ここでジンメルは，敢えて「客観的な諸価値を非事象化する（ver-unsachlichen）危険」を冒し，「絶対的な決断」としての「ドイツへの意志」にすべてを委ねるべきだと訴える（KE. 22-23，二二-二七）。

　客観的文化の事象化——文化諸領域の分化と自律的発展——は戦争という例外状況における国民の純粋に主観的な意志と決断によって克服されうる[23]。しかし，ジンメルにとって問題は「文化戦争」に留まらない。というのも，彼が戦争に期待するのは，すでに見たように，ドイツ的「生の新しい有機化，すなわち生の全体性の変更（Änderung）」であり，個人と国民全体とのこれまでとは「全く別の（ander）種類の統一」だからである（KE. 14-15，七——強調引用者）。つまり，古き良きドイツ文化への回帰ないしその復活ではなく，全く新しいドイツの出現が目指されているのである。

> たとえこの出来事〔＝戦争〕がどのような結末に達しようとも，われわれは，われわれの未来を，これまでとは別のドイツ（ein anderes Deutschland）という根底と土壌のうえで体験するだろう。この別のドイツがどのような形式と内実をもつかを，積極的に規定しようとする者はいないだろう。しかしおそらく，まさにわれわれがこの別のドイツがどのようなものであるかを知らず，ただそれが存在することだけを知っているがゆえに，それだけ強く，それだけ一般的に，このいわば分化していない理念（undifferenzierte Idee）がわれわれを支配するのである。すなわち，この戦争に入り込んだときのとは別のドイツが，戦争から生まれるだろう。（KE. 13，三-四）

平和時に疎外されていたのとは全く異なる新しいドイツをもたらしうるこの戦争は，これまでの戦争とは「異なった意味」をもつ。つまりこの戦争は「神秘的な内面」を有し，「魂の確かな深み」に向かっている。そしてそ

のなかで「われわれの内的実存の革新（Erneuerung）」が果たされ，「新しい人間」が到来する（KE.29，三九）。これは戦争である以上に，一つの革命ですらある。この意味でジンメルは文化戦争から「文化革命」を構想したと理解することができよう——もっとも，その「形式と内実」を「積極的に規定する」ことはないが。

## III　ルカーチの戦争批判

### 1　「事象化」の延長としての戦争

　ジンメルの文化概念と文化的危機の意識に非常に強く影響を受けていたにもかかわらず——あるいはむしろそれゆえに——，ルカーチはジンメルの名を挙げながらドイツ知識人層の戦争への熱狂を批判する。彼によれば，彼らの「感激」には「明瞭なあるいは積極的な内実」が一切欠けている。それは「安堵の体験」，つまり「これまで耐えがたいものとして感じられてきた状態からの解放の体験」でしかなく，その安堵と解放の後に実現されるべき特定の目標，またその実現形式が不明瞭なままである。戦争はそれがただ「緊急事態」であるという理由だけで肯定され，平穏な日常性において妥当してきたことに代わる「絶対的に新しい何か」，「新しい世界」が到来することがただ期待されているだけである。「あたかも戦争について肯定されているのは，積極的な何かではなく，戦争がそこにあること（Dasein），それが従来の実存に対して別のものとしてあること（Anderssein）であるかのようだ」（IK.601）。しかしそのなかにあって唯一規定可能なものがある。それはすべての「分化（Differenzierungen）」の止揚である。それによって，戦争前に抑圧的と感じられていた「文化とその担い手との隔離」，すなわち文化的疎外が消失し，各個人の「真の人格性」の回復を可能にする「新しい友愛的ゲマインシャフト」が出現するだろうと想定されている。そしてここには知識人層自体も含まれている。というのも，彼らは一つの階層として他の諸集団から孤立していたからである。このようにルカーチは，ドイツ知識人層の戦争熱の本質を，文化的疎外の克服と人格性の強調に見出し，それをドイツ知識人層の自己意識の表現としてとらえるのである（cf. IK.601-602）。

　しかし，ルカーチの戦争批判の核心は「新しい英雄主義の出現」という

問題にある。たとえば『商人と英雄』の著者ゾンバルトは、この戦争に文化的疎外を突破しうる「新しい英雄類型」を見出す。この類型をルカーチは彼とは全く逆の意味で理解する。ルカーチによれば、この戦争における英雄は「無名の」英雄でしかない。つまり、彼はただ日々命じられるままに「質素で事象的な（sachlich）目立たない義務遂行」を行なっているだけで、自らの没落を犠牲にしても「彼の人格性が栄光の輝きによって取り囲まれる」ことなどないのである。「夥しい大衆」の一員として「近代的な戦争遂行」に携わるなかで、兵士の英雄主義からは栄光と名誉欲が完全に剥脱される。なぜなら、戦場での実態（Sache）把握には「あらゆる人格性の完全な放棄」が要求されるからである。この状況こそ戦争における「事象化（Versachlichung）」に他ならない（IK. 602）。

> 英雄であることはもはや何か貴族主義的な例外状況とはみなされない。すなわち、この戦争においては、あらゆる兵士が（彼の理念にしたがえば）英雄であり、そして身体的な業務遂行の能力があればあらゆる男が兵士なのである。これによって、この英雄類型の事象性（Sachlichkeit）から生まれた質素さと——意図的な——輝きの喪失とが増大する。（IK. 603）

「新しい英雄主義」と主張されているものは、ルカーチにとって本質的に新しい何かでは全くなく、ドイツに特有のものでもない。彼がこの戦争に見るのは、日常性を打破し、これまでとは別のドイツをもたらすような緊急事態であるどころか、日常性において進行する文化的疎外と事象化の継続なのである。

## 2　ルカーチから見たジンメル文化哲学の本質——「日常的な生」の悲劇

ルカーチはジンメルの文化哲学に関する独自の見解を提示することによって、ジンメルの戦争擁護論が彼の文化哲学の本質と矛盾していることを示唆する。ルカーチによれば、ジンメルの哲学的精神の意義は「まだ発見されていない哲学的状況」を把握し表現することである。ならば、戦争という例外状況にこれまでにない新しい何かを見出し、日常を超越する歴史的瞬間での決断に懸けたことは、ジンメルの哲学の本質が発揮されたことを意味するのか。そうではない。彼の文化哲学の本質は、あくまで「日常的な生の極めて些細な、極めて非本質的な現われを哲学の相のもとに見る

能力」にこそある。これによって，日常的な生は見通しのよいものとなり，その背後にある「永遠の形式連関」が見えるようになる（GS. 172，三〇八）。

この理解に基づいて，ルカーチはジンメルの文化哲学の本質を，他ならぬジンメル自身の文化概念にしたがって，日常的な生の悲劇という認識に見出す。彼はジンメルを「印象主義の真の哲学者」と呼び，その意味を「生」と「形式」の逆説的，悲劇的関係という観点から説明する。

> 印象主義は，壮大な，堅固な，そして永遠の諸形式を，生に暴力を加えるものとして，生の豊かさ，多彩さ，充溢，およびポリフォニーに暴力を加えるものとして感じる。それはつねに生の賞賛者であり，あらゆる形式を生に奉仕させる。しかし，そのことによって形式の本質は問題をはらんだものになった。偉大な印象主義者たちの英雄的かつ悲劇的な企てはまさに次のことにある。すなわち，彼らは形式から逃れることはできず，形式は彼らの本質的な実存の唯一可能な媒体であるのに，彼らはそうした形式に，その使命と矛盾し，それを廃棄するような事柄を絶えず要求し，強制するのである。つまり，もし形式が閉鎖的で，自己支配的で，おのれのうちに完成していることをやめるならば，その形式は形式であるのをやめることになる。奉仕し，生に向かって開かれている形式などというものは存在しえない。（GS. 173，三〇九）

生と疎遠になり，自己完結した形式は，生に対して暴力的な作用を及ぼす。しかしながら，文化形成において生はおのれにとって外的な形式を媒介せずに存在することはできない。客観性を喪失し，生に従属するだけの形式は文化的意味での形式ではない。それゆえ，形式を生に対して完全に開かせようとするジンメルの試みは「悲劇的」なものと理解されなければならない。

にもかかわらず，ジンメルは戦争のうちにすべての外的なもの，形式的なものの消失と，日常からの生の跳躍とを期待した。しかもその際に「生の豊かさ，多彩さ，充溢，およびポリフォニー」よりも国民の文化的単一性を確かに優先した。このとき，生と形式の悲劇的な不調和という観点からジンメルの文化哲学を忠実に理解していたルカーチには，ジンメルが自らの文化哲学を裏切ったように見えたに違いない。

## Ⅳ　ルカーチの「文化革命」の構想——「魂のゲマインシャフト」

　しかし，ルカーチの戦争批判の目的は，単にジンメルの自己矛盾を指摘することではなかった。彼もまた一種の「文化革命」を構想していたのである。この観点から，戦争において疎外と事象化は単に継続しているだけでなく，その限界にまで達したと認識される。この事態を彼は「罪業の完成」（フィヒテ）と呼ぶ（TR. 137，一五二）。したがってルカーチも限界状況の認識を共有する。しかし彼の文化革命の構想において，新しい文化の出現を期待させた政治的出来事はロシア革命である。

### 1　「西欧文明」と「ロシア」の対立
　　——ドストエフスキーへの「倫理的」関心

　第一次大戦を文化的危機の延長さらには完成としてとらえ，そこに「人格性の完全な従属」と「英雄主義の根絶」を観察したルカーチは，ロシア革命における「テロリストの英雄」に新しい何かを期待する。そこには第一次大戦とは「完全に別の性質のパトス」，つまり「規定されて肯定された目標のパトス」がある。しかもこの英雄主義はある特定の国家に固有のものではなく「国際的な何か」である（IK. 603）。

　この立場からルカーチの最終的なジンメル批判がなされる。ジンメルは生と形式のあいだの「戯れ」に留まり（GS. 175，三一二），「断片」しか構想できない（GS. 175，三一三）。なぜなら生が「全体性」において包括されていないからである（GS. 174，三一一）。しかしいまや必要なのは，ジンメルによって知覚可能となった「生の充溢」を，「すべてを包括する新しい形式」のなかで永遠化することである（GS. 173，三一〇——強調引用者）。つまり，生の多様性を損なわずに統合する，「多様に有機化されしかも統一的な体系」が発見されなければならない（GS. 174，三一一）。「中心の喪失」，「確固不動の（übergangslos）決断に対する無能力」こそジンメル哲学の限界である。この意味で，ジンメルは「過渡的哲学者（Übergangsphilosoph）」である（GS. 172，三〇八）。

　こうジンメルを批判するルカーチは，文化的疎外と事象化が「完成」した限界状況において，新しい文化形式がロシア革命に出現したと認識し，それをもたらした革命家たちの英雄的パトスを評価する。つまり彼は，ジ

ンメルが進んだのと同じ道を「ロシア」という観念を経由して進むのである。かくして「西欧文明」がルカーチにとっても批判の対象となる[24]。

> 中欧諸国〔＝ドイツとその同盟国〕がロシアを打倒する見込みは十分あり，それが帝政(ツァーリスムス)の崩壊をもたらしうる，それは了解しよう。西欧がドイツに勝利する可能性もいくぶんあり，その結果としてホーエンツォレルン家とハプスブルク家が没落しても，同様に私は了解する。しかしその場合次の問いが生じてくる。すなわち，誰がわれわれを西欧文明から救ってくれるのか。(VW. 5, 一一－一二)

「ロシア」という理念に基づいた「西欧文明」批判の背景には，ロシア文学，とりわけドストエフスキーへの関心がある[25]。ルカーチは「ロシア的テロリズムの心理学（Psychologie）」としてドストエフスキーに関する新しい本の執筆に着手し，それまで従事していた「美学」の休止を告げる（EL. 64）。つまり，彼にとってロシア文学はもはや「芸術作品」としてではなく，「魂（die Seele）」に関わる「倫理的問題[26]」として重要であり，そこに革命家の「新しい人間類型」を求めるのである（EL. 65－66）。この問題関心からルカーチは「ドストエフスキーは新しい世界に属する」（TR. 137, 一五二）と主張する。

ここで注目すべき重要な点は，ドストエフスキー研究のなかでルカーチが「ロシア」対「西欧」という対立図式を明確に打ちだしていることである（DN. 142－150）。その一環として，インド，ドイツ，ロシアが「魂」という観点から比較される。

 1）インド：アートマンとの同一性：個性の消失
 2）ドイツ：固有の魂——神との関連において
 3）ロシア：固有の魂——神によって意志され創造された，これまでとは別の多様な魂のゲマインシャフト（DN. 143）

このように，ルカーチにとって「ロシア」は，「ドイツ」を含む「西欧」における個人主義的「魂」とは異なった，複数の魂の有機的結合という新しい文化を意味する。この文化革命を実現する革命家の英雄的パトス，テロリズムの倫理の内実は，P．エルンストとの交流のなかで明らかにされる。

## 2　「魂から魂へと通じる道」——テロリズムの文化的正当化

まずルカーチはエルンストに第一次大戦への熱狂に対する自らの批判的

態度を説明する[27]。戦争のなかで国家という「形象物（Gebilde）」の力は増大しているように見え，また実際にそれは客体化した精神として一つの現実ではある。しかし，「真の倫理」にとって唯一本質的なのは「われわれの魂」である。この認識こそ「私にとっての戦争体験」である。したがって，ヘーゲルのように形象物に「形而上学的な厳粛さを授け」てはならない（EL. 66-67, 二七五-二七六）。これに応えてエルンストは，ルカーチとは対照的に戦争を好意的に評価し，当時のドイツ知識人の多くと同様に国家主義的な態度を表明する。「国家は一つの力以上のものであり，そのなかで私たちの本質の一部が実現するのだと思います。……私がいいたいのは，私の上に（über）ある事物として国家に『形而上学的な厳粛さを授け』たいということではありません。そうではなく，私の自我（Selbst）の一部が同時に国家のなかに（in）あるのです」（EL. 72）。戦争において国家は「拡張された自我」となり，自我と国民の「調和」が実現する（ibid.）。

　ルカーチはすぐさま再反論を試みる。エルンストが国家を「自我」の一部とするならばそれは正しい。しかし，それを「魂」の一部とするならば間違いである。「自我」とは一つの「方法論的」概念にすぎない。エルンストのように「自我」を「魂」と混同する，つまり主体を「実体化」してしまうと，それに対応して客体（形象物）も実体化されて「形而上学的」なものになってしまうのである。しかしながら，ここで翻ってルカーチの考えを見るならば，彼も魂と形象物の悲劇的な葛藤（コンフリクト）のうちに禁欲的に（あるいは戯れながら）留まりはしない。彼はエルンストとは逆に「魂」を「形而上学的」なものと位置づけることによって，「調和」を求めるのである。その場合の「魂」は唯我論的なものではない。必要なのは「魂から魂へと通じる道」を見つけることである。つまり，複数の魂からなる新しい文化的共同体が建設されねばならない。この魂の領域にこそ「絶対的な優位性」があり，それ以外の形象物は「派生的」なものでしかない（EL. 73, 二七六-二七七）。

　それでも「生を完全に葛藤（コンフリクト）のないものにする」ことはできないとルカーチはいう。彼にとって唯一宿命的な葛藤（コンフリクト）は，「魂を岐路に立たせる葛藤（コンフリクト）」である。それは国家や社会習俗などの形象物に対する市民的義務という「第一倫理」と，魂の命令という「第二倫理」とのあいだの葛藤である（EL. 73-74, 二七七, cf. DN. 158-177）。つまり，ここでルカーチは，市民た

るに相応しい社会的規範への外的服従と，魂の誠実な内的自由との葛藤(コンフリクト)を問題化するのである。しかし，彼はこれを「西欧」の一般市民にではなく，「ロシア」の革命的英雄に委ねる。なぜなら，市民は現行の法や習俗を優先するのに対して，革命家という「政治的」人間の場合には，魂は単におのれ自身にではなく，他の魂に，換言すれば「人類」に向けられていると考えられるからである。しかも，革命という例外状況のなかで，すでに魂の領域が外的世界よりも優先されているがゆえに，日常生活を成り立たせる市民的義務（「第一倫理」）は顧慮される必要がない。したがって，革命的テロリストは「汝殺すなかれ」という自らの魂の命令に背く，その意味で自身の魂を犠牲にすることによって，他の魂（人類）を救済することが可能とされる。ここに「魂から魂へと通じる道」が見出される。このように日常的な生からの超越において，英雄的犠牲の名のもとに，新しい魂の共同体の建設が構想されるのである。

## V 結語

ドイツ知識人の多くは「西欧文明」と「ドイツ文化」の対立という，それ自体ドイツの国民的自己意識に基づいて，第一次大戦を「文化戦争」として正当化する。その意義は，対外的に見れば，開放性と普遍性を装う西欧文明の拡張に対して，ドイツ文化の「独自性」を閉鎖して防衛することにあり，対内的には，大衆化の危機に瀕したドイツ文化の再生にある。そのなかでジンメルの文化的「疎外」論は，主体と客体が相互に敵対的，閉鎖的になる過程を明らかにする，その意味でその敵対関係は両者の相互作用の一つの効果であることを論じるものであるにもかかわらず，戦争の勃発に際して彼もまた，外に対して閉鎖的な国民的一体性を予め前提にする，換言すれば結果を原因と取り違えることで，「文化の危機」を克服しようとする。それゆえ，外的世界に関わる一切を排した，純粋に主観的で内面的な生の跳躍，意志への決断が最終的な拠り所となる。そして，この文化戦争を通じた「これまでのとは別のドイツ」の到来という一種の「文化革命」が（曖昧な仕方ではあるが）構想される。

これに対してルカーチは，戦争に文化の危機の克服ではなく完成を見出す。その際彼が依拠するのは，ロシア革命とロシア文学への関心から確立された「ロシア」対「西欧」という図式である。つまり，「ロシア」という

視座から「西欧」と「ドイツ」の対立は相対化され，文化的疎外と事象化は両者に共通の現象として認識されるのである。したがって，文化的危機の克服は，ドイツを含む西欧とは別の「新しい世界」としてのロシアという理念に期待される。この観点から見れば，文化戦争論でいわれる魂の内的な自己実現は，実のところ国家や社会習俗という形象物に対する市民的義務の事象的な遂行でしかない。ロシア革命にこそ，多様な魂の有機的統一という新しい文化が出現しているのであり，この意味でそれは「文化革命」と理解されうる。そしてロシア的文化が真に「国際的」で「人類」共通のものだというルカーチの認識には，進歩の限界に達した西欧文明に代わってロシア的理念が今後の世界に普遍化するだろうという予感が含意されている。

第一次大戦後，ルカーチは主著『歴史と階級意識』（1923年）によって，社会の大衆化状況（階級社会から大衆社会への転換）に適合しうる形へと「マルクス主義」を定式化した点で，20世紀を代表するマルクス主義思想家として評価される。そこでは，「自己意識」としての「文化」は「プロレタリアートの階級意識」にとって代えられる。しかしそのことは同時に，冷戦期に入りスターリニズムとの親和性をめぐる批判も呼び起こすことになる。それに対抗して，同書がマルクスの哲学をカント，フィヒテ，ヘーゲルというドイツ哲学の流れに位置づけて解釈する点が着目され，単に「ロシア」の公式イデオロギーではない「西欧」マルクス主義（"Western" Marxism）の起源という評価も定着する。しかしながら，ワイマール期以降冷戦期にかけて確立されたこれらのルカーチ像による忘却の淵から，20世紀政治思想の形成過程における第一次大戦期の「文化戦争」から「文化革命」への展開，およびその基底にある「西欧」・「ドイツ」・「ロシア」の観念的連関をいま一度すくいだし再検討することは，ルカーチの思想をマルクス主義よりもまず20世紀政治思想という枠組みにおいて理解することの必要性を明らかにするとともに，ヨーロッパ文明の危機が意識されはじめる20世紀初頭の政治思想的状況を解明するうえでも不可欠の作業であるように思われる[28]。このことは，「ロシア」の国際主義が無効化した後，政治経済的な地球化と諸文化間の緊張とが相互に関連しつつ進行しているとされる今日，いっそう重要性を増しているであろう。

付記

　本稿の完成にあたっては，匿名レフリーおよび第10回政治哲学研究会（於：岐阜）の出席者から有益なコメントをいただいた。ここに記して謝意を表したい。なお，本稿は文部科学省科学研究費補助金（課題番号16・2367）による研究成果の一部である。

略号について

　本稿で使用したテクストの略号については，（　）内のアルファベットが出典を表わし，アラビア数字が原書の，漢数字が邦訳書の頁数を表わす。また引用文中の〔　〕内は引用者による補足を表わす。ただし，引用の際には必ずしも邦訳書にしたがっているわけではない。なお，引用文中における強調は，とくに断りがないかぎり原文のままである。使用したテクストは以下のとおり。

Elias, Norbert,

PZ : *Über von den Prozeß der Zivilisation: Soziogenetische und psychogenetische Untersuchungen*, Erster Band, die Neuausgabe (Suhrkamp, 1997). 赤井慧爾・中村元保・吉田正勝訳『文明化の過程』上（法政大学出版局，1977年）。

SD : *Studien über die Deutschen: Machtkämpfe und Habitusentwicklung im 19. und 20. Jahrhundert*, hg. von M. Schröter (Suhrkamp, 1989). 青木隆嘉訳『ドイツ人論——文明化と暴力』（法政大学出版局，1996年）。

Simmel, Georg,

*Gesamtausgabe*, hg. von O. Rammstedt (Suhrkamp).『ジンメル著作集』（白水社）。

WK : "Vom Wesen der Kultur," 1908, Bd. 8.「文化の本質について」（12 所収）。

PK : *Philosophische Kultur. Gesammelte Essais*, 1911, Bd. 14.『文化の哲学』（7 所収）。

KE : *Der Krieg und die geistigen Entscheidungen. Reden und Aufsätze*, 1917, Bd. 16. 阿閉吉男訳『戦争の哲学』（鮎書房，1943年）。

Lukács, Georg,

DN : *Dostojewski: Notizen und Entwürfe*, 1914/15, hg. von J. C. Nyíri (Akadémiai Kiadó, 1985).

IK : "Die deutsche Intelligenz und der Krieg," 1915, *Zeitschrift für Germanistik* (Okt. 1990).

TR : *Die Theorie des Romans: Ein geschichtsphilosophischer Versuch über die Formen der großen Epik*, 1916 (Deutscher Taschenbuch Verlag, 1994). 大久保健治訳『小説の理論——大叙事文学の諸形式についての歴史哲学的試み』（『ルカーチ著作集』2，白水社，1968年所収）。

GS : "Georg Simmel," 1918, BD. 川村二郎訳「ゲオルク・ジンメル」（『ルカー

チ著作集』1，白水社，1969年所収）。
VW : "Vorwort von 1962" zu TR.『ルカーチ著作集』2 所収。
複数の思想家に共通のもの：
BD : *Buch des Dankes an Georg Simmel: Briefe, Erinnerungen, Bibliographie*, hg. von K. Gassen und M. Landmann (Duncker & Humblot, 1958).
EL : *Paul Ernst und Georg Lukács: Dokumente einer Freundschaft*, hg. von K. A. Kutzbach (Verlag Lechte, 1974). このうちルカーチのエルンスト宛の手紙の一部の邦訳（ただし英訳版から）として，池田浩士訳「パウル・エルンストへの手紙」（『ルカーチ初期著作集』4，三一書房，1976年所収）。

（1） 渡辺祐邦・三原弟平訳『プリズメン』（ちくま学芸文庫，1996年），16頁。
（2） 第一次大戦期ドイツにおける「文化戦争」論に関する基礎的研究として，cf. H. Lübbe, *Politische Philosophie in Deutschland: Studien zu ihrer Geschichte* (Benno Schwabe & Co. Verlag, 1963)〔今井道夫訳『ドイツ政治哲学史——ヘーゲルの死より第一次世界大戦まで』（法政大学出版局，1998年）〕; K. Schwabe, *Wissenschaft und Kriegsmoral: Die deutschen Hochschullehrer und die politischen Grundfragen des Ersten Weltkriegs* (Musterschmidt-Verlag, 1969). 「文化戦争」と「文明批判」の言説に関するその後の研究史については，cf. B. Beßlich, *Wege in den ›Kulturkrieg‹: Zivilisationskritik in Deutschland 1890-1914* (Wissenschaftliche Buchgesellschaft, 2000), S. 16-27. より広く知識社会学的な研究として，cf. H. S. Hughes, *Consciousness and Society*, 1958, the Transaciton Edition (Transaction Publishers, 2002)〔生松敬三・荒川幾男訳『意識と社会——ヨーロッパ社会思想1890−1930』（みすず書房，1970年）〕; F. K. Ringer, *The Decline of the German Mandarins: The German Academic Community, 1890-1933* (Harvard University Press, 1969)〔西村稔訳『読書人の没落——世紀末から第三帝国までのドイツ知識人』（名古屋大学出版会，1991年）〕．邦語研究としては，野田宣雄『ドイツ教養市民層の歴史』（講談社学術文庫，1997年），第1章参照。また，「文明」と「文化」（および両者の対抗関係）の概念史について，cf. M. Pflaum, "Die Kultur-Zivilisations-Antithese im Deutschen," *Kultur und Zivilisation* (*Europäische Schlüsselwörter*, Bd. III, Max Hueber, 1967); J. Fisch, "Zivilisation, Kultur," O. Brunner, W. Conze, und R. Koselleck hg., *Geschichtliche Grundbegriffe: Historisches Lexikon zur politisch-sozialen Sprache in Deutschland*, Bd. 7 (Klett-Cotta, 1992).
（3） エリアスの仕事全体を20世紀的暴力（ナチズム）という観点から整理したものとして，奥村隆『エリアス・暴力への問い』（勁草書房，2001年）

参照。奥村もいうように，エリアスにとって「野蛮」は「文明」の「例外」ではなく，文明に内在するものである（同書，212頁）。この意味で，エリアスの文明化論はそれ自体で独自の「啓蒙の弁証法」に迫ろうとする試みであると考えられる。
(4) もちろん，この文明化の普遍性と開放性が，現実には対外的「拡張」と「植民地化」として機能することをエリアスは指摘する。この意味でも文明化はヨーロッパや強国の「自己意識」なのである。
(5) Cf. Lübbe, *op. cit.*, S. 193. 邦訳，192頁。
(6) 文明化を見せかけの道徳として批判するカントの議論は，本人も認めるとおりルソーの文明批判に大きく依拠している。この点については，浜田義文『カント倫理学の成立――イギリス道徳哲学及びルソー思想との関係』（勁草書房，1981年）参照。またカントの「自律性」概念における名誉の「内面化」と「人格の尊厳」への転換について，川出良枝「精神の尊厳性――近代政治思想における自律的名誉観念の生成」（『思想』2002年2月号），13-16頁参照。
(7) その具体例としてエリアスが言及するのは，ヘルダー，レッシング，ゲーテ，シラー等に代表される18世紀後半の文芸運動である。ドイツ・ロマン主義とも称されるこの運動を担った中流知識人層は，自らの政治的無力のゆえに「文化という非政治的分野」に後退し，そこに自分たちの「内的自由」の可能性を求めていった。この「受動的な諦め」の姿勢をエリアスは「リベラル」と特徴づける（SD. 166-167, 一五〇-一五一）。ドイツ・ロマン主義の横溢した文化的創造性がもつ非政治性（「ドイツ自由主義」）についての認識論的な分析については，小野紀明『美と政治――ロマン主義からポストモダニズムへ』（岩波書店，1999年），第1章参照。
(8) この考察は，外に対して開放的な「文明化」に比べ，「文化」の閉鎖的な印象を与えるが，これについて少なくともこの段階では一定の注意が必要である。というのも，たとえばカントやシラーにとって，「文化」概念は依然として「人類の発展」というより広い連関を保持しているからである（SD. 161, 163, 一四五，一四七）。つまり，国家や国民の利益といった特殊的なものとは異なり，文化は道徳や人格といった人類に共通する一般的な価値を目指すのである。これをエリアスは「文化概念の非政治的あるいは反政治的でさえあるヒューマニスティックな含意」という（SD. 168, 一五二）。文化概念がこうした普遍的な人間的価値を含意していたからこそ，カントは国境を超えた「世界市民的」な見地から「普遍」史を叙述できたとも考えられよう（cf. PZ. 38-39, 二五）。いずれにせよ，この段階では文化概念はまだ「国民化」していない。
(9) 「文化」概念が世界市民的文脈から離れて国民化するのにともない，そ

の「限定」的で「閉鎖」的な側面,「独自性」や「差異」を強調する側面が前景化する過程における,(啓蒙主義的で普遍的な価値を謳ったフランス革命に対する反動としての)ドイツ・ロマン主義や歴史主義が掲げた「個性の原理」の重要性については, cf. Ringer, *op. cit.*, pp. 97-102, 117. 邦訳, 62－66, 77頁；C. G. v. Krockow, *Die Entscheidung: Eine Untersuchung über Ernst Jünger, Carl Schmitt, Martin Heidegger* (Ferdinand Enke Verlag, 1958), S. 9-11. 高田珠樹訳『決断——ユンガー,シュミット,ハイデガー』(柏書房, 1999年), 23－24頁。また, 文化概念の観念的で非現実的な性質を, その後さらに促進したものの一つに新カント派の「観念論＝理想主義的」哲学を挙げるものとして, cf. Hughes, *op. cit.*, pp. 188-191. 邦訳, 130－132頁；Ringer, *op. cit.*, pp. 94-96, 310-312. 邦訳, 60－62, 208－210頁。

(10) Cf. Ringer, *op. cit.*, pp. 42-61, 253-254. 邦訳, 28－39, 170頁。

(11) Cf. *ibid.*, pp. 81-82. 邦訳, 51頁。

(12) 「〔第一次大戦をめぐるドイツの戦争イデオロギーに見られる〕イギリス憎悪は, 基本的に市民の自己逃避の表現, 自己憎悪の内から外への投影, あるいは愛憎のしるしであったことは明らかである。ひとが追放したのは, 伝統に裏打ちされ自己を意識した市民性, いまだ到達しえない, ないしはすでに失ってしまった市民性であった」。Krockow, *op. cit.*, S. 39. 邦訳, 55頁。Cf. Ringer, *op. cit.*, pp. 185, 187-188. 邦訳, 125, 126－127頁；Beßlich, *op. cit.*, S. 4.

(13) 世紀の分水嶺として19世紀後半の産業化・大衆化と第一次大戦・ロシア革命とを総合する包括的な「20世紀」観の簡潔な整理として, 葛谷彩『20世紀ドイツの国際政治思想——文明論・リアリズム・グローバリゼーション』(南窓社, 2005年), 序章参照。

(14) このように, 本稿はルカーチの思想を20世紀政治思想として扱うが, それはたとえば同時代のハイデガーやシュミットの思想がそのように扱われるのと同様の意味においてである。つまり, 本稿はルカーチの思想をあくまで一つの問題として想定している。

(15) 第一次大戦期ルカーチの思想を「文明」と「文化」の対立との関連において論じているものとして, cf. A. Heller et al., *Die Seele und das Leben: Studien zum frühen Lukács* (Suhrkamp, 1977); É. Karádi, "Einleitung" zu *Georg Lukács, Karl Mannheim und der Sonntagskreis*, hg. von Karádi und E. Vezér, 1980, übersetzt von A. Friedrich (Sendler, 1985); D. L. Gross, "*Kultur* and Its Discontents: The Origins of a "Critique of Everyday Life" in Germany, 1880-1925," G. D. Stark and B. K. Lackner eds., *Essays on Culture and Society in Modern Germany* (Texas A&M University Press, 1982); E. Keller, *Der junge Lukács. Antibürger und wesentliches Leben: Literatur-und Kulturkritik 1902-*

*1915* (Sendler, 1984); J. C. Nyíri, "Einleitung" zu Georg Lukács, *Dostojewski: Notizen und Entwürfe*, hg. von Nyíri (Akadémiai Kiadó, 1985); M. Löwy, "Der junge Lukács und Dostojewski," R. Dannemann hg., *Georg Lukács: Jenseits der Polemiken* (Sendler, 1986); K. Nyiri, "Zur Kulturkritik des frühen Lukács," U. Bermbach und G. Trautmann hg., *Georg Lukács: Kultur-Politik-Ontologie* (Westdeutscher Verlag, 1987); H. Joas, "Die Sozialwissenschaften und der Erste Weltkrieg: Eine vergleichende Analyse," W. J. Mommsen hg. unter Mitarbeit von E. Müller-Luckner, *Kultur und Krieg: Die Rolle der Intellektuellen, Künstler und Schriftsteller im Ersten Weltkrieg* (Oldenburg, 1996); M. Vajda, *Die Krise der Kulturkritik: Fallstudien zu Heidegger, Lukács und anderen* (Passagen Verlag, 1996).

(16) ジンメルとルカーチの関係については，cf. U. Luckhardt, *Aus dem Tempel der Sehnsucht: Georg Simmel und Georg Lukács - Wege in und aus der Moderne* (Afra Verlag, 1994).

(17) 既によく指摘されているように，ジンメルにとって，マルクスが批判する商品としての経済的客体がもつ「物神的性格」は，文化的疎外の特殊な一事例にすぎない。それは「物理的必然性」ではなく「文化的必然性」の問題である（PK. 408, 二七九）。

(18) あるいは逆に，魂を置き去りにして文化的所産の「純粋な事象的完成」だけを追求する「専門への熱狂（Fachfanatismus）のなかに閉じこもった専門家」が出現する（PK. 399, 二六八－二六九）。

(19) 「文明」と「野蛮」の対置はいうまでもなく古代ギリシアにおける「ポリス」と「バルバロス」の区別にまで遡りうるが，これとの関連で現代文化の大衆化という危機について論じているものとして，cf. H. Arendt, *Between Past and Future*, with additional text, 1968 (Penguin Books, 1977), chap. 6. 引田隆也・齋藤純一訳『過去と未来の間』（みすず書房，1994年），第6章。文化諸領域が未分化なギリシアでは，一方でピュシス（自然），哲学（エロス），バルバロス（夷狄）と，他方でノモス（法・社会習俗），ポリス（city），市民（citizen, Bürger）の区別が決定的な意味をもっており，文明ないし文化といいうるものは後者との結びつきに依拠していた。

(20) Cf. Krockow, *op. cit.*, S. 11-19. 邦訳，24－33頁。

(21) 大衆社会における文化的危機について，ジンメルは第一次大戦勃発前まではあくまで「悲劇的な意識」をもって論じ，そこからの脱却やその克服の可能性には言及していないという解釈として，cf. Gross, *op. cit.*, p. 82; Luckhardt, *op. cit.*, S. 175-178. またリンガーは，文化の大衆化に対するドイツ知識人の態度を，近代の西欧文明の所産を全面的に否定する「正統派（orthodoxy）」と，その一部を不可避のものとして受けいれる「近代派

(modernism)」とに分け，ジンメルをテニエスとヴェーバーとともに後者に分類している。Cf. Ringer, *op. cit.*, pp. 162-180. 邦訳，109－121頁。
(22) ドイツにおける「ロマン主義」と「生の哲学」との連関については，cf. K. Mannheim, "Das konservative Denken: Soziologische Beiträge zum Werden des politisch-historischen Denkens in Deutschland," 1927, *Wissenssoziologie: Auswahl aus dem Werk*, eingeleitet und hg. von K. H. Wolff (Luchterhand, 1964). 石川康子訳「保守的思考――ドイツにおける政治・歴史思想の生成に関する社会学的研究」(『マンハイム全集』3 所収，潮出版社，1976年)。
(23) たとえば学問の大衆化と専門主義は戦争によって打破されると主張される。Cf. KE. 19－20, 一七－二〇.
(24) 「西欧」の合理化された「魂のない世界」に対する批判的視点と，「ロシア」における「新しい人間」，「新しい世界」への積極的関心は，「ヴェーバー・クライス」に共通した傾向であった。Löwy, *op. cit.*, S. 29. これとの関連で，当時ルカーチの滞在都市ハイデルベルクの意義については，cf. 生松敬三『ハイデルベルク――ある大学都市の精神史』(講談社学術文庫，1992年)，第 4 章 ; W. Birkenmaier, *Das russische Heidelberg: Zur Geschichte der deutsch-russischen Beziehungen im 19. Jahrhundert* (Das Wunderhorn, 1995).
(25) この時期のルカーチにおけるドストエフスキーの意義については，cf. Z. A. Feher, *Georg Lukács's Role in Dostoevsky's European Reception at the Turn of the Century: A Study in Reception* (University of California, dissertation, 1978); Löwy, *op. cit.*; A. Hoeschen, *Das »Dostojewsky«-Projekt: Lukács' neukantianisches Frühwerk in seinem ideengeschichtlichen Kontext* (Niemeyer, 1999).
(26) ルカーチが「魂」を「文化」だけでなく「倫理」の問題として考えている背景には，ジンメルやシュテファン・ゲオルゲ以上にキルケゴールの影響がある。
(27) ルカーチとエルンストの関係については，cf. K. A. Kutzbach, "Einleitung" zu *Paul Ernst und Georg Lukács: Dokumente einer Freundschaft*, hg. von Kutzbach (Verlag Lechte, 1974); F. Fehér, "Am Scheideweg des romantischen Antikapitalismus. Typologie und Beitrag zur deutschen Ideologiegeschichte gelegentlich des Briefwechsels zwischen Paul Ernst und Georg Lukács," Heller et al., *op. cit.*
(28) 第一次大戦以降ルカーチがマルクスに傾倒していくなかでも「文化革命」の構想が重要な役割を担うことについては，cf. D. Kettler, *Marxismus und Kultur: Mannheim und Lukács in den ungarischen Revolutionen 1918/19*

(Luchterhand 1967). 徳永恂訳『若きルカーチとハンガリー革命』(『ルカーチ著作集』別巻, 白水社, 1969年所収)。

## 2005年学界展望

日本政治学会文献委員会

**政治学・政治理論** 政治学・政治理論の分類には，政治哲学などの著作と論文も含まれている。

まず，入門書やテキストとしては，政治現象そのものが複合的で広大な領域にわたるものとなっているため，限られたスペースのなかで「政治学とは何か」ということについて包括的な議論や解説を行うのは困難になっている。したがって，そのようなシリーズものがあるように，政治思想，政治学，政治理論，比較政治，国際関係・国際政治といった，ジャンル別のテキストにならざるをえないのであろう。それを避けようと思えば，学部の授業のテキストとして使用するには大部にすぎる分量のものにならざるをえず，おそらく授業年度内にすべてを解説し終えることなどとうてい望めない結果とならざるをえない。おそらくどこでも問題になっていると思われるが，学部学生のレベル低下は，とりもなおさず院生レベルの低下に直結しているわけであり，基礎理論レベルの学習をきちんと励行するという意味で，政治学の入門書の存在意義は失われてはいない。

ともあれ，岩崎美紀子『比較政治学』（岩波書店），小野紀明『政治理論の現在——思想史と理論のあいだ』（世界思想社），平井一臣編『かかわりの政治学』（法律文化社），賀来健輔・丸山仁編著『政治変容のパースペクティブ——ニュー・ポリティクスの政治学Ⅱ』（ミネルヴァ書房），森本哲郎編『システム変動の政治学』（八千代出版），山本左門『現代国家と民主政治』（北樹出版）などが挙げられる。

また，政治学・政治理論の著作としては，国際基督教大学社会科学研究所・上智大学社会正義研究所編『平和・安全・共生』（有信堂），曽我謙悟『ゲームとしての官僚制』（東京大学出版会），町田博『マッキーヴァーの政治理論と政治的多元主義』（東信堂）などが挙げられる。また，論文としては，飯尾潤「政治学におけるオーラルヒストリーの意義」，日本政治学会編『オーラルヒストリー』（年報政治学，岩波書店），熊野直樹「具島ファシズム論の再検討」（九州大学法政学会『法政研究』71巻4号），澤大洋「日本政治学の創学——東西政治学原論のデッサン」（東海大学『政治経済学部紀要』37号），木下真志「戦後日本政治学再考」（高知短期大学『社会科学論集』88号），千葉眞「アメリカにおける政治と宗教の現在」（『思想』975号），野田昌吾「危機・選択・変化の政治学」（大阪市立大学『法学雑誌』52巻1号），森（田口）

眞砂子「デビッド・イーストンの政治理論」（日本大学『政経研究』41巻4号），吉野孝「アメリカ政治学における政治的リクルートメント研究」（早稲田大学『政治経済学雑誌』358号），**Noritada Matsuda**, 'The Advocacy Coalition Framework as an Argument: Its Argument Structure,' *Journal of Law and Political Science*（北九州市立大学『法政論集』 Vol. 32, No. 4）などがある。

　これらについて個別に解説を行うスペースはないので，大枠的な話にならざるをえないが，総じて言えるのは，グランド・セオリーを求めるような議論のフレームワークはすでに一掃され，システム論やゲーム理論のようなフレームワークをベースにして精緻な議論が展開されているということである。今後，こうした傾向にますます拍車がかかっていくのは必至であり，それに歯止めをかける必要などないのかも知れないが，権力現象の現状とそのフレームワークを所与のもの，あるいは自明のものとしてそのまま受容してしまうのではなく，権力の存立基盤を掘り下げていく議論がもっと行われてもいいのではないであろうか。たとえば，ロバート・ダールは，既存のデモクラシー論のフレームワークに飽きたらずに，「ポリアーキー」という概念を提起して，ともあれグランド・セオリーとしてのフレームワークを求めようとした。もちろん，その試みはあまり成功したとは言えないが，エリート論との対峙という意味で，多元主義の理論的な再構築に寄与したのは事実である。

　また，翻訳としては，個別の評価は措くとして，シティズンシップ，コミュニティ，アイデンティティといった人間行動の根本に関わる問題が議論の対象になっている。アミタイ・エツィオーニ（小林正弥監訳，公共哲学センター訳）『ネクスト――善き社会への道』（麗澤大学出版会），ウィル・キムリッカ（千葉眞・岡崎晴輝・坂本洋一・施光恒・関口雄一・木村光太郎・牧野正義・前田恵美・田中拓道訳）『新版　現代政治理論』（日本経済評論社），マイケル・ケニー（藤原孝・山田竜作・松島雪江・青山円美・佐藤高尚訳）『アイデンティティの政治学』（日本経済評論社），アーサー・ルピア／マシュー・マカビンズ（山田真裕訳）『民主制のディレンマ』（木鐸社）などが挙げられる。加えて，外国語で書かれた著作として，**Masahiro Noguchi**, *Kampf und Kultur: Max Webers Theorie der Politik aus der Sicht seiner Kultursoziologie* (Dunker & Humbolt), **Yoichiro Murakami**, **Noriko Kawamura and Shin Chiba** (eds.), *Toward a Peaceful Future* (Washington State University) が挙げられる。

　「帝国」論争については，グローバリゼーションとの関係で，アメリカの一国主義（ユニラテラリズム）か，多国間主義（マルティラテラリズム）かではなく，中心を持たない権力の多茎的ネットワーク化の問題であるというのがネグリやハートの主張であるが，ネオ・リベラリズムのマルティチュードとしての世界秩序の対抗勢力として，グローバル民主主義のマルティチュ

ードが登場しなければならないという論法に，ポストモダニズムの残照を見いだすのは，筆者だけではあるまい。

アントニオ・ネグリ／マイケル・ハート（幾島幸子・水嶋一憲・市田良彦訳）『マルチチュード（上）・（下）』（日本放送協会），西谷修，酒井直樹，遠藤乾，市田良彦，酒井隆史，宇野邦一，尾崎一郎，トニ・ネグリ，マイケル・ハート『非対称化する世界』（以文社），デヴィッド・ハーヴェイ（本橋哲也訳）『ニュー・インペリアリズム』（青木書店）に対して，本山美彦編『「帝国」と破綻国家』（ナカニシヤ出版）の怜悧な分析がある。

政治的なものについての解読は，日本政治学会においては活発に行われておらず，政治思想学会など他の学会に委ねられている。すなわち，学会の細分化の反照と言える状況になっているわけであるが，政治理論の基礎として，政治的なものについてもっと掘り下げた議論が行われるべきではなかろうか。

著作としては，川崎修『アレント――公共性の復権』（岩波書店），斎藤純一『自由』（岩波書店），杉田敦『境界線の政治学』（岩波書店），高畠通敏『現代における政治と人間』（岩波書店）がある。また，前年に引き続く丸山眞男再評価の試みとして，石田雄『丸山眞男との対話』（みすず書房），田口富久治『丸山眞男とマルクスのはざまで』（日本経済評論社），竹内洋『丸山眞男の時代』（中央公論新社）がある。論文としては，松森奈津子「『政治的なもの』の再検討――政治人類学の貢献」（静岡県立大学『国際関係・比較文化研究』3巻2号）がある。

国家と市民社会，デモクラシー，公共圏論，ガバナンス論に関しては，公共圏の複合性という視点を保持することが必須になってきているであろうし，レジーム論かガバナンス論かではなく，レジーム論を包括したガバナンス論の展開がいま問われているのである。また，かつてのネオ・コーポラティズムという視点とは異なって，新制度論と政策ネットワーク論の相互ミックスの権力分析のフレームワークは大きく転換しつつあると言えるが，その場合，権力資源の基盤を公共セクターから営利・非営利の民間セクターまで幅広く対象にしなければならない。したがって，ガバナンス論の範囲も，グローバル，ドメスティック，ローカルと拡大していかざるをえないわけである。さらに，市民社会のフレームワーク転換と絡めて語られることが多いソーシャル・キャピタル（社会関係資本）論に関しても，ソーシャル・ガバナンス論の一環として語られていく必要があるであろうし，そうであるならば，アソシエーション論との協働が必然であるということを強調しておきたい。

著作としては，猪口孝『アジアバロメーター――アジア都市部の価値観とライフスタイル』（明石書店），加茂利男『世界都市』（有斐閣），萱野稔人『国家とはなにか』（以文社），川原彰『現代比較政治論――民主化研究から民主主義理論へ』（中央大学出版部），小松敏弘『現代世界と民主的変革の政

治学――ラスキ／マクファーソン／ミリバンド』(昭和堂)，仲正昌樹編『ポスト近代の公共空間』(御茶の水書房)，中村浩爾『民主主義の深化と市民社会――現代日本社会の民主主義的考察』(文理閣出版)，山口定・中島茂樹・末間正文・小関素明編著『現代国家と市民社会――21世紀の公共性を求めて』(ミネルヴァ書房)，吉田傑俊『市民社会論――その理論と歴史』(大月書店)，藪野祐三『ローカル・デモクラシー――公共という政治的仕組み』(法律文化社)，岩崎正洋編『ガバナンスの課題』(東海大学出版会)，上條末夫編著『ガバナンス』(北樹出版)，中村健吾『欧州統合と近代国家の変容――ＥＵの多次元的ネットワーク・ガバナンス』(昭和堂) などが挙げられる。

また，論文としては，猪口孝「アジア10ヵ国における社会資本」(『日本政治研究』2巻2号)，宇佐美誠「グローバルな正義」(『法の理論』24号)，桐谷仁「市民社会論の復権と『社会資本』の概念――国家・社会関係をめぐる一考察」(静岡大学『法政研究』9巻4号)，栗本裕見「政治アクターとしての非営利組織――アメリカ・クリーブランド市のコミュニティ開発法人を事例として (1)・(2)」(大阪市立大学『法学雑誌』51巻3・4号)，坂本治也「ソーシャル・キャピタル論の構図」(生活経済政策研究所『生活経済政策』102号)，柴田高好「国家と市民社会の現代理論 (1)・(2)」(東京経済大学『東京経済大学会誌』245・247号)，辻康夫「市民社会と小集団――パットナムのソーシャル・キャピタル論をめぐる政治理論的考察 (1)・(2)・(3)」(北海道大学『法学論集』55巻1・3・6号)，山本啓「市民社会・国家とガバナンス」(『公共政策研究』5号) などが挙げられる。

さらに，福祉国家論として，新川敏光『日本型福祉レジームの発展と変容』(ミネルヴァ書房)，山口二郎・宮本太郎・坪郷實編著『ポスト福祉国家とソーシャル・ガヴァナンス』(ミネルヴァ書房)，廣川嘉裕「福祉国家の転換と課題――自由主義的福祉国家を中心に」(『関西大学法学論集』55巻3号) が挙げられる。

公共政策と公益性については，政策過程分析の各論的なレベルだけでなく，総論的な基礎理論構築の段階に入りつつあると言えるが，両者ともにガバナンス論と連動させながら，基礎理論を拡充させていくための活発な議論が行われなければならないであろう。

足立幸男編著『政策学的思考とは何か――公共政策学原論の試み』(勁草書房)，小坂直人『公益と公共性――公益は誰に属するのか』(日本経済評論社)，後藤和子『文化と都市の公共政策――創造的産業と新しい都市政策の構想』(有斐閣)，五十嵐敬喜・萩原淳司・勝田美穂『ポスト公共事業社会の形成』(法政大学出版会)，湯浅陽一『政策公共圏と負担の社会学――ゴミ処理・債務・新幹線建設を素材として』(新評論) などの著作がある。

フェミニズム，ジェンダー論に関しては，著作，論文ともきわめて少ない

が，善し悪しは別にして，政治学界における現在の研究状況を反映していると言えるのであろう。筆者も，セイラ・ベンハビブ，アイリス・ヤングなどの著作に触れ，ナンシー・フレイザーのハーバマス批判の論文も翻訳したことがあるが，ハンナ・アーレントなどの吟味も含めた理論作業も要求されるのではないのであろうか。

論文としては，**岩本美佐子**「女性の政治的代表は世界でどのように論じられているか——クォータ制を手がかりに」（東北大学21世紀COEプログラム研究年報『男女共同参画社会の法と政策』2巻1号），**田村哲樹**「フェミニズムは公／私区分を必要とするか？」（政治思想学会編『政治思想研究』5号）が挙げられる。

ジャンル別に分類することが難しいその他の著作として，**本田弘博士古希記念論文集刊行委員会編『政治と行政の理論と実際』**（思文閣出版），**石井貫太郎編著『開発途上国の政治的リーダーたち』**（ミネルヴァ書房）がある。

（文責　山本啓）

**日本政治・政治過程**　比較方法論としては日本比較政治学会編『日本政治を比較する』（早稲田大学出版部所収）の**大嶽秀夫**「『レヴァイアサン』世代による比較政治学」，**加藤淳子**「比較政治学方法論と日本政治研究」，**T・J・ペンペル**「比較の視座から見る日本政治——日本のどこが本当にユニークなのか」が有用である。またオーラル・ヒストリー（口述史）研究が成熟しつつあり，『政治学年報2004　オーラルヒストリー』（岩波書店）の諸論文が興味深い。政治理論ではA・ルピア／M・D・マカビンズ（山田真裕訳）『民主制のディレンマ』（木鐸社）と**野田昌吾**「『危機・選択・変化』の政治学」（『法学雑誌』52巻1号）が注目される。

国会研究としては**川人貞史『日本の国会制度と政党政治』**（東京大学出版会）が収穫である。東大法・第5期蒲島郁夫ゼミ編『参議院の研究第2巻　議員・国会編』（木鐸社）の完成にはデータセットが作成され，さらに**川人貞史・増山幹高**「権力融合と権力分立の立法過程的帰結」（『年報政治学2005－Ⅰ』），**竹中治堅**「日本型分割政府と法案審議」（『選挙学会紀要』5号），**大山礼子**「参議院の存在意義」（『都市問題』2005年5月号），**中村宏**「国会議員互助金制度の一考察」（『神戸学院法学』34巻4号）などが注目される。地方議員研究としては**仲哲生・木下真志**「地方議員比較調査研究・3了」（高知短期大学『社会科学論集』88号）がある。

首相・内閣研究としては，本人＝代理人論の**高安健将**「政党政治と執政政治の間」とコア・エグゼクティヴ論の**野中尚人**「日仏比較と執政中枢論への展望」（ともに日本比較政治学会編『日本政治を比較する』），首相の「言葉」を分析する**高瀬淳一**『武器としての＜言葉政治＞』（講談社），**浅野一弘**『日

米首脳会談の政治学』（同文館出版），**安達貴教・渡辺安虎**「大臣の重み」（『日本政治研究』2巻1号）が注目される。

政官関係研究では，政策領域ではなくコントロール手段の違いによって説明する**建林正彦**「官僚の政治的コントロールに関する数量分析の試み」（『政治学年報2005－Ⅰ』），財政規律を分析する**飯尾潤**「財政改革における政党と官僚制」（青木昌彦他編『日本の財政改革』東洋経済新報社），司法官庁組織の詳細なデータと記述を示す**西川伸一**『日本司法の逆説』（五月書房）が興味深い。

政党研究では，55年体制下を分析する**Satomi Tani**, "Shifting Japanese Party Politics after the End of the 1955 System"（『岡山大学法学雑誌』55巻1号），政党政治の危機を指摘する**光延忠彦**「鈴木都政における政治経済学（1）」（『千葉大学社会文化科学研究』11号）が得られた。

利益団体と政治・市民運動の分野では，日本の労働運動のパラドクスを解く**久米郁男**『労働政治』（中央公論新社），**本田宏**『脱原子力の運動と政治』（北海道大学出版会），**井上拓也**「消費者・消費者団体・消費者政治（2）」（『茨城大学人文学部紀要（社会科学論集）』41号），**土肥勲嗣**「川辺川ダム建設をめぐる政治過程」（九州大学『法政研究』71巻4号）が注目される。

選挙研究の分野は本年度も活発であった。欧米各国とは逆に日本の地方選挙の高い投票率というパズルを解く**Yusaku Horiuchi, Institutions, Incentives and Electoral Participation in Japan: Cross-Level and Cross-National Perspectives**（Routledge），戦後の総選挙のデータと政治状況を示す**田中善一郎**『日本の総選挙1946－2003』（東京大学出版会），高齢者の投票行動を分析する**神江伸介**『政治老年学序説』（成文堂），争点態度と政党評価のモデルを検証する**谷口尚子**『現代日本の投票行動』（慶應義塾大学出版会），選挙分析の到達点を示す**小林良彰編**『日本における有権者意識の動態』（慶應義塾大学出版会）が特筆に値する。また，『年報政治学』（特集「市民社会における参加と代表」2005－Ⅰ）および『選挙研究』（特集「『政治改革』から10年」20号）に所収の各章が近年の選挙を興味深く分析する。また**境家史郎**「現代日本の選挙過程における情報フロー構造」（『レヴァイアサン』36号），**白崎護**「政党支持の規定因としての対人接触」（『選挙研究』20号），**松本正生**「『そのつど支持』の民意は自民党には戻らない」（『中央公論』9月号），**森川友義・遠藤晶久**「有権者の政治知識に関する実証分析」（『日本選挙学会紀要』5号），**市川太一**「道州議会・道州知事と国会の選挙制度」（『修道法学』27号），**井田正道**「国政選挙と地方選挙」（三田清編著『概説現代日本の政治と地方自治』学術図書出版），など多くの成果が得られた。

政治における電子ネットワークの研究としては，**岩崎正洋編**『eデモクラシー・シリーズ1：eデモクラシー』（日本経済評論社），**岩崎正洋ほか編**

『eデモクラシー・シリーズ3：コミュニティ』（日本経済評論社），**岡本哲和**「2003年衆院選における候補者ウェブサイトの分析」（関西大学『情報研究』第23号），山本竜太「2003年衆議院選挙における候補者ホームページとその政策・公約に関する分析」（『選挙学会紀要』5号），田中宗孝「新しい投票方式・電子投票の可能性と課題」（『選挙研究』20号）などがあり，成長分野である。

政治意識・政治文化の分野では，日韓を比較する**小林良彰**編著『地方自治体をめぐる市民意識の動態』（慶應義塾大学出版会），高齢者福祉政策を分析する**佐々木寿美**『現代日本の政策形成と住民意識』慶應義塾大学出版会，「新しい政治」を照射する**中谷美穂**『日本における新しい市民意識──ニュー・ポリティカル・カルチャーの台頭』（慶應義塾大学出版会），**賀来健輔・丸山仁**編著『政治変容のパースペクティヴ──ニュー・ポリティクスⅡ』（ミネルヴァ書房），**岡本幸治**『なぜ日本は謝り続けるのか』（致知出版社）が注目される。

ソーシャル・キャピタルに関連する研究としては，**渋沢雅雄・山本正・小林良彰**編『シヴィル・ソサエティ論』（慶應義塾大学出版会），**猪口孝**「アジアの10カ国における社会資本」（『日本政治研究』2巻1号），**小林哲郎・志村誠・村上史郎**「情報通信技術と社会関係資本の変容」（『選挙学会紀要』5号）が注目される。また『公共政策研究』（5号）はソーシャル・キャピタルと公共政策に関して有益な諸論稿を掲載している。さらに市民のコミュニケーション・ネットワークの分析として **Robert Huchfeldt, Ken'ichi Ikeda, Franz Urban Pappi**, "Pattern of Disagreement in Democratic Politics: Comparing Germany, Japan, and United States," *American Journal of Political Science*, Vol. 49, No. 3 などが注目される。

政策過程の分野では，いくつかの有望な分析概念の検討や実証研究への適用が試みられた。政策伝播に関する**内山融**「政策アイディアの伝播と制度」（『公共政策研究』第5号）と**伊藤修一郎**「先行自治体の政策過程分析──金沢市と神戸市による景観条例制定を事例として」（『論叢　現代文化・公共政策』Vol. 2），政治改革の効果を「政策の窓」で解明する**内山融**「『熱病』の時」（『国際社会科学』54号），政策採用に「動的相互依存モデル」を適用する**宗前清貞**「政策過程における専門情報の強度」（琉球大学法文学部『政策科学・国際関係論集』7号），**稗田健志**「政策ネットワークと社会福祉改革」（『大原社会問題研究所雑誌』555号）などが注目される。対外政策の国内状況の研究として**森＜田口＞真砂子**「対日平和条約と日米安保条約」（藤本一美・折立昭雄『戦後日本政治ハンドブック　第1巻』つなん出版），**大矢根聡**「経済外交」（多胡圭一編『日本の政治』大阪大学出版会），ジェンダー論の研究として**御巫由美子**「日本の安全保障政策とジェンダー」（『公共政策研

究』5号），岩本美砂子「日本のドメスティック・バイオレンス防止法（2001年）制定をめぐる政治過程」（三重大学社会科学学会『法経論叢』23巻1号）が得られた。また堀江孝司『現代政治と女性政策』（勁草書房）は政治研究のフロンティアを押し広げた。さらに理論的レビューとして **Noritada Matsuda**, "The Advocacy Coalition Framework as an Argument: Its Argument Structure," *Kitakyushu Shiritsu Daigaku Hou-sei Ronshu*, Vol. 32 No. 4 が注目される。

　政治経済学の分野では，90年代の経済危機への対応とその比較研究の成果が相次いで公表された。上川龍之進『経済政策の政治学』（東洋経済新報社）は待望の力作である。村松岐夫編著『平成バブル先送りの研究』（東洋経済新報社）には問題先送りのメカニズムに関する得難い論稿が収められる。また『レヴァイアサン』（特集「90年代経済危機と政治」37号）所収の各論文は，調整型市場経済をもつ各国の多様な対応を比較し，同様に樋渡展洋「国際的不況とディスインフレ的経済規律」（『レヴァイアサン』36号）も見逃せない。

　福祉国家論および社会保障政策の分野では，新川敏光『日本型福祉レジームの発展と変容』（ミネルヴァ書房）が著者のこれまでの骨太の研究の総まとめとなっており，北岡伸一・田中愛治編『年金改革の政治経済学』（東洋経済新報社）所収の各論文は，年金制度および年金改革に関する水準の高い政治経済学的分析を提示している。

　　　　　　　　　　　　　　　　　　　　　　（文責　伊藤光利）

**行政学・地方自治**　　行政学と地方自治の領域はますます研究が深まりつつある。新しいタイプの行政ともいうべき，NPMやPPP関係の研究成果が多くなっているのが特長的である。行政学では，まず総論的なところからは，日本行政学会編『年報行政研究40　官邸と官房』（ぎょうせい）がある。単著としては，橋本信之『サイモン理論と日本の行政――行政組織と意思決定』（関西学院大学出版会）と曽我謙悟『ゲームとしての官僚制』（東京大学出版会）がある。論文としては，本田弘「行政組織における調整の機能と過程」（日本大学法学会『政経研究』42巻3号）がある。

　次に政策に関連するものとしては，北川正恭・縣公一郎・総合研究開発機構編『政策研究のメソドロジー――戦略と実践』（法律文化社）や，中邨章編『危機管理と行政――グローバル化社会への対応』（ぎょうせい），広瀬克哉編著『情報改革――自治体改革』（ぎょうせい）などがある。論文では，藤田由紀子「食品安全委員会のあり方を問う――『専門性』と『独立性』の再考を」（『都市問題』96巻11号），毛桂栄「行政指導在日本」（福建省社会科学連合会『東南学術』2005年1月号），毛桂栄 **with Ian Holliday**, "Building E-government in Japan," （『明治学院大学法学研究』78号），西川伸一「会計検査院

の独立性をいかに強化するか——鴻池「決算革命」の動向にかかわらせて」(明治大学『政經論叢』74巻1・2号)，中静未知「明治後半期の防疫政策と町村の隔離施設——長野県の事例と他府県の研究を総合して」(日本大学法学部『政経研究』42巻2号) などである。

地域振興に関するものとしては，工藤裕子，"Riforma della pubblica amministrazione, governance e sviluppo locale in Giappone," in Fabrizio Panozzo, ed., *Pubblica amministrazione e competitivita territoriale. Il management pubblico per la governance locale* (Franco Angeli) や五十嵐敬喜他『ポスト公共事業社会の形成——市民事業への道』(法政大学出版局) がある。

公務員制度については，稲継裕昭『公務員給与序説——給与体系の歴史的変遷』(有斐閣)，二宮厚美・晴山一穂編著『公務員制度の変質と公務労働——NPM 型効率・市場型サービスの分析視点』(自治体研究社) などが発表された。

前述した，NPM や PPP 関係では，書物だけでも，岡田章宏・自治体問題研究所編『NPM の検証——日本とヨーロッパ』(自治体研究社)，出井信夫編著『指定管理者制度』(学陽書房)，中矢一義監修『公共ホールの政策評価——「指定管理者制度」時代に向けて』(慶應義塾大学出版会)，小林武・安本典夫・見上崇洋編『「民」による行政——新たな公共性の再構築』(法律文化社)，宮脇淳編著・富士通総研 PPP 推進室著『PPP が地域を変える——アウトソーシングを超えて官民協働の進化形』(ぎょうせい) などがあげられる。他に，本田弘「苦情処理システムとオンブズマン」(日本大学法学会『政経研究』42巻2号) などがあった。

地方自治体を対象にした研究も非常に多くなっているように思われる。総論的な研究としては，松下圭一『自治体再構築』(公人の友社)，小滝敏之『地方自治の歴史と概念』(公人社)，佐々木信夫『政策の潮流，改革のうねり』(ぎょうせい)，加茂利男『世界都市——「都市再生」の時代の中で』(有斐閣) などが書物としてある。阿部斉他『地方自治の現代用語』(学陽書房) も第二次改訂版が出版された。論文では，小原隆治「地方分権と都市政治」(植田和弘他編『岩波講座都市の再生を考える2 都市のガバナンス』岩波書店)，市川喜崇「中央－地方関係史のなかの分権改革——福祉国家における集権と分権」(『季刊行政管理研究』112号)，市川喜崇「道州制・都道府県論の系譜」(日本地方自治学会編『道州制と地方自治』敬文堂)，野田遊「我が国の地方政府体系における統合・分化に関する実証研究」(『レヴァイアサン』37号)，千草孝雄「モデル都市憲章に関する覚書」(『駿河台法学』19巻1号) などがある。

地方自治の政策関連としてまとめられるものには，松本茂章『芸術創造拠点と自治体文化政策——京都芸術センターの試み』(水曜社) や，水谷利亮

「自治体における保健福祉のコミュニティ形成・展開に関する分析——高知県田野町の『なかよし交流館』・介護予防事業を中心にして」(高知短期大学『社会科学論集』89号)，青山佾「容積率と都市景観」(明治大学大学院ガバナンス研究科『ガバナンス研究』No.1)，宗前清貞「公立病院再編とアイディアの政治」(『都市問題研究』8月号)，伊藤修一郎「政策革新と政府間関係——景観条例・景観法制定をめぐる中央地方関係」(『群馬大学社会情報学部研究論集』12巻) などがある。

そのなかでも地域振興関連のものには，山中進・上野眞也編著『山間地域の崩壊と存続』(九州大学出版会)，上野眞也『持続可能な地域社会の形成』(成文堂)，中里裕司・山村一成『近代日本の地域開発——地方政治史の視点から』(日本経済評論社)，山田晴義・新川達郎編著『コミュニティ再生と地方自治体再編』(ぎょうせい) などがあり，論文では，賀来健輔「内発的発展と地方政治」(賀来健輔・丸山仁共編『政治変容のパースペクティブ』ミネルヴァ書房) がある。

そのほか，小原隆治「平成大合併の現在」(『世界』744号) や，井田正道「市議会議員定数に関する分析」(明治大学『政經論叢』74巻1・2号) はそれぞれ合併，議会について扱っている。

地方自治体のNPMやPPPを扱った研究も多い。今村都南雄編『公共サービスの揺らぎ』(公人社) や，南学・小島卓弥編著『地方自治体の2007年問題——大量退職時代のアウトソーシング・市場化テスト』(官公庁通信社)，三野靖『指定管理者制度——自治体施設を条例で変える』(公人社)，横倉節夫・自治体問題研究所編『公民の協働とその政策課題』(自治体研究社)，福嶋浩彦『市民自治の可能性——NPOと行政 我孫子市の試み』(ぎょうせい) などである。

より直接に地方自治体と住民との関係，民主主義について検討したものも多い。小林良彰編『地方自治体をめぐる市民意識の動態』(慶応義塾大学出版会) や，中谷美穂『日本における新しい市民意識——ニュー・ポリティカル・カルチャーの台頭』(慶應義塾大学出版会) などが刊行された。高木鉦作『町内会廃止と「新生活協同体の結成」』(東京大学出版会) は，2000年に逝去された著者が『國學院法學』に連載した論稿を一冊の書籍に編集し直したものである。

論文では，賀来健輔「住民参加の制度化と運動の必要性——住民投票条例の叢生を中心として」(本田弘博士古稀記念論文集刊行委員会編『政治と行政の理論と実際』思文閣出版)，賀来健輔「住民自治の制度化と運動の必要性——『自治基本条例』の叢生を中心として」(日本大学法学会『政経研究』41巻4号)，笠井昭文「住民運動"私"論 新版解説」(中村紀一編著『住民運動"私"論——実践者から見た自治の思想』創土社)，岡田浩「自治体政

策過程と住民——北海道釧路地域における市町村合併の事例の検討」(『釧路公立大学地域研究』14号),樋口直人他「ポスト55年体制下の社会意識と地方政治——徳島市における投票行動の分析を通じて」(『茨城大学地域総合研究所年報』37号),坂口正治「自治体デモクラシーのグローバル・スタンダードの確立」(西尾勝編『自治体デモクラシー改革』ぎょうせい),坂口正治「自治体内分権の展望と公益——いわき市の取り組みを事例として」(日本公益学会編『公益学研究』Vol. 5, No. 1)などがある。

　最後に,外国の行政についての研究について。ヨーロッパ諸国については,岡田章宏『近代イギリス地方自治制度の形成』(桜井書店),竹下譲『パリッシュにみる自治の機能——イギリス地方自治の基盤』(イマジン出版),工藤裕子「イタリアにおける公共サービスの供給形態の変化とサービス品質憲章」(財団法人統計研究会『ECO-FORUM』Vol. 23 No. 4),工藤裕子「イタリアの地方政府システム－イタリアにおける『緩やかな連邦制』の誕生に向けた動き」(総合研究開発機構『広域地方政府システムの提言——国・地域の再生に向けて』NIRA研究報告書0502),岡本三彦『現代スイスの都市と自治——チューリヒ市の都市政治を中心として』(早稲田大学出版部),岡本三彦「スイスにおける参加と自治——ローカル・ガバナンスの一つのあり方」(『流通科学大学論集—人間・社会・自然編』17巻3号),中田晋自『フランス地域民主主義の政治論——分権・参加・アソシアシオン』(御茶の水書房)がある。北アメリカについては,竹尾隆「アメリカにおける Hatch Act (Political Activities Act)改正(1993年)の背景」(『神奈川法学』37巻1号),外山公美『カナダの州オンブズマン制度——日カ比較と日本オンブズマン制度の課題』(勁草書房)があり,アジアについては,大西裕『韓国経済の政治分析』(有斐閣),毛桂栄・白智立「中国における公務員制度の構築——公務員法の成立をめぐって」(『季刊行政管理研究』112号)がある。

(文責　北山俊哉)

**政治思想(日本・アジア)**　一国単位の思想史や特定対象に狭く絞っただけの研究の限界が指摘されて久しいが,近年国際的・学際的な共同研究が益々盛んになっており,新たな可能性は広がりつつある。渡辺浩,朴忠錫編『日韓共同研究叢書11 韓国・日本・「西洋」——その交錯と思想変容』(慶應義塾大学出版会)には,朴忠錫「韓国近代史における国際関係観念——伝統的な存在様式の変容過程を中心に」,張寅性「近代韓国の平和観念——『東洋平和』の理想と現実」,金榮作「韓日両国の西洋受容に関する比較研究——兪吉濬と福沢諭吉の国際政治観を中心に」,三谷博「『アジア』概念の受容と変容——地理学から地政学へ」,咸東珠「近代日本の歴史像と『朝鮮』」,月脚達彦「『独立新聞』における『自主独立』と『東洋』——近代朝鮮におけ

るアジアと脱亜」，山田央子「栗谷李珥の朋党論――比較朋党論史への一試論」，渡辺浩「『教』と陰謀――『国体』の一起源」などが収められ，また，同叢書12の宮嶋博史，金容徳編『近代交流史と相互認識Ⅱ――日帝支配期』所収の，朴賛勝「一九一〇年代における渡日留学生の思想的動向」，趙景達「植民地朝鮮における勤倹思想の展開と民衆」，平石直昭「韓国保護国論の諸相　独立と併合の間――戸水寛人，竹越三叉，有賀長雄を中心に」などを政治思想研究として挙げることができる。日本の思想を主題とした海外研究者との共同研究の成果として，**梅森直之他編『『帝国』を撃て――平民社100年国際シンポジウム』**（論創社）所収論文に，B. ミドルトン「平民社とグローバリズム」，M. H. シュプロッテ「平民社，ドイツ社会民主主義と日露戦争」，C. レヴィ「『平民新聞』と普遍性」，李京錫「平民社における階級と民族」，山泉進「平民社の非戦論とトルストイ」，梅森直之「平民社『非戦論』のゆくえ」がある。また，一人の思想家を対象とした学際的共同研究の成果として，**島根県立大学西周研究会編『西周と日本の近代』**（ぺりかん社）には，沢目健介「幕末・維新期における西洋『権利』観念の導入とその理解――西周との関連で」，菅原光「『平常社会論』としての軍人論」，村井洋「西周の対外観」などが収められている。

　研究対象の選択やアプローチが多様になってきたことは歓迎すべき傾向である。政治思想史研究とジェンダー研究とが交差した成果として，**関口すみ子『御一新とジェンダー』**（東京大学出版会），**関口すみ子『大江戸の姫さま』**（角川学芸出版），**菅野聡美『〈変態〉の時代』**（講談社），山崎裕子「戦前期における市川房枝の政治観」（『東京都立大学法学会雑誌』45巻2号）がある。また，宮地忠彦「『自治訓練』としての『自衛団』組織化」（慶應義塾大学『法学政治学論究』64号）は大正期の警察行政の中の思想的潮流を扱い，石川晃司「非知と自立――吉本隆明の親鸞論を中心として」（日本大学『政経研究』41巻4号），菅野聡美「楽園幻想の起原を求めて1：火野葦平が愛した琉球」（琉球大学『政策科学・国際関係論集』7号）は，文学者を対象としたものである。**E. Dufourmont**, "Nakae Chomin: Plan de mesures (1874). Prèsentation et traduction"（日仏会館『EBISU』35号）は，中江兆民の建言書である「策論」の仏訳とフランス語による解説であり，金子元「『叙事』から『叙議夾雑』へ」（東京大学『相関社会科学』15号）は兆民と近世儒学との関係を詳細に検討したものである。さらに，比較思想を意識した研究も目に付いた。澤大洋「南蛮学の語学に現はれたる政治思想」（『異文化交流』第6号），渡辺浩「『礼』『御武威』『雅』――徳川政権の儀礼と儒学」（笠谷和比古編『国際シンポジウム　公家と武家の比較文化史』思文閣出版），渡辺浩「アンシャン・レジームと明治革命――トクヴィルをてがかりに」（『思想』979号），松田宏一郎「知識の政治資源化――近代初期統治エリート形成

と能力主義の定義」（犬塚孝明編『明治国家の政策と思想』吉川弘文館）などがある。

　オーソドックスな手法によるものとしては，著者が明確に理想を叙述に投影している点で**宮村治雄『日本政治思想史――「自由」の観念を軸にして』**（放送大学教育振興会）が興味深い試みであった。同様に，明治国家の「体制イデオロギー」を扱った**大塚桂『明治維新の思想』**（成文堂），**安西敏三「『天稟の愛国心』と『推考の愛国心』――福澤諭吉におけるナショナリズム問題小考」**（『甲南大学総合研究所叢書82　マックス・ヴェーバーにおける「民族」問題とその周辺』），**澤大洋『小野梓の政法思想の総合的研究――日本の憲法学と政党政綱の源流』**（東海大学出版会），長期連載の一部だが，**山本隆基「陸羯南における国民主義の制度構想（四）－（六）」**（福岡大学『法学論叢』49巻3・4号－50巻3号）などがある。

　近代化に対する危機意識に着目した研究としては，**山本武秀「『憲法』と『憲法典』――穂積八束の憲法学再考」**（『秀明大学紀要』2号），**池田元「『日本近代国家』観と所有権構造――国家改造論へのアングルを求めて」**（筑波大学『年報日本史叢』），**尾原宏之「『家庭の和楽』から社会主義へ――明治思想史の中の堺利彦」**（『東京都立大学法学会雑誌』45巻2号），**飛矢崎雅也『大杉栄の思想形成と「個人主義」』**（東信堂）がある。また，近年海外でも注目を集めている京都学派に関連する研究としては，**嘉戸一将「西田幾多郎と主権の問題」**（『京都大学大学文書館研究紀要』3号），**苅部直「和辻哲郎の『古代』――『古寺巡礼』を中心に」**（『日本近代文学』72号），**栗原茂幸「和辻哲郎『尊皇思想とその伝統』考察の基礎――諸本の異同の研究」**（東京都立江北高等学校『江北』），**長妻三佐雄「『自我の破産』と『共同性』への憧憬――中井正一小論」**（城達也・宋安鍾編『アイデンティティと共同性の再構築』世界思想社）がある。

　戦前戦後の連続性を意識した昭和期アカデミズムの政治思想の見直しが進んでいる。**小林正弥「先駆的コミュニタリアンとしての南原繁」**南原繁研究会編『南原繁と現代――今問われているもの』（to be 出版），**出原政雄「田畑忍の思想形成と『抵抗』」**（鈴木良他編『現代に甦る知識人たち』世界思想社），**石田雄『丸山眞男との対話』**（みすず書房），**冨田宏治「『古層』と『飛礫』――丸山思想史と網野史学の一接点に関する覚書き」**（『関西学院大学『法と政治』56巻1・2号），**小田川大典「連続性についての三つの物語――政治研究の立場から」**（E・クロッペンシュタイン，鈴木貞美編『日本文化の連続性と非連続性　1920年－1970年』勉誠出版）などを挙げることができる。

（文責　松田宏一郎）

**政治思想（欧米）**　　政治思想をもっぱら歴史的・思想史的な文脈におい

て扱うのか，現代的問題関心に引き寄せて解釈するか，というのは西洋政治思想研究にたえずつきまとう問題であるが，戦後わが国の西洋政治思想史研究においては自明であった共通の課題認識がほぼ解体した今日，この問題はあらためてさまざまのかたちで問われるようになってきている。

政治思想史と政治理論との関係の一つのあり方を示すものとして**小野紀明**『**政治理論の現在――思想史と理論のあいだ**』（世界思想社）を得た。思想史研究の側から現代政治理論へのアプローチを試みたテキストブックとして重要である。

公共哲学という観点から古典的な思想・哲学を再解釈する**宮本久雄・山脇直司編**『**公共哲学の古典と将来**』（東京大学出版会）所収の**小林正弥**「古典的共和主義から新共和主義へ――公共哲学における思想的再定式化」，**山脇直司**「永遠平和・人倫・宗教間対話――ドイツ観念論の公共哲学的ポテンシャル」も新たな共通課題の模索の試みとして理解することができる。

共和主義への関心もまた政治思想を政治思想たらしめるものは何かという問題関心と関連している。**小田川大典**「共和主義と自由――スキナー，ペティット，あるいはマジノ線的メンタリティ」（『岡山大学法学会雑誌』54巻4号）は，共和主義をバーリン自由論との関連で再定義する試みとそのディレンマを通じて共和主義が意味するものを照射せんとする。**川出良枝**, "Ciceronean moment: republicanism and republican language in Montesquieu," (*University of Tokyo Journal of Law and Politics*, Vol. 2) は共和主義の概念をめぐる手際のよい交通整理を提示するとともに，モンテスキューおよびそれ以降のヨーロッパ政治思想史への展望をも与える好論文である。

ポーコック，スキナーなどの思想史研究とその問題意識が相当に共有されてきている一方で，戦後日本の近代西洋政治思想史研究とその問題意識をどのように位置づけていくかは――少なくともアジアないし日本においてヨーロッパ政治思想をなぜ，いかにして研究するのかという問いがある以上――なお残された重要な論点である。**関谷昇**「日本における近代社会契約説研究の展開とその意義」（『千葉大学法学論集』20巻2号）は，戦後日本の社会契約論研究を，思想史的・歴史的文脈研究を新たな現代的課題をふまえて再構成しようとする。**梅田百合香**『**ホッブズ　政治と宗教――「リヴァイアサン」再考**』（名古屋大学出版会）もまたそうした観点から，とりわけその体系性のゆえにたえず新たな解釈を誘発するホッブズについて，内外の研究をふまえながら再解釈を試みている。宗教との関わりを論じた『リヴァイアサン』第三部・四部に注目するその視角が世界観の異なる他者との共存をどう進めるかという優れて今日的問題意識からなされていることは注目される。

公共性とならんで政治のいまひとつの柱である「自由」については，著者自身の自由の定義を提示しながら手際よく今日の自由をめぐる理論と論点を

概観した斉藤純一『自由』（岩波書店）を得た。そこに提示された自由をめぐる論点の多様さと複雑さこそが今日のわれわれの不自由そのものを映し出しているのかもしれない。

　自由主義については，施光恒「リベラル・ナショナリズム論の意義と展望——多様なリベラル・デモクラシーの花開く世界を目指して」荻原能久編『ポスト・ウォー・シティズンシップの構想力』（慶應義塾大学出版会），飯田文雄「多元社会におけるリベラリズム：ウィル・キムリカの場合（5）」（『神戸法学雑誌』54巻4号）などの成果がある。キムリカはリベラリズムの立場から民族的・文化的マイノリティや多文化の共存の問題についてどのように取り扱うかという点で近年注目される存在であるが，二十世紀自由主義思想家のなかでもとりわけ文化的・民族的アイデンティティの重要性を強調したバーリンについて検討したものとして森達也「アイザイア・バーリンの捉える反啓蒙主義思想の端緒——実存的歴史観を手がかりとして」（『イギリス哲学研究』28号）がある。ここでもまた政治理論家と思想史家としてのバーリンにおける両者の架橋が試みられている。

　十九世紀自由主義についても同様の問い直しが進んでいる。中谷猛「トクヴィルと帝国意識——アルジェリア論を手がかりに」（『立命館大学人文社会科学研究所紀要』No.85）は，アルジェリア植民地に対するトクヴィルの認識に焦点を当てることによって，十九世紀ヨーロッパの自由主義思想の裏面を浮き彫りにする。高山裕二「デモクラシーの『精神的個人主義』と世論の政治像——トクヴィルにおけるロマン主義的モメント」（『早稲田政治公法研究』78号）は，トクヴィル描き出すところの民主主義社会における内面的に孤立した個人の特徴がロマン主義的諸特徴を帯びていると指摘するとともに，トクヴィルの個人主義批判のうちにもロマン主義の契機を見いだしている。山下重一「ミル『自由論』刊行直後の書評」（『國學院法学』43巻2号），山下重一「ジョン・スチュアート・ミルとジョン・モーリー」（同43巻3号）は自由主義の古典としてのミルの『自由論』の同時代人による批判と受容を検討した。ベンサムについては西尾孝司『ベンサムの幸福論』（晃洋書房）が，幸福論という観点からベンサム思想を体系的に解明している。

　連邦主義の概念の思想史的な整理はまだ開始されたばかりである。千葉真「平和の制度構想としての連邦主義——序説」（『社会科学ジャーナル』50 COE特別号）がシュミットへ言及しているように，その際には主権の問題を避けて通ることはできない。シュミットについては，竹島博之「独裁と例外状態の近代——G・アガンベンのシュミット解釈を通じて」（九州大学『政治研究』52号）がある。

　正義論という観点からアーレントを読解する試みとして千葉真「政治における正義——ハンナ・アーレント」聖心女子大学キリスト教文化研究所『共

生と平和への道』（春秋社）がある。

　ナショナリズムをめぐっては長谷川一年「ナショナリズムと『文化』の本質化──モーリス・バレスを素材に」（『比較文化研究』No.69），長谷川一年「近代フランスのナショナル・アイデンティティをめぐって──ミシュレ，ゴビノー，ルナン」（城達也・宋安鐘編『アイデンティティと共同性の再構築』世界思想社）が，国民，人種，文化等，ナショナル・アイデンティティをめぐる言説を解きほぐす作業を進めている。アメリカについては，アメリカ的ナショナリズムとしてのアメリカニズムを試金石としてデューイ，ニーバーの思想を検証した井上弘貴「20世紀アメリカ知識人の国際関係思想とそのアメリカニズム的特質──第一次大戦〜冷戦初期のジョン・デューイとラインホールド・ニーバーを中心に」（『政治思想研究』5号），井上弘貴「戦間期のアメリカにおける戦争違法化運動とジョン・デューイの国際関係思想──デューイにおけるヨーロッパ─極東像をてがかりとして」（『早稲田政治公法研究』79号），井上弘貴「ジョン・デューイと「アメリカの責任」──一九二〇年代のデューイとアメリカニズム」（『日本デューイ学会紀要』46号）がある。

　福祉国家についても本格的な思想史的検討の対象となりつつある。山脇直司『社会福祉思想の革新──福祉国家・セン・公共哲学』（かわさき市民アカデミー出版部）。フランスにおける福祉国家の形成を，保守主義から生まれた社会経済学，ロマン主義的なナショナリズムと結ぶ「友愛」思想（社会的共和主義）・「進歩」の観念に立脚する「連帯」思想の諸潮流の対抗と交錯のうちにみる田中拓道「フランス福祉国家の思想的源流（1789−1910年）──社会経済学・社会的共和主義・連帯主義（3）（4）（5・完）」（『北大法学論集』55巻5号，56巻1号，56巻2号）。イギリスについては名古忠行『ウェッブ夫妻の生涯と思想──イギリス社会民主主義の源流』（法律文化社）がある。名古忠行『イギリス人の国家観・自由観』（丸善）は同じ著者によるイギリス政治思想の概観である。

　政治理論ないし政治哲学的課題を正面に掲げない個別的研究の場合にも，その多くは現代的な問題意識が顕著に見られる。古典古代では荒木勝「アリストテレスにおける所有論の位相」（「研究彙報」特定領域研究「資源の分配と共有に関する人類学的統合領域の構築──象徴系と生態系の連関をとおして」＜自然資源の認知と加工＞研究班報告）がアリストテレス所有論の再解釈を通じて人間自然関係の再構築の手がかりを展望しようとする。政治的リアリズムとユートピア思想というかたちで類型化して対置される両者をあらためて再検討する鈴木宣則「ルネサンス二つの代表的政治思想──マキアヴェッリとトマス・モア」（『鹿児島大学教育学部研究紀要　人文・社会科学編』56巻）。インディアス問題を通じてヨーロッパ・非ヨーロッパ間秩序の創出に

おけるスペイン思想の決定的貢献を明らかにした**松森奈津子**，*Civilizacion y Bararie, Los asuntos de Indias y el pensamiento politico moderno (1492-1560)* (Madrid:Biblioteca Nueva) も重要な成果である。

近代思想関係では，ドイツ観念論哲学について**杉田孝夫**「カントとフィヒテの歴史認識における政治的なもの」(日本フィヒテ協会編『フィヒテ研究』13号)，**杉田孝夫**「ヘーゲル家族論の現代的意義」(日本ヘーゲル学会編『ヘーゲル哲学研究』11号)。また**井柳美紀**「ディドロの政治思想──もう一つの〈啓蒙〉」(『政治思想研究』5号)，**井柳美紀**「ディドロにおける時の流れ──科学・芸術・政治観を貫くもの」(『創文』472号)では抽象的理性や進歩による文明社会を信じた思想潮流という通俗的啓蒙観の再検討が行われている。**藤原孝**「自由と平等の相克──サン=シモンの場合」(日本大学『政経研究』41巻4号)も，現代における自由と平等の相克をどうとらえるかに視点がある。ヒュームについての訳業として**大塚元**(池田和央・森田竜と共訳)「ヒューム『イングランド史』抄訳(2)第71章末尾小括」(関西大学『経済論集』55巻1号)がある。

二十世紀政治思想関係では，やはりドイツと全体主義をテーマにしたものが目立つのは，研究者の危機意識が対象と共鳴するからであろうか。**野口雅弘**「ウェーバーと全体主義──エリック・フェーゲリンの視角から」(『年報政治学』2004)。**細井保**「近代のアンチノミーと全体主義──フランツ・ボルケナウの政治思想」(『思想』974号)。ユンガーの翻訳と紹介として，エルンスト・ユンガー(川合全弘訳)『追悼の政治──忘れえぬ人々／総動員／平和』(月曜社)。エルンスト・ユンガー(同訳)「カスパール・ルネ・グレゴリィ」(『京都産業大学世界問題研究所紀要』21巻)。

ドイツの政治と宗教をめぐって長く研究を重ねられてきた**河島幸夫**『政治と信仰の間で──ドイツ近現代史とキリスト教』(創言社)が出された。

なおわが国の政治思想史研究に大きな足跡を残された藤原保信氏の著作集が刊行されている。第3巻『西洋政治思想史(上)』，第4巻『西洋政治思想史(下)』，第10巻『公共性の再構築に向けて』，第11巻『自由主義の再検討』(新評論社)。　　　　　　　　　　　　　　　　　　(文責　牧野雅彦)

**政治史(日本)**　2005年は日清・日露・第二次世界大戦終結から節目の年に当たり，**日露戦争研究会編**『日露戦争研究の新視点』(成文社)，**軍事史学会編**『日露戦争(二)』(錦正社)，**安田浩・趙景達編**『戦争の時代と社会』(青木書店)，**倉沢愛子他編**『岩波講座　アジア・太平洋戦争(1)(2)』(岩波書店)の刊行など，戦争関連の研究に多くの成果を得た。新しい視角からの日露戦争像の提示を試みた**山室信一**『日露戦争の世紀』(岩波書店)，**横手慎二**『日露戦争史』(中央公論新社)が刊行され，**加藤陽子**『戦争の論理』

（勁草書房）は戦争の背後の政治的脈絡に切り込んでいる。植民地研究では，長田彰文『日本の朝鮮統治と国際関係』（平凡社），青井哲人『植民地神社と帝国日本』（吉川弘文館），年報日本現代史編集委員会編『「帝国」と植民地』（現代史料出版）の刊行を見た。戦後史の文脈のなかで戦争認識や戦争責任問題を問うものも目立ち，メディア分析を中心とした佐藤卓己『八月十五日の神話』（筑摩書房）や，赤澤史朗『靖国神社』（岩波書店），小菅信子『戦後和解』（中央公論新社）が興味深い議論を展開し，井竿富雄「『日露戦争一〇〇年』の語り」（九州大学『法政研究』71巻4号）も日露戦争認識を検証している。天皇・天皇制については，伊藤之雄『昭和天皇と立憲君主制の崩壊』（名古屋大学出版会）が豊富な史料に基づき昭和天皇像の再構成を行い，伊藤之雄「日露戦争と明治天皇」（『日露戦争研究の新視点』），伊藤之雄「東久邇宮稔彦王の迷走と宮中・陸軍」（京都大学『法学論叢』156巻3・4号），村井良太「昭和天皇と政党内閣制」（『年報政治学2004』），河西秀哉「講和条約期における天皇退位問題」（京都大学『史林』88巻4号），加藤哲郎『象徴天皇制の起源』（平凡社）なども注目される。

戦前期政治史に関しては，主権論・二大政党論の観点からの再検討を行った坂野潤治『明治デモクラシー』（岩波書店）の他，犬塚孝明編『明治国家の政策と思想』（吉川弘文館），鳥海靖他編『日本立憲政治の形成と変質』（吉川弘文館）が，近代国家形成に関する新たな視点からの論考を収録している。また，大江志乃夫『明治馬券始末』（紀伊國屋書店）は競馬問題を素材に明治政治史を考察している。さらに西園寺公望の政治指導と関連づけて政党政治の推移を論じた優れた実証分析，村井良太『政党内閣制の成立1918～27年』（有斐閣）が出版された。政官関係では，清水唯一朗「政党内閣の成立と政官関係の変容」（『史学雑誌』114編2号），清水唯一朗「大正期における政党と官僚」（寺崎修・玉井清編『戦前日本の政治と市民意識』慶應義塾大学出版会）が政党政治の史的展開を検討し，奥健太郎「翼賛選挙と翼賛政治体制協議会」（『戦前日本の政治と市民意識』）も翼賛体制下の政官関係の実態に切り込み，古川隆久『昭和戦中期の議会と行政』（吉川弘文館）も出版された。大前信也「重要国策先議と予算編成方式の改革（Ⅱ）」（『政治経済史学』461号）は，大前信也「戦前期の行政機構改革論と予算編成権のゆくえ」（『日本政治研究』2巻1号）とともに，昭和十年代の政策決定機構に関するイメージの修正を促している。また，駄場裕司「斎藤実朝鮮総督更迭をめぐる対立図式」（『日本歴史』690号）も昭和期の政治的対抗関係の再検討を行っている。軍部研究では，独自の観点からの優れた成果として，畑野勇『近代日本の軍産学複合体』（創文社），纐纈厚『近代日本政軍関係の研究』（岩波書店），野邑理栄子『陸軍幼年学校体制の研究』（吉川弘文館）が刊行され，貴族院研究として西尾林太郎『大正デモクラシーの時代と貴族院』（成文堂）がまと

められた。

　外交史の分野では，今日的な視点も織り交ぜ日本外交の史的展開を俯瞰した井上寿一『ブリッジブック日本の外交』（信山社），添谷芳秀『日本の「ミドルパワー」外交』（筑摩書房）が刊行された。19世紀日本外交については，瀧川修吾「ロシアによる対馬占拠事件の考察」（日本大学『法学研究年報』34号），瀧川修吾「『征韓』論の歴史的意義と論理的構造」（本田弘博士古稀記念論文集刊行委員会編『政治と行政の理論と実際』思文閣出版）が対馬藩の動向を軸に幕末維新期外交を検討，日本外交の安全保障認識と東アジア国際秩序の相互関連を鋭く追及した大澤博明「日清天津条約（一八八五年）の研究（二）」（『熊本法学』107号）が完結したほか，山下大輔「陸奥宗光と対等条約改正交渉」（『日本歴史』687号），黒木彬文「興亜会のアジア主義」（九州大学『法政研究』71巻4号）がある。第一次大戦後については，20年代日ソ関係の一端に光を当てた富田武「後藤新平訪ソと漁業協約交渉」（『成蹊法学』61号）が注目される他，戦間・戦中期外交について，西田敏宏「第一次幣原外交における満蒙政策の展開」（『日本史研究』514号），金英淑「満州事変後の国際情勢と日ソ不可侵条約」（『日本歴史』681号），河西晃祐「外務省『大東亜共栄圏』構想の形成過程」（『歴史学研究』798号），森茂樹「松岡外交と日ソ国交調整」（『歴史学研究』801号）などの成果が得られた。対独外交の背後の世論に着目した岩村正史『戦前日本人の対ドイツ意識』（慶應義塾大学出版会），国連加盟に至る経緯を検討した塩崎弘明『日本と国際連合』（吉川弘文館）も注目される。戦後外交については，金斗昇「池田政権の対外政策と日韓交渉（1960-1964）（上）（下）」（『立教法学』67，68号），増田弘「ニクソンショックと日本の対応」（慶應義塾大学『法学研究』78巻1号），李恩民『「日中平和友好条約」交渉の政治過程』（御茶の水書房）が日本の対アジア外交問題を取り上げ，劉星「日米安保体制史のなかの重光訪米（一）（二）」（『名古屋大学法政論集』207，208号）は対米関係の再検討を試みている。戦後政治では，保守政治に関して，浅野一弘「岸政権の誕生と安保改定の萌芽」（藤本一美編『55年体制の政治』つなん出版），中島琢磨「戦後日本の『自主防衛』論」（九州大学『法政研究』71巻4号），革新政党・革新運動に関して，道場親信『占領と平和』（青土社），平井一臣「戦後社会運動のなかのべ平連」（九州大学『法政研究』71巻4号）が，さらに戦後政治を俯瞰した廣澤孝之『現代日本政治史』（晃洋書房）が刊行された。

　地域レベルの政治史研究は中央政治を視野に収めつつ地域独自の政治力学に光を当てつつある。中静未知「明治後半期の防疫政策と町村の隔離施設」（『政経研究』42巻2号），井竿富雄「山口四二連隊のシベリア出動，一九一九年八月」（『山口県立大学国際文化学部紀要』11号），佐藤健太郎「大正期の東北振興運動」（『国家学会雑誌』118巻3－4号），小正路淑泰「承認と逸

脱をめぐる政治」（九州大学『法政研究』71巻4号），**切刀俊洋『戦後型地方政治の成立』**（敬文堂），黒柳保則「奄美群島の分離による地域の政治的再編成と政党」（鹿児島県地方自治研究所編『奄美戦後史』南方新社），黒柳保則「1946年の米軍政下旧沖縄県地域における行政統合問題」（沖縄国際大学『沖縄法政研究』8号），**中里裕司・山村一成『近代日本の地域開発』**（日本経済評論社）などの成果を得た。

日本政治学会編『年報政治学2004』はオーラル・ヒストリーを特集し，**原彬久・大嶽秀夫・御厨貴**による鼎談，日本外交の自立性をさぐった井上寿一「戦後日本の外交構想」，戦後日本の防衛問題の検討に応用した**中島信吾**「防衛庁・自衛隊史とオーラル・ヒストリー」などを収録し，**御厨貴・中村隆英編『聞き書　宮沢喜一回顧録』**（岩波書店）も出版された。政治家や官僚などの人物研究では，**原彬久『吉田茂』**（岩波書店）が，オーラル・ヒストリーの成果も活かし吉田の政治的生涯を描いた。戦後政治家に関する服部龍二「幣原喜重郎と戦後政治」（中央大学『人文研紀要』55号），**城下賢一**「岸信介と保守合同（1）（2）」（京都大学『法学論叢』157巻3号，5号）の他，**楠精一郎『昭和の代議士』**（文芸春秋），**家近良樹『その後の慶喜』**（講談社），**落合弘樹『西郷隆盛と士族』**（吉川弘文館），**笠原英彦『大久保利通』**（吉川弘文館），**室山義正『松方正義』**（ミネルヴァ書房），阿部博行『石原莞爾（上）（下）』（法政大学出版局）など注目すべき人物研究が相次いで刊行された。また，**栗田直樹『昭和期地方政治家研究』**（成文堂）は地方政治家に関する貴重な実証的研究である。

(文責　平井一臣)

**政治史・比較政治（西欧・北欧）**　近年のヨーロッパ政治研究においては，主に三つの傾向を指摘することができよう。第一は，グローバル化やヨーロッパ統合の進行とともに，国内政治と国際政治のリンクが深まり，ヨーロッパ史全体の捉え方や各国政治の分析に影響を与えていることである。第二は，国家の役割の変化や政治の対立軸の変容が議論され，福祉国家のあり方や，従来の政治勢力への有権者の意識の変化が分析される。最後に，フォーマルな政治制度のみならず，多様な社会勢力の役割や相互関係性への関心が強まっている。これは，第一点と併せて，広く多様化するガバナンスの問題として捉えることもできる。

今日では，EU統合との関係抜きに現代ヨーロッパ政治を分析する余地は益々狭まっており，この分野での研究の蓄積はめざましいものがある。**中村民雄編『ＥＵの新地平』**（東京大学出版会）は，比較政治・政治思想の領域の研究者の論文から構成されているが，EU統合に伴うガバナンスの変容について，対象と論者の緊張関係が保たれた論文集である。EU拡大のヨーロ

ッパ政治経済へのインパクトと各国政府の EU 政策を分析した論文集としては，**森井裕一編**『**国際関係の中の拡大ＥＵ**』（信山社）があり，**木畑洋一編**『**ヨーロッパ統合と国際関係**』（日本経済評論社）においても，ヨーロッパ統合の提起してきた諸問題が，多面的に考察されている。2005年には，EU 憲法の批准をめぐるフランス・オランダ国民投票での否決により，各国におけるＥＵ統合への認識の相違と国民投票の政治的効果が注目された年でもあったが，**吉武信彦**『**国民投票と欧州統合**』（勁草書房）は，国民投票がヨーロッパ統合に関する政策決定を大きく左右してきたデンマークを中心に，国民投票の意義と限界を分析する。**網谷龍介** "Constructing, Corporatist, State-Society Relations?: Current Discourses on the European NGOs and Its Democratic Weakness," *Kobe University Law Review*, No. 38 は，市民社会のアクターとしての NGO を，「市民のヨーロッパ」創設のために取り込もうとするプロディ委員会の戦略と，NGO が政策形成過程に参入することの効果を考察している。

グローバル化時代の福祉国家を取り巻く政治の現状と展望については，**山口二郎・宮本太郎・坪郷實編**『**ポスト福祉国家とソーシャル・ガヴァナンス**』（ミネルヴァ書房），**山口二郎・宮本太郎・小川有美編**『**市民社会民主主義への挑戦**』（日本経済評論社）で論じられている。前者は国内外の研究者による福祉・雇用政策の国際比較を中心とし，「ソーシャル・ガヴァナンス」の観点から，これからの福祉社会の方向性を提示し，後者では，二〇世紀型社会民主主義の行き詰まりと，市民社会の民主主義を活性化させる社会民主主義の再編可能性が，イギリス・ドイツの分析を中心に考察されている。

**桐谷仁**「OECD 諸国の所得格差と政治――制度編成との関係についての比較分析」（静岡大学『法政研究』10巻 2 号）は，従来のコーポラティズム研究に依拠しながら，労働の組織間関係の制度編成や賃金調整行為を含む，説明変数の精緻化を図ることで，資本主義国における所得格差の多様性をモデル化しようとするものである。また，近代国家の成立からヨーロッパ統合までを扱う政治史の教科書として執筆されたものでありながら，**平島健司・飯田芳弘**『**ヨーロッパ政治史**』（放送大学教育振興会）は，ヨーロッパ社会が以前から発展させてきた，各種中間団体のネットワークを重視し，多様なガバナンスから構成されてきたヨーロッパ政治社会像の新しい叙述を試みている。

政治変動分析における『危機・選択・変化』でのアーモンドらの理論に批判的な議論を展開しているのは，**野田昌吾**「『危機・選択・変化』の政治学」（大阪市立大学『法学雑誌』52巻 1 号）である。ここではアーモンドの方法論を評価しつつ，政治史のダイナミズムを捉えるための問題点が指摘されている。その他，**古城利明編**『**世界システムとヨーロッパ**』（中央大学出版会）では，国際関係，権威主義体制の移行，福祉国家，移民問題など，今日のヨ

ーロッパが直面する課題が，各論者により幅広く取り上げられている。

　ヨーロッパ政治全体のなかでの位置づけを常に意識しながらも，より特定国に依拠した研究として，イギリスについては，コンセンサス政治の意味を問い直し，サッチャー政権からブレア政権に至る，保守党・労働党内閣の政治を再検討した，**小堀眞裕『サッチャリズムとブレア政治』**（晃洋書房）がある。2004年の諸選挙は，**渡辺容一郎「2004年欧州議会選挙における英国独立党の意義」**（日本大学『政経研究』41巻4号），**渡辺容一郎「2004年イギリス統一地方選挙と保守党」**（日本大学『政経研究』42巻1号）の両論文で分析されている。また**阪野智一「ブレア政権のメディア政治」**（神戸大学『国際文化学研究』24号）は，各国政府の政策選択の幅が狭まるなかで，ブレア労働党のメディア・キャンペーン戦略が進めたイギリス政治の大統領制化と政党組織の変化について，選挙過程を中心に考察している。

　フランスについては，福祉国家形成における政治的・社会的要因を重視した**廣澤孝之『フランス「福祉国家」体制の形成』**（法律文化社）があり，歴史分析を重ねながらフランス福祉国家の特性を明らかにしている。イスラム系住民との軋轢は，ヨーロッパ各地で問題になっているが，フランス革命以来の政教分離原則の形成を踏まえて，2004年のスカーフ禁止令を取り上げた，**中谷真憲「ライシテは破綻したのか？」**（京都産業大学『世界問題研究所紀要』21巻）は，フランスの多文化政策を論じる場合に，ライシテの重要性を再認識させる点で示唆に富む。**中田晋自『フランス地域民主主義の政治論』**（御茶の水書房）は，1980年代のミッテラン大統領期に，ジャコバン主義的中央集権国家が地方分権を推進する政策に踏み切った要因を，1960・70年代の地方改革をめぐる諸勢力の動向を含めて分析し，フランス地域民主主義の展開を論じている。

　ドイツについては，**井関正久『ドイツを変えた68年運動』**（白水社）が，ナチの過去をめぐる論争を出発点とし反権威主義的な学生運動を中心に展開された「68年運動」を，新しい社会運動や緑の党との関連を中心に，東ドイツの事情も考慮しながら分析しており，日本の状況と異なるドイツ政治への影響力の大きさを認識させる。政党研究としては，緑の党の創成期から政権参加の時期を対象に，党内諸集団の関係性に注目して分析した，西田慎 *Strömung in den Grunen (1980-2003) : Eine Analyse über informell-organisierte Gruppen innerhalb der Grünen* (LIT Verlag) がある。緑の党とともに2005年まで政権を維持していた社会民主党については，**山本佐門「変容過程のドイツ社会民主党——その危機的諸相と展望」**（北海学園大学『法学研究』40巻4号）で取り上げられている。その他，**河島幸夫『政治と信仰の間で——ドイツ近現代史とキリスト教』**（創言社）は，ルターからナチ時代のキリスト教政党，戦後のハイネマンとワイツゼッカーに至る，時代的には幅広い対象に

ついて，政治と宗教の問題を考察している。**熊野直樹**「東西ドイツ司法と『過去の克服』」（九州大学『法政研究』71巻3号）は，ナチ支配を正当化した「過去の克服」は，司法権の独立が保障された西ドイツでは不徹底であったこと，それに対して司法への政治的介入が政治的目的に沿ってなされた東ドイツでより徹底されたことを明らかにしつつ，司法と政治の関係に問題を提起している。**北住炯一**「戦後ドイツにおける連邦参議院の成立」（名古屋大学『法政論集』208号）は，ドイツ連邦制の形成過程で現れた，様々な連邦参議院構想と諸政党間で交わされた議論を取り上げながら，連邦参議院の成立とドイツ連邦制の特徴を分析している。

その他の諸国を扱ったものとしては，ハイダーの影響が強い台頭期のオーストリア自由党について，極右主義的傾向を多面的に解明しようとした，**東原正明**「極右政党としてのオーストリア自由党（1）（2）」（北海学園大学『法学研究』41巻2号・3号），ベルギー政治史において中心的役割を果たしてきたカトリック政党の展開をまとめた，**土倉莞爾**「ベルギー・キリスト教民主主義試論」（関西大学『法学論集』55巻3号）がある。**水島治郎**「中間団体と公共性」（千葉大学『公共研究』2巻2号）は，政治の機動性が求められる中で，オランダ社会でこれまで政策形成過程に重要な役割を果たしてきた中間団体の役割が低下し，一方でより開かれたガバナンスへの道を用意する制度改編が進められつつあることを指摘し，ヨーロッパ政治における中間団体と公共性の議論に重要な問題を提起している。

最後に，比較政治の分野では興味深い翻訳も多数刊行されているが，ここでは原著が多くの論者に引用されており，広く比較政治の分野ながら，その理論化にあたって著者の出身国であるヨーロッパ諸国の政治への関心が強くうかがえる二冊，**A・レイプハルト**（粕谷祐子訳）『**民主主義対民主主義**』（勁草書房）と翻訳が待たれていた**A・パーネビアンコ**（村上信一郎訳）『**政党**』（ミネルヴァ書房）を特に挙げておきたい。

（文責　津田由美子）

**政治史・比較政治（北米）**　現代政治の領域では，成果が多い。アメリカ現代政治のテキストとして，**久保文明編**『**アメリカの政治**』（弘文堂）が挙げられ，アメリカとカナダの歴史と政治を概観したものに，**久保文明ら**『**北アメリカ［アメリカ・カナダ］第2版**』（自由国民社）がある。『レヴァイアサン』36号では，「日本から見た現代アメリカ政治」という特集が組まれ，**久保文明**「G.H.W.ブッシュ政権（1989-1993）の国内政策と共和党の変容」，**待鳥聡史**「連邦議会における大統領支持連合の形成」，**豊永郁子**「ジョージ・W・ブッシュ政権とテクノロジー政策」などの論文が収められている。同じ文脈でブッシュ政権の政策効果を論じたものに，**久保文明**「保守イデオロ

ギーと政治的機会主義の間で」(『論座』2005年7月号) がある。

アメリカ現代政治の中で都市政治過程を扱ったものに，平田美和子「アメリカ大都市圏における住民自治に関する一考察――『ホームルール』のもつ意味の変化」(『武蔵大学人文学会雑誌』37巻2号)，井上拓也「アメリカにおける消費者団体の歴史的展開」(『茨城大学人文学部紀要 (社会科学論集)』42号) がある。また，**西山隆行**は，「リンゼイ政権期のニューヨーク市における社会政策をめぐる政治――アメリカ型福祉国家への含意」(『甲南法学』46巻3号)，「アメリカの福祉国家再編――クリントン政権期における社会福祉政策をめぐる政治」(『甲南法学』46巻1・2号) で，福祉国家政策の歴史的変遷に光をあてている。

アメリカ政党および選挙の領域では，**久保文明編『米国民主党――2008年政権奪回への課題』**(日本国際問題研究所) が注目される。同書は2004年大統領選挙における民主党敗北の原因と2008年大統領選挙における民主党勝利の戦略を分析したもので，**久保文明**「2004年の敗北と民主党穏健派の苦悩」，**砂田一郎**「2004年選挙で活力を取り戻したリベラル派」，**廣瀬淳子**「連邦議会選挙の構造変化と議会民主党」，**松岡泰**「2004年選挙とマイノリティ集団」などの章が含まれている。他方，共和党の内部変化を分析したものに，**吉原欽一『現代アメリカ政治を見る眼――保守とグラスルーツポリティクス』**(日本評論社) がある。また，選挙運動や投票行動を扱ったものに，**前嶋和宏**「米国の大統領選挙予備選過程の変化とメディア――フロント・ローディング現象をめぐって」(『選挙学会紀要』4号)，**細野豊樹**「2004年大統領選挙・連邦議会選挙の分析」(『国際問題』539号)，**武田興欣** "It's Not Just Moral Values, But Voter Mobilization, Stupid : An Early Assessment of the 2004 U.S. Presidential Election" (『青山国際政経論集』66号) がある。

外交の領域では，太平洋世界とアメリカの関係を多面的に分析した**五十嵐武士編『変貌するアメリカ太平洋世界Ⅱ――太平洋世界の国際関係』**(彩流社) が注目される。ここには，**五十嵐武士**「太平洋世界の形成と東アジアの民主化」，**久保文明**「共和党多数議会の『外交政策』――1995〜2000年」，**大津留 (北川) 智恵子**「アジア系アメリカ人の政治参加の変容」，**湯浅成大**「米中関係の変容と台湾問題の新展開――ニクソン以後の30年」などの章が含まれている。

アメリカ政治史の領域では，**岡山裕『アメリカ二大政党制の確立――再建期における戦後体制の形成と共和党』**(東京大学出版会)，**西川賢**「ニューディール期の第三政党運動――失業者党とペンシルヴェニア社会保障連盟を例に」(『アメリカ研究』39号)，「アメリカにおける『政党マシーン支配』とその動揺――ペンシルヴェニア州を中心に，1912年－1936年」(『法学政治学研究』67号) がある。カナダに関する研究としては，**外山公美『カナダの州オ

ンブズマン制度——日カ比較と日本オンブズマン制度の課題』（勁草書房）が注目される。

なお，藤本一美・濱賀祐子ら『資料：戦後米国大統領の「一般教書」第2巻（1961年～1977年）』（大空社），窪田明『真珠湾攻撃——気になる若干の事項』（冬至書房）も忘れてはならない。

（文責　吉野孝）

**政治史・比較政治（中南米）**　1980年代はじめに民主化が始動してから4半世紀がすぎ，形式としての民主体制が定着したかに見える中南米諸国ではあるが，質に関してはなお多くの問題を抱えていることは否定できない。伝統的政治文化に根ざしたパトロン・クライエント関係（以下 PC 関係と略）の残存はそのひとつといってよい。この点をペルーについて多角的に掘り下げた**遅野井茂雄・村上雄介編**『現代ペルーの社会変動』（JCAS 連帯研究成果報告 7）では，**遅野井茂雄**「変動する社会における政治の変化と連続——ペルーの政治文化からみたフジモリ政権とその後」が，PC 関係や家産制などの伝統的政治文化がフジモリ政権の下でも存続したことを指摘し，**富田与**「民主主義下のパトロン・クライアント関係——リマ市エル・アグスティノ区の事例研究から」は，PC 関係が世界各地に見られる普遍的現象であるとしつつも，リマの一地区でそれが民主体制と共存している実相を明らかにしている。**村上雄介**「ペルーの政党を分析する視角をめぐって」は，ペルー政党の機能不全の原因を PC 関係の存在をはじめとする歴史的・構造的欠陥に求めている。**村上雄介**「ペルーの選挙運動——2000年選挙におけるある国会議員候補の事例」（『地域研究』7巻1号）は，ある日系候補者の事例研究を通して，PC 関係をはじめとするペルー政治の特色が候補者の指名・選挙運動・投票に投影されている実態を微視的に分析している。なお，**富田**は「ペルー政治におけるパワー・サイクルと今日の民衆抗議——コカ栽培を巡る民衆抗議と地域政府の政策を中心に」（『京都ラテンアメリカ研究所紀要』5号）では，コカ栽培の合法化を求める最近の農民運動が，近年の分権化により権限を高めた地方政府と協働して中央政府と対立しようとしている点に，PC 関係に組み込まれてきた従来の民衆運動とは異なる新しさを見出している。

一方，現地の研究者の中には民主化を経て従来の政治文化に変化が生じ，それが民主主義の深化をもたらしているとする立場もある。**廣田拓**「『民主主義の深化』の過程における新しい『公共空間』の創出——1990年代のアルゼンチンの経験から」（『ラテンアメリカ研究年報』25号）は，そうした研究潮流の影響を受け，人権運動などが聖職者を含む諸社会的アクターの協力により，民主主義の強化に資する「公共空間」を創出しつつあると見る。民主化以後の民衆運動がとくに注目されているブラジルについては，**近田亮平**「ブ

ラジルの民衆運動——サンパウロの住宅運動団体を中心に」(『ラテンアメリカ・レポート』22巻2号)がその一例を分析している。先住民の発言権拡大も民主主義の質的向上をもたらしうる新しい現象として注目されているが，**新木秀和**「グティエレス政権の崩壊とキト住民の反乱——エクアドルの政治危機」(同22巻2号)によれば，2005年4月の政変には先住民組織が無関係であったという。

中南米の民主化は経済政策の面では新自由主義政策を随伴したが，軍政期にいち早くそれを導入したチリの特殊性を**安井伸**「チリにおける新自由主義経済思想の輸入と同化」(『二十世紀研究』6号)が探っている。近年は新自由主義政策への批判が地域全体に広がっているが，批判派の急先鋒ともいうべきチャベス・ベネズエラ大統領に関しては**坂口安紀**「ボリバル革命の検証」(『ラテンアメリカ・レポート』22巻2号)が，ウルグアイのバスケス政権に関しては**佐藤美季**「ウルグアイにおける左派政権誕生——脱ネオリベラルを目指すバスケス政権」(同22巻1号)がある。その他のテーマとしては解放の神学のアルゼンチン版を「『第三世界のための司祭運動』——近代世界における聖職者の自己再構築運動として」(『ラテンアメリカ研究年報』25号)が扱い，**乗浩子**「第三教会の台頭——ブラジルのペンテコステ派の場合」(『帝京経済学研究』39巻1号)は，ブラジルのペンテコステ派が近隣諸国や他大陸にも拡大しつつある実態を分析している。**Hiroshi Matsushita**, "El 17 de octubre a la luz de la teoría prospectiva,"(「プロスペクト理論から見た1945年10月17日事件」) en Santiago Senén González y Gabriel D. Lerman, comps., *El 17 de octubre de 1945, Antes, durante y después* (Lumiere, Buenos Aires) は，プロスペクト理論に依拠して，従来合理的と解されてきた旧ミリタンのペロニズム支持にも心理的要因が無視しがたい重要性をもつことを指摘している。

(文責　松下洋)

**政治史・比較政治（ロシア・東欧）**　　政治史では，日本のロシア史家による日露戦争論として**横手慎二**『日露戦争史——二〇世紀最初の大国間戦争』(中央公論新社)を得た。**下斗米伸夫**は「モスクワ外相会議 (1945年12月) 再考——日本占領，核開発，および冷戦の起源 (上) (下)」(『法学志林』102巻2号，3・4号)で日本と東欧を視野に入れた考察を，**下斗米伸夫**「スターリン批判と金日成体制——ソ連大使館資料を中心に」(同103巻1号)ではソ連側資料から北朝鮮史に光を当てる。同時代史では**溝口修平**「ソ連邦崩壊後の政治危機における『市民同盟』の役割」(『ロシア史研究』77号)が1993年の武力衝突に至る過程を中道派の動向に注目して分析。**大串敦**の "Money, Property, and the Demise of the CPSU," *Journal of Communist Studies and Transition Politics*, Vol. 21, No. 2 はソ連共産党の崩壊を分析。ソ連解体については

笹岡伸矢「『中央―地方』関係からみたソ連解体の諸要因――先行研究の整理と分析枠組みの構築の試み」(明治大学『政治学研究論集』22号) もある。

『歴史評論』(665号) の特集「二〇世紀ヨーロッパ史のなかの〈境界〉」には，東欧史から**羽場久浘子**「拡大 EU とその境界線をめぐる地域協力」, 石田信一「両大戦間期のクロアチア問題――自治州創設過程を中心に」, 川喜田敦子「二〇世紀ヨーロッパ史の中の東欧の住民移動――ドイツ人『追放』の記憶とドイツ＝ポーランド関係をめぐって」, 志摩園子「ラトヴィヤにおける民族・国家の形成」が寄せられた。吉岡潤「戦後初期ポーランドにおける複数政党制と労働者党のヘゲモニー (1944－47年)」(『スラブ研究』52号) は体制転換後に利用可能となった史料による戦後史の再考。

ロシア政治では，二期目に入ったプーチン政治に焦点が当てられた。**中村逸郎**『**帝政民主主義国家ロシア――プーチンの時代**』(岩波書店) が民衆の「生活圏」からみたプーチン政治論。永綱憲悟「ポチョムキン・デモクラシー――プーチンの限界か」(『ロシア・東欧研究』33号) はロシア民主政を批判的に分析。2003年下院選挙とその後の政治については，森下敏男「ロシア政治の現段階と基本構図――2003年下院議員選挙の分析を中心として (上)(下)」(『神戸法学雑誌』54巻4号, 55巻2号), 鈴木義一「ロシアの議会・大統領選挙と世論」(『ロシア・ユーラシア経済調査資料』877号) があり，また，『ユーラシア研究』(32号) が特集「プーチン・ロシアを解剖する (その2)」を組んでいる。**横手慎二**『**現代ロシア政治入門**』(慶應義塾大学出版会) は目配りのきいた入門書。

旧ソ連諸国での「民主化ドミノ」に触発された『海外事情』(53巻5号) の特集「革命に揺れる CIS」と『国際問題』(544号) の小特集「CIS の『民主化』」には地域研究者による分析が寄せられた。紙幅の制約で著者と論文タイトルは省略するが，力作が含まれる。その他に，藤森信吉「2004年ウクライナ大統領選挙――政権交代がもたらすもの」(『ロシア東欧貿易調査月報』50巻4号), 井沢正忠「検証 ウクライナでの『オレンジ革命』――革命成功の原因と新政権の課題」(『海外事情研究所報告』39号), 粟田聡「ウクライナ大統領選挙に関する一考察」(『ユーラシア研究』32号) がある。

東欧を対象とする比較政治では，仙石学「中東欧諸国の政策既定要因分析試論――チェコとポーランドの環境政策を題材として」(『ロシア・東欧研究』33号) と**中田瑞穂**「民主化過程における政党のリンケージ戦略と政党システムの『固定化』――東中欧の事例から」(『立教法学』68号) が手堅い分析。南東欧研究での成果としては，久保慶一「モンテネグロにおける独立問題と民族的アイデンティティ」(『ロシア・東欧研究』33号) と**齋藤厚**「スロヴェニアにおける政党政治とポピュリズム――スロヴェニア社会民主党の右派政党化をめぐって」(『スラブ研究』54号), 山下浩由「セルビアとモンテネグ

ロの共生——連邦再編問題の起源と展開」（岡山大学『文化共生学研究』3号）をあげておく。その他には**林忠行**「東中欧諸国と米国の単独主義——イラク戦争への対応を中心に」（『ロシア・東欧研究』33号）と**笹岡伸矢**「体制移行と『政治社会』——社会主義体制からの移行の比較分析」（『明治大学社会科学研究所紀要』43巻2号）がある。

　国際関係では**廣瀬陽子**『**旧ソ連地域と紛争——石油・民族・テロをめぐる地政学**』（慶応義塾大学出版会）がコーカサス国際関係を広い視野から分析。論文では**小澤治子**「ロシアの外交戦略と米国のユニラテラリズム——イラク戦争をめぐる米ロ関係を中心に」（『ロシア・東欧研究』33号）が微妙な米ロ関係の軌跡をたどる。その他には，**兵藤長治**「第二期プーチン政権における安全保障政策の立案・形成過程——安全保障会議の改編と『国家安全保障概念』の改訂を中心に」（同33号），**廣瀬陽子**「未承認国家と地域の安定化の課題——ナゴルノ・カラバフ紛争を事例に」（『国際法外交雑誌』104巻2号）など。**佐瀬昌盛**「ウクライナとNATO」（『海外事情研究所報告』39号）は両者関係の周到な回顧の上に政変後を慎重に展望。

　EUの東方拡大との関連では**小森宏美**「EUの中のロシア語系住民——エストニア北東部ナルヴァ市の事例から」（『国際政治』142号）が都市での事例研究に基づく考察。**六鹿茂夫**「欧州近隣諸国政策と西部新独立国家」（同142号）はEUの対ウクライナ，ベラルーシ，モルドヴァ政策を広い視野で周到に分析。各論的事例研究としては**中林啓修**「EUの警察協力における中東欧諸国の立場——第5次拡大を巡る制度的考察を中心に」（『ロシア・東欧研究』33号）がある。

（文責　林忠行）

**政治史・比較政治（アジア）**　アジア全域に関わるものをまずいくつかあげ，続いて中国，朝鮮半島，東南アジア，南西アジアの順に見てゆきたい。**猪口孝・田中明彦他編**『**アジア・バロメーター：都市部の価値観と生活スタイル**』（明石書店）はアジアの10カ国で実施した世論調査のデータと分析である。**山本信人編**『**多文化世界における市民意識の比較研究**』（慶應義塾大学出版会）はインドネシア，中国，韓国などの事例を取り上げている。**五十嵐武士**は同編『**太平洋世界の国際関係**』（彩流社）の長大な第1章「太平洋世界の形成と東アジアの民主化」で東アジアの民主化を地域外の視点から考察している。

　中国研究は文献が非常に多い。主な単行本として，**佐々木智弘編**『**現代中国の政治変容**』（アジア経済研究所），**阮雲星**『**中国の宗族と政治文化**』（創文社），**李暁東**『**近代中国の立憲構想**』（法政大学出版局），**黄東蘭**『**近代中国の地方自治と明治日本**』（汲古書院），**李恩民**『「**日中平和友好条約**」**交渉**

の政治過程』(御茶の水書房),小島朋之の『中国の政治社会』(芦書房)と『崛起する中国』(芦書房)などがある。台湾については土屋光芳『中国と台湾の民主化の試み』(人間の科学社)が辛亥革命以来の民主化の歴史を描いている。現代政治に関する論文としては,加茂具樹「中国共産党の人民代表大会に対する領導の実態とその限界」(『法学研究』78巻1号),田原史起「中国農村における開発とリーダーシップ」(『アジア経済』46巻6号),三宅康之「ポスト鄧小平時代における地方指導者の動態分析」(『紀要地域研究・国際学編』37号),共に『海外事情』(53巻1号)所収の中園和仁「『一国二制度』下の『鳥籠民主』」や茅原郁生「胡錦涛は軍統帥権を掌握できるか」,政治史の分野では川原勝彦「中共政権の成立と中国同郷団体の改造・解体」(『アジア経済』46巻3号),中津俊樹「中国文化大革命期における紅衛兵の『極左思想』について」(『アジア経済』46巻9号),阿南友亮「中国共産党初期の革命軍隊建設構想,1912年〜1923年」(『法学政治学論究』64号)と,国際関係の分野では野口和彦「社会主義陣営における熱戦――ダマンスキー／珍宝島事件をめぐる政治的ダイナミズム」(『東海大学教養学部紀要』35号),高原明生「中国の新安全保障観と地域政策」(五十嵐暁郎・高原明生・佐々木寛編『東アジア安全保障の新展開』明石書店),李成日「南北朝鮮の国連同時加盟をめぐる中国外交の転換」(『法学政治学論究』64号)などがある。

朝鮮半島の内政については,政治学と地域研究を融合させて経済政策決定の分析を試みた大西裕の秀作『韓国経済の政治分析』(有斐閣)のほか,小此木政夫編『韓国における市民意識の動態』(慶應義塾大学出版会),堀金由美 "The Political Economy of Heavy Industrialization," *Modern Asian Studies*, Vol. 39, No. 2, 大西裕「分裂の民主主義」(『現代韓国朝鮮研究』5号)などがある。また,対外関係については,小此木政夫・張達重編『戦後日韓関係の展開』(慶應義塾大学出版会)所収の磯崎典世「日韓自由貿易協定をめぐる議論の展開」や木宮正史「韓国外交のダイナミズム」,あるいは磯崎典世「金大中政権の対北朝鮮政策と国内政治」(『東洋文化研究』7号),木宮正史「金大中政権による対北朝鮮包容政策の起源・展開・帰結」(五十嵐編『太平洋世界の国際関係』彩流社),北朝鮮については下斗米伸夫「スターリン批判と金日成体制」(『法学志林』103巻1号)などがある。

東南アジアでは,栗原浩英『コミンテルン・システムとインドシナ共産党』(東京大学出版会)が地道な労作である。松井和久・川村晃一編『インドネシア総選挙と新政権の始動』(明石書店)では,編者のほか本名純,見市健,岡本正明,高橋宗生,東方孝之らがインドネシア政治を活写している。川中豪編『ポスト・エドサ期のフィリピン』(アジア経済研究所)も手堅い力作である。黒柳米司編著『アジア地域秩序とASEANの挑戦』(明石書店)はアセアンをめぐる国際関係を扱う。国別では,タイは水谷康弘「タイ近代国

家の蹉跌」(『東南アジア研究』43巻2号), 玉田芳史「タックシン政権の安定」(『アジア・アフリカ地域研究』4巻2号), マレーシアは**左右田直規**「植民地教育とマレー民族意識の形成」(『東南アジア：歴史と文化』34号), **鈴木絢女**「現代マレーシアの政治体制」(『国際関係論研究』23号), インドネシアは岡本正明「インドネシアにおける地方政治の活性化と州『総督』の誕生」(『東南アジア研究』43巻1号), 横山豪志「インドネシアにおける日本占領期の位置づけ・試論」(『社会文学』21号), フィリピンは川中豪「民主主義の制度変更」(『アジア経済』46巻3号) などがある。

南アジアでは政治文化や政治史を扱ったものとして, **中島岳志**の『**中村屋のボース**』(白水社) と『**ナショナリズムと宗教**』(春風社) のほか, **木村雅昭**「インドにおける聖と俗」(『アジア・アフリカ地域研究』5巻1号), 上田知亮「19世紀の英印経済関係とナショナリズム (1)(2・完)」(『法学論叢』157巻3号・5号), 佐藤宏の「南アジアにおけるマイノリティと難民」(『アジア経済』46巻1号) と「南アジアにおけるコミュナル暴動と難民化」(『アジア経済』46巻7号) などがある。また, 国際関係を扱ったものに**広瀬崇子**「印中接近の要因と限界」(『海外事情』53巻10号), **堀本武功**「印米緊密化とアジア新力学の模索」(『海外事情』53巻10号) などがある。西アジアでは, **末近浩太**『**現代シリアの国家変容とイスラーム**』(ナカニシヤ出版), **澤江史子**『**現代トルコの民主政治とイスラーム**』(ナカニシヤ出版), **酒井啓子・臼杵陽編**『**イスラーム地域の国家とナショナリズム**』(東京大学出版会), **酒井啓子・青山弘之編**『**中東・中央アジア諸国における権力構造**』(岩波書店) のほか, 青山弘之「シリアにおけるクルド問題」(『アジア経済』46巻8号) などがある。

(文責　玉田芳史)

**国際政治**　　グローバル化の進展と階層化する国際社会のもと,「暴力と利益」を前面に押し出した紛争と武力介入の現実は21世紀の国際政治をどこに導こうとするのか。学界の動向を見ておこう。

まず, 国際政治の理論的業績に多くの優れた論考が見られる。国際政治学会編『国際政治』(143号) は「規範と国際政治理論」を特集し, 共編者の**納家政嗣**は, 国際関係における力や利害との相関において「規範の領分」を捉えることが, 規範研究の重要課題と展望し, 国際社会自体の変化に伴う規範の問題, 世界 (市民) 社会やグローバルな問題の規範に関わる問題, 構成主義についての論考を集めている。**大矢根聡**「コンストラクティヴィズムの視座と分析」は, コンストラクティヴィズムの特徴とその意義を再評価し, その他宇田川光弘「債務救済における規範と英国学派の国際社会論」, 小川裕子「国際開発協力進展における国際規範の役割」, 山田哲也「領域管理の意義を

巡って」，栗栖薫子「人間安全保障『規範』の形成とグローバル・ガヴァナンス」といった論文が並ぶ。また，**古城佳子**「グローバリゼーションの何が問題か——国際政治における理論的課題」(『世界法年報』24号)は，グローバリゼーションにより国内諸集団と国際制度形成の関係，グローバル・ガヴァナンスのあり方，さらにガヴァナンスの決定過程の正統性の問題の検討が国際政治学の課題となっていると述べる。南山淳「リベラル・ガヴァナンスと国際政治理論」(『筑波法政』38号)は，グローバル・リベラル・ガヴァナンス論を取り上げ，そこで稼動する権力／知メカニズムを検証し，**中本義彦**「国際関係論における規範理論」(『静岡大学法政研究』10巻2号)も，国際関係における規範理論の存在意義や特徴を武力行使の問題を意識しながら論じていく。**Takashi Inoguchi**, "Three Models of Ordering amidst Globalization," in D. Held et al, *Debating Globalization* (Polity Press)も注目される論考である。

さらに，冷戦後のアメリカの国際政治理論を丹念に検討したものとして，山本吉宣の次の二つの論文が傑出している。「冷戦後アメリカの国際政治論」(『国際法外交雑誌』103巻4号)は，冷戦後のアメリカ国際政治理論の継続性と変化についてフォローし，国際政治におけるアメリカの自己イメージの変化を検討し，「階層の国際政治学」(『青山国際政経論集』66号)は，冷戦後のアメリカの国際政治理論の展開を，世界の階層構造の視点から安全保障に焦点をあてて考察している。

次に現代の紛争の構造やその解決について論じたものでも成果が見られた。『国際問題』(545号)は「現代国際紛争の構造」を特集し，興味深い論考が並ぶ。**納家政嗣**「現代紛争の多様性と構造的要因」は多様な紛争におけるグローバリゼーションとクライアンテリズムの相克に注目し，**山田哲也**「ポスト冷戦期の内戦と国際社会」は，「破綻国家」「人道的介入」「平和構築」などの用語が，国家間関係の規範と伝統的に国内的なものとされてきた規範の融合と衝突を示し，それが新たな理論枠組を提示しうるものと示唆する。また，**立山良司**「脱領土的脅威としての宗教テロリズム」は，宗教テロリズムの特徴を「コスミック戦争」の概念で検討し，領土的——脱領土的の類型化がテロの手段——目的の類型化と重なることを指摘している。**阪本拓人**「紛争と動員」(『国際政治』140号)は，国内武力紛争で政府や反政府組織による「動員」を通して人々が「紛争主体化」していく仮定に注目し，マルチ・エージェント・シミュレーションの技法を用いて分析している。

平和活動については，**青井千由紀**「平和活動（ピースオペレーション）の理論と現実」(『国際問題』547号)が，冷戦後の「平和活動」の概念，理念，原則を明らかにし，それに照らして実施上の課題を検討し，**酒井啓亘**「国連平和維持活動と公平原則——ポスト冷戦期の事例を中心に」(『神戸法学雑誌』

54巻4号）は，PKOの活動の基本原則としての「公平原則」の意義を，とりわけ21世紀に入り憲章第7章と結合した「強化された」PKOとの関連で論じている。さらに，平和構築や平和学の課題を論じたものとして，以下を参照されたい。山田満他編著『新しい平和構築論』（明石書店）は，平和構築論を多角的にわかり易く論じ，岡本三男，横山正樹編『平和学のアジェンダ』（法律文化社）は，21世紀を「非平和」の時代ではなく，「平和充溢」の時代にするために編まれたという。国際基督教大学平和研究所，上智大学社会正義研究所共編『平和・安全・正義──新たなグランドセオリーを求めて』（有信堂）は，人類の将来にとっての積極的価値である平和・安全・正義の三者の関係のあるべき姿を照射する。

　市民社会論との関連で国際社会のあるべき秩序を論じたものとして，坂本義和『［坂本義和集6］世界秩序と市民社会』（岩波書店）が上梓された。また，日本国際連合学会『市民社会と国連』［『国連研究』6号］（国際書院）は，市民社会と国連システムの建設的な共同作業によって国際的な問題群解決を訴え，そのなかの論考，功刀達朗「地球市民社会の黎明と国連の将来」は，地球市民意識の広がりのなかで，国連自体がグローバル・ガヴァナンスの中枢的プロセスへと変容を遂げることを期待する。川村暁男『グローバル民主主義の地平──アイデンティティと公共圏のポリティクス』（法律文化社）は，「グローバル討議民主主義」という構想を示し，地球市民アイデンティティに基づいたガヴァナンスの実現を展望する。これと関連した論考として北村治「世界市民法と人道的介入──カントとハーバーマスの国際政治思想」（政治経済研究所『政経研究』84号）にも注目したい。

　その他，今日的問題に取り組んだものとして，以下の業績を挙げておきたい。篠田英朗・上杉勇司『紛争と人間の安全保障』（国際書院）は，「人間の安全保障」が必要とされる現実に関心をもって，国境を越えた包括的な観点から安全保障を戦略的に追求していく態度を重視する。佐藤元彦編『貧困緩和・解消の国際政治経済学』（築地書館）は，貧困を政治経済の問題として捉え，政治争点化された貧困イシューを脱構築しようとの問題意識で編集された。山本武彦編『地域主義の国際比較──アジア太平洋・ヨーロッパ・西半球を中心にして』（早稲田大学出版部）で，編者の山本は，国家間現象としてのリージョナリズムの意味とそれへの方法論的アプローチを，グローバライゼーション，ナショナリズム，ローカライゼーションとの相関関係のなかで捉えようとしている。また，菅英輝・石田正治『21世紀の安全保障と日米安保体制』（ミネルヴァ書房）は安全保障の理論的考察に加えて，アジア・太平洋と日米安保体制，ヨーロッパとNATO，さらに地域からの安全保障論と多面的な検討を加えている。

　国際政治の入門書としては，花井等・岡部達味『現代国際関係論』（東洋

経済新報社)，村井淳『現代国際政治と国際関係』(学陽書房)，東海大学教養学部国際学科編『新版国際学のすすめ』(東海大学出版会)がある。猪口孝『国際政治の見方』(筑摩書房)は，国際政治の変容をわかり易く描写するとともに，日本の進むべき道を示した好著である。

　最後にアフリカ研究の成果に言及しておこう。吉田啓太『北アフリカ地域統合と民主化——アラブマグレブの選択』(彩流社)は，アラブマグレブ連合の設立を中心に民主化の問題をひろく国際関係の動態のなかで捉えた力作である。『海外事情』([拓殖大学]53巻4号)は，「アフリカ安定への展望」を特集し，川端正久「アフリカ連合とダルフール紛争」，勝俣誠「西アフリカの地域不安定プロセス」などの論考を揃えている。また，『アジア経済』(46巻11・12号)も「『民主化』とアフリカ諸国」を特集し，遠藤貢「『民主化』から民主化へ？」，津田みわ「離党規制とケニアの複数政党制」などの論文が並ぶ。その他，戸田真紀子「アフリカの解放闘争再考」(『阪大法学』53巻3・4号)は，ソマリ人へのアンケートを行い，マウマウ闘争の意味を「生きるルーツ」の観点から論じた好論文であり，さらに，落合雄彦「アフリカ国家論とリアリズム」(『龍谷法学』37巻4号)，西村篤子「ルワンダにおけるエスニシティの政治化」(大阪大学『国際公共政策研究』9巻2号)，佐野康子「エチオピア・エリトリア国境紛争——国連およびアフリカ統一機構の対応をめぐって」(『海外事情』53巻7・8号)，武内進一「冷戦後アフリカにおける政治変動」(『国際政治』140号)も見逃せない。

(文責　定形衛)

### 2006年度文献委員会

1．本委員会では各分野を次の委員が担当した。山本啓［政治学・政治理論］，伊藤光利［日本政治・政治過程］，北山俊哉［行政学・地方自治］，松田宏一郎［政治思想(日本・アジア)］，牧野雅彦［政治思想(欧米)］，平井一臣［政治史(日本)］，津田由美子［政治史・比較政治(西欧・北欧)］，吉野孝［政治史・比較政治(北米)］，松下洋［政治史・比較政治(中南米)］，林忠行［政治史・比較政治(ロシア・東欧)］，玉田芳史［政治史・比較政治(アジア)］，定形衛［国際政治］。なお，全体的な調整は，委員長の河田潤一が行った。

2．分野の名称については，一部変更した部分もあるが，概ね前年度までの例を継承した。業績によっては，いくつかの領域にまたがるものもあり，複数の分野で紹介されている。

　原稿の執筆については，会員からの業績自己申告書を基本としたが，各委員による関連文献についての独自調査の結果も反映している。委員によるコメントはできる限り簡潔にし，可能な限り多くの研究業績を紹介するよう配

慮したが，それでも申告のあった全ての作品を網羅的に紹介することは紙幅の関係からできなかった。その点，会員諸氏のご寛恕をお願いする次第である。

　最後になったが，業績の申告や著書・論文等のご送付をいただいた会員諸氏，ならびに独自調査をも加え原稿をご執筆いただいた委員各位に心から御礼を申し上げたい。

（文責　河田潤一）

# 2006年度日本政治学会研究会日程

日時　2006年7月9日（日）・10日（月）
場所　福岡国際会議場

（1）共通論題　統一テーマ：民主主義と安全保障——日本と東アジアから考える

午前の部　「民主主義は市民社会を守るか」
司会　　　杉田　敦（法政大学）
パネリスト　テッサ・モーリス＝スズキ（オーストラリア国立大学）「社会なき民主主義」
　　　　　新川敏光（京都大学）「民主主義は手段か，目的か」
　　　　　齋藤純一（早稲田大学）「市民社会を『まもる』二つの道」
　　　　　酒井哲哉（東京大学）「『社会的なるもの』とその両義性——近代日本の場合」

午後の部　「民主主義は国際平和をつくるか」
司会　　　下斗米伸夫（法政大学）
パネリスト　明石　康（日本政府代表・スリランカ平和構築及び復旧・復興担当）「民主主義と平和についての雑感」
　　　　　毛里和子（早稲田大学）「民主政と地域の平和——東アジアからのアプローチ」
　　　　　栗栖薫子（大阪大学）「東アジア地域の安全保障・平和と民主主義の役割」
　　　　　藤原帰一（東京大学）「再考・民主主義の平和」

（2）分科会（ポスターセッション）
　　　井上浩子（早稲田大学）"East Timor's Independence: The Significance and Limitation of the Transnational Advocacy Network Theory"
　　　岩崎正洋（日本大学）・天野慎也（日本大学）「日本における電子民主主義（eデモクラシー）の分析視角」
　　　岡田陽介（学習院大学）「候補者エピソードと投票参加経験の想起」
　　　小野恵子（University of Oklahoma）"Polarizing President? The Partisan Model of Presidential Approval and G.W. Bush"
　　　上野友也（東北大学）「国際人道支援のフロントライン——紛争被災地に対する人道支援の政治的効果」
　　　亀ヶ谷雅彦（米沢女子短期大学）"Komei Senkyo Undo: First Public Move-

　　　　　　　　　　　ment for Clean Election in Japan after WW II"
　金　宗郁（慶應義塾大学）　"Micro and Macro Factors to Influence on the Citizen Political Attitudes"
　鈴木崇史（東京大学）　"Lexical Indices of Japanese Prime Ministers' Two Kinds of Addresses: In the Case of Nakasone and Koizumi"
　関　能徳（早稲田大学）　"Is Democracy Possible without National Unity? Comparative Analysis of Post-Communist States after 1989"
　高橋一行（明治大学）・浅井亮子（明治大学）　"Inequality according to Power Laws"
　田口一博（東京大学）「地方分権改革デジタル・アーカイブの作成とその利用」
　田村健一（早稲田大学）「鳥取県の予算編成における知事と議会の影響」
　辻　陽（近畿大学）「戦後日本の知事と都道府県議会」
　津田憂子（早稲田大学）　"The Choice and Change of Political Institution in the Soviet Union and Russia: Analyzing the Political Process since the 1990s"
　中村文子（東北大学）「グローバル社会における人権侵害と国際人権保障—人身売買を事例として」
　福富満久（早稲田大学）　"Political Economic Administration of a Semi-Rentier State: Tunisia (1970-2004)"
　山本　卓（立教大学）「イギリスにおける自立支援型の年金政策—C・ブースの普遍主義的な年金構想を再考する」

（注記）2006年度研究会は第20回IPSA（世界政治学会）世界大会（2006年7月9日〜13日）と一体として福岡国際会議場で行なわれた。そのため，企画は共通論題とポスターセッション分科会のみで構成され，通常の分科会や国際交流セッションは開催されなかった。ただし，世界政治学会世界大会のセッションの中に，実質的には日本政治学会が組織したものが約20含まれている。

# 『年報政治学』論文投稿規程

※第9条の「投稿申込書」は，日本政治学会のホームページからダウンロードできます（URL: http://wwwsoc.nii.ac.jp/jpsa2/nennpou.htm）。

1．応募資格
 ・日本政治学会の会員であり，応募の時点で当該年度の会費を納入済みの方。

2．既発表論文投稿の禁止
 ・応募できる論文は未発表のものに限ります。

3．使用できる言語
 ・日本語または英語。

4．二重投稿の禁止
 ・同一の論文を本『年報政治学』以外に同時に投稿することはできません。
 ・同一の論文を『年報政治学』の複数の号に同時に投稿することはできません。

5．論文の分量
 ・日本語論文の場合，原則として20,000字以内（注，参考文献，図表を含む）とします。文字数の計算はワープロソフトの文字カウント機能を使って結構ですが，脚注を数える設定にして下さい（スペースは数えなくても結構です）。半角英数字は2分の1字と換算します。図表は，刷り上がり1ページを占める場合には900字，半ページの場合には450字と換算して下さい。
 　論文の内容から20,000字にどうしても収まらない場合には，超過を認めることもあります。ただし査読委員会が論文の縮減を指示した場合には，その指示に従って下さい。
 ・英語論文の場合，8,000語（words）以内（注，参考文献，図表を含む）とします。図表は，刷り上がり1ページを占める場合には360語（words），半ページの場合には180語（words）と換算して下さい。
 　論文の内容から8,000語にどうしても収まらない場合には，超過を認めることもあります。ただし査読委員会が論文の縮減を指示した場合には，その指示に従って下さい。

6．論文の主題

・政治学に関わる主題であれば，特に限定しません。年報各号の特集の主題に密接に関連すると年報委員会が判断した場合には，特集の一部として掲載する場合があります。ただし，査読を経たものであることは明記します。

7．応募の締切
・論文の応募は年間を通じて受け付けますので，特に締切はありません。ただし，6月刊行の号に掲載を希望する場合は刊行前年の10月末日，12月刊行の号に掲載を希望する場合は刊行年の3月末日が応募の期限となります。しかし，査読者の修正意見による修正論文の再提出が遅れた場合などは，希望の号に掲載できないこともあります。また，査読委員会が掲載可と決定した場合でも，掲載すべき論文が他に多くある場合には，直近の号に掲載せず，次号以降に回すことがありますので，あらかじめご了承ください。掲載が延期された論文は，次号では最優先で掲載されます。

8．論文の形式
・図表は本文中に埋め込まず，別の電子ファイルに入れ，本文中には図表が入る位置を示して下さい。図表の大きさ（1ページを占めるのか半ページを占めるのか等）も明記して下さい。また，他から図表を転用する際には，必ず出典を各図表の箇所に明記して下さい。
・図表はスキャン可能なファイルで提出してください。出版社に作成を依頼する場合には，執筆者に実費を負担していただきます。
・投稿論文には，審査の公平を期すために執筆者の名前は一切記入せず，「拙著」など著者が識別されうるような表現は控えて下さい。

9．投稿の方法
・論文の投稿は，ワードまたは一太郎形式で電子ファイルに保存し，『年報政治学』査読委員会が指定する電子メールアドレス宛てに，メールの添付ファイルとして送信して下さい。投稿メールの件名（Subject）には，「年報政治学投稿論文の送付」と記入して下さい。
・なお，別紙の投稿申込書に記入の上，投稿論文と共にメールに添付して送付して下さい。
・また，投稿論文を別に3部プリントアウト（A4用紙に片面印刷）して，査読委員会が指定する宛先に送ってください（学会事務局や年報委員会に送らないようにご注意ください）。
・送付された投稿論文等は執筆者に返却致しません。

10．投稿論文の受理

・投稿論文としての要件を満たした執筆者に対しては，『年報政治学』査読委員会より，投稿論文を受理した旨の連絡を電子メールで行います。メールでの送受信に伴う事故を避けるため，論文送付後10日以内に連絡が来ない場合には，投稿された方は『年報政治学』査読委員会に問い合わせて下さい。

11. 査読
    ・投稿論文の掲載の可否は，査読委員会が委嘱する査読委員以外の匿名のレフリーによる査読結果を踏まえて，査読委員会が決定し，執筆者に電子メール等で結果を連絡します。
    ・なお，「掲載不可」および「条件付で掲載可」と査読委員会が判断した場合には，執筆者にその理由を付して連絡します。
    ・「条件付で掲載可」となった投稿論文は，査読委員会が定める期間内に，初稿を提出した時と同一の手続で修正稿を提出して下さい。なお，その際，修正した箇所を明示した修正原稿も電子メールの添付ファイルとして送って下さい。

12. 英文タイトルと英文要約
    ・査読の結果，『年報政治学』に掲載されることが決まった論文については，著者名の英文表記，英文タイトル，英文要約を提出いただくことになります。英文要約150語程度（150 words）になるようにして下さい（200語以内厳守）。査読委員会は原則として手直しをしないので，執筆者が各自で当該分野に詳しいネイティヴ・スピーカーなどによる校閲を済ませて下さい。

13. 著作権
    ・本『年報政治学』が掲載する論文の著作権は日本政治学会に帰属します。掲載論文の執筆者が当該論文の転載を行う場合には，必ず事前に文書で本学会事務局と出版社にご連絡下さい。また，当該『年報政治学』刊行後1年以内に刊行される出版物への転載はご遠慮下さい。
    ・また，投稿論文の執筆に際しては他人の著作権の侵害，名誉毀損の問題を生じないように充分に配慮して下さい。他者の著作物を引用するときは，必ず出典を明記して下さい。
    ・なお，万一，本『年報政治学』に掲載された執筆内容が他者の著作権を侵害したと認められる場合，執筆者がその一切の責任を負うものとします。

14. その他の留意点
    ・執筆者の校正は初校のみです。初校段階で大幅な修正・加筆をすることは

認められません。また，万が一査読委員会の了承の下に初校段階で大幅な修正・加筆を行った場合，そのことによる製作費用の増加は執筆者に負担していただきます。
・執筆者には，所定の原稿料のみが支払われます。増刷，復刻等に関わる原稿料はお支払いできません。原稿料とは別に，抜刷50部が無料で送付されます。
・本『年報政治学』への同一の著者による論文の投稿数については何ら制限を設けるものではありませんが，採用された原稿の掲載数が特定の期間に集中する場合には，次号以下に掲載を順次繰り延べることがあります。

# 査読委員会規程

1. 日本政治学会は，機関誌『年報政治学』の公募論文を審査するために，理事会の下に査読委員会を置く。査読委員会は，委員長及び副委員長を含む7名の委員によって構成する。

    査読委員会委員の任期は2年間とする。任期の始期及び終期は理事会の任期と同時とする。ただし再任を妨げない。

    委員長及び副委員長は，理事長の推薦に基づき，理事会が理事の中から任命する。その他の委員は，査読委員長が副委員長と協議の上で推薦し，それに基づき，会員の中から理事会が任命する。委員の選任に当たっては，所属機関，出身大学，専攻分野等の適切なバランスを考慮する。

2. 査読委員会は，『年報政治学』に掲載する独立論文および特集論文を公募し，応募論文に関する査読者を決定し，査読結果に基づいて論文掲載の可否と掲載する号，及び配列を決定する。特集の公募論文は，年報委員長と査読委員長の連名で論文を公募し，論文送付先を査読委員長に指定する。

3. 査読者は，原則として日本政治学会会員の中から，専門的判断能力に優れた者を選任する。ただし査読委員会委員が査読者を兼ねることはできない。年報委員会委員が査読者になることは妨げない。査読者の選任に当たっては，論文執筆者との個人的関係が深い者を避けるようにしなければならない。

4. 論文応募者の氏名は査読委員会委員のみが知るものとし，委員任期終了後も含め，委員会の外部に氏名を明かしてはならない。査読者，年報委員会にも論文応募者の氏名は明かさないものとする。

5. 査読委員長は，学会事務委託業者に論文応募者の会員資格と会費納入状況を確認する。常務理事は学会事務委託業者に対して，査読委員長の問い合わせに答えるようにあらかじめ指示する。

6. 査読委員会は応募論文の分量，投稿申込書の記載など，形式が規程に則しているかどうか確認する。

7. 査読委員会は，一編の応募論文につき，2名の査読者を選任する。査読委員会は，査読者に論文を送付する際に，論文の分量を査読者に告げるとともに，論文が制限枚数を超過している場合には，超過の必要性についても審査を依頼する。

    査読者は，A，B，C，Dの4段階で論文を評価するとともに，審査概評を報告書に記載する。A～Dには適宜＋または－の記号を付してもよい。記号の意味は以下の通りとする。

    A：従来の『年報政治学』の水準から考えて非常に水準が高く，ぜひ掲載すべき論文

　　　　　Ｂ：掲載すべき水準に達しているが，一部修正を要する論文
　　　　　Ｃ：相当の修正を施せば掲載水準に達する可能性がある論文
　　　　　Ｄ：掲載水準に達しておらず，掲載すべきではない論文。
　　　査読者は，ＢもしくはＣの場合は，別紙に修正の概略を記載して査読報告書とともに査読委員会に返送する。またＤの場合においては，論文応募者の参考のため，論文の問題点に関する建設的批評を別紙に記載し，査読報告書とともに査読委員会に返送する。査読委員会は査読者による指示ならびに批評を論文応募者に送付する。ただし査読委員会は，査読者による指示ならびに批評を論文応募者に送付するにあたり，不適切な表現を削除もしくは変更するなど，必要な変更を加えることができる。
　　　ＡないしＣの論文において，その分量が20,000字（英語論文の場合には8,000語）を超えている場合には，査読者は論文の内容が制限の超過を正当化できるかどうか判断し，必要な場合には論文の縮減を指示することとする。
 8．修正を施した論文が査読委員会に提出されたときは，査読委員会は遅滞なく初稿と同一の査読者に修正論文を送付し，再査読を依頼する。ただし，同一の査読者が再査読を行えない事情がある場合には，査読委員会の議を経て査読者を変更することを妨げない。また，所定の期間内に再査読結果が提出されない場合，査読委員会は別の査読者を依頼するか，もしくは自ら査読することができるものとする。
 9．最初の査読で査読者のうち少なくとも一人がＤ（Ｄ＋およびＤ－を含む。以下，同様）と評価した論文は掲載不可とする。再査読の結果は，Ｘ（掲載可），Ｙ（再修正が必要），Ｚ（掲載不可）の3段階で評価する。査読者の一人でもＺと評価した論文は掲載不可とする。ＸＹ，ＹＹの場合は，再修正を要求する。再々査読の結果一人でもＹの評価であった場合には，査読委員会は掲載不可として通知することができる。
　　　査読委員会が査読者の評価を変更することはできない。
10．査読委員会は，年報委員長と協議して各号に掲載する公募論文の数を決定し，その数に応じて各号に掲載する公募論文を決定する。各号の掲載決定は，以下の原則によるものとする。
　　　1）　掲載可と判断されながら紙幅の制約によって前号に掲載されなかった論文をまず優先する。
　　　2）　残りの論文の中では，初稿の査読評価が高い論文を優先する。この場合，ＢＢの評価はＡＣの評価と同等とする。
　　　3）　評価が同等の論文の中では，最終稿が提出された日が早い論文を優先する。
　　　上記3つの原則に拘らず，公募論文の内容が特集テーマに密接に関連している場合には，その特集が組まれている号に掲載することを目的として掲載

号を変えることは差し支えない。
11. 　応募論文が特集のテーマに密接に関連する場合，または応募者が特集の一部とすることを意図して論文を応募している場合には，査読委員長が特集号の年報委員長に対して論文応募の事実を伝え，その後の査読の状況について適宜情報を与えるものとする。査読の結果当該論文が掲載許可となった場合には，その論文を特集の一部とするか独立論文として扱うかにつき，年報委員長の判断を求め，その判断に従うものとする。
12. 　査読委員長は，年報の各号刊行後，その号の査読者の一覧表(五十音順。掲載不可となった論文の査読者を含む)を理事会に提出する。ただし理事会の議事録には掲載しない。

付則
 1．本規程は，2005年10月より施行する。
 2．本規程の変更は，理事会の議を経なければならない。
 3．本規程に基づく査読委員会は2005年10月の理事会で発足し，2006年度第2号の公募論文から担当する。最初の査読委員会の任期は，2006年10月の理事交代時までとする。

# The Annuals of
# Japanese Political Science Association 2006-I

## Summary of Articles

Between Luck and Equality:
One Dimension of Contemporary Normative Egalitarian Theory

Fumio IIDA (11)

This paper attempts to clarify the ways in which recent egalitarians have differentiated themselves by examining their core idea to neutralize the influence of different kinds of luck in distributive justice. The paper first highlights the ways in which both resourcist and welfarist egalitarians have accepted the idea of neutralizing the influence of luck in reference to the arguments of Ronald Dworkin and Richard Arneson until 1990's. Second, the paper focuses on the way in which Elizabeth Anderson criticized both of these egalitarian formulations under the labeling of "luck egalitarianism". Finally, this paper examines the different ways in which both resourcist and welfarist responded to the objections of Anderson in reference to the recent development of Dworkin's insurance schemes and Arneson's responsibility-catering prioritarianism. The paper concludes that the idea of neutralizing the influence of luck still plays an important role in egalitarian theory today, although some important revisions are indispensable to provide for the possible objections.

Equality and the Transformation of the World Order
Globalization and the Prospect of Resurgence of the Embedded Liberalism

Seiji ENDO (41)

In the study of International Relations, "equality" has rarely become a sincere research agenda, because the real world is plagued with huge power gap among countries despite the enshrined doctrine of sovereign equality of states. Equality and justice, however, is becoming a pressing political issue in the global political arena comprised by states, international organizations, global business elites, and NGOs and new social movements, just because the disparity between the rich and the poor is widening and the justifiability of the existing world order is at the stake in the heated debates among those actors.

Given this gap between the silence of IR about the equality and the heated political debated on the equality and world order, this paper tries to explore the way in which the equality and justice is an analytical issue (but not necessarily a normative issue); how the egalitarian world order in the past was maintained and how the order was transformed into the harsh neo-liberal one by a variety of political forces; and how the egalitarian orientation in the global governance could be recreated.

Referring the Hedley Bull, Yoshikazu Sakamoto, and Karl Polanyi, the second section outlines the relationship between equality and the world order. The third section sketches how the post World War II order based on "embedded liberalism" and "politics of productivity" came into being and how it gives way to exclusive neo-liberal globalization. The fourth section delineates the rise of egalitarian movements in global political arena and assesses the significance of those movements. The concluding section looks at the prospects of more inclusive world order by analyzing the possibility of alliance between the enlightened liberal elites from the rich countries, the equality-oriented international organization, and varieties of counter-globalization movements.

## Public Attitudes toward Equality in Relation to Politics: Rethinking Equality from a Perspective of Political Economy

Aiji TANAKA and Norihiro MIMURA (117)

This article tries to capture Japanese public attitudes toward equality through public opinion surveys. Orientation toward equality in an advanced society with free-market economy is theoretically assumed to be equivalent to social welfare orientation. Therefore, orientation toward equality is theoretically expected to be correlated with the progressive vs. conservative political orientation, namely the ideological orientation. But, we found very little correlation between Japanese attitudes toward equality/welfare and political ideology over time. This suggests that the Japanese Socialist Party (JSP) could never gain a large scale of support mainly because the Socialists could not represent the people's interests for equality. However, our more statistically rigorous approach of confirmatory factor analyses across different populations utilizing SEM (Structural Equation Modeling) technique provided slightly different findings. In 1983, Japanese attitudes toward equality vs. laissez-faire were not correlated with attitudes toward the JSP or with the LDP. In 1993, they were related only with attitudes toward the LDP. In 1996, they became related with both attitudes toward the LDP and the JSP. Because of Japan's bad economy, by the mid 1990s Japanese public came to relate their attitudes toward equality with their political (party) preferences.

## Public Administration of the Spatial Equality

### Toshiyuki KANAI (148)

This paper will analyze the Japanese administrative system of post World War II from the view of the spatial equality. The spatial equality needs a careful analysis, because "spaces" are not exchangeable with "persons" or "households". The spatial equality does not always mean interpersonal equality or inter-household equality. In the Post-War Japan, there are a lot of spatial equalizing mechanisms. This paper will pick up two types of that mechanism.

The first type of the equalizing mechanism is arrangement of local government system. Generally speaking, local government system will reproduce the inter-spatial inequality. But, Post War Japan, there are equalizing tools. The first is fiscal equalizing grants system. The second is Metropolitan Government system.

The second type of the equalizing mechanism is imbedded in sectional policy areas. We will give three policy areas as representative examples. The first is land development and regional policy. The was strong tendency for equal development all over the land. The second is elementary and secondary education policy. As a national universal education, there is strong support for that policy. The third is welfare policy. In Post War Japan, local governments have big responsibilities for the welfare service. This system was very functional for spatial equality in welfare policy.

The Post War Japan is a special type of welfare state. Japan was Space-equality oriented welfare state. It is now in crisis, because of the demographic reasons. Japanese space-equality oriented welfare state will change in the future, but it will be able to survive. It depends on global demographic trends.

## Patriarchy and Equality:
## The Minority Women Clause Included in the Domestic Violence Act 2004

### Misako IWAMOTO (171)

The concept of gender took place of the patriarchy in the feminist discourses in the 1990s. But the word patriarchy was not very popular in Japan. The concept of patriarchy is still effective when we observe the power hierarchy between men and women. In Japan the idea of multiple discrimination has been and is so unpopular, that the country report to the CEDAW (Committee of Elimination of the Discrimination against Women of the United Nations)didn't refer to the minority women, who suffer from not only the sex discrimination but also the discrimination against diverse minorities, such as indigenous people (Ainu and Ryukyu), foreign people (old comers: Koreans and Taiwanises whose ancestors came to Japanese main land when their lands were Japanese colonies, and new comers: especially Asian people and the descendants of Japanese planters in Latin American countries), people who are called Burakumin, disabled people and so on.

In 2001, the first DV Act in Japan was enacted as a private members' bill owing to efforts of the women senators of the Research Committee of the Diverse Society. But it had many loopholes. In 2003, the revision of the Act started. Some survivors (of violence), volunteers supporting them, women lawyers and women scholars of legal studies presented their criticism to the project team members of the Research Committee of the Diverse Society in the senate. The cause of special consideration for the foreign and disabled survivors is included in the second DV Act in 2004. The reason of it is partly the presser from the CEDAW in July 2003, criticizing the Japanese country reports for no reference to any kind of minority women.

Some foreign women depend on their Japanese husbands to renew their visa as the spouses of Japanese people. Without any visa, not only failing the renewal of the spousal visa or other visa such as for entertainers, they were to be reported by all kind of public servants to the Bureau of Emigration and be sent back to their home land compulsory. In the process of making the second DV Act, the chief of the Bureau of Emigration issued a notice that, according to the situation, not every case of survivors without visa have to be reported. So they became able to keep living in Japan, struggling against the gender patriarchy and the state patriarchy of the Emigrant Bureau.

Many disabled married women depend on their husbands to connect themselves to the society. These survivors suffer from the difficulty in accessing information such as what is DV and supports for them. And both formal and informal shelters are of ten built with physical barriers. The introduction of the consideration clause and the prefectual basic plan helps and will help the disabled survivors to ride out the gender patriarchy and the hierarchy between ordinal and disabled people.

The modern state is not always a monolithic patriarchal entity. But it still keeps some patriarchal moment. The DV Act in 2004 is a challenge to defend the equality not only between majority men and women but between majority and minority people, destroying the multiple patriarchies.

**年報政治学2006－Ⅰ**
平等と政治

2006年11月10日　第1刷発行

編　者　日 本 政 治 学 会（年報委員長　山口二郎）
発行者　坂　口　節　子
発行所　有限会社　木　鐸　社
印刷　㈱アテネ社／製本　大石製本

〒112-0002　東京都文京区小石川5-11-15-302
電話（03）3814-4195　郵便振替　00100-5-126746番
ファクス（03）3814-4196　http://www.bokutakusha.com/

ISBN4-8332-2382-1　C3331

### ドゥウォーキンの著書

## 平等とは何か
R. Dworkin, Sovereign Virtue, 2000
R. ドゥウォーキン著　小林公・大江洋・高橋秀治・高橋文彦訳
A5判・620頁・6500円　　　　　ISBN4-8332-2327-9 C3012
　　1981〜99年に発表した一連の論文で，一般的な平等理論とその具体的適用を体系的に展開。「平等な尊重と配慮」をもって人々を扱うことは「分配的正義」の文脈上，人々の「何を」平等にするかの問題であるとする。「資源の平等論」が他の諸理論の批判的考察から導かれる。2部は福祉プログラム，選挙資金問題などを考察する。

## 権利論（増補版）
R. Dworkin, Taking Rights Seriously, 1977
R. ドゥウォーキン著　木下毅・小林公・野坂泰司訳
A5判・400頁・4000円　　　　　ISBN4-8332-2326-0 C3032
　　Ⅰ・Ⅱルールのモデル　Ⅲ難解な事案　Ⅳ憲法上の事案　Ⅴ正義と権利　Ⅵ権利の尊重　Ⅶ市民的不服従　Ⅷ逆差別　エピローグ
　　正義，市民的不服従，人種差別などを論じながら，功利主義に対し「平等な尊重と配慮」を受ける自然権の優位を主張する。現代法哲学の代表的名著の邦訳。序文・序章をつけ加えて増補。

## 権利論 Ⅱ
R. Dworkin, Taking Rights Seriously, 1977
R.ドゥウォーキン著　小林公訳（立教大学法学部）
A5判・246頁・2500円　　　　　ISBN4-8332-2299-X C3032
　　先に訳出刊行した『権利論』の続編に当る。原書で訳出されなかった9〜13章と付録の全体を訳出（9.自由とモラリズム　10.自由とリベラリズム　11.どのような権利を我々は有しているか　12.権利には異論の余地がありうるか　附.批判者への返答）。法実証主義への批判と権利のテーゼを擁護した社会哲学的詳説。

## 自由の法
■米国憲法の道徳的解釈
Ronald Dworkin, Freedom's Law, 1996
R. ドゥオーキン著　石山文彦訳（大東文化大学法学部）
A5判・522頁・6000円　　　　　ISBN4-8332-2280-9
　　著者の体系的法理論に含まれる純一性の理念を擁護するという主張を，米国社会の様々な現実問題に適用し，国論を二分している個人の基本権をめぐる憲法上の具体的事例と関連付けて論じる。